성령의 인도함을 받고 있습니까?

성령의 인도함을 받고 있습니까?

지은이 **최성남** 목사

| 차 례 Contents |

들어가는 말 • 11

1부 | 육신의 생각

1장 | 육신의 생각으로 태동된 것들

1. 육신의 생각으로 신학이 태동되었습니다 • 21
2. 현대 신학은 성령에 대해 무지하게 만들었습니다 • 34
3. 육신의 생각을 소멸시켜 주옵소서 • 40

2장 | 육신의 생각으로 믿었지만 구원받지 못하는 사람들

1. 구원받지 못함은 불순종했기 때문입니다 • 55
2. 구원받지 못함은 겸손하지 못하였기 때문입니다 • 64
3. 구원받지 못함은 성령을 모독(훼방)하였기 때문입니다 • 71

3장 | 성령 받았지만 구원받지 못하는 사람들

1. 구원받지 못함은 기름을 예비하지 못하였기 때문입니다 • 86
2. 구원받지 못함은 불법을 하였기 때문입니다 • 101
3. 구원받지 못함은 진리를 모르기 때문입니다 • 107
4. 구원받지 못함은 처음 사랑을 잊어버렸기 때문입니다 • 116

4장 | 성령에 침묵하는 것

1. 성령에 대한 침묵은 성령을 체험하지 못했기 때문입니다 • 133
2. 성령에 대한 침묵은 성령에 대해 무지했기 때문입니다 • 138
　1) 성령에 대한 무지로 성령에 대해 잘못된 인식을 갖게 되었습니다 • 140
　　(1) 성령에 대한 무지로 성령을 이론으로 알려는 현상이 나타납니다 • 149
　　(2) 성령의 역사는 초대교회 때만 있었다? • 159
3. 성령에 대한 침묵은 성령에 대한 목마름이 없기 때문입니다 • 165

5장 | 육신의 생각으로 생겨난 현상들

1. 영의 상태를 살피지 않게 되었습니다 • 174

1) 육신의 생각으로 영적인 사람이라고 착각하며 살았습니다 • 182

　　2) 육신의 생각으로 하나님 말씀에 불순종하게 되었습니다 • 188

2. 육신의 생각으로 영의 일을 하지 않게 되었습니다 • 193

3. 육신의 생각으로 사명을 받지 않게 되었습니다 • 199

4. 육신의 생각으로 인본주의 교육만을 받게 되었습니다 • 216

5. 육신의 생각으로 믿음만을 강조하게 되었습니다 • 222

2부 | 영의 생각(성령)

1. 초대교회와 초기 한국교회의 부흥 • 243

2. 초대교회와 초기 한국교회 지도자들이 어떻게 세워졌느냐? • 252

1장 | 누구든지 나를 따라오려거든

1. 자기를 부인하라 • 258

2. 자기 십자가를 지고 나를 따를 것이니라 • 274

3. 광야의 길 • 283

　　1) 광야 길을 기억하라 • 285

　　2) 네 하나님 여호와를 잊어버릴까 염려하노라 • 297

2장 | 성령 추구한다는 것

1. 성령 추구는 은사 추구가 아닙니다 · 304
2. 성령 추구는 고정관념을 없애는 것입니다 · 308
3. 성령 추구는 참되게 예배드리기 위해서입니다 · 320

3장 | 성령 하나님의 사역

1. 내가 떠나가는 것이 너희에게 유익이라 · 332
   1) 죄에 대하여 · 338
      (1) 믿었지만 믿지 못하는 행태가 죄 · 339
      (2) 예수 그리스도를 믿지 않는 것이 죄 · 344
      (3) 죄에 대하여 세상을 책망하심 · 353
   2) 의에 대하여 · 363
   3) 심판에 대하여 · 375

4장 | 구원받기 위하여

1. 회개해야 합니다 · 392
2. 믿음으로 간청해야 합니다 · 405

3. 성령 받았음을 무엇으로 알 수 있습니까? · 411

   1) 성령에는 하나님의 깊으신 뜻이 있습니다 · 421

   2) 방언을 말하는 자는 자기의 덕을 세웁니다 · 429

   3) 방언이 활성화되어야 합니다 · 442

   4) 하나님의 음성 듣기를 소망해야 합니다 · 448

   5) 하나님과의 영적 교제가 계속 이루어져야 합니다 · 460

   6) 하나님 말씀에 순종해야 합니다 · 470

5장 | 너희는 더욱 큰 은사를 사모하라!

1. 내가 더욱 큰 은사를 사모하고 있는가? · 481

2. 사랑의 은사 · 489

3. 성령 하나님의 주권적인 섭리 · 496

맺는말 · 507

들어가는 말

"진리의 성령이 오시면 그가 너희를 모든 진리 가운데로 인도하시리니 그가 스스로 말하지 않고 오직 들은 것을 말하며 장래 일을 너희에게 알리시리라(요 16:13)."

이 글은 연구 논문이 아닙니다. 성경에 기록된 말씀을 근거로 성령의 인도하심을 받아 구원에 이를 수 있는 유일한 길을 함께 모색해 보자는 데 그 목적이 있습니다. 우리가 구원에 이를 수 있는 길을 모색해 본다는 점에서 본인을 빗대어 설명하지 않을 수 없었습니다. 목회하면서 무언가 잘못하고 있는 것 같아 늘 갈등하면서 힘들어했고 고민했습니다. 이는 성령의 인도함을 받아야 한다는 것을 머리로는 잘 알고 있으면서도 뜬구름 잡는 것처럼 막연히 알고 있기 때문입니다.

　그리고 목회 현장에서의 목회와 성경에 나타난 목회 사이에 괴리감이 많이 있었기 때문에(고전 1:17, 2:1~5) 더욱 힘들었습니다. 이는 영적으로 가르쳐 주는 사람이 없었기 때문에 그런 것 같습니다. 예를 들자면 "그리스도께서 나를 보내심은 세례를 베풀게 하려 하심이 아니요 오직 복음을 전하게 하려 하심이로되 말의 지혜로 하지 아니함은 그리스도의 십자가가 헛되지 않게 하려 함이라(고전 1:17)." 이러한 말씀을 보면서 말씀 자체는 이해하겠지만 그 괴리감의 근원을 모르기에 목회를 힘들어했습니다.

　그런데 하나님께서 책을 쓰게 하시면서 교회의 영적인 쇠퇴와 저의 목회 현장에서의 고민과 갈등이 서로 연계(連繫)되어 있음을 말씀을 통해 깨닫게 하여 주셨습니다. 문제의 근원이 바로 육신(肉身)의 생각과 영(靈)의 생각에서 온 괴리감이었음을 알게 하여 주셨습니다. 왜냐하면 그동안 '육신의 생각'으로 목회하는 것을 하나님의 영적인 일로 생각하였기에 많은 혼란과 괴리감이 생겼던 것입니다. 모르고 지난날 육신의 생각으로 힘들게 목회하였던 것입니다. 이는 하나님께서 나에게 하나님의 뜻을 깨닫도록 하시고자, 여러 어려움과 시험을 통해 하나님의 사람으로 만들어 주시기 위해 오랜 세월을 갈등하게 만들어 주셨던 것입니다.

이와 같은 말씀들이 분명히 있었고 보기도 하였지만, 그 말씀을 저는 지나쳤습니다. 그만큼 내가 하나님의 영에 민감하지 못하였기 때문에 이를 몰랐던 것입니다. 그리고 육신의 생각으로 설교하는 것을, 나 혼자만이 아니라 이 지구상의 모든 목회자와 성도들께서도 나와 똑같이 설득력 있는 지혜의 말로 설교하거나 말씀을 들으려는 것을 당연하게 생각했습니다. 왜냐하면 세상의 모든 사람은 육신의 생각으로 살아왔고, 또 그래야만 살아남을 수 있기에 육신의 생각으로 생각하는 것을 자연스럽고 마땅하게 여기기 때문입니다.

　그리고 하나님 말씀도 육신의 생각으로 판단하여 믿었고 이를 육신의 생각으로 배웠기에 육신의 생각으로 목회하거나 듣는 것을 당연하게 생각했습니다. 왜냐하면 우리가 육신의 생각으로 하나님을 믿을 때 왜 우리가 하나님의 법에 굴복할 수 없으며, 하나님을 왜 기쁘시게 할 수 없는 것인지를 알아야 하기에 그런 것 같습니다(롬 8:7~8). 이러한 점에서 육신의 생각으로 예수 그리스도를 나의 구세주로 믿었던 사람들과 성령까지 받았지만 구원받지 못하는 사람들에 대하여 성경에는 어떻게 기록하고 있으며, 육신의 생각으로 하나님을 믿게 됨에 따라 한국교회와 세계교회가 어떤 상태로 나타나게 되었는지 살펴보겠습니다.

　오늘날 한국교회의 근본적인 문제가 무엇인지 알기에 앞서 초대교회와 초기 한국교회가 어떻게 해서 부흥하게 되었고, '초대교회와 초기 한국교회 지도자들이 어떤 상황에서 어떻게 세워졌느냐'를 살펴봄으로써 교회의 근본 문제가 무엇인지를 따져보겠습니다. 육신의 생각이 교회에 어떤 영향을 미치는지 살피는 것이 중요하므로 육신의 생각을 위주로 먼저 살펴보겠습니다. 이는 육신의 생각이 왜 구원에 이르지 못하게 되었는지를 알게 됨으로써 성령의 인도함을 받아야 할 당위성을 찾기 위해서입니다.

2부에서는 예수님께서 약속하신 '영의 생각(성령)'에 관하여 다루었는데 우리가 성령을 왜 추구하고자 하는지, 성령의 3대 사역이 무엇이고 믿는 이들에게 성령의 표적이 어떻게 나타났는지 살펴보겠습니다. 또한 사도행전 2장 말씀에 오순절 날 성령이 임하실 때 다른 은사들은 왜 나타나지 않고 다른 언어(방언)들만 말하게 되었는지를 밝혀내고 성령 받기 위한 실천적 방안을 제시하고자 하였습니다(고전 12:31). 그리고 육신의 생각을 소멸함으로 인하여 하나님께서 사도 바울을 통해 "너희는 더욱 큰 은사를 사모하라 내가 또한 가장 좋은 길을 너희에게 보이리라(고전 12:31)." 말씀하신 것은 하나님의 깊으신 뜻과 목적이 무엇인지를 알게 될 때, 우리가 '더욱 큰 은사'를 사모하게 되리라 생각해서 이를 살피려는 것입니다.

이 글에는 성경 말씀이 많이 기록되어 있습니다. 사람의 글(육신의 생각)을 참고하거나 증명하는 것도 도움이 되겠지만 하나님의 말씀과 계시된 성경 말씀으로 증명하는 것이 그 어느 것보다 중요하기 때문입니다. 그리고 성경 말씀을 길게 늘어트린 것은 제 자신의 이해도가 부족하였기 때문이었습니다. 뿐만 아니라 '육신'이라는 단어가 지나치게 많이 나오거나 같은 말씀들이 반복하여 많이 쓰였음을 미리 말씀드립니다.

이는 본인이 생각할 때 '육신의 생각'과 '영의 생각'을 이해하거나 받아들이는 데 시간이 너무 많이 걸렸기 때문입니다. 이 글의 내용에 대해 여러분에게 어떤 이견(異見)이 있을 수 있습니다. 그러나 주님께서 "물과 성령으로 나지 아니하면 하나님의 나라에 들어갈 수 없느니라(요 3:5)." 말씀하셨으므로 우리가 어떻게 하면 이 땅에서 서글난 생활을 하다가 하나님 나라에 들어갈 수 있는가가 중요 관건이기에 이를 인지하고 읽어 주었으면 합니다.

우리 자신이 성령의 인도하심을 받아 천국 백성으로 입성할 수 있느냐 없느냐가 중요한 관건이라는 점에 초점을 맞추었기 때문에 이 글은 일반 설교가 아닙니다. 천국 백성으로 구원받고자 하는 목적에서 믿음의 근원이자 가장 기초가 되는 육신의 생각과 영의 생각을 다루고 있기에 그리스도인이라면 반드시 알아야 할 것과 지키고 따라야 할 것이 무엇인지를 살펴보려는 것입니다. 따라서 목회자분들과 영적 지도자들 그리고 영적 지도자가 아니라도 진리를 추구하는 영적 구도자들이라면 이 책을 읽기에 용이(容易)하리라 생각합니다.

이 글은 제가 우둔하여 쓸 수 없는 진리의 말씀을 성령 하나님께서 저를 깨우치시고 이해시켜서 쓰게 하신 것입니다. 그래서 쓰는 데 어려움이 많았고 시간이 오래 걸린 것은 본인이 영적인 것에 너무 무지했기 때문이었습니다. 따라서 이 글을 씀에 있어서 먼저 거룩하신 하나님 아버지께 감사와 찬양과 영광을 드립니다. 그리고 외손자인 저를 하나님의 사랑으로 길러 주셨던 고 이경직 목사님과 고 이메레 전도사님 그리고 저를 낳아주시고 목회자가 되기를 간절히 기도하셨던 사랑하는 어머니 고 이마리다 권사님께 고마운 마음을 하나님 나라에 전하여 드립니다.

제가 목회할 수 있도록 태인수표교회로 인도하여 주셨던 고 박기섭 목사님과 저를 구원시키고자 애써주시고 생활할 수 있도록 이끌어 주셨던 이인수 사촌 누님과 수십 년 동안 한결같은 마음으로 아낌없이 도와주신 진남제일교회 우종칠 목사님께 감사의 마음을 전합니다. 그리고 하나님의 사명자로 마음 써 주었던 친구 조세영 장로와 바쁜 목회 중에도 이 책을 쓰는 데 있어서 여러 문제 제기로 걱정하여 준 아우 이동욱 목사(제천 새벽교회 시무) 같은 분들을 만나 도움을 받게 하여 주신 하나님 아버지께 다시 한번 감사드립니다.

이 모양 저 모양 힘이 되어주고 마음 써 주신 자형 석창일과 하나밖에 없는 동생을 걱정해서 여러 모양으로 살 수 있도록 돕고 지식적으로 가르쳐 준 사랑하는 최지자 누님의 기도에 고마운 마음을 표합니다. 이 글을 쓸 수 있도록 바쁘고 힘든 상황에서도 말없이 묵묵히 기도해주며 교회 일과 함께 태인지역아동센터를 운영하면서 기다려주고 참아준 사랑하는 내 영원한 짝꿍 이상규 사모의 도움이 컸습니다. 그리고 태인수표교회 성도들과 마음으로 응원하여 주신 여수 광양지방 여러 목회자와 성도들, 요양원에서 중보 기도해 주신 임덕순 집사와 삼천포교회 이은혜 권사에게 그동안의 결실을 이 책에 담아 고마운 마음을 표하고자 합니다. 고맙습니다.

전라남도 광양
최 성 남 원로목사

1부
육신의 생각

"사람이 땅 위에 번성하기 시작할 때에
그들에게서 딸들이 나니, 하나님의 아들들이
사람의 딸들의 아름다움을 보고
자기들이 좋아하는 모든 여자를 아내로 삼는지라,
여호와께서 이르시되 나의 영이 영원히
사람과 함께 하지 아니하리니
이는 그들이 육신이 됨이라
그러나 그들의 날은 백이십 년이 되리라 하시니라."
(창 6:1~3)

이처럼 하나님께서 '하나님의 영'을 제거하셨기 때문에
모든 인간에게는 육신만 있을 뿐
하나님의 영이 없는 상태로 만들어졌습니다.

1장

육신의 생각으로 태동된 것들

1. 육신의 생각으로 신학이 태동되었습니다

많은 신학자와 목회자들께서 "성경으로 돌아가자."고 말하면서도 정작 성령에 대하여 말하지 않고 또 "성령 받아야 한다."고 말하지 않으니 문제가 아닐 수 없습니다. 성령을 받지 못하였으니 성령에 대하여 말할 수 없는 것이 오늘의 세계교회와 한국교회가 아닌가 생각합니다. 이는 인본주의적 육신의 생각에서 신학이 태동하게 되었고 또한 현대 신학이 성령에 대하여 무지하게 만든 것이 아닌가 생각합니다.

이러한 관점에서 육신의 생각으로 인하여 신학이 어떻게 태동하게 되었으며, 또한 현대 신학이 어떻게 파생되었고 어떤 신학들이 나타나게 되었는지를 살펴야 할 것 같습니다. 이를 우리가 알게 될 때 **육신의 생각으로 하나님 아버지를 믿고 예수 그리스도를 나의 구세주로 믿는다는 것이 얼마나 잘못된 것인지를 깨달을 수 있습니다.**

이 글이 저를 포함하여 모든 목회자와 신학자분들 그리고 성도들까지 좀 당황스러운 도전의 글로 보일 수밖에 없어 조심스럽고 한편 걱정도 됩니다. 하지만 사실이 사실인지라 고심 중에 하나님 아버지께서 마음의 감동을 주셨기에 이를 쓰게 되었습니다. 중요한 것은 '하나님의 영(성령=그리스도의 영)을 내가 받았느냐 아니냐?'입니다. 왜냐하면 내가 구원받을 수 있느냐 없느냐가 중요 관건이기 때문에 그렇습니다(요 3:5).

육신의 생각이 신학을 태동시켰다는 점에서 네이버 지식백과에서 '신학'을 찾아보았습니다. "신학이란 신에 관한 학문, 신의 가르침을 의미한다. 대체로 하나님께서 계시하신 진리를 이성으로 파악하려는 학문적 노력, 신에 관한 조직적 서술, 실전적 해설, 그리고 철학화를 포괄하는 개념으로 쓰이지만 원래 고대 헬라, 철학자들이 신들에 대한 철학적 논설에 사용한 말이었다. 이것이 기독교 교리를 설명하는 용어로 채택되었고, 여러 종교에서도 그들 나름대로 신학이 있으나 일반적으로 기독교 신학을 가리키는 용어가 되었다."[1] 이처럼 사람들이 하나님의 계시를 이성으로 연구하여 전하고자 하는 이론을 신학이라 말합니다.

이렇게 만들어진 신학은 그 시대적 흐름을 통하여 신학이나 교의를 심도 있게 알 수 있도록 연구할 수 있겠지만 영적인 세계를 체험할 수는 없습니다. 그분들 나름대로 하나님을 믿고 찾는 방법을 논했을 것이지만 거기까지입니다. 이는 신학이 인본주의적 '육신의 생각'에서 태동되었기 때문에 그렇다는 말입니다.

"그러면 신학은 인본주의에서 나왔기에 필요 없다는 말입니까?"라고 질문하겠지요? 그렇지는 않습니다. 우리가 이 세상에 태어났다는 것 자체가 인본주의에서 태어났고 인본주의에서 살았기에 인본주의적인 교육을 받을 수밖에 없어 어느 정도의 기본적인 신학은 있어야 하겠지요. 어느 정도라는 기준이 어디까지라고 딱히 말할 수 없을 뿐입니다. 따라서 인본주의적 사고에서 나온 신학이기 때문에 인본주의적인 사고에서 벗어날 수 없다는 것입니다. 신학을 누가 체계적으로 만들고, 누가 연구하고, 가르치며 배우는 것입니까? 바로 사람이기 때문입니다.

---

1) [네이버 지식백과] 신학[神學, theology] (교회용어사전 교리 및 신앙, 2013. 9. 16., 가스펠서브) 2022.4.20. 네이버 접속.

이처럼 신학을 육신의 생각으로 만들었기에 신학교에서 여러 학문들을 다루고 가르치고 배우는 것입니다. 물론 제가 속한 감리교에서 다양한 학문을 배웠습니다만 다른 교단들도 대동소이한 것으로 알고 있습니다. 대충 나열해 본다면 성경신학, 조직신학, 역사신학, 해방신학, 민중신학, 바르트 신학, 자유주의 신학인 슐라이어마허 등등의 교육을 받았을 것입니다.

특히 감리교에선 타 종교와의 대화인 종교다원주의[2]까지도 받아들여 배웠습니다. 더 놀라운 사실은 종교다원주의의 일환으로 타 종교에 관하여서도 배웠습니다. 놀라셨죠? 좀 위험한 학문까지 배우고 있었으니 말입니다. 그래서 감리교가 많은 지탄을 받은 것도 사실입니다. 그러나 놀라실 것 없습니다. 그 어떤 학문과 신학이라 할지라도 시대적 흐름에 따라 나타나는 학문이거나 주의(主義), 주장에 불과할 뿐입니다. 그리고 전능자를 찾고자 하는 진정한 구도자(求道者)라면 문제 될 것이 없습니다. 왜냐하면 전지전능하신 하나님을 만나게 될 것이기 때문입니다.

이는 "너희가 내게 부르짖으며 내게 와서 기도하면 내가 너희들의 기도를 들을 것이요, 너희가 온 마음으로 나를 구하면 나를 찾을 것이요 나를 만나리라(렘 29:12~13)."는 말씀과 "일을 행하시는 여호와, 그것을 만들며 성취하시는 여호와 그의 이름을 여호와라

---

2) '기독교 외에 다른 종교에도 구원이 있다'는 사상이다.

하는 이가 이와 같이 이르시도다, 너는 내게 부르짖으라 내가 네게 응답하겠고 네가 알지 못하는 크고 은밀한 일을 네게 보이리라(렘 33:2~3)."는 말씀을 믿고 있기에 우리가 기도하면 응답받는 것입니다. 이는 전지전능하신 하나님께서 하나님을 전심으로 찾고자 하는 하나님의 사람들에게 임하여 "만나 주시겠다." 약속하셨기 때문입니다. 그래서 역대하 16장 9절을 보면 "여호와의 눈은 온 땅을 두루 감찰하사 전심으로 자기에게 향하는 자들을 위하여 능력을 베푸시나니"라는 말씀이 있는 것입니다(대하 16:9 상단).

따라서 우리에게는 하나님을 전심을 다하여 찾도록 하려는 교육과정이 그 어느 것보다 먼저이고 필요할 것입니다. 거룩하시고 살아계신 하나님을 찾을 수 있도록 가르쳐 돕는 것과 하나님을 경외하게 하려는 목적에서(신 8:6) 실천적 훈련이 우리 모두에게 필요할 것입니다.

그러므로 하나님을 체험하여 아는 것이 먼저이고 그 다음이 신학입니다. 이는 하나님을 모르고 하나님을 믿을 수 없기 때문입니다. 하나님을 안다는 것은 이론으로 아는 하나님이 아니라 살아계신 하나님을 우리가 체험하여 아는 것을 말합니다. 살아계신 하나님을 어떻게 알 수 있느냐에 대한 방법을 예수님께서 말씀하여 주셨기에 이를 소개합니다.

"내 아버지께서 모든 것을 내게 주셨으니 아버지 외에는 아들을 아는 자가 없고 아들과 또 아들의 소원대로 **계시를 받는 자 외에는 아버지를 아는 자가 없느니라**(마 11:27)." 말씀하셨고, 사도 바울도 에베소서 1장에서 "우리 주 예수 그리스도의 하나님, 영광의 아버지께서 지혜와 계시의 영을 너희에게 주사 하나님을 알게 하시고, 너희 마음의 눈(영안)을 밝히사 그의 부르심의 소망이 무엇이며 성도 안에서 그 기업의 영광의 풍성함이 무엇이며, 그의 힘의 위력으로 역사하심을 따라 믿는 우리에게 베푸신 능력의 지극히 크심이 어떠한 것을 너희로 알게 하시기를 구하노라(엡 1:17~19)."고 말씀하셨습니다. 이처럼 우리가 하나님을 안다는 것은 '계시를 받은 자'와 '지혜와 계시의 영'을 통하여 하나님을 알게 되는 것을 말합니다.

지혜와 계시의 영이란 성령을 가리킵니다. 에베소서 1장 18~19절 말씀과 같이 내가 마음의 눈(영안)이 열리게 되면 하나님을 체험하여 알게 되기 때문에 이를 "하나님을 안다."라고 말할 수 있는 것입니다. 한마디로 그리스도의 영을 받은 자만이 하나님을 알 수 있다는 말입니다.

따라서 새로운 신학이 나왔다 하여 무조건 가르치고 배울 것이 아니라 "진리의 성령이 오시면 그가 너희를 모든 진리 가운데로 인도하시리니(요 16:13)."라는 말씀에서와 같이 성령 하나님의 인도하심에 따라 신학을 연구할 때 진정한 신학이 나올 것입니다. 말하자면 육신의 생각으로 신학을 연구하는 것이 아니라 그리스도의 영(성령)을 받은 자만이 영적인 안목이 생겨(엡 1:18) 하나님께서 신학을 연구하게 하시는 **시대적 사명을 주실 것입니다.** 그러나 신학을 집중적으로 연구하다 보면 하나님을 잃어버리는 안타까운 상황이 생길 때도 있어 성령 안에서 하나님을 알아 가는 것이 얼마나 중요한가를 깨닫게 될 것입니다. 그래서 사도 바울은 "모든 기도와 간구를 하되 항상 성령 안에서 기도하고 이를 위하여 깨어 구하기를 항상 힘쓰라(엡 6:18)." 말씀하셨던 것입니다.

그러므로 신학은 이러저러한 생각으로 만들어진 것이니 신학의 흐름만 알면 되는 것입니다. 왜냐하면 내가 처해 있는 목회 현장은 신학과 너무나 다르게 나타나기 때문입니다. 신학은 사람의 필요에 따라 연구하게 된 학문으로서 인본주의적 발상에서 나온 것이고, 어거스틴(Augustine) 시대 이후 여러 시대를 거쳐 여러 신학이 태동하였지만 단순하게 구분하면 보수신학(conservative theology)과 자유주의신학(liberal theology)으로 나눌 수 있습니다. 또한 여기서 갈라진 신학이 신학자의 성향과 시대적 상황 그리고 환경에 따라 달라질 수 있습니다. 정치적 변화와 사회 구성의 성격과 이념이 시대에 따라 각기 바뀔 수 있기에 신학은 과거에도 현재에도 계속 변화될 뿐만 아니라 앞으로 오는 새로운 시대에도 여러 형태로 바뀔 수 있다는 것입니다. 이는 신학이 육신의 생각에서 나왔기 때문입니다.

그러면 신학은 왜 만들어졌으며 이렇게 바뀌는 이유가 무엇일까요? 크게는 육신의 생각으로 하나님을 믿기 때문이고, 작게는 육신의 생각으로 사람들에게 하나님을 증거하기 위해서일 것입니다. 그러나 "예수는 그의 몸을 그들에게 의탁하지 아니하셨으니 이는 친히 모든 사람을 아심이요, 또 사람에 대하여 누구의 증언도 받으실 필요가 없었으니 이는 그가 친히 사람의 속에 있는 것을 아셨음이니라(요 2:24~25)."는 말씀과 같이 이를 거부하셨습니다. 왜냐하면 하나님께서 "만물보다 거짓되고 심히 부패한 것은 마음이라 누가 능히 이를 알리요마는, 나 여호와는 심장을 살피며 폐부를 시험하고 각각 그의 행위와 그의 행실대로 보응하나니(렘 17:9~10)."라는 말씀과 같이 사람의 마음을 너무나 잘 알고 계시기 때문입니다.

그리고 예수님께서도 이를 잘 아시기 때문에 **성령을 받으라**(요 20:22)." 말씀하신 것입니다. 성령을 받아야만 하는 보다 중요한 근원적인 말씀이 있습니다. 이는 "내가 아버지께로부터 너희에게 보낼 보혜사 곧 아버지께로부터 나오시는 진리의 성령이 오실 때에 그가 나를 증언하실 것이요(요 15:26)."라는 예수님의 말씀과 같이 보혜사 진리의 성령께서 예수 그리스도를 증언하시기 위하여 이 땅에 오셔야 한다는 말씀입니다. 왜냐하면 "보혜사 곧 아버지께서 내 이름으로 보내실 성령 그가 너희에게 모든 것을 가르치고 내가 너희에게 말한 모든 것을 생각나게 하리라(요 14:26)." 말씀대로 이루어져야 하기 때문입니다. 따라서 성령의 가르치심과 성령의 인도하심을 받을 때 비로소 신학이 신학다운 온전한 신학이 태동될 수 있습니다.

다니엘서 1장과 이사야서 50장에 보면 "하나님이 이 네 소년에게 학문을 주시고 모든 서적을 깨닫게 하시고 지혜를 주셨으니 다니엘은 또 모든 환상과 꿈을 깨달아 알더라(단 1:17)." 말씀하셨고, 이사야 선지자께서 "주 여호와께서 학자들의 혀를 내게 주사 나로 곤고한 자를 말로 어떻게 도와줄 줄을 알게 하시고 아침마다 깨우치시되 나의 귀를 깨우치사 학자들 같이 알아듣게 하시도다(사 50:4)." 말씀하신 것 같이 우리가 성령의 인도함을 받을 때 비로소 신학다운 신학을 할 수 있습니다. 왜냐하면 이사야 선지자의 말씀과 같이 곤고한 자들을 어떻게 도와야 할지 알기 때문일 것입니다(행 4:13).

지난날 많은 신학자께서 초대교회의 전통이라는 속박에서 벗어나 근대 신학을 거쳐 현대 신학을 태동시켰고, 19~20세기 초 서구 문화에 반발하여 나온 자유주의적 신학 운동이 식민 국가의 여러 종교들과 만나면서 타 종교를 인정하고자 종교 간의 대화를 모색하는 과정에서 종교다원주의(religious pluralism)가[3] 태동하게 되었습니다.[4]

---

3) 종교다원주의의 가장 중심적이고 공통된 사상은 '기독교 외에 다른 종교에도 구원이 있다.'는 사상이다.

4) [네이버 지식백과] 종교다원주의[宗敎多元主義, Religious Pluralism] (교회용어사전: 교파 및 역사, 2013. 9. 16., 가스펠서브)

그런데 종교다원주의야말로 우리가 주의해야 할 집단이기도 하지만 희한한 현상을 볼 수 있기에 이를 소개하고자 합니다. 종교다원주의자들은 "모든 종교에 구원이 있다."고 말합니다. 그들 말대로 우리가 그들에게도 구원이 있다고 인정해야 할 것입니다. 이렇게 말하니까 불안하시죠? 불안해하실 것 없습니다. 그들을 구원시킬 구원자와 우리가 구원받아 갈 곳이 서로 다르다는 것을 우리가 알아야 하고 이를 인정해야 한다는 것입니다. 그들은 귀신을 신으로 섬기기 때문에 믿는 대상도 다르고 구원받아 갈 곳이 서로 다를 수밖에 없다는 말입니다. 이것은 제가 지어서 만든 말이 아니라 그들이 직접 말하였기에 이를 소개합니다.

저의 외삼촌이셨던 고 이호춘 목사님께서 알려 주신 것인데, 〈조선일보〉 1987년 4월 23일자 신문을 보면 왜 길이 다른지를 알 수 있습니다. 「이성철 종정 석탄절 법어」에 "사탄이여! 어서 오십시오. 나는 당신을 존경하고 예배합니다. 당신은 본래로 거룩한 부처님입니다. 사탄과 부처란 허망한 거짓 이름일 뿐 본 모습은 추호도 다름이 없습니다."[5]라고 기록하였습니다. 신문 기사처럼 그들이 섬기는 분이 사탄이고 사탄이 구원자라면 그들이 이 세상에서 구원받아 갈 곳이 어디겠습니까? 서로 갈 장소도 다르고 구원자도 다를 뿐입니다.

---

5) 이성철 종정의 사월 초파일 법어, 1987년 4월 23일자 〈조선일보〉 기사.

따라서 그들이 갈 곳과 우리가 갈 곳이 서로 다르기에 궁극적으로 서로 만나는 정점이 같을 수 없고 서로 다르다는 것을, 우리가 알 수 있습니다. 영적으로 서로 대조 관계에 있기에 다를 수밖에 없는 것입니다. 더구나 사도 바울께서 "무릇 이방인이 제사하는 것은 귀신(사탄)에게 하는 것이요 하나님께 제사하는 것이 아니니 나는 너희가 귀신과 교제하는 자가 되기를 원하지 아니하노라, 너희가 주의 잔과 귀신의 잔을 겸하여 마시지 못하고 주의 식탁과 귀신의 식탁에 겸하여 참여하지 못하리라, 그러면 우리가 주를 노여워하시게 하겠느냐 우리가 주보다 강한 자냐(고전 10:20~22)."라고 말씀하셨음에도 불구하고 이를 종교다원주의자로 본다는 것은 이치에 맞지 않는 행태라고 볼 수밖에 없을 것입니다. 이러한 행태야말로 육신의 생각이 신학을 태동하게 만든 요지라 말할 수 있겠습니다.

자료 1 〈조선일보〉 1987. 4. 23. 7면 (고 이호춘 목사님 제공)

자료 2

자료 3 성철스님의 신앙고백 〈조선일보〉 1993. 11. 5. 15면[6]

> **"우리는 구원이 없다. 나는 지옥에 간다."**
>
> 내 죄는 산보다 높고 바다보다 깊은데 내 어찌 감당하랴. 내가 80년 동안 포교한 것은 헛것이로다. 우리는 구원이 없다. 죄 값을 해결할 자가 없기 때문이다. 필히야 내가 잘못했다. 내 인생을 잘못 선택했다. 나는 지옥에 간다. (죽기 전 54년 만에 만난 딸 불필'不必'에게)
>
> **"불교에 극락은 없다."**
>
> "극락이 있다고 믿는 사람은 잠잘 때 꿈속에서 잠꼬대하는 소리와 같습니다. 불교를 노인들이 죽어서 극락이나 가려고 염불을 하는 종교로 착각하는 사람이 많은데, 이러한 생각은 매우 잘못된 생각입니다. 사람이 만들어 놓은 부처는 허수아비에 불과한 것입니다. 저는 일생동안 부처 앞에 절을 하거나 목탁을 치고 염불을 한 적은 한 번도 없습니다." (1982년 석탄일 법어에서)
>
> 생평기광남녀군 (生平欺狂男女群)
>   일평생 남녀 무리를 속여 미치게 했으니
> 미천과업과수미 (彌天罪業過須彌)
>   그 죄업이 하늘에 미쳐 수미산보다 더 크구나.
> 활염아비한만단 (活焰阿鼻恨萬端)
>   산채로 불의 아비 지옥으로 떨어지니 한이 만 갈래나 되는구나.
> 일륜토홍괘벽산 (一輪吐紅掛碧山)
>   한덩이 붉은 해가 푸른 산에 걸렸구나. (마지막 열반송)

이 글에 또 다른 해석이 필요합니까?

---

6) 〈조선일보〉, 1993. 11. 5. 15면, 2021. 10. 30. 접속.

2. 현대 신학은 성령에 대해 무지하게 만들었습니다

현대 신학에서 독일의 루돌프 불트만(Rudolf Karl Bultmann, 1884~1976)을 살피지 않을 수 없습니다. 그의 사상은 '비신화화'에 있습니다. 그는 성서의 신화론을 현대에 그대로 이야기한다는 것은 무의미하며, 성서에서 말한 인간의 실존 이해를 자기의 실존 가능성으로 받아들이는 성서의 실존주의적 해석에 기초한, 이른바 비(非)신화화를 주장하여 1950년대에 '역사적 예수의 문제'의 동기를 만들고, '역사적 예수의 재건{복음서에서 예수의 상(像)을 만드는 것}'은 불가능에 가깝다고 하였습니다.[7] 또한 그는 '동정녀 탄생, 성육신, 부활 등과 같이 신약성경의 많은 부분이 신화적인 요소들로 가득 차 있어 성서를 재해석해야 한다.'고 주장했습니다."[8] 이러한 불트만을 추종하는 자들로부터 20세기 현대인들에게 파급된 여파로 유럽 교회가 몰락하게 된 것 아니겠습니까? 그 여파가 미국을 넘어 한국교회에까지 영향을 미치고 있는 것이 오늘의 현실입니다.

---

7) [네이버 지식백과] 불트만[Bultmann, Rudolf] (철학사전, 2009, 임석진, 윤용택, 황태연, 이성백, 이정우, 양운덕, 강영계, 우기동, 임재진, 김용정, 박철주, 김호균, 김영태, 강대석, 장병길, 김택현, 최동희, 김승균, 이을호, 김종규, 조일민, 윤두병) 2020. 1. 25 접속.

8) [네이버 지식백과] 루돌프 불트만[Rudolf Karl Bultmann] (교회용어사전 : 교파 및 역사, 2013. 9. 16.가스펠서브) 2020. 1. 25. 접속.

이들이 말하는 '비신화화'란 어디서 나온 말입니까? 이 또한 인본주의적인 육신의 생각에서 나온 것입니다. 더구나 비신화화란 말이 무엇입니까? 신화를 신화가 아닌 것으로 말하는 것 아니겠습니까? 어찌 신화를 신화가 아닌 것으로 말하는 것입니까? 이것부터가 거짓이고 엉터리입니다. 신화는 신화일 뿐입니다.

또 다른 부류의 신학을 소개합니다. "하나님이 죽었다."고 선언하는 현대 신학의 한 부류로, 주로 미국 개신교 계열의 젊은 신학자들을 중심으로 1960년대에 일어난 급진적인 신학 운동, 일명 '신 죽음의 신학' 사신신학(theology of death of God, 死神神學, 죽음의 신학)이[9] 태동하였습니다. "제1, 2차 세계대전 이후 서구 사회는 더 이상 전통적 의미의 하나님을 느끼지 못하는 세속화된 사회가 되었다. 이런 배경에서 1960년대 미국에서 태동한 사신신학은 하나님을 부정하며, 신 없는 신학 특히 하나님 없는 기독론을 전개했다. 하나님이 예수 안에서 전적으로 인간이 되었으므로 더 이상 형이상학적이고 초월적인 신은 없으며, 역사적 예수에 대해서만 집중해야 한다."고 강조했습니다. 하나님의 죽음에 대한 논의는 20세기 경부터 시작되었지만, 그 사상의 뿌리는 19세기 L. 포이에르바흐(1804~1872년), G.W.F. 헤겔(1770~1831년), F. 니체(1844~1900년) 등에서

---

9) 제1, 2차 세계대전 이후 서구 사회는 더 이상 전통적 의미의 하나님을 느끼지 못하는 세속화된 사회가 되었다. 이런 배경에서 1960년대 미국에서 하나님을 부정하며, 신 없는 신학이 태동하게 된 것이 사신신학이다.

찾을 수 있습니다.

이러한 미국 사신신학의 영향이 우리나라에 크게 미치지는 않았지만 예수 그리스도를 구세주로 믿는 이들이 마음속에 교회에 대한 회의(懷疑)를 느낀 나머지 "하나님은 없다."고 생각하시는 분들이 의외로 많이 계십니다. 이는 살아 계신 하나님을 체험하지 못하였기 때문에 나타난 현상입니다.

여기서 우리가 짚고 넘어야 할 부분이 있기에 여러분에게 질문하겠습니다. "종교다원주의와 비신화, 사신신학을 누가 만든 것이라 생각하십니까?" 당신의 솔직한 생각을 듣기 원합니다. 인간이 '육신의 생각'으로 만든 것이라고 생각하지 않습니까? 그리고 또 묻겠습니다. "종교다원주의, 불트만, 사신신학을 하는 사람들은 어떤 종교에 속하였던 사람들이었고 누구를 믿었던 사람들입니까?" 그들 역시 예수 그리스도를 믿었던 사람들입니다. 맞습니다. 그러나 그들은 그리스도의 사람이 아닙니다. 왜냐하면 그들에게는 '그리스도의 영'이 없는 육신의 사람일 뿐이기 때문에(창 6:3; 롬 8:9) 그렇습니다.

덧붙여서 이들 문제의 신학자들과 이단 내지 사이비 종교들이 어떻게 다르다고 생각하십니까? 다를 것이 아무것도 없습니다. 왜냐하면 예수 그리스도를 구세주로 믿었던 사람들이거나 믿었다가 교회를 빠져나간 사람들이 이단이나 사이비를 만들었기 때문에 다 육신의 사람일 뿐입니다.

그런데 **이러한 현상들이 왜 나타나는 것입니까? 이들 역시 육신의 생각으로 예수 그리스도를 믿었던 사람들이기 때문에 그렇습니다.**

그래서 요한 사도가 요한일서 2장 19절에 "그들이 우리에게서 나갔으나 우리에게 속하지 아니하였나니 만일 우리에게 속하였더라면 우리와 함께 거하였으려니와 그들이 나간 것은 다 우리에게 속하지 아니함을 나타내려 함이니라." 말씀하셨던 것입니다.

그리고 사도 바울은 "이제는 너희가 하나님을 알 뿐 아니라 하나님이 아신 바 되었거늘 어찌하여 다시 약하고 천박한 초등학문으로 돌아가서 다시 그들에게 종 노릇 하려 하느냐(갈 4:9)." "누가 철학과 헛된 속임수로 너희를 사로잡을까 주의하라 이것은 사람의 전통과 세상의 초등학문을 따름이요 그리스도를 따름이 아니니라(골 2:8)." "너희가 세상의 초등학문에서 그리스도와 함께 죽었거든 어찌하여 세상에 사는 것과 같이 규례에 순종하느냐, (곧 붙잡지도 말고 맛보지도 말고 만지지도 말라 하는 것이니, 이 모든 것은 한때 쓰이고는 없어지리라) 사람의 명령과 가르침을 따르느냐, 이런 것들은 자의적 숭배와 겸손과 몸을 괴롭게 하는 데는 지혜 있는 모양이나 오직 육체 따르는 것을 금하는 데는 조금도 유익이 없느니라(골

2:20~23)." 말씀하셨습니다.

이러한 육신의 생각으로 인한 여파로 한국교회와 세계교회에 나타난 현상이 문제가 아닐 수 없습니다. 이러한 육신의 현상이 왜 일어나는 것이고 하나님의 뜻은 무엇일까요? 이것 역시 육신의 생각으로 신학을 창출해 내었기에 나타난 현상이라 할 수 있습니다. 그리고 육신의 생각인 이성과 지성으로 이루어진 이론들이 모든 학문의 도구가 되었기 때문에 사도 바울이 "너희가 세상의 초등학문에서 그리스도와 함께 죽었거든, 곧 붙잡지도 말고 맛보지도 말고 만지지도 말라(골 2:20~21)." 말씀하셨음도 이 때문이었습니다.

그래서 "육신을 따르는 자는 육신의 일을, 영을 따르는 자는 영의 일을 생각하나니, 육신의 생각은 사망이요 영의 생각은 생명과 평안이니라, 육신의 생각은 하나님과 원수가 되나니 이는 하나님의 법에 굴복하지 아니할 뿐 아니라 할 수도 없음이라, 육신에 있는 자들은 하나님을 기쁘시게 할 수 없느니라, 만일 너희 속에 하나님의 영이 거하시면 너희가 육신에 있지 아니하고 영에 있나니 누구든지 그리스도의 영이 없으면 그리스도의 사람이 아니라(롬 8:5~9)."는 말씀을 하셨던 것입니다.

이는 영의 생각과 육신의 생각이 서로 대조 관계를 이루고 있기에 생긴 현상을 말하는 것입니다. "콩 심은 데 콩 나는 법"인데 다른 것이 나오겠느냐 이 말입니다. 그야말로 인본주의적인 육신의 생각대로 신학교육을 받은 목회자는 교육받은 대로 성도들을 육신의 생각으로 가르치고, 성도들 역시 배운 대로 신앙생활을 육신의 생각으로 할 수밖에 없다는 논리일 것입니다. 이렇게 목회자나 성도 모두 육신의 생각으로 믿으면 교회가 세속화될 수밖에 없고 한완상 전 부총리의 저서와 같이 "예수 없는 예수 교회"[10]가 될 수밖에 없다는 원리였습니다.

여러분이 볼 때 예수 없는 예수 교회가 될 수 있다고 생각하십니까? 이것은 하나의 종교일 뿐입니다. 문제가 아닐 수 없습니다. 유럽의 교회가 육신의 생각대로 신학을 만들었기에 세속화되어 몰락하게 된 것도 이 논리였습니다. 몰락 정도가 아니라 '교회의 종말'이라 말하는 것이 합당하겠군요. 세속화로 말입니다.

세속화란 말 그대로 세상 속으로 들어가 성령의 나타나심과 능력으로 복음을 전하는 것인데 오히려 세상에 빠져 세속화가 되었으니 얼마나 잘못되었습니까? 이것이 기독교의 복음입니까? 결코 아닙니다. 따라서 우리가 외쳐야 할 복음은 "물과 성령으로 거듭나자!"입니다. 왜냐하면 물과 성령으로 거듭나지 아니하면 천국에 들어갈 수 없기 때문입니다(요 3:5). 우리가 예수 그리스도를 왜 믿는 것입니까? 구원받기 위해서 믿는 것 아닙니까? 그렇다면 우리가 물과 성

---

10) 한완상, 『예수 없는 예수 교회』, 김영사, 2008 참조.

령으로 거듭나야 하는 것 아니겠습니까?

그러므로 육신의 생각으로 믿는 것이 아니라 물과 성령으로 거듭나 성령의 인도함을 받을 때(요 16:13) 비로소 우리의 구원이 온전하고 완전히 이루어질 수 있는 것은 물론 신학도 신학으로서 온전히 이루어질 수 있는 것입니다. 왜냐하면 "주 여호와께서 학자들의 혀를 내게 주사 나로 곤고한 자를 말로 어떻게 도와줄 줄을 알게 하시고 아침마다 깨우치시되 나의 귀를 깨우치사 학자들 같이 알아듣게 하시도다(사 50:4)." 하셨기 때문입니다.

3. 육신의 생각을 소멸시켜 주옵소서

육신의 생각을 소멸시키지 않으면 영적 성장이 이루어질 수 없을 뿐 아니라 늘 초보적인 믿음에서 살아야 하기에(히 5:12~14) 예수 그리스도를 믿고 영적인 성장을 하려 한다면 육신의 생각을 소멸시켜야 할 것입니다.

"때가 오래 되었으므로 너희가 마땅히 선생이 되었을 터인데 너희가 다시 하나님의 말씀의 초보에 대하여 누구에게서 가르침을 받아야 할 처지이니 단단한 음식은 못 먹고 젖이나 먹어야 할 자가 되었도다, 이는 젖을 먹는 자마다 어린 아이니 의의 말씀을 경험하지 못한 자요, 단단한 음식은 장성한 자의 것이니 그들은 지각을 사용함으로 연단을 받아 선악을 분별하는 자들이니라(히 5:12~14)."

"그러므로 우리가 그리스도의 도의 초보를 버리고 죽은 행실을 회개함과 하나님께 대한 신앙과, 세례들과 안수와 죽은 자의 부활과 영원한 심판에 관한 교훈의 터를 다시 닦지 말고 완전한 데로 나아갈지니라, 하나님께서 허락하시면 우리가 이것을 하리라(히 6:1~3)."

로마서 8장에서 "육신을 따르는 자는 육신의 일을, 영을 따르는 자는 영의 일을 생각하나니, 육신의 생각은 사망이요 영의 생각은 생명과 평안이니라, 육신의 생각은 하나님과 원수가 되나니 이는 하나님의 법에 굴복하지 아니할 뿐 아니라 할 수도 없음이라, 육신에 있는 자들은 하나님을 기쁘시게 할 수 없느니라, 만일 너희 속에 하나님의 영이 거하시면 너희가 육신에 있지 아니하고 영에 있나니 누구든지 그리스도의 영이 없으면 그리스도의 사람이 아니라, 또 그리스도께서 너희 안에 계시면 몸은 죄로 말미암아 죽은 것이나 영은 의로 말미암아 살아 있는 것이니라, 예수를 죽은 자 가운데서 살리신 이의 영이 너희 안에 거하시면 그리스도 예수를 죽은 자 가운데서 살리신 이가 너희 안에 거하시는 그의 영으로 말미암아 너희 죽을 몸도 살리시리라, 그러므로 형제들아 우리가 빚진 자로되 육신에게 져서 육신대로 살 것이 아니니라. 너희가 육신대로 살면 반드시 죽을 것이로되 영으로써 몸의 행실을 죽이면 살리니, 무릇 하나님의 영으로 인도함을 받은 사람은 곧 하나님의 아들이라, 너희는 다시 무서워하는 종의 영을 받지 아니하고 양자의 영을 받았으므로 우리가 아빠 아버지라고 부르짖느니라, 성령이 친히 우리의 영과 더불어 우리가 하나님의 자녀인 것을 증언하시나니, 자녀이면 또한 상속자 곧 하나님의 상속자요 그리스도와 함께 한 상속자니 우리가 그와 함께 영광을 받기 위하여 고난도 함께 받아야 할 것이니라(롬 8:7~17)."고 말씀하셨습니다. 이 말씀들을 보면서 '육신의 생각'은 '영의 생각'과 대조를 이룰 수밖에 없는 관계임을 우리가 알게 되었습니다. 또한 '육신(肉身)의 생각'은 '하나님의 영(靈)'이 없는 상태이기 때문에 하나님의 말씀에 굴복할 수 없을 뿐 아니라 할 수도 없어 하나님을 기쁘시게 할 수 없음을 알게 되었습니다.

위에서 살폈듯이 영적인 것에 있어서 '육신의 생각'과 '영의 생각'이 서로 대조 관계를 이룰 수밖에 없는 근본 문제의 발단이 무엇인지 우리가 확실하게 알았습니다. 따라서 육신의 생각을 우리가 소멸시킬 수 있을 뿐 아니라 하나님께 성령을 왜 구해야 하는지를 알게 해 주셨기에 창세기 6장의 말씀을 확인하는 차원에서 살펴야 할 것 같습니다. 이를 우리가 알게 될 때 육신의 생각을 영(靈)의 생각으로 바꾸는 전환점이 될 수 있습니다.

"사람이 땅 위에 번성하기 시작할 때에 그들에게서 딸들이 나니, 하나님의 아들들이 사람의 딸들의 아름다움을 보고 자기들이 좋아하는 모든 여자를 아내로 삼는지라. 여호와께서 이르시되 **나의 영이 영원히 사람과 함께 하지 아니하리니 이는 그들이 육신이 됨이라** 그러나 **그들의 날은 백이십 년이 되리라** 하시니라(창 6:1~3)."와 같이 하나님께서 '하나님의 영'을 제거하셨기 때문에 모든 인간에게는 '육신'만 있을 뿐 하나님의 영이 없는 상태로 만들어졌습니다.

원래 '하나님의 아들'이란 경건한 셋 계열의 후손들로서 약속의 씨에서 난 사람을 말합니다. 그러나 하나님의 아들들이 하나님의 거룩한 품성인 의와 사랑으로 살아야 함에도 영적인 분별력을 상실한 채 사람의 딸들의 아름다움에 빠져 가인의 딸들과 결혼하게 되었다는 것이 창세기 6장 2절의 말씀이었습니다. 이같이 영(靈)의 사람이 영적인 믿음의 혈족을 찾는 대신 시각적(視覺的) 향락에 치우친 나머지 욕정에 눈이 어두웠기 때문에 영(靈)의 사람이 육(肉)의 사람으로 바뀌게 된 근거라 하겠습니다.

창세기 6장 2절의 말씀을 좀 더 살피면, "자기들이 좋아하는 모든 여자를 아내로 삼는지라."는 생각의 근원이 '어디에서 나온 것이냐'는 것입니다. 이는 인본주의적 발상인 '육신의 생각'에서 나왔기 때문에 모든 인간은 육신이 됨에 따라 육신의 생각으로 살게 되었고, 육신의 지배를 받는 이 세상 역시 죄악된 세상이기에 우리가 이 세상에서 사는 한 모든 인간은 정도의 차이는 있겠지만 악할 수밖에 없다는 결론에 이른 것입니다(창 6:5; 잠 3:5~7; 롬 3:10~18, 8:7~9).

이에 '육신의 생각'이라는 DNA가 모든 인간에게 전이(轉移)됨에 따라 로마서 3장에 "기록된 바 의인은 없나니 하나도 없으며, 깨닫는 자도 없고 하나님을 찾는 자도 없고, 다 치우쳐 함께 무익하게 되고 선을 행하는 자는 없나니 하나도 없도다, 그들의 목구멍은 열린 무덤이요 그 혀로는 속임을 일삼으며 그 입술에는 독사의 독이 있고, 그 입에는 저주와 악독이 가득하고, 그 발은 피 흘리는 데 빠른지라, 파멸과 고생이 그 길에 있어, 평강의 길을 알지 못하였고, 그들의 눈 앞에 하나님을 두려워함이 없느니라 함과 같으니라(롬 3:10~18)." 말씀이 있는 것입니다.

말씀과 같이 모든 인간은 육신의 생각으로 인하여 '하나님의 영'이 없는 악한 존재가 되었기 때문에 하나님께서 기뻐하실 수 없는 존재가 된 것입니다(롬 8:7~8). 따라서 이 지구상에 살아 있는 모든 사람, 즉 '나', '너' 할 것 없이 모든 인간은 다 악하다는 것을 우리 모두 기본적으로 알아야 합니다(롬 3:10~18).

"비판을 받지 아니하려거든 비판하지 말라, 너희가 비판하는 그 비판으로 너희가 비판을 받을 것이요 너희가 헤아리는 그 헤아림으로 너희가 헤아림을 받을 것이니라(마 7:1~2).” 말씀과 같이 '모든 인간은 다 똑같이 악한 존재'이기 때문에 예수님께서 "비판하거나 헤아리지 말라" 말씀하셨던 것입니다. 모든 비판과 헤아림은 육신의 생각에서 나왔기 때문에 '나'와 '너'라는 존재 자체가 모두 악하고 죄가 된다는 것입니다.

그러므로 하나님의 아들들이 육신의 생각으로 사는 한 죄를 지을 수밖에 없는 존재가 된 것입니다. 정도의 차이는 있겠지만 모든 인간은 다 똑같은 존재이기 때문에 하나님께서 **"나의 영이 영원히 사람과 함께 하지 아니하리니 이는 그들이 육신이 됨이라**(창 6:3).” 말씀하셨던 것입니다.

"여호와께서 사람의 죄악이 세상에 가득함과 그의 마음으로 생각하는 모든 계획이 항상 악할 뿐임을 보시고. 땅 위에 사람 지으셨음을 한탄하사 마음에 근심하시고. 이르시되 내가 창조한 사람을 내가 지면에서 쓸어버리되 사람으로부터 가축과 기는 것과 공중의 새까지 그리하리니 이는 내가 그것들을 지었음을 한탄함이니라. 그러나 노아는 여호와께 은혜를 입었더라(창 6:5~8).” 사람의 죄악이 항상 악할 뿐임을 보시고 그 악함이 얼마나 악하였으면 하나님께서 사람 지으셨음을 한탄하시고 마음에 근심하시며 노아의 대홍수 심판을 하셨을까? 생각해 보았습니다(창 7:6~8:5). 특히 "내가 창조한 사람을 내가 지면에서 쓸어 버리되"라는 말씀에서 하나님께서 인간을 창조하실 때를 생각하지 아니할 수 없을 것입니다.

왜냐하면 "하나님이 이르시되 우리의 형상을 따라 우리의 모양대로 우리가 사람을 만들고 그들로 바다의 물고기와 하늘의 새와 가축과 온 땅과 땅에 기는 모든 것을 다스리게 하자 하시고, 하나님이 자기 형상 곧 하나님의 형상대로 사람을 창조하시되 남자와 여자를 창조하시고, 하나님이 그들에게 복을 주시며 하나님이 그들에게 이르시되 생육하고 번성하여 땅에 충만하라, 땅을 정복하라, 바다의 물고기와 하늘의 새와 땅에 움직이는 모든 생물을 다스리라 하시니라, 하나님이 이르시되 내가 온 지면의 씨 맺는 모든 채소와 씨 가진 열매 맺는 모든 나무를 너희에게 주노니 너희의 먹을 거리가 되리라, 또 땅의 모든 짐승과 하늘의 모든 새와 생명이 있어 땅에 기는 모든 것에게는 내가 모든 푸른 풀을 먹을 거리로 주노라 하시니 그대로 되니라, 하나님이 지으신 그 모든 것을 보시니 보시기에 심히 좋았더라 저녁이 되고 아침이 되니 이는 여섯째 날이니라(창 1:26~31)." 말씀하셨던 하나님께서 땅의 흙으로 만드셨던 피조물을 "내가 창조한 사람을 내가 지면에서 쓸어버리되 사람으로부터 가축과 기는 것과 공중의 새까지 그리하리니 이는 내가 그것들을 지었음을 한탄함이니라." 말씀하셨을 때 하나님의 심정이 어떠하셨을까, 그리고 얼마나 힘드셨으면 한탄하셨을까 생각해 보았습니다. 이렇게 "육신의 생각은 하나님과 원수가 되나니 이는 하나님의 법에 굴복하지 아니할 뿐 아니라 할 수도 없음이라, 육신에 있는 자들은 하나님을 기쁘시게 할 수 없느니라(롬 8:7~8)." 말씀하셨던 것입니다. 그런데 문제는 '육신의 생각'을 우리가 없애야 하는데 이를 없앨 수 없다는 것입니다.

그래서 시편 기자가 "그의 호흡이 끊어지면 흙으로 돌아가서 그 날에 그의 생각이 소멸하리로다(시 146:4)." 말씀하셨던 것도 이 때문이었습니다. 말씀인즉 우리의 목숨이 붙어 있는 한 육신의 생각을 소멸시킬 수 없는 존재이기 때문에 우리가 죽을 때 비로소 육신의 생각이 완전히 없어지게 된다는 말씀이었습니다. 이처럼 모든 인간은 육신의 생각을 없앨 수 없는 존재로 태어났기 때문에 짐승과 똑같은 피조물로 머물 수밖에 없다는 것입니다. 따라서 모든 인간은 '하나님의 영'이 없고 생명 있는 육신과 혼(생각, 정신)만 남은 존재로 살아 있지만 죽은 존재와 똑같기 때문에 사도 바울은 "육신의 생각은 사망이라(롬 8:6)." 말씀하셨던 것입니다.

그러므로 "육신의 생각은 하나님과 원수가 되나니 이는 하나님의 법에 굴복하지 아니할 뿐 아니라 할 수도 없음이라, 육신에 있는 자들은 하나님을 기쁘시게 할 수 없느니라, 만일 너희 속에 하나님의 영이 거하시면 너희가 육신에 있지 아니하고 영에 있나니 누구든지 그리스도의 영이 없으면 그리스도의 사람이 아니라(롬 8:7~9)." 말씀하셨던 것입니다.

이를 아시는 예수님께서 제자들에게 "성령을 받으라(요 20:22)." 말씀하셨던 것입니다. 그리고 구약의 스가랴 선지자도 "만군의 여호와께서 말씀하시되 이는 힘으로 되지 아니하며 능력으로 되지 아니하고 오직 나의 영으로 되느니라(슥 4:6)." 계시의 말씀을 하셨던 것입니다. 우리는 육신의 생각을 소멸시킬 수 없습니다. 하나님의 영(靈), 곧 성령의 인도하심과 도우심을 받을 때(요 16:13; 롬 8:14) 우리는 육신의 생각을 완전히 소멸시킬 수 있는 것입니다.

그래서 로마서 8장에 "이와 같이 성령도 우리의 연약함을 도우시나니 우리는 마땅히 기도할 바를 알지 못하나 오직 성령이 말할 수 없는 탄식으로 우리를 위하여 친히 간구하시느니라, 마음을 살피시는 이가 성령의 생각을 아시나니 이는 성령이 하나님의 뜻대로 성도를 위하여 간구하심이니라, 우리가 알거니와 하나님을 사랑하는 자 곧 그의 뜻대로 부르심을 입은 자들에게는 모든 것이 합력하여 선을 이루느니라, 하나님이 미리 아신 자들을 또한 그 아들의 형상을 본받게 하기 위하여 미리 정하셨으니 이는 그로 많은 형제 중에서 맏아들이 되게 하려 하심이니라, 또 미리 정하신 그들을 또한 부르시고 부르신 그들을 또한 의롭다 하시고 의롭다 하신 그들을 또한 영화롭게 하셨느니라(롬 8:26~30)." 말씀하셨던 것입니다.

로마서 8장 26절 말씀과 같이 성령도 우리의 연약함을 탄식하시며 우리를 도와 기도해 주시기 때문에 육신의 생각을 소멸시킬 수 있는 것입니다. 따라서 하나님의 영으로 인도함을 받는 사람만이 육신의 생각을 완전히 소멸시킬 수 있게 됨에 따라 사도 바울도 "그런즉 이 일에 대하여 우리가 무슨 말 하리요 만일 하나님이 우리를 위하시면 누가 우리를 대적하리요. 자기 아들을 아끼지 아니하시고 우리 모든 사람을 위하여 내주신 이가 어찌 그 아들과 함께 모든 것을 우리에게 주시지 아니하겠느냐, 누가 능히 하나님께서 택하신 자들을 고발하리요 의롭다 하신 이는 하나님이시니, 누가 정죄하리요 죽으실 뿐 아니라 다시 살아나신 이는 그리스도 예수시니 그는 하나님 우편에 계신 자요 우리를 위하여 간구하시는 자시니라, 누가 우리를 그리스도의 사랑에서 끊으리요 환난이나 곤고나 박해나 기근이나 적신이나 위험이나 칼이랴, 기록된 바 우리가 종일 주를 위하여 죽임을 당하게 되며 도살 당할 양 같이 여김을 받았나이다 함과 같으니라, 그러나 이 모든 일에 우리를 사랑하시는 이로 말미암아 우리가 넉넉히 이기느니라(롬 8:31~37)." 말씀하셨던 것입니다.

그러므로 우리가 육신의 생각을 소멸시키기 위해서는 성령을 반드시 받아야 함은 물론이거니와 하나님의 영으로 인도함을 받아야 합니다(요 16:13; 롬 8:14). 왜냐하면 육신의 생각이 육신의 생각을 소멸시킬 수 없기 때문입니다. 그래서 성령의 도우심만이 육신의 생각을 완전히 이길 수 있기 때문에 성령의 인도함을 받아야 구원함을 받을 수 있다는 말씀이었습니다. 이를 "생명의 성령의 법(롬 8:2)"으로 규정해 놓으셨기에 로마서 8장에 기록된 것입니다. 따라서 "생명의 성령의 법"으로 규정해 놓은 성령의 법이기 때문에 육신의 생각을 소멸시킬 수 있는 기본 원리이자 구원받는 하나님의 방법이라 말할 수 있는 것입니다.

이러한 점에서 예수님께서 "육으로 난 것은 육이요 영으로 난 것은 영이니, 내가 네게 거듭나야 하겠다 하는 말을 놀랍게 여기지 말라(요 3:6~7)."는 말씀을 왜 하시게 되었는지, 이를 살피지 않을 수 없을 것입니다. 왜냐하면 예수님께서 육신의 생각과 영의 생각을 대조시켜 설명해 주셨기 때문에 그 연유를 우리가 먼저 살피는 것이 순서일 것 같습니다.

2장

육신의 생각으로 믿었지만 구원받지 못하는 사람들

 어떤 사람이 예수님께 "구원받는 자가 적으니이까?"라고 질문하자 "좁은 문으로 들어가기를 힘쓰라 내가 너희에게 이르노니 들어가기를 구하여도 못하는 자가 많으리라, 집 주인이 일어나 문을 한 번 닫은 후에 너희가 밖에 서서 문을 두드리며 주여 열어 주소서 하면 그가 대답하여 이르되 나는 너희가 어디에서 온 자인지 알지 못하노라 하리니, 그 때에 너희가 말하되 우리는 주 앞에서 먹고 마셨으며 주는 또한 우리의 길거리에서 가르치셨나이다 하나, 그가 너희에게 말하여 이르되 나는 너희가 어디에서 왔는지 알지 못하노라 행악하는 모든 자들아 나를 떠나 가라 하리라, 너희가 아브라함과 이삭과 야곱과 모든 선지자는 하나님 나라에 있고 오직 너희는 밖에 쫓겨난 것을 볼 때에 거기서 슬피 울며 이를 갈리라(눅 13:24~28)."고 말씀하신 것을 보면 이해되지 않아 고개가 갸우뚱하실 분들도 있을 것입니다.

이 말씀 자체는 이해하였지만, 우리가 그동안 "믿기만 하면 구원받는다." 또는 "한 번 구원은 영원한 구원이다."라는 식으로 믿어 왔기 때문에 놀랍고 당황스러울 것입니다. 특히 "좁은 문으로 들어가기를 힘쓰라."는 말씀에 동의하기가 매우 힘들 것입니다. 이는 성경에 기록된 말씀과 자신의 행위에 너무나 많은 거리감이 있음을 볼 수 있기 때문입니다. 이는 육신의 생각으로 주님을 믿고 있었기 때문에 나타나는 현상이라 하겠습니다.

천국은 "믿기만 하면 구원받는다."거나 "한 번 구원은 영원한 구원이다."라는 안일한 생각으로 쉽게 들어갈 수 있는 곳이 아니기 때문에 예수님께서 "좁은 문으로 들어가기를 힘쓰라 내가 너희에게 이르노니 들어가기를 구하여도 못하는 자가 많으리라(눅 13:24)." 말씀하셨던 것입니다. 그런데 좁은 문은 구원의 대가(代價)를 치러야 통과할 수 있다는 것입니다. 세상의 온갖 유혹과 이기적인 욕망, 욕심과 싸워 이기려는 노력에 대한 희생의 값을 치러야 들어갈 수 있는 곳이 천국이기 때문에 그렇습니다.

우리가 예수 그리스도를 믿는 목적이 무엇입니까? 영원한 생명(구원)을 얻기 위해서입니다. 그렇다면 우리가 구원받기 위해서 말씀에 순종하고 따르는 것이 당연하지 않겠습니까? 교회만 열심히 다녀도 쉽게 구원받는다거나 한 번 구원은 영원한 구원이라는 식이 아니라, 좁은 문으로 들어가기를 힘쓰는 희생의 대가(代價)를 치러야 들어갈 수 있는 곳이 천국이기 때문에 그렇습니다.

따라서 나태하고 자만으로 가득 찬 분들은 아무리 예수님의 이름을 부르고 구하여도 들어갈 수 없는 곳이 천국입니다. 주님께서 "좁은 문으로 들어가기를 힘쓰라 내가 너희에게 이르노니 들어가기를 구하여도 못하는 자가 많으리라." 말씀하셨음에도 불구하고 그들이 부르짖으며, "우리는 주 앞에서 먹고 마셨으며 주는 또한 우리의 길거리에서 가르치셨나이다."라고 항변하지만, "그가 너희에게 말하여 이르되 나는 너희가 어디에서 왔는지 알지 못하노라 행악하는 모든 자들아 나를 떠나가라 하리라." 말씀하셨던 것입니다. 구원은 좁은 문으로 들어가고자 하는 자가 희생의 대가를 치러야만 들어갈 수 있기 때문에 그렇습니다.

이렇게 항변하는 분들이 어떤 사람들입니까? 우리와 똑같이 주님의 말씀을 듣고 가르침 받던 사람들입니다. 그러나 주님으로부터 "나는 너희가 어디에서 왔는지 알지 못하노라 행악하는 모든 자들아 나를 떠나 가라 하리라, 너희가 아브라함과 이삭과 야곱과 모든 선지자는 하나님 나라에 있고 오직 너희는 밖에 쫓겨난 것을 볼 때에 거기서 슬피 울며 이를 갈리라(눅 13:27~28)."는 말씀을 들었습니다.

그런데 그들은 왜 쫓겨나 슬피 울며 이를 갈게 된 것입니까? 이는 '육신의 생각'으로 자신의 유익만을 구하며 살았기 때문에 안타깝게도 구원받지 못하는 것입니다. 이들은 하나님을 믿을 때 "생명의 성령의 법(롬 8:2)"을 따르지 않고 자기 소견의 옳은 대로 행하고 믿었기 때문에(삿 21:25; 사 17:10) 구원받지 못하는 것입니다. 자기의 주관적인 믿음에 따라, 자기 입맛과 구미에 따라 선별하여 하나님의 말씀을 받아들이거나 거부하였기 때문에 구원받지 못하는 것입니다. 그가 육신의 생각으로 하나님을 믿고 하나님의 일을 행하는 한 구원받지 못할 것입니다.

"십자가의 도가 멸망하는 자들에게는 미련한 것이요 구원을 받는 우리에게는 하나님의 능력이라. 기록된 바 내가 지혜 있는 자들의 지혜를 멸하고 총명한 자들의 총명을 폐하리라 하였으니, 지혜 있는 자가 어디 있느냐 선비가 어디 있느냐 이 세대에 변론가가 어디 있느냐 하나님께서 이 세상의 지혜를 미련하게 하신 것이 아니냐, 하나님의 지혜에 있어서는 이 세상이 자기 지혜로 하나님을 알지 못하므로 하나님께서 전도의 미련한 것으로 믿는 자들을 구원하시기를 기뻐하셨도다, 유대인은 표적을 구하고 헬라인은 지혜를 찾으나, 우리는 십자가에 못 박힌 그리스도를 전하니 유대인에게는 거리끼는 것이요 이방인에게는 미련한 것이로되, 오직 부르심을 받은 자들에게는 유대인이나 헬라인이나 그리스도는 하나님의 능력이요 하나님의 지혜니라, 하나님의 어리석음이 사람보다 지혜롭고 하나님의 약하심이 사람보다 강하니라(고전 1:18~25)."는 사도 바울의 말씀을 인식하지 못했을 뿐 아니라 믿음의 기초인 십자가의 도를 모르고 믿었기 때문에 안타깝게도 구원받지 못하는 것입니다. 이처럼 믿었지만, 구원받지 못하시는 분들이 있다는 점에서 우리 모두 경각심을 가지고 이들은 왜 구원받지 못하는 것인지 구체적으로 살펴야 할 것입니다.

1. 구원받지 못함은 불순종했기 때문입니다

성경에서의 불순종은 하나님의 뜻에 어긋나거나 명령에 불순종하는 상태를 말합니다. 이는 창조 때의 아담과 하와의 DNA가 하나님의 아들들에게 전이됨에 따라 이 세상의 모든 인간까지 불순종하게 되었음을 우리가 알고 하나님의 말씀에 순복하기 위해서였습니다. 그리고 말씀에 순종하는 곳에, 우리의 영원한 구원과 생명이 있기에 우리가 이를 살피려는 것입니다.

"여호와 하나님이 땅의 흙으로 사람을 지으시고 생기를 그 코에 불어넣으시니 사람이 생령이 되니라, 여호와 하나님이 동방의 에덴에 동산을 창설하시고 그 지으신 사람을 거기 두시니라, 여호와 하나님이 그 땅에서 보기에 아름답고 먹기에 좋은 나무가 나게 하시니 동산 가운데에는 생명 나무와 선악을 알게 하는 나무도 있더라, 강이 에덴에서 흘러 나와 동산을 적시고 거기서부터 갈라져 네 근원이 되었으니, 첫째의 이름은 비손이라 금이 있는 하윌라 온 땅을 둘렀으며, 그 땅의 금은 순금이요 그 곳에는 베델리엄과 호마노도 있으며, 둘째 강의 이름은 기혼이라 구스 온 땅을 둘렀고, 셋째 강의 이름은 힛데겔이라 앗수르 동쪽으로 흘렀으며 넷째 강은 유브라데더라, 여호와 하나님이 그 사람을 이끌어 에덴 동산에 두어 그것을 경작하며 지키게 하시고, 여호와 하나님이 그 사람에게 명하여 이르시되 동산 각종 나무의 열매는 네가 임의로 먹되, 선악을 알게 하는 나무의 열매는 먹지 말라 네가 먹는 날에는 반드시 죽으리라 하시니라 (창 2:7~17)." 말씀하셨음에도 불구하고 창세기 3장에 보면 인간이 타락하는 장면을 볼 수 있습니다.

"그런데 뱀은 여호와 하나님이 지으신 들짐승 중에 가장 간교하니라 뱀이 여자에게 물어 이르되 하나님이 참으로 너희에게 동산 모든 나무의 열매를 먹지 말라 하시더냐, 여자가 뱀에게 말하되 동산 나무의 열매를 우리가 먹을 수 있으나, 동산 중앙에 있는 나무의 열매는 하나님의 말씀에 너희는 먹지도 말고 만지지도 말라 너희가 죽을까 하노라 하셨느니라, 뱀이 여자에게 이르되 너희가 결코 죽지 아니하리라, 너희가 그것을 먹는 날에는 너희 눈이 밝아져 하나님과 같이 되어 선악을 알 줄 하나님이 아심이니라, 여자가 그 나무를 본즉 먹음직도 하고 보암직도 하고 지혜롭게 할 만큼 탐스럽기도 한 나무인지라 여자가 그 열매를 따먹고 자기와 함께 있는 남편에게도 주매 그도 먹은지라, 이에 그들의 눈이 밝아져 자기들이 벗은 줄을 알고 무화과나무 잎을 엮어 치마로 삼았더라, 그들이 그 날 바람이 불 때 동산에 거니시는 여호와 하나님의 소리를 듣고 아담과 그의 아내가 여호와 하나님의 낯을 피하여 동산 나무 사이에 숨은지라, 여호와 하나님이 아담을 부르시며 그에게 이르시되 네가 어디 있느냐, 이르되 내가 동산에서 하나님의 소리를 듣고 내가 벗었으므로 두려워하여 숨었나이다, 이르시되 누가 너의 벗었음을 네게 알렸느냐 내가 네게 먹지 말라 명한 그 나무 열매를 네가 먹었느냐, 아담이 이르되 하나님이 주셔서 나와 함께 있게 하신 여자 그가 그 나무 열매를 내게 주므로 내가 먹었나이다, 여호와 하나님이 여자에게 이르시되 네가 어찌하여 이렇게 하였느냐 여자가 이르되 뱀이 나를 꾀므로 내가 먹었나이다, 여호와 하나님이 뱀에게 이르시되 네가 이렇게 하였으니 네가 모든 가축과 들의 모든 짐승보다 더욱 저주를 받아 배로 다니고 살아 있는 동안 흙을 먹을지니라, 내가 너로 여자와 원수가 되게 하고 네 후손도 여자의 후손과 원수가 되게 하리니 여자의 후손은 네 머리를 상하게 할 것이요 너는 그의 발꿈치를 상하게 할 것이니라 하시고, 또 여자에게 이르시되 내가 네게 임신하는 고통을 크게 더하리니 네가 수고하고 자식을 낳을 것이며 너는 남편을 원하고 남편은 너를 다스릴 것이니라 하시고, 아담에게 이르시되 네가 네 아내의 말을 듣고 내가 네게 먹지 말라 한 나무의 열매를 먹었은즉 땅은 너로 말미암아 저주를 받고 너는 네 평생에 수고하여야 그 소산을 먹으리라, 땅이 네게 가시덤불과 엉겅퀴를 낼 것이라 네가 먹을 것은 밭의 채소인즉, 네가 흙으로 돌아갈 때까지 얼굴에 땀을 흘려야 먹을 것을 먹으리니 네가 그것에서 취함을 입었음이라 너는 흙이니 흙으로 돌아갈 것이니라 하시니라, 아담이 그의 아내의 이름을 하와라 불렀으니 그는 모든 산 자의 어머니가 됨이더라, 여호와 하나님이 아담과 그의 아내를 위하여 가죽옷을 지어 입히시니라(창 3:1~21)."는 말씀이야말로 아담과 하와의 불순종의 근원이라 말할 수 있겠습니다.

그리고 창세기 6장에서 "하나님의 아들들이 사람의 딸들의 아름다움을 보고 자기들이 좋아하는 모든 여자를 아내로 삼는지라, 여호와께서 이르시되 나의 영이 영원히 사람과 함께 하지 아니하리니 이는 그들이 육신이 됨이라 그러나 그들의 날은 백이십 년이 되리라 하시니라, 당시에 땅에는 네피림이 있었고 그 후에도 하나님의 아들들이 사람의 딸들에게로 들어와 자식을 낳았으니 그들은 용사라 고대에 명성이 있는 사람들이었더라, 여호와께서 사람의 죄악이 세상에 가득함과 그의 마음으로 생각하는 모든 계획이 항상 악할 뿐임을 보시고, 땅 위에 사람 지으셨음을 한탄하사 마음에 근심하시고, 이르시되 내가 창조한 사람을 내가 지면에서 쓸어버리되 사람으로부터 가축과 기는 것과 공중의 새까지 그리하리니 이는 내가 그것들을 지었음을 한탄함이니라 하시니라(창 6:2~7)."는 말씀대로 노아의 홍수 심판이 있었습니다. 그리고 이스라엘 백성이 가데스 반역이라는 전력(前歷)이 있어 하나님으로부터 심판을 받았기 때문에 (민 14:1~10) 선지자 모세는 이러한 점을 염려하여 신명기 8장에서 이스라엘 백성의 가나안 입성을 목전에 두고 유언하시며 "네 하나님 여호와께서 이 사십 년 동안에 네게 광야 길을 걷게 하신 것을 기억하라 이는 너를 낮추시며 너를 시험하사 네 마음이 어떠한지 그 명령을 지키는지 지키지 않는지 알려 하심이라(신 8:2)." 당부하셨던 것입니다.

그리고 순종과 불순종이라는 관점에서 하나님께서 예레미야 선지자를 통하여 선민의 반열에 들지 못한 소수 민족인 레갑 족속과 선민으로 선택받은 유다 백성을 대조시킨 말씀을 통해서 그 결과가 어떻게 나타났는지를 보게 하셨습니다.

"유다의 요시야 왕의 아들 여호야김 때에 여호와께로부터 말씀이 예레미야에게 임하여 이르시되, 너는 레갑 사람들의 집에 가서 그들에게 말하고 그들을 여호와의 집 한 방으로 데려다가 포도주를 마시게 하라 하시니라, 이에 내가 하바시냐의 손자요 예레미야의 아들인 야아사냐와 그의 형제와 그의 모든 아들과 모든 레갑 사람들을 데리고, 여호와의 집에 이르러 익다랴의 아들 하나님의 사람 하난의 아들들의 방에 들였는데 그 방은 고관들의 방 곁이요 문을 지키는 살

룸의 아들 마아세야의 방 위더라, 내가 레갑 사람들의 후손들 앞에 포도주가 가득한 종지와 술잔을 놓고 마시라 권하매, 그들이 이르되 우리는 포도주를 마시지 아니하겠노라 레갑의 아들 우리 선조 요나답이 우리에게 명령하여 이르기를 너희와 너희 자손은 영원히 포도주를 마시지 말며, 너희가 집도 짓지 말며 파종도 하지 말며 포도원을 소유하지도 말고 너희는 평생 동안 장막에 살아라 그리하면 너희가 머물러 사는 땅에서 너희 생명이 길리라 하였으므로, 우리가 레갑의 아들 우리 선조 요나답이 우리에게 명령한 모든 말을 순종하여 우리와 우리 아내와 자녀가 평생 동안 포도주를 마시지 아니하며, 살 집도 짓지 아니하며 포도원이나 밭이나 종자도 가지지 아니하고, 장막에 살면서 우리 선조 요나답이 우리에게 명령한 대로 다 지켜 행하였노라, 그러나 바벨론의 느부갓네살 왕이 이 땅에 올라왔을 때에 우리가 말하기를 갈대아인의 군대와 수리아인의 군대를 피하여 예루살렘으로 가자 하고 우리가 예루살렘에 살았노라, 그 때에 여호와의 말씀이 예레미야에게 임하여 이르시되, 만군의 여호와 이스라엘의 하나님께서 이와 같이 말씀하시니라 너는 가서 유다 사람들과 예루살렘 주민에게 이르기를 너희가 내 말을 들으며 교훈을 받지 아니하겠느냐 여호와의 말씀이니라, 레갑의 아들 요나답이 그의 자손에게 포도주를 마시지 말라 한 그 명령은 실행되도다, 그들은 그 선조의 명령을 순종하여 오늘까지 마시지 아니하거늘 내가 너희에게 말하고 끊임없이 말하여도 너희는 내게 순종하지 아니하도다, 내가 내 종 모든 선지자를 너희에게 보내고 끊임없이 보내며 이르기를 너희는 이제 각기 악한 길에서 돌이켜 행위를 고치고 다른 신을 따라 그를 섬기지 말라 그리하면 너희는 내가 너희와 너희 선조에게 준 이 땅에 살리라 하여도 너희가 귀를 기울이지 아니하며 내게 순종하지 아니하였느니라. 레갑의 아들 요나답의 자손은 그의 선조가 그들에게 명령한 그 명령을 지켜 행하나 이 백성은 내게 순종하지 아니하도다. 그러므로 만군의 여호와 이스라엘의 하나님께서 이와 같이 말씀하시니라. 보라 내가 유다와 예루살렘의 모든 주민에게 내가 그들에게 대하여 선포한 모든 재앙을 내리리니 이는 내가 그들에게 말하여도 듣지 아니하며 불러도 대답하지 아니함이니라 하셨다 하라(렘 35:1~17)." 말씀과 같이 레갑 족속은 이방 민족으로서 선조인 요나답의 명령을 300여 년 동안 지켜 왔습니다. 반면에 유다 백성은 아브라함의 자손으로서 하나님의 선민임을 자처하면서도 선지자들의 거듭되는 호소와 경고에도 불구하고 이를 듣지 않고 여호와의 율법을 무시하고 불순종하였기 때문에 결국 주전 586년 예루살렘 멸망이 임하게 된 것은 너무나 당연한 결과일 것입니다.

여호와 하나님께서 예레미야를 통해 "예레미야가 레갑 사람의 가문에게 이르되 만군의 여호와 이스라엘의 하나님께서 이와 같이 말씀하시기를 너희가 너희 선조 요나답의 명령을 순종하여 그의 모든 규율을 지키며 그가 너희에게 명령한 것을 행하였도다. 그러므로 만군의 여호와 이스라엘의 하나님께서 이와 같이 말씀하시니라 레갑의 아들 요나답에게서 내 앞에 설 사람이 영원히 끊어지지 아니하리라 하시니라(렘 35:18~19)." 말씀하셨습니다.

순종과 불순종이라는 관점에서 사무엘 선지자가 사울 왕에게 하셨던 말씀을 잠시 살펴야 할 것 같습니다. 이는 불순종이 어떤 결과로 나타나는지를 명확하게 알기 위해서입니다. "사무엘이 이르되 여호와께서 번제와 다른 제사를 그의 목소리를 청종하는 것을 좋아하심 같이 좋아하시겠나이까 순종이 제사보다 낫고 듣는 것이 숫양의 기름보다 나으니, 이는 거역하는 것은 점치는 죄와 같고 완고한 것은 사신 우상에게 절하는 죄와 같음이라 왕이 여호와의 말씀을 버렸으므로 여호와께서도 왕을 버려 왕이 되지 못하게 하셨나이다 하니(삼상 15:22~23)."라는 말씀을 우리가 생각하지 않을 수 없을 것입니다.

믿음이란 순종과 연계되어 있기에 믿음은 곧 순종이라 말하는 것입니다. "그러나 그들이 다 복음을 순종하지 아니하였도다 이사야가 이르되 주여 우리가 전한 것을 누가 믿었나이까 하였으니(롬 10:16)."라고 사도 바울이 말하였던 것도 이 때문일 것입니다. 더구나 하나님께서 "아들을 믿는 자에게는 영생이 있고 아들에게 순종하지 아니하는 자는 영생을 보지 못하고 도리어 하나님의 진노가 그 위에 머물러 있느니라(요 3:36)."

그러므로 우리가 주님의 말씀을 따르고 순종한다고 하는 것은 제자로서 지켜야 할 기본조건이자 구원의 조건이기 때문에 이를 마땅히 따라야 할 것입니다. 만일 이를 살피지 않고 신앙생활을 한다면 "제자로서의 삶을 포기하는 것과 똑같다." 말할 수 있습니다.

그런데 제자로서 순종해야 할 조건을 지키기 위해서 첫째, 내가 과연 성령을 받았는가. 둘째, 성령의 인도함을 받고 있는가(요 16:13). 셋째, 예수님께서 말씀하신 "누구든지 나를 따라오려거든 자기를 부인하고 자기 십자가를 지고 나를 따를 것이니라(마 16:24)."는 말씀에 얼마나 순복하고 있는가를 묻지 않을 수 없을 것입니다. 이는 우리가 성령의 인도하심과 도우심 없이 말씀에 순종할 수 없기에 불순종하게 되는 것입니다.

왜냐하면 "육신을 따르는 자는 육신의 일을, 영을 따르는 자는 영의 일을 생각하나니, 육신의 생각은 사망이요 영의 생각은 생명과 평안이니라, 육신의 생각은 하나님과 원수가 되나니 이는 하나님의 법에 굴복하지 아니할 뿐 아니라 할 수도 없음이라, 육신에 있는 자들은 하나님을 기쁘시게 할 수 없느니라, 만일 너희 속에 하나님의 영이 거하시면 너희가 육신에 있지 아니하고 영에 있나니 누구든지 그리스도의 영이 없으면 그리스도의 사람이 아니라(롬 8:5~9)." 말씀하셨던 것입니다.

그러므로 순종은 믿음의 원리이자 규칙이기 때문에 "생명의 성령의 법(롬 8:2)"이라 말하는 것입니다. 그러나 우리가 이를 지키지 못하였다면 이는 불순종하였기 때문에 믿었지만 구원받지 못하는 것입니다.

2. 구원받지 못함은 겸손하지 못하였기 때문입니다

마태복음 18장 1절에서 제자들이 예수님께 "천국에서는 누가 크니이까?" 질문하자 "이르시되 진실로 너희에게 이르노니 너희가 돌이켜 어린 아이들과 같이 되지 아니하면 결단코 천국에 들어가지 못하리라, 그러므로 누구든지 이 어린 아이와 같이 자기를 낮추는 사람이 천국에서 큰 자니라(마 18:3~4)."고 말씀하셨습니다.

그런데 예수님께서 왜 어린아이와 같이 자기를 낮추는 그이가 천국에서 큰 자니라(마 18:3~4) 말씀하신 걸까요? 왜냐하면 당시 제자들의 천국과 예수님의 천국이 너무도 달랐기 때문입니다.

설명하자면 이렇습니다. 신약성경 마태복음 17장에 보면 예수님께서 영적인 일을 성취하시기 위하여 제자들에게 "인자가 장차 사람들의 손에 넘겨져 죽임을 당하고 제 삼일에 살아나리라(마 17:22~23)." 예고하여 주셨지만, 제자들은 예수님의 말씀에 귀 기울이거나 신랑 되신 주님 말씀을 마음에 두지 않았습니다. 오히려 육신의 생각으로 어떻게 하면 정치적인 지도자로 출세할 수 있을까 하는 이기적인 욕망과 욕심에 가득 찬 질문을 하였기에 예수님께서 어린아이를 세우시며 "너희가 돌이켜 어린 아이들과 같이 되지 아니하면 결단코 천국에 들어가지 못하리라." 말씀하셨던 것입니다.

이와 같이 주님과 제자들의 생각은 근본적으로 달랐습니다. 제자들은 영의 일을 한다는 것이 도대체 무엇을 말씀하시는 것인지 모를 뿐만 아니라 무엇이 영의 생각이고, 무엇이 육의 생각인지를, 알 수도 상상할 수도 없있을 것입니다. 왜냐하면 제자들은 육신의 생각이 곧 영의 생각이라고 착각하고, 오로지 명예와 권위적인 자리에 앉게 될 것이라는 막연한 기대만 하고 있었기 때문일 것입니다. 제자들은 아직 성령을 받지 못한 상태라 육신의 생각으로 "천국에서 누가 크니이까?"라고 질문할 수밖에 없는 상태에서 질문하였던 것입니다.

그런데 여기서 예수님께서 '왜 제자들 앞에 어린아이를 세우셨을까?'를 생각해 봅시다. 일반적으로 어린아이들의 생각이라고 하면 언행(言行)이 미숙하고 의존적인 존재로만 생각할 것입니다. 하지만 아이들은 미숙한 생각 그대로의 상태를 솔직하게 말하며, 가르침에 대해 단순한 마음으로 받아들였기에 "어린아이는 천국 시민의 모델이라" 말할 수 있습니다. 뿐만 아니라 생각하는 것이나 언행(言行)이 미숙하여 부모의 전적인 보살핌을 받아야만 살 수 있어 어른들 앞에서 자신을 늘 낮추며 말씀에 순종하는 품성을 갖고 있기에 예수님께서 어린아이를 세우시며 "누구든지 내 이름으로 이런 어린아이 하나를 영접하면 곧 나를 영접함이요 누구든지 나를 영접하면 나를 영접함이 아니요 나를 보내신 이를 영접함이니라(막 9:37)." 말씀하셨던 것입니다.

이와 같이 우리가 우리 자신을 낮추고자 하는 겸손한 마음은 하나님의 성품 가운데 하나임을 알아야 할 것입니다. 왜냐하면 시편 113편에 "여호와 우리 하나님과 같은 이가 누구리요 높은 곳에 앉으셨으나, 스스로 낮추사 천지를 살피시고(시 113:5~6)."라는 말씀이 기록되었듯이, 하나님 나라의 법칙과 원리를 잘 아시는 예수님께서도 "사람의 모양으로 나타나사 자기를 낮추시고 죽기까지 복종하셨으니 곧 십자가에 죽으심이라(빌 2:8)." 말씀이 있기 때문입니다. 겸손은 전적으로 하나님 말씀을 의지하면서 순복하고자 하는 마음을 말합니다.

그러나 우리가 하나님 말씀에 따르지 않거나 순복하지 않으면 이를 교만이라 말하며, 하나님을 의지하거나 말씀에 순종하기를 거부하는 것을 교만, 즉 죄의 뿌리로 보기에 잠언 기자는 "사람의 마음의 교만은 멸망의 선봉이요 겸손은 존귀의 길잡이니라(잠 18:12)."

말씀하셨던 것입니다. 그리고 하나님께서 예레미야 선지자를 통하여 "주 만군의 여호와의 말씀이니라 교만한 자여 보라 내가 너를 대적하나니 너의 날 곧 내가 너를 벌할 때가 이르렀음이라(렘 50:31)." 말씀하여 주셨던 것도 이는 하늘나라의 법칙이기 때문에 그렇습니다.

따라서 겸손은 하나님의 백성에게 요구하는 덕목 중 하나이기 때문에 선지자 모세께서 이스라엘 백성에게 "네 하나님 여호와께서 이 사십 년 동안에 네게 광야 길을 걷게 하신 것을 기억하라 이는 너를 낮추시며 너를 시험하사 네 마음이 어떠한지 그 명령을 지키는지 지키지 않는지 알려 하심이라(신 8:2)." 말씀하셨던 것이고, 이사야 선지자께서도 "지극히 존귀하며 영원히 거하시며 거룩하다 이름하는 이가 이와 같이 말씀하시되 내가 높고 거룩한 곳에 있으며 또한 통회하고 마음이 겸손한 자와 함께 있나니 이는 겸손한 자의 영을 소생시키며 통회하는 자의 마음을 소생시키려 함이라(사 57:15)."는 계시의 말씀을 주셨던 것입니다.

그래서 예수님께서 제자들의 "천국에서는 누가 크니이까(마 18:1)."라는 질문에 예민하게 반응하셨던 것입니다. 아담 이후 교만이라는 DNA가 바벨탑 사건으로 나타난 성경적 근거가 있기에 우리 주님께서 예민하게 반응하셨던 것입니다. 보시겠습니다.

"온 땅의 언어가 하나요 말이 하나였더라, 이에 그들이 동방으로 옮기다가 시날 평지를 만나 거기 거류하며, 서로 말하되 자, 벽돌을 만들어 견고히 굽자 하고 이에 벽돌로 돌을 대신하며 역청으로 진흙을 대신하고, 또 말하되 자, 성읍과 탑을 건설하여 그 탑 꼭대기를 하늘에 닿게 하여 우리 이름을 내고 온 지면에 흩어짐을 면하자 하였더니(창 11:1~4)."라는 말씀에서 4절의 "우리 이름을 내고"는, 가인의 후예들이 하나님을 의지하지 않고 인본주의적 육신의 생각으로 인하여 이기적인 욕망과 욕심을 잘 나타내는 교만의 극치로 하나님을 반(反)한 것입니다.

그래서 "그들이 오늘까지 겸손하지 아니하며 두려워하지도 아니하고 내가 너희와 너희 조상들 앞에 세운 나의 율법과 나의 법규를 지켜 행하지 아니하느니라, 그러므로 만군의 여호와 이스라엘의 하나님께서 이와 같이 말씀하시니라 보라 내가 얼굴을 너희에게로 향하여 환난을 내리고 온 유다를 끊어 버릴 것이며, 내가 또 애굽 땅에 머물러 살기로 고집하고 그리로 들어간 유다의 남은 자들을 처단하리니 그들이 다 멸망하여 애굽 땅에서 엎드러질 것이라 그들이 칼과 기근에 망하되 낮은 자로부터 높은 자까지 칼과 기근에 죽어서 저주와 놀램과 조롱과 수치의 대상이 되리라, 내가 예루살렘을 벌한 것 같이 애굽 땅에 사는 자들을 칼과 기근과 전염병으로 벌하리니, 애굽 땅에 들어가서 거기에 머물러 살려는 유다의 남은 자 중에 피하거나 살아 남아 소원대로 돌아와서 살고자 하여 유다 땅에 돌아올 자가 없을 것이라 도망치는 자들 외에는 돌아올 자가 없으리라 하셨느니라(렘 44:10~14)."고 예레미야 선지자에게 애굽에 남아 있는 유다인들에 대한 심판의 말씀을 계시하셨습니다. 이런 전례가 있었기에 예수님께서 예민하게 반응하시며 "만일 네 손이나 네 발이 너를 범죄하게 하거든 찍어 내버리라 장애인이나 다리 저는 자로 영생에 들어가는 것이 두 손과 두 발을 가지고 영원한 불에 던져지는 것보다 나으니라, 만일 네 눈이 너를 범죄하게 하거든 빼어 내버리라 한 눈으로 영생에 들어가는 것이 두 눈을 가지고 지옥 불에 던져지는 것보다 나으니라, 삼가 이 작은 자 중의 하나도 업신여기지 말라 너희에게 말하노니 그들의 천사들이 하늘에서 하늘에 계신 내 아버지의 얼굴을 항상 뵈옵느니라(마 18:8~10)."고 말씀하셨습니다.

예수님은 이런 엄중한 말씀을 제자들에게 말씀하시면서도 '육신(肉身)의 생각'을 '영(靈)의 생각'으로 방향 전환할 수 있도록 "너희 생각에는 어떠하냐 만일 어떤 사람이 양 백 마리가 있는데 그 중의 하나가 길을 잃었으면 그 아흔아홉 마리를 산에 두고 가서 길 잃은 양을 찾지 않겠느냐, 진실로 너희에게 이르노니 만일 찾으면 길을 잃지 아니한 아흔아홉 마리보다 이것을 더 기뻐하리라, 이와 같이 이 작은 자 중의 하나라도 잃는 것은 하늘에 계신 너희 아버지의 뜻이 아니니라(마 18:12~14)." 말씀하셨던 것입니다.

잃어버린 작은 자 하나를 찾는 것이 제자들의 책무임에도 제자들은 하나님 아버지의 뜻을 생각지 않고 육신의 생각만 하였기 때문에, "천국에서는 누가 크니이까?"라고 질문하는 제자들이 철딱서니 없는 어린아이의 모습으로 보일 뿐 주님은 제자들의 이러한 질문에 안타까운 마음을 갖고 계셨음을 우리가 짐작해 볼 수 있을 것입니다. 그래서 이후에 베드로 사도가 "젊은 자들아 이와 같이 장로들에게 순종하고 다 서로 겸손으로 허리를 동이라 하나님은 교만한 자를 대적하시되 겸손한 자들에게는 은혜를 주시느니라(벧전 5:5)." 말씀하셨던 것도 이 때문이라 말할 수 있겠습니다.

이러한 점에서 우리가 우리 자신을 낮추거나 겸손하기 위해서 이기적인 욕망과 욕심을 희생시킬 '희생의 대가'를 치러야 할 것이라 생각해 보았습니다. '희생의 대가' 없이 큰 자가 될 수 없기에 그렇습니다. 이러한 깨달음에도 불구하고 견디기 어려울 때가 많이 있었습니다. 이는 내가 아직도 하나님 앞에 겸손하지 못하여 영에 머무르지 못하고 육신의 생각에 머물러 있기에 이런 현상이 자주 일어나는 것이라 생각합니다.

그리고 제 자신이 아직도 하나님 앞에 겸손하지 못하였기 때문에 이를 깨우쳐 주시기 위하여 "이르시되 진실로 너희에게 이르노니 너희가 돌이켜 어린 아이들과 같이 되지 아니하면 결단코 천국에 들어가지 못하리라, 그러므로 누구든지 이 어린 아이와 같이 자기를 낮추는 사람이 천국에서 큰 자니라(마 18:3~4)." 말씀하셨던 것입니다. 우리의 영원한 구원의 문제가 달렸기에 우리가 항상 겸손해야 한다는 말씀이었습니다.

3. 구원받지 못함은 성령을 모독(훼방)하였기 때문입니다

마태복음 12장에 귀신 들려 눈 멀고 말 못하는 사람을 데리고 온 사람을 예수께서 고쳐 주실 때 이렇게 말씀하셨습니다.

"무리가 다 놀라 이르되 이는 다윗의 자손이 아니냐 하니, 바리새인들은 듣고 이르되 이가 귀신의 왕 바알세불을 힘입지 않고는 귀신을 쫓아내지 못하느니라 하거늘, 예수께서 그들의 생각을 아시고 이르시되 스스로 분쟁하는 나라마다 황폐하여질 것이요 스스로 분쟁하는 동네나 집마다 서지 못하리라, 만일 사탄이 사탄을 쫓아내면 스스로 분쟁하는 것이니 그리하고야 어떻게 그의 나라가 서겠느냐, 또 내가 바알세불을 힘입어 귀신을 쫓아내면 너희의 아들들은 누구를 힘입어 쫓아내느냐 그러므로 그들이 너희의 재판관이 되리라, 그러나 내가 하나님의 성령을 힘입어 귀신을 쫓아내는 것이면 하나님의 나라가 이미 너희에게 임하였느니라, 사람이 먼저 강한 자를 결박하지 않고서야 어떻게 그 강한 자의 집에 들어가 그 세간을 강탈

하겠느냐 결박한 후에야 그 집을 강탈하리라, 나와 함께 아니하는 자는 나를 반대하는 자요 나와 함께 모으지 아니하는 자는 헤치는 자니라, 그러므로 내가 너희에게 이르노니 사람에 대한 모든 죄와 모독은 사하심을 얻되 성령을 모독하는 것은 사하심을 얻지 못하겠고, 또 누구든지 말로 인자를 거역하면 사하심을 얻되 누구든지 말로 성령을 거역하면 이 세상과 오는 세상에서도 사하심을 얻지 못하리라, 나무도 좋고 열매도 좋다 하든지 나무도 좋지 않고 열매도 좋지 않다 하든지 하라 그 열매로 나무를 아느니라, 독사의 자식들아 너희는 악하니 어떻게 선한 말을 할 수 있느냐 이는 마음에 가득한 것을 입으로 말함이라, 선한 사람은 그 쌓은 선에서 선한 것을 내고 악한 사람은 그 쌓은 악에서 악한 것을 내느니라, 내가 너희에게 이르노니 사람이 무슨 무익한 말을 하든지 심판 날에 이에 대하여 심문을 받으리니, 네 말로 의롭다 함을 받고 네 말로 정죄함을 받으리라(마 12:23~37)."

이 말씀과 같이 바리새인들은 예수님의 치유 사역을 보고 크게 충격을 받고 동요하였을 것입니다. 왜냐하면 예수님의 이적(異蹟)[11]을 체험하였거나 치유 사역을 직접 목격한 사람들이 혹 '예수님이 메시아라는 마음을 갖게 될까' 우려한 바리새인들은 위기감을 느낀 나머지 충격을 받을 수밖에 없었을 것입니다. 그리고 바리새인들이 그동

---

11) 이적은 상식적이고 이성적으로는 설명할 수 없는 초자연적이거나 초이성적인 비상한 사건이나 일을 가리킨다.

안 정치적 종교적 사회적 기득권을 누려왔던 것을, 예수로 인하여 모두 잃어버리지 않을까 하는 육신의 생각으로 예수님을 견제하고 깎아 내리려는 의도에서 "귀신의 왕 바알세불을 힘입지 않고는 귀신을 쫓아내지 못하느니라." 말하였던 것입니다. 이를 들으신 예수님께서 바리새인들의 완악한 마음과 생각을 아셨기에 "사탄이 사탄을 쫓아내면 스스로 분쟁하는 것이니 그리하고야 어떻게 그의 나라가 서겠느냐(마 12:26)." 말씀하심으로써 그들의 논리가 잘못되었음을 지적하여 주셨던 것입니다.

예수님의 말씀과 같이 귀신이 귀신을 쫓아낸다는 것 자체가 비논리적인 행태라고 생각 들지 않습니까? 생각해 보세요. 사탄이 사탄을 쫓아내면 사탄이 스스로 분쟁하는 꼴이라 사탄의 나라가 어떻게 설 수 있었겠느냐는 것입니다. 그래서 예수님께서 "또 내가 바알세불을 힘입어 귀신을 쫓아내면 너희의 아들들은 누구를 힘입어 쫓아내느냐 그러므로 그들이 너희의 재판관이 되리라(마 12:27)." 말씀하셨던 것입니다.

따라서 예수님의 귀신 축출과 사탄과의 연관성은 논리적인 모순임을 지적함으로써 바리새인들의 사악한 시기심과 이기심을 밝혀냄과 동시에 예수님께서 이렇게 말씀하셨습니다. "그러나 내가 하나님의 성령을 힘입어 귀신을 쫓아내는 것이면 하나님의 나라가 이미 너희에게 임하였느니라(마 12:28)." 즉 사탄은 예수님의 주권 아래에 있다는 것을 선포하신 말씀입니다. 왜냐하면 성령 하나님의 나타나심과 능력이 임하였기 때문에 "사람이 먼저 강한 자를 결박하지 않고서야 어떻게 그 강한 자의 집에 들어가 그 세간을 강탈하겠느냐 결박한 후에야 그 집을 강탈하리라(마 12:29)." 말씀하셨던 것입니다.

"나와 함께 아니하는 자는 나를 반대하는 자요 나와 함께 모으지 아니하는 자는 헤치는 자니라. 그러므로 내가 너희에게 이르노니 사람에 대한 모든 죄와 모독은 사하심을 얻되 성령을 모독하는 것은 사하심을 얻지 못하겠고, 또 누구든지 말로 인자를 거역하면 사하심을 얻되 누구든지 말로 성령을 거역하면 이 세상과 오는 세상에서도 사하심을 얻지 못하리라(마 12:30~32)." 말씀하셨던 것입니다.

그런데 말입니다. 바리새인들이 성령의 역사를 훼방하는 이러한 행태는 하루 이틀에 걸쳐진 것이 아니라, 출애굽 당시 광야에서 금송아지 만들면서 시작된 이스라엘의 반역은(출 32장) 그들의 역사 속에서 끊임없이 있었습니다(민 20:24; 삿 10:6; 삼상 8:5; 대하 26:14). 이사야서 63장 10절에 "그들이 반역하여 주의 성령을 근심하게 하였으므로 그가 돌이켜 그들의 대적이 되사 친히 그들을 치셨더니"라는 말씀이 있었기에 마태복음 12장 31~32절 말씀과 같이 바리새인들이 성령을 모독하거나 거역하는 경우 주님으로부터 "사하심을 받지 못한다."는 엄중한 경고의 말씀을 듣게 된 것입니다.

따라서 성령의 역사를 알면서도 고의적으로 고집스럽게 성령을 부정하거나 훼방, 모독, 욕되게 하거나 거역, 거부하는 행태야말로 불신앙적인 소치로 드러나기 때문에 "이 세상과 오는 세상에서도 사하심을 얻지 못하리라." 말씀하셨던 것입니다.

그리고 히브리서 기자도 "우리가 진리를 아는 지식을 받은 후 짐짓 죄를 범한즉 다시 속죄하는 제사가 없고, 오직 무서운 마음으로 심판을 기다리는 것과 대적하는 자를 태울 맹렬한 불만 있으리라, 모세의 법을 폐한 자도 두세 증인으로 말미암아 불쌍히 여김을 받지 못하고 죽었거든, 하물며 하나님의 아들을 짓밟고 자기를 거룩하게 한 언약의 피를 부정한 것으로 여기고 은혜의 성령을 욕되게 하는 자가 당연히 받을 형벌은 얼마나 더 무겁겠느냐 너희는 생각하라(히 10:26~29)."고 말씀하시게 된 것입니다.

그러므로 성령을 훼방(모독)하는 죄는 하나님으로부터 용서받을 수 없는 가장 무서운 죄라 하겠습니다. 이는 마태복음 12장 말씀에서 보듯 성령의 나타나심과 능력을 사탄의 능력으로 간주하기 때문에 사함을 받지 못하는 것입니다. 더구나 우리가 의지하는 성령 하나님은 능력의 하나님이시자 인격의 하나님이시기에 더욱 그렇습니다(고전 4:20). 우리가 이미 이를 알고 있듯이 성부 성자 성령 삼위일체 하나님께서는 인격의 하나님이시자 의의 하나님이시고 거룩한 하나님이시기 때문에 성령을 모독하거나 이를 훼방하는 경우 사하심을 받을 수 없는 것입니다.

이와 같이 인격의 성령님은 우리의 잘못으로 인하여 때론 애타하시고 근심하시고 슬퍼하시고 아파하시는 하나님이시기에(마 12:30~32; 눅 12:10; 엡 4:30) 사도 바울이 "하나님의 성령을 근심하게(슬프게) 하지 말라 그 안에서 너희가 구원의 날까지 인치심을 받았느니라(엡 4:30)." 말씀하신 것입니다. 그리고 예수 그리스도께서 "누구든지 성령을 모독하는 자는 영원히 사하심을 얻지 못하고 영원한 죄가 되느니라(막 3:29)." 말씀하셨던 것입니다.

이같이 예수 그리스도를 믿음에 있어서 성령을 모독하거나 훼방하는 근원적인 이유가 곧 육신의 생각으로 믿기 때문이어서 사도 바울은 로마서 8장에 "육신을 따르는 자는 육신의 일을, 영을 따르는 자는 영의 일을 생각하나니, 육신의 생각은 사망이요 영의 생각은 생명과 평안이니라, 육신의 생각은 하나님과 원수가 되나니 이는 하나님의 법에 굴복하지 아니할 뿐 아니라 할 수도 없음이라, 육신에 있는 자들은 하나님을 기쁘시게 할 수 없느니라(롬 8:5~8)." 말씀하셨던 것입니다.

이처럼 육신의 생각과 영의 생각이 서로 대조 관계로 이루어졌기 때문에 하나가 될 수 없어 성령을 훼방하거나 모독하는 일로 나타나는 것입니다. 그래서 사도 바울은 "누구든지 다른 교훈을 하며 바른 말 곧 우리 주 예수 그리스도의 말씀과 경건에 관한 교훈을 따르지 아니하면, 그는 교만하여 아무것도 알지 못하고 변론과 언쟁을 좋아하는 자니 이로써 투기와 분쟁과 비방과 악한 생각이 나며, 마음이 부패하여지고 진리를 잃어버려 경건을 이익의 방도로 생각하는 자들의 다툼이 일어나느니라(딤전 6:3~5)."고 말씀하였습니다.

이 말씀과 같이 진리를 잃어버린 자들은 자기 자신이 아무것도 알지 못하면서도 아는 것으로 착각하여 성령을 훼방하거나 근심케 하는 말들을 서슴없이 하는데, 이런 행동은 다 육신의 생각에서 나온 것입니다. 더 큰 문제는 '그리스도의 영'이 없는 사람들, 거짓 그리스도인들이 그리스도의 영을 받은 것으로 착각하고 진실을 외면하면서 그리스도인을 뺏어가는 것입니다.

이런 분들이 우리 교회에 나와 처음에는 헌금도 많이 하고 봉사도 엄청나게 잘합니다. 그러나 드러나지 않게 성도들을 속이고 성도들의 마음을 빼앗아 가려 하지만 성령께서 알려 주셨기 때문에 두 달 만에 들통나 쫓겨 갔습니다만, 또 다른 이들이 계속하여 들어옵니다. 그리고 이들은 대체로 짧게는 6개월 단위로 이동하면서 교인들을 유혹하여 갑니다. 이들을 가리켜 '이단' 또는 '사이비' 종교라 말합니다. 그래서 요한 사도께서 "사랑하는 자들아 영을 다 믿지 말고 오직 영들이 하나님께 속하였나 분별하라 많은 거짓 선지자가 세상에 나왔음이라(요일 4:1)." 말씀하셨던 것도 이 때문이었습니다.

이러한 말씀과 같이 거짓 선지자가 이 세상에 많이 나왔기에 우리가 이들을 시험하여 밝혀내야 하는 것입니다. 왜냐하면 그들은 입으로만 하나님을 공경할 뿐입니다. 그래서 사도 바울께서 "하나님의 나라는 말에 있지 아니하고 오직 능력에 있음이라(고전 4:20)." 말씀하셨던 것입니다.

3장

성령 받았지만 구원받지 못하는 사람들

성령까지 받았지만 구원받지 못하는 사람들도 있기에 이를 밝혀야 할 것 같습니다. 구원받기 위해 성령을 받았을지라도 구원받지 못하는 안타까운 사실을 우리가 알아야 할 것입니다. 이들은 왜 구원받을 수 없게 되었는지 그리고 구원받을 수 없는 경우가 어떤 경우인지 살펴야 할 것입니다.

"그러므로 이제 그리스도 예수 안에 있는 자에게는 결코 정죄함이 없나니, 이는 그리스도 예수 안에 있는 생명의 성령의 법이 죄와 사망의 법에서 너를 해방하였음이라, 율법이 육신으로 말미암아 연약하여 할 수 없는 그것을 하나님은 하시나니 곧 죄로 말미암아 자기 아들을 죄 있는 육신의 모양으로 보내어 육신에 죄를 정하사, 육신을 따르지 않고 그 영을 따라 행하는 우리에게 율법의 요구가 이루어지게 하려 하심이니라. 육신을 따르는 자는 육신의 일을, 영을 따르는 자는 영의 일을 생각하나니, 육신의 생각은 사망이요 영의 생각은 생명과 평안이니라. 육신의 생각은 하나님과 원수가 되나니 이는 하나님의 법에 굴복하지 아니할 뿐 아니라 할 수도 없음이라. 육신에 있는 자들은 하나님을 기쁘시게 할 수 없느니라. 만일 너희 속에 하나님의 영이 거하시면 너희가 육신에 있지 아니하고 영에 있나니 누구든지 그리스도의 영이 없으면 그리스도의 사람이 아니라(롬 8:1~9)."

이 말씀에서와 같이 "생명의 성령의 법"이 예수 안에 있는 우리를 죄와 사망의 법에서 해방할 수 있다는 말씀이었습니다. 이 말씀은 곧 육신(肉身)을 따르지 않고 영(靈)을 따라 행하는 자는 죄와 사망의 법에서 해방될 수 있다는 말씀입니다. 이를 다시 말한다면 예수 그리스도를 믿음에 있어서 기본적으로 어떻게 믿을 것이냐를 묻고 있는 말씀이라 할 수 있습니다. 왜냐하면 로마서 8장 5~9절 말씀인즉 '육신의 생각'으로 믿을 것이냐 아니면 '영의 생각'으로 믿을 것이냐, 결단을 요구하시는 말씀이라 말할 수 있습니다(롬 8:3~8). 따라서 영의 생각으로 예수 그리스도를 믿는다는 것은 믿음의 뼈대와 초석을 이루는 것이기에 믿음에 있어서 아주 중요한 결정이자 선택이라 말할 수 있으며 또한 영원한 생명을 이루는 것이라 생각할 수 있습니다.

그런데 '그리스도의 영이 없으면 그리스도의 사람이 아니라.'는 말씀이 그동안 어디에 꼭꼭 숨어 있다 튀어나온 것입니까? 성경 말씀을 보았는데 왜 내 눈에 띄지 않았느냐고 생각할 수도 있겠지만, 이는 나와 당신의 마음의 눈(영안)이 열리지 않았기 때문에 보이지 않았던 것입니다. 그리고 전통적으로 "믿기만 하면 구원받는다."와 "한 번 구원은 영원한 구원이다."라는 식으로 가르쳐 왔기 때문에 말씀이 보이지 않았던 것입니다.

많은 목사님들이 "성경으로 돌아가자." 말하면서도 정작 성령에 관하여 집중적으로 가르치지 않았기 때문에 성도들이 이를 모를 수밖에 없었습니다. 그리고 가르치는 분의 성향에 따라 다르게 나타나기도 하는데, 가르치는 분의 성향에 따라 달라져서는 결코 안 될 것입니다. 가르치는 분의 기준과 스타일로 정하는 것이라면 가르치는 분의 주관적인 생각에 따라 말씀이 달라지기 때문에 안 됩니다. 말씀의 기준은 항상 하나님이어야 합니다.

목회의 기준이 하나님이시라는 말은 성령의 인도하심을 받아야 한다는 말입니다. 성령의 인도하심이 없다면 목회의 기준이 상황에 따라 바뀌고 변할 수밖에 없습니다. 지난날 목회 기준을 저의 주관적인 생각에 두고 목회하였음을 고백하지 아니할 수 없습니다. 이는 육신의 생각을 곧 영의 생각으로 착각했기 때문에 육신의 생각으로 목회를 했던 것입니다.

그리고 "육신의 생각은 하나님과 원수가 되나니 이는 하나님의 법에 굴복하지 아니할 뿐 아니라 할 수도 없음이라, 육신에 있는 자들은 하나님을 기쁘시게 할 수 없느니라, 만일 너희 속에 하나님의 영이 거하시면 너희가 육신에 있지 아니하고 영에 있나니 누구든지 그리스도의 영이 없으면 그리스도의 사람이 아니라(롬 8:7~9)." 말씀이 분명히 있었지만 이를 모른 채 '믿기만 하면 구원받을 수 있다.' 생각했던 것입니다. 이렇게 제가 지난 과거에 잘못된 목회를 하고 있었습니다.

지금 생각해 보면 지난 고등학교 시절 성령을 체험했을지라도 육신의 생각이 나를 지배하였기 때문에 하나님의 실제적인 가르침을 몰라 제대로 알 수 없었던 것입니다. 물론 하나님에 대한 믿음은 확고했지만, 그동안 인본주의적인 사고에서 육신의 생각으로 가르침을 받아 왔고, 육신의 생각으로 배운 것을 육신의 생각으로 열심히 힘들게 가르쳤던 것입니다. 이는 육신의 생각으로 가르치는 것을 곧 영적인 것으로 착각하였기 때문입니다. 잘못된 것인 줄도 모르고 무지막지하게 가르쳐 왔었던 것입니다.

그러나 "그리스도의 영이 없으면 그리스도의 사람이 아니라."는 냉엄한 말씀 앞에 서 있는 우리에게 '하나님의 영'이 없다면 하나님과 내가 무슨 상관이 있겠습니까? '그리스도의 영'이 없으면 하나님과 사람 앞에서 내 믿음의 진면목이 적나라하게 드러나게 될 것이고, 거짓 그리스도인으로 밝혀지게 된다면 얼마나 부끄럽고 창피하겠습니까? 이뿐입니까? 마지막 심판 때 그 벌과 심판이 얼마나 크겠습니까? 생각만 해도 끔찍합니다. 하나님을 믿는 사람이라면 내 안에 '그리스도의 영'이 있고 없음을 분명히 알고 있을 것입니다.

이런 점에서 '그리스도의 영'은 믿는 자에게 필수조건이라고 말할 수 있습니다. 있어도 되고 없어도 되는 것이 아닙니다. 만약 우리가 '그리스도의 영'의 필요성을 느끼지 못하였다면 참으로 안타까울 뿐입니다. 왜냐하면 이런 분들이 이단이나 사이비에 빠질 여지가 아주 많고, 또한 많이 이단에 빠지고 있는 것이 오늘의 현실이기 때문입니다. 이것이 사단의 전략인 줄 모르기 때문에 그런 것 같습니다. 이렇게 사탄의 전략에 빠지는 근본 원인은 인본주의적 '육신의 생각'에 우리가 계속 머물러 있기 때문입니다. 따라서 '그리스도의 영'이 없는 사람들의 믿음은 표면적인 믿음 또는 초보일 수밖에 없습니다. 주님의 말씀을 아무리 믿으려 해도 이성과 지성으로 접근하기에 믿는 것이 힘들고, 믿어지지 않으니 지식적으로만 믿을 뿐입니다.

그러므로 우리가 '그리스도의 영'이 없는 육신의 생각으로 예수 그리스도를 믿고 있는 한 하나님의 말씀이 우리에게 비밀로 감춰지기 때문에 사도 바울께서 복음을 전하는 자들에 관하여 "사람이 마땅히 우리를 그리스도의 일꾼이요 하나님의 비밀을 맡은 자로 여길

지어다(고전 4:1)." 말씀하셨던 것도 이 때문이었습니다. 여기서 **우리가 기억해야 할 것은** '그리스도의 영'이 없는 육신의 사람들은 살아있으나 죽은 사람에 불과하다는 사실입니다. 아담 이후 하나님의 아들들이 사람의 딸들의 아름다움을 보고 모든 여자를 아내로 삼았기에 "여호와께서 이르시되 나의 영이 영원히 사람과 함께 하지 아니하리니 이는 그들이 육신이 됨이라(창 6:3)." 말씀하셨습니다. 이는 육신의 사람에게는 하나님의 영은 없고 살아 있는 육신과 혼(생각)만 남아 있기 때문에 그렇습니다. 이는 짐승과 똑같은 삶일 뿐입니다.

그러나 "너희 속에 하나님의 영이 거하시면 너희가 육신에 있지 아니하고 영에 있나니(롬 8:9)."라는 말씀과 같이 영의 사람은 죽은 것 같으나 살아 있는 새 생명의 사람이라는 사실을 우리가 알아야 하고 이를 기억해야 할 것입니다. 이는 '그리스도의 영'은 우리에게 있어서 새 생명이시기 때문에 사도 바울은 "그러므로 우리가 그의 죽으심과 합하여 세례를 받음으로 그와 함께 장사되었나니 이는 아버지의 영광으로 말미암아 그리스도를 죽은 자 가운데서 살리심과 같이 우리로 또한 새 생명 가운데서 행하게 하려 함이라(롬 6:4)." 말씀하셨던 것입니다.

따라서 **"새 생명 가운데서 행하게 하려 함이라."**는 말씀은 곧 하나님(그리스도)의 영을 받아야만 우리가 새 생명 가운데서 살 수 있다는 말씀이라 하겠습니다. 왜냐하면 성령의 나타나심과 그 능력의 도움으로 우리가 새 생명 가운데서 살 수 있기에 이를 성화(sanctification)라 말하는 것입니다.

그러므로 '나'라고 하는 사람을 하나님의 사람으로 새롭게 변화시키는 것(거듭남)이야말로 가장 큰 기적 중의 기적이라 말할 수 있으며 이를 신비라 말합니다. 인간을 거듭나게 할 수 있는 유일한 방법이 물과 성령이기 때문에 그렇습니다(요 3:5). 이러한 하나님의 영(그리스도의 영)을 만민에게 주시겠다는 하나님의 약속이 실제로 사도행전 2장에서 성취됨은 물론 오늘을 사는 우리 시대에서도 이루어지고 있기에 지금은 '성령 시대'라 말하는 것입니다.

예수님께서 요한복음 16장 24절에 "지금까지는 너희가 내 이름으로 아무 것도 구하지 아니하였으나 구하라 그리하면 받으리니 너희 기쁨이 충만하리라." 약속하여 주셨기에 우리는 그리스도의 영(성령)을 구해야 하는 것입니다. 더구나 예수님께서 "또 이르시되 너희 중에 누가 벗이 있는데 밤중에 그에게 가서 말하기를 벗이여 떡 세 덩이를 내게 꾸어 달라, 내 벗이 여행중에 내게 왔으나 내가 먹일 것이 없노라 하면, 그가 안에서 대답하여 이르되 나를 괴롭게 하지 말라 문이 이미 닫혔고 아이들이 나와 함께 침실에 누웠으니 일어나 네게 줄 수가 없노라 하겠느냐, 내가 너희에게 말하노니 비록 벗 됨으로 인하여서는 일어나서 주지 아니할지라도 그 간청함을 인하여 일어나 그 요구대로 주리라, 내가 또 너희에게 이르노니 구하라 그러면 너희에게 주실 것이요 찾으라 그러면 찾아낼 것이요 문을 두드리라 그러면 너희에게 열릴 것이니, 구하는 이마다 받을 것이요 찾는 이는 찾아낼 것이요 두드리는 이에게는 열릴 것이니라, 너희 중에 아버지 된 자로서 누가 아들이 생선을 달라 하는데 생선 대신에 뱀을 주며, 알을 달라 하는데 전갈을 주겠느냐, 너희가 악할지라도 좋은 것을 자식에게 줄 줄 알거든 하물며 너희 하늘 아버지께서 구하는 자에게 성령(그리스도의 영)을 주시지 않겠느냐 하시니라 (눅 11:5~13)."라고 우리에게 말씀하여 주셨기 때문에 우리가 피할 핑곗거리가 없을 것입니다. 그리고 내가 만약 '그리스도의 영(성령)'을 계속 구하지 않는다면 모든 책임은 당사자인 나에게 있을 뿐이기에 이를 살펴야 할 것입니다.

1. 구원받지 못함은 기름을 예비하지 못하였기 때문입니다

"그 때에 천국은 마치 등을 들고 신랑을 맞으러 나간 열 처녀와 같다 하리니, 그 중의 다섯은 미련하고 다섯은 슬기 있는 자라, 미련한 자들은 등을 가지되 기름을 가지지 아니하고, 슬기 있는 자들은 그릇에 기름을 담아 등과 함께 가져갔더니, 신랑이 더디 오므로 다 졸며 잘새, 밤중에 소리가 나되 보라 신랑이로다 맞으러 나오라 하매, 이에 그 처녀들이 다 일어나 등을 준비할새, 미련한 자들이 슬기 있는 자들에게 이르되 우리 등불이 꺼져가니 너희 기름을 좀 나눠 달라 하거늘, 슬기 있는 자들이 대답하여 이르되 우리와 너희가 쓰기에 다 부족할까 하노니 차라리 파는 자들에게 가서 너희 쓸 것을 사라 하니, 그들이 사러 간 사이에 신랑이 오므로 준비하였던 자들은 함께 혼인 잔치에 들어가고 문은 닫힌지라, 그 후에 남은 처녀들이 와서 이르되 주여 주여 우리에게 열어 주소서, 대답하여 이르되 진실로 너희에게 이르노니 내가 너희를 알지 못하노라 하였느니라, 그런즉 깨어 있으라 너희는 그 날과 그 때를 알지 못하느니라(마 25:1~13)."

열 처녀 비유의 말씀을 보면서 '기름을 예비하였느냐 못하였느냐'에 따라 '구원받을 수 있느냐 없느냐'의 판가름이 난다는 것을 알았기 때문에 우리 믿음의 사람들에게 있어서 기름은 아주 중요한 것이라 생각할 것입니다. 그런데 **여기서 우리가 알아야 할 것**은 미련한 처녀들과 슬기로운 처녀들은 '기름'을 다 똑같이 받았다는 사실입니다. 미련한 자들이 8절에서 "우리 등불이 꺼져가니 너희 기름을 좀 나눠 달라."고 하는 말에서 미련한 사람도 슬기로운 사람들과 똑같이 '기름'을 받았음을 알 수 있습니다.

이 말씀은 곧 미련한 사람도 성령 받은 사람이라는 말씀입니다. 문제는 기름을 예비하였느냐, 아니냐라는 점입니다. 이를 다시 말하면 신부가 신랑을 맞이할 마음의 준비가 되어 있느냐, 아니냐라는 것입니다. 기름 부음은 다 똑같이 받았을지라도 신부가 평소에 신랑을 맞이하지 못하였다면 주님으로부터 "내가 너희를 알지 못하노라." 말씀을 듣게 되기 때문입니다. 그리고 '열 처녀의 비유 초점'이 재림과 심판을 맞이하는 말씀이기 때문에 더욱 그렇습니다.

더구나 "슬기 있는 자들은 그릇에 기름을 담아 등과 함께 가져갔더니"라는 말씀과 같이 '슬기 있는 자들'은 만일을 생각하여 '그릇'에 기름을 따로 담아 갔지만 '미련한 자들'은 등은 가지되 기름을 따로 준비하지 못했다는 점에서 '등'과 '기름'이 과연 무엇을 나타내는 것인지 살펴야 합니다.

이를 설명하자면 **'등'은 성도의 마음**이라 말할 수 있을 것입니다. 마음이라는 등에 하나님 말씀이라는 기름이 담겨 있을 때 빛을 발하기 때문에 기름을 빛이라 말하는 것입니다. 그런데 기름이 부족하거나 없다면 그 사람은 더 이상 빛을 발할 수 없을 뿐 아니라, 표면적인 믿음의 사람이거나 초보적인 믿음의 상태로 머물 수밖에 없습니다.

이는 육신의 생각만 골똘하게 하기 때문에 예수님께서 "육으로 난 것은 육이요 영으로 난 것은 영이니(요 3:6)."라고 말씀하셨던 것입니다. 예수님의 말씀과 같이 미련한 자들은 육신의 생각만을 골똘하게 하기 때문에 문이 닫히자 "주여 주여 우리에게 열어 주소시(마 25:11)."라고 부르짖어 외쳤지만, 주님으로부터 "진실로 너희에게 이르노니 내가 너희를 알지 못하노라(마 25:12)."는 엄중한 말씀을 듣는 상황이 주어질 수밖에 없었던 것입니다. 왜냐하면 미련한 신부의 근본적인 마음의 상태가 신랑을 맞이할 준비가 전혀 되어 있지 않은 육신의 생각이어서 구원받을 수 없는 안타까운 상태를 맞게 된 것입니다.

기름에 대해서 요한일서 2장을 살펴보겠습니다. "아이들아 지금은 마지막 때라 적그리스도가 오리라는 말을 너희가 들은 것과 같이 지금도 많은 적그리스도가 일어났으니 그러므로 우리가 마지막 때인 줄 아노라, 그들이 우리에게서 나갔으나 우리에게 속하지 아니하였나니 만일 우리에게 속하였더라면 우리와 함께 거하였으려니와 그들이 나간 것은 다 우리에게 속하지 아니함을 나타내려 함이니라, 너희는 거룩하신 자에게서 기름 부음을 받고 모든 것을 아느니라, 내가 너희에게 쓰는 것은 너희가 진리를 알지 못하기 때문이 아니라 알기 때문이요 또 모든 거짓은 진리에서 나지 않기 때문이라, 거짓말하는 자가 누구냐 예수께서 그리스도이심을 부인하는 자가 아니냐 아버지와 아들을 부인하는 그가 적그리스도니, 아들을 부인하는 자에게는 또한 아버지가 없으되 아들을 시인하는 자에게는 아버지도 있느니라, 너희는 처음부터 들은 것을 너희 안에 거하게 하라 처음부터 들은 것이 너희 안에 거하면 너희가 아들과 아버지 안에 거하리라. 그가 우리에게 약속하신 것은 이것이니 곧 영원한 생명이니라. 너희를 미혹하는 자들에 관하여 내가 이것을 너희에게 썼노라. 너희는 주께 받은 바 기름 부음이 너희 안에 거하나니 아무도 너희를 가르칠 필요가 없고 오직 그의 기름 부음이 모든 것을 너희에게 가르치며 또 참되고 거짓이 없으니 너희를 가르치신 그대로 주 안에 거하라. 자녀들아 이제 그의 안에 거하라 이는 주께서 나타내신 바 되면 그가 강림하실 때에 우리로 담대함을 얻어 그 앞에서 부끄럽지 않게 하려 함이라. 너희가 그가 의로우신 줄을 알면 의를 행하는 자마다 그에게서 난 줄을 알리라(요일 2:18~29)."

20절과 27절 말씀을 다시 보면 "너희는 거룩하신 자에게서 기름 부음을 받고 모든 것을 아느니라(요일 2:20)."와 "너희는 주께 받은 바 기름 부음이 너희 안에 거하나니 아무도 너희를 가르칠 필요가 없고 오직 그의 기름 부음이 모든 것을 너희에게 가르치며 또 참되고 거짓이 없으니 너희를 가르치신 그대로 주 안에 거하라(요일 2:27)."는 같은 맥락의 말씀일 것입니다.

그런데 문제는 27절의 "아무도 너희를 가르칠 필요가 없다."는 말씀을 우리가 어떻게 받아들일 것이냐입니다. 이 말씀을 잘못 해석하거나 오해하여서는 안 되기 때문에 18~19절 말씀을 특별히 살펴야 할 것입니다. "아이들아 지금은 마지막 때라 적그리스도가 오리라는 말을 너희가 들은 것과 같이 지금도 많은 적그리스도가 일어났으니 그러므로 우리가 마지막 때인 줄 아노라, 그늘이 우리에게서 나갔으나 우리에게 속하지 아니하였나니 만일 우리에게 속하였더라면 우리와 함께 거하였으려니와 그들이 나간 것은 다 우리에게 속하지 아니함을 나타내려 함이니라(요일 2:18~19)." 이는 적그리스도에 대한 경계의 말씀입니다. '**적그리스도**'란 바로 우리에게서 나간 이단 또는 사이비 종교를 말합니다. 이단(적그리스도)을 경계하고 미혹에 넘어가지 않기 위해 우리는 오직 기름 부으심의 가르치심만을 받아야 합니다. 그래서 사도 요한께서 "기름 부음이 모든 것을 너희에게 가르치며 또 참되고 거짓이 없으니 너희를 가르치신 그대로 주 안에 거하라(요일 2:27)." 말씀하셨던 것입니다

이렇게 '기름 부음'이 진리를 알게 하여 주신다는 점에서 '기름 부으심이 곧 보혜사 성령'이시라는 것을 우리가 알 수 있습니다. 그래서 예수님께서 "진리의 성령이 오시면 그가 너희를 모든 진리 가운데로 인도하시리니 그가 스스로 말하지 않고 오직 들은 것을 말하며 장래 일을 너희에게 알리시리라(요 16:13)." 말씀하셨던 것입니다. 그리고 "알리시리라."는 말씀 역시 사람의 가르침이 아니라 성령 하나님께서 진리 가운데로 우리 각자 한 사람 한 사람에게 영(靈)으로 알려(인도하여) 주시는 '말씀'을 가리키는 것이라 하겠습니다. 그리고 말씀에서의 '기름'은 불을 밝히는 빛의 근원적 요소이지만 영적인 말씀에서 **'빛'의 근원적 요소는 과연 무엇이겠습니까?** 이를 요한복음 8장의 말씀을 살피면 짐작할 수 있겠습니다.

"예수께서 또 말씀하여 이르시되 나는 세상의 빛이니 나를 따르는 자는 어둠에 다니지 아니하고 생명의 빛을 얻으리라, 바리새인들이 이르되 네가 너를 위하여 증언하니 네 증언은 참되지 아니하도다, 예수께서 대답하여 이르시되 내가 나를 위하여 증언하여도 내 증언이 참되니 나는 내가 어디서 오며 어디로 가는 것을 알거니와 너희는 내가 어디서 오며 어디로 가는 것을 알지 못하느니라, 너희는 육체를 따라 판단하나 나는 아무도 판단하지 아니하노라, 만일 내가 판단하여도 내 판단이 참되니 이는 내가 혼자 있는 것이 아니요 나를 보내신 이가 나와 함께 계심이라, 너희 율법에도 두 사람의 증언이 참되다 기록되었으니, 내가 나를 위하여 증언하는 자가 되고 나를 보내신 아버지도 나를 위하여 증언하시느니라(요 8:12~18)."

이처럼 예수 그리스도께서 빛의 근원이 되시기 때문에 "나는 세상의 빛이니."라 말씀하셨지만, 이에 대한 연유를 좀 더 밝혀야 할 것입니다.

"**하나님이** 나사렛 예수에게 성령과 능력을 기름 붓듯 하셨으매 그가 두루 다니시며 **선한 일을 행하시고** 마귀에 눌린 모든 사람을 고치셨으니 이는 하나님이 함께 하셨음이라(행 10:38)."는 말씀에서 볼 수 있듯이 **하나님께서 예수님에게 성령과 능력을 기름 붓듯 하셨던 것은** 예수님이 하나님의 아들이시지만 인간의 몸으로 이 땅에 오셨기 때문에 성령과 능력을 기름 붓듯 하셔야만 했던 것입니다. 그리고 하나님이 함께하셨기에 예수님께서 "나는 세상의 빛이니(요 8:12)."라고 말씀하셨던 것입니다.

제자인 우리도 예수님과 같이 세상의 빛이 되기 위하여 성령과 능력을 기름 붓듯 받아야 한다는 말씀이었습니다. 왜냐하면 "진리를 따르는 자는 빛으로 오나니 이는 그 행위가 하나님 안에서 행한 것임을 나타내려 함이라(요 3:21)."는 데 있기에 그렇습니다.

그리고 예수님께서 마태복음 5장에서 "너희는 세상의 소금이니 소금이 만일 그 맛을 잃으면 무엇으로 짜게 하리요 후에는 아무 쓸 데 없어 다만 밖에 버려져 사람에게 밟힐 뿐이니라, 너희는 세상의 빛이라 산 위에 있는 동네가 숨겨지지 못할 것이요, 사람이 등불을 켜서 말 아래에 두지 아니하고 등경 위에 두나니 이러므로 집 안 모든 사람에게 비치느니라, 이같이 너희 빛이 사람 앞에 비치게 하여 그들로 너희 착한 행실을 보고 하늘에 계신 너희 아버지께 영광을 돌리게 하라(마 5:13~16)." 말씀하셨습니다

여기서 무엇보다 중요한 말씀은 16절 말씀과 같이 예수님의 제자인 우리가 믿지 않는 사람들 앞에서 빛으로 비치게 하여 우리의 착한 행실을 보고 하나님 아버지께 영광을 돌리게 하시려는 데 목적이 있다 하겠습니다.

그런데 **착한 행실과**(마 5:16) **선한 일이란**(행 10:38) 과연 무엇을 말씀하시는 것일까요? 이는 예수님의 제자들인 **우리가 마귀에게 눌린 이들을 어두운 세력으로부터 해방시켜 주는 사역을 말합니다.** 마태복음 4장에 보면 예수께서도 성령에게 이끌리어 마귀에게 여러 시험을 받으러 광야에서 사십일을 밤낮으로 금식하신 후에 사탄에게 시험을 받으셨고 이를 물리치셨기 때문에(마 4:1~11) 우리도 마귀와 사탄을 물리쳐야 한다는 말씀입니다.

따라서 오늘을 사는 우리에게도 마귀와 사탄을 물리치는 일이야말로 **착한 행실이며 또한 선한 일**일 것입니다. 이렇게 우리가 행할 수 있는 것은 예수님께서 "내가 진실로 진실로 너희에게 이르노니 나를 믿는 자는 내가 하는 일을 그도 할 것이요 또한 그보다 큰 일도 하리니 이는 내가 아버지께로 감이라, 너희가 내 이름으로 무엇을 구하든지 내가 행하리니 이는 아버지로 하여금 아들로 말미암아 영광을 받으시게 하려 함이라, 내 이름으로 무엇이든지 내게 구하면 내가 행하리라(요 14:12~14)."고 말씀하셨기 때문입니다.

그러므로 우리가 말씀과 같이 착한 일과 선한 일을 행하는 것이 곧 **'빛의 자녀들처럼 행하라.'**는 말씀을 따르는 것입니다. 그러나 우리가 빛과 소금의 맛을 잃게 되었다면 한마디로 예수님과 내가 무슨 상관이 있겠습니까? 때문에 예수님께서 "진실로 너희에게 이르노니 내가 너희를 알지 못하노라(마 25:12)." 말씀하실 수밖에 없을 것입니다.

소금이 그 맛을 잃으면 버려짐같이 성령의 기름 부음 받은 빛의 사람도 육신의 생각으로 인하여 그 빛을 잃게 되었다면 버려짐을 받게 된다는 원리라 하겠습니다(히 6:4~8). 우리가 빛의 속성을 잃지 않으려면 슬기로운 자들과 같이 항상 기름을 예비하기 위해서 성령의 인도함을 받고(요 16:13) 이를 행하는 것이 기독교의 원리이자 대원칙입니다. 이는 "생명의 성령의 법(롬 8:2)"으로 규정되었기 때문에 그렇습니다.

이러한 믿음의 원리가 "생명의 성령의 법(롬 8:2)"으로 규정되어 있음에도 하나님의 자녀들이 육신의 생각으로 빛과 소금의 역할을 행하려 애쓰고 있다는 데 문제가 있습니다. 왜냐하면 육신의 생각이야말로 빛과 소금의 속성을 퇴색시키게 된다는 사실을 우리가 모르고 있기에 성령의 기름을 더 이상 예비할 수 없었던 것입니다. 생각해 보세요. 이단이나 사이비 단체들이 사회봉사활동을 집단적으로 얼마나 많이 행하는지 아십니까? 인터넷 다음과 네이버에 들어가서 '신천지 봉사 이미지'와 '이단 봉사 이미지'를 클릭하면 광범위하게 여러 형태로 조직적인 봉사활동을 행하는 것을 볼 수 있습니다. 심지어 선거 운동이나 정치활동까지 합니다.

이러한 대 사회적 봉사활동도 필요할 것입니다. 그러나 더 **중요한**

것은 우리가 '진리의 성령 안에서 성령의 인도하심을 받고 봉사하느냐 아니냐'입니다. 성령의 인도함 없이 육신의 생각으로 사회봉사를 한다는 것은 하나님과 아무 상관이 없을 뿐만 아니라 무의미한 종교 행사일 뿐입니다.

예수님은 마태복음 6장에서 모든 구제, 기도, 금식 등을 행할 때 은밀하게 행할 것을 말씀하셨습니다. "너희를 위하여 보물을 땅에 쌓아 두지 말라 거기는 좀과 동록이 해하며 도둑이 구멍을 뚫고 도둑질하느니라, 오직 너희를 위하여 보물을 하늘에 쌓아 두라 거기는 좀이나 동록이 해하지 못하며 도둑이 구멍을 뚫지도 못하고 도둑질도 못하느니라(마 6:19~20)." 또 "그러므로 염려하여 이르기를 무엇을 먹을까 무엇을 마실까 무엇을 입을까 하지 말라, 이는 다 이방인들이 구하는 것이라 너희 하늘 아버지께서 이 모든 것이 너희에게 있어야 할 줄을 아시느니라, 그런즉 너희는 먼저 그의 나라와 그의 의를 구하라 그리하면 이 모든 것을 너희에게 더하시리라(마 6:31~33)." 왜냐하면 이 모든 것이 육신의 생각에서 나왔기 때문입니다.

따라서 믿음의 사람들이 **빛과 소금의 역할을 행하려 한다는 것은** 육신의 생각으로 하는 것이 아니라 **성령(聖靈)의 인도하심에 따라 행하는 것을 말합니다**(요 16:13). 여기에는 우리의 구원 문제가 달려 있습니다.

그러므로 우리는 성령의 인도하심에 따라 행할 뿐입니다(요 16:13). 그리고 예수님께서 "내가 하늘에서 내려온 것은 내 뜻을 행하려 함이 아니요 나를 보내신 이의 뜻을 행하려 함이니라(요 6:38)." 말씀하신 그 뜻을 알아야 합니다. 그리고 예수 그리스도를 믿는 우리도 성령의 인도하심에 따라 행해야 합니다. 따라서 성령 하나님께 여쭈어보고 난 후 성령 하나님께서 우리에게 말씀(감동)하여 주시는 대로 행하는 것이 "생명의 성령의 법(롬 8:2)"을 행하는 것입니다.

바로 이것이 예수 그리스도를 믿는 원리이자 "생명의 성령의 법(롬 8:2)"이라 말할 수 있습니다. 더구나 우리가 육신의 생각으로 무언가 하려는, 이기적인 욕망과 욕심을 갖고 행하려 한다면 주님께서 "그 때에 내가 그들에게 밝히 말하되 내가 너희를 도무지 알지 못하니 불법을 행하는 자들아 내게서 떠나가라(마 7:23)."는 말씀을 듣게 될 것입니다. 왜냐하면 이는 종교 행사이기 때문입니다.

예를 들어 사무엘상 10장을 보면 사무엘 선지자께서 기름병을 가져다가 사울의 머리에 붓고 사울에게 "네게는 여호와의 영이 크게 임하리니 너도 그들과 함께 예언을 하고 변하여 새 사람이 되리라(삼상 10:6)."는 계시의 말씀을 하시면서 "너는 나보다 앞서 길갈로 내려가라 내가 네게로 내려가서 번제와 화목제를 드리니 내가 네게 가서 네가 행할 것을 가르칠 때까지 칠 일 동안 기다리라(삼상

10:8).”고 말씀하셨습니다. 그러자 6절의 말씀대로 사울에게 '하나님의 영'이 크게 임하여 예언을 하니(삼상 10:10), 전에 사울을 알던 사람들이 "사울도 선지자들 중에 있느냐(삼상 10:11)."라고 말한 것입니다. 이랬던 사울이 변하였습니다.

"블레셋 사람들이 이스라엘과 싸우려고 모였는데 병거가 삼만이요 마병이 육천 명이요 백성은 해변의 모래 같이 많더라 그들이 올라와 벧아웬 동쪽 믹마스에 진 치매, 이스라엘 사람들이 위급함을 보고 절박하여 굴과 수풀과 바위 틈과 은밀한 곳과 웅덩이에 숨으며, 어떤 히브리 사람들은 요단을 건너 갓과 길르앗 땅으로 가되 사울은 아직 길갈에 있고 그를 따른 모든 백성은 떨더라, 사울은 사무엘이 정한 기한대로 이레 동안을 기다렸으나 사무엘이 길갈로 오지 아니하매 백성이 사울에게서 흩어지는지라, 사울이 이르되 번제와 화목제물을 이리로 가져오라 하여 번제를 드렸더니, 번제 드리기를 마치자 사무엘이 온지라 사울이 나가 맞으며 문안하매, 사무엘이 이르되 왕이 행하신 것이 무엇이냐 하니 사울이 이르되 백성은 내게서 흩어지고 당신은 정한 날 안에 오지 아니하고 블레셋 사람은 믹마스에 모였음을 내가 보았으므로, 이에 내가 이르기를 블레셋 사람들이 나를 치러 길갈로 내려오겠거늘 내가 여호와께 은혜를 간구하지 못하였다 하고 부득이하여 번제를 드렸나이다 하니라, 사무엘이 사울에게 이르되 왕이 망령되이 행하였도다 왕이 왕의 하나님 여호와께서 왕에게 내리신 명령을 지키지 아니하였도다 그리하였더라면 여호와께서 이스라엘 위에 왕의 나라를 영원히 세우셨을 것이거늘, 지금은 왕의 나라가 길지 못할 것이라 여호와께서 왕에게 명령하신 바를 왕이 지키지 아니하였으므로 여호와께서 그의 마음에 맞는 사람을 구하여 여호와께서 그를 그의 백성의 지도자로 삼으셨느니라 하고(삼상 13:5~14).”

말씀을 보면서 **우리가 꼭 기억하고 알아야 할 부분이 있습니다.** 사울은 기름 부음을 받아 잠시 예언하였지만, 사무엘을 기다리는 동안 육신의 생각으로 다급한 나머지 사무엘 선지자가 "번제와 화목제를 드리리니 내가 네게 가서 네가 행할 것을 가르칠 때까지 칠 일 동안 기다리라(삼상 10:8).”고 하신 말씀을 잊어버리고 번제와 화목제를 자기 마음대로 진행했다는 것입니다. "사무엘이 이르되 왕이 행하신 것이 무엇이냐 하니 사울이 이르되 백성은 내게서 흩어지고 당신은 정한 날 안에 오지 아니하고 블레셋 사람은 믹마스에 모였음을 내가 보았으므로, 이에 내가 이르기를 블레셋 사람들이 나를 치러 길갈로 내려오겠거늘 내가 여호와께 은혜를 간구하지 못하였다 하고 부득이하여 번제를 드렸나이다 하니라(삼상 13:11~12).”라는 사울의 대답은 육신의 생각으로 판단하였기 때문입니다. 이같이 급박한 상황이 사울에게 주어졌을지라도 사울은 사무엘 선지자를 기다렸어야 했습니다.

그러나 사울은 자신의 **주관적인 육신의 생각**대로 번제를 드렸기에 결국 왕이 하나님으로부터 망령되이 행하였다는 말씀을 듣게 된 것입니다(삼상 13:13). 이는 하나님의 영광과 주권을 침범한 범죄 행위로서 불순종의 결과로 나타난 것입니다. 사울 왕은 미련한 자와 같이 성령의 기름 부음을 더 이상 예비할 수 없게 된 사례였기에 소개하였습니다.

바로 이 부분이 **하나님께서 우리를 향한 깊으신 뜻이었습니다.** "이는 너희 믿음의 시련이 인내를 만들어 내는 줄 너희가 앎이라, 인내를 온전히 이루라 이는 너희로 온전하고 구비하여 조금도 부족함이 없게 하려 함이라(약 1:3~4)."는 말씀과 "싸울 날을 위하여 마병을 예비하거니와 이김은 여호와께 있느니라(잠 21:31)." 말씀과 같이 우리가 **기름을 항상 예비하는 것은** 영적인 싸움을 위해서입니다. 왜냐하면 영적인 싸움의 이김은 여호와 하나님께 있기 때문입니다.

따라서 우리의 기다리는 모습 자체가 빛과 소금의 역할을 하는 것이며, 또한 하나님께 영광을 돌릴 수 있는 유일한 길이기에 우리가 영적으로 기도하며 기다려야 할 것입니다. 그리고 **충만함이란** 우리 자신이 자의적인 생각으로 영적으로 충만하게 채워졌다 결정하는 것이 아니라 성령 하나님께서 이를 결정하여 주실 때까지 묵묵히 영적으로 기다리는 것입니다.

그러므로 **성령의 기름을 예비하는 것은** 믿음의 사람들이 지녀야 할 삶의 기초이자 덕목이며 "그런즉 깨어 있으라 너희는 그 날과 그 때를 알지 못하느니라(마 25:13)."는 주님의 말씀을 우리는 꼭 기억해야 할 것입니다.

2. 구원받지 못함은 불법을 하였기 때문입니다

앞에서 살폈듯이 하나님께서는 하나님의 창조 질서와 하나님 법을 지키도록 인간을 창조하셨지만 아담과 하와의 원죄 이래 하나님의 아들들은 사람의 딸들의 아름다움을 보고 아내로 삼았습니다. **"나의 영이 영원히 사람과 함께 하지 아니하리니 이는 그들이 육신이 됨이라**(창 6:3)."는 말씀처럼 모든 인간이 육신의 생각으로만 살게 됨에 따라 구원받을 수 없는 존재가 되었습니다. 그런데도 "하나님이 세상을 이처럼 사랑하사 독생자를 주셨으니 이는 그를 믿는 자마다 멸망하지 않고 영생을 얻게 하려 하심이라, 하나님이 그 아들을 세상에 보내신 것은 세상을 심판하려 하심이 아니요 그로 말미암아 세상이 구원을 받게 하려 하심이라, 그를 믿는 자는 심판을 받지 아니하는 것이요 믿지 아니하는 자는 하나님의 독생자의 이름을 믿지 아니하므로 벌써 심판을 받은 것이니라(요 3:16~18)."는 말씀과 같이 하나님은 인간이 구원받을 수 있는 유일한 길을 열어 주시기 위하여 독생자이신 예수 그리스도를 이 땅에 보내주셨던 것입니다.

이와 같이 오신 예수님께서 "그가 우리를 대신하여 자신을 주심은 모든 불법에서 우리를 속량하시고 우리를 깨끗하게 하사 선한 일을 열심히 하는 자기 백성이 되게 하려 하심이라(딛 2:14)."는 말씀과 같이 선한 일을 열심히 하는 기회를 우리에게 만들어 주셨습니다. 이렇게 하나님께서 인간을 구원하기 위하여 예수 그리스도를 보내주셨음에도 불구하고 예수 그리스도를 믿지 않는 것이 곧 불법이라 말할 수 있습니다. 그런데 천국으로 가는 길이 험하고 어려운 길임을 아시는 우리의 구주 되신 예수님께서 살아계실 때 이렇게 말씀하셨습니다.

"좁은 문으로 들어가라 멸망으로 인도하는 문은 크고 그 길이 넓어 그리로 들어가는 자가 많고, 생명으로 인도하는 문은 좁고 길이 협착하여 찾는 자가 적음이라, 거짓 선지자들을 삼가라 양의 옷을 입고 너희에게 나아오나 속에는 노략질하는 이리라, 그들의 열매로 그들을 알지니 가시나무에서 포도를, 또는 엉겅퀴에서 무화과를 따겠느냐, 이와 같이 좋은 나무마다 아름다운 열매를 맺고 못된 나무가 나쁜 열매를 맺나니, 좋은 나무가 나쁜 열매를 맺을 수 없고 못된 나무가 아름다운 열매를 맺을 수 없느니라, 아름다운 열매를 맺지 아니하는 나무마다 찍혀 불에 던져지느니라, 이러므로 그들의 열매로 그들을 알리라. 나더러 주여 주여 하는 자마다 다 천국에 들어갈 것이 아니요 다만 하늘에 계신 내 아버지의 뜻대로 행하는 자라야 들어가리라. 그 날에 많은 사람이 나더러 이르되 주여 주여 우리가 주의 이름으로 선지자 노릇 하며 주의 이름으로 귀신을 쫓아 내며 주의 이름으로 많은 권능을 행하지 아니하였나이까 하리니, 그 때에 내가 그들에게 밝히 말하되 내가 너희를 도무지 알지 못하니 불법을 행하는 자들아 내게서 떠나가라 하리라(마 7:13~23)."

이와 같이 주의 이름으로 선지자 노릇 하고 귀신을 쫓아내며 많은 권능을 행한 사람들이 누구입니까? 바로 사도행전 1장 8절의 성령 받은 사, 곧 "오직 성령이 너희에게 임하시면 너희가 권능을 받고 예루살렘과 온 유대와 사마리아와 땅 끝까지 이르러 내 증인이 되리라(행 1:8)."는 말씀의 사람들일 것입니다. 이들은 처음에 성령 받기 위해 힘써 기도했던 사람들이기에 성령의 은사를 받았을 것입니다. 그러나 이들은 '육신의 생각'으로 은사만 챙긴 나머지 자기 자신의 유익만을 위해 살았던 사람들이었습니다. 이들은 성령의 인도함을(요 16:13) 마땅히 받아야 함에도 불구하고 이를 무시하였던 교만한 사람들이었습니다.

오늘날에도 이런 은사에만 욕심내는 사람들이 의외로 많기에 문제가 되는 것입니다. 그리고 여러분들도 많이 보았을 것입니다. 저 역시 은사에 눈이 멀었던 때가 있었습니다. 왜 그랬는지 아십니까?

'육신의 생각'으로 지식적인 말씀을 전하려니까 세상 지식과 지혜가 너무 부족하였기 때문에 은사에 초점을 맞추게 되었습니다. 그러나 막상 은사에 매진하다 보니 오히려 영적인 부분들을 잃게 되었습니다. 그리고 이기적인 욕심과 욕망으로 이를 구하다 보면 주님과 더욱 멀어질 뿐임을 알게 되었습니다. 뿐만 아니라 오히려 거짓 선지자가 될 수 있다는 것도 성령 하나님께서 알게 하여 주셨고, 내가 잘못되었음을 비로소 알게 하여 주셨습니다.

지난날 은사 받으신 분들을 쫓아다닐 때가 많이 있었습니다. 이분들의 특징을 보면 신적인 카리스마가 장난이 아니었습니다. 다는 아니겠지만 이런 분들이 영적인 권위 의식에 사로잡혀 영적인 힘으로 자기 자신의 유익만을 챙긴 나머지 얼마나 교만하고 돈에 대한 욕심과 집착이 강한지 모릅니다. 마치 "네 돈이 내 돈이고, 내 돈은 내 돈이다." 더 나아가 "네 재산이 내 재산이고, 내 재산은 내 재산이다."라고 생각하는 칼만 안 들었지 호랑말코[12] 같은 도둑들이 얼마나 많은지 모릅니다.

예를 들자면 천부교의 박태선 교주가 대표적인 사람이었습니다.[13] 박태선 교주는(1917~ 1990, 이칭/별칭: 감람나무, 동방의 의인, 이긴 자) 성결교회 부흥사였던 이성봉 목사의 부흥회에서 '하늘에서

---

12) 상대방을 욕하여 이르는 말.
13) '박태선', 부산역사문화대전.

내려오는 불'의 역사를 체험한 뒤에 부흥회를 많이 인도하던 능력의 사람이었지만 그는 육신의 생각으로 인하여 후에 전도관 천부교 교주가 된 것 아닙니까? 자신이 창조주 하나님이며 신약성경의 98%가 거짓말이고 예수는 사탄의 자식이라는 등 기독교를 전면 부정하는 천부교 교리를 발표하였습니다.

그 외에 능력도 받지 못한 이단들이 많이 생겨났습니다. 그래서 우리의 주님께서 이러한 사람에 관하여 "그 때에 내가 그들에게 밝히 말하되 내가 너희를 도무지 알지 못하니 불법을 행하는 자들아 내게서 떠나가라(마 7:23)."고 엄중하게 말씀하셨습니다. 이는 육신의 생각으로 예수 그리스도를 믿기 때문입니다. 그리고 이분들은 하나님의 엄청난 은혜를 체험한 분들임에 틀림없지만 구원받지 못하였습니다. 그래서 예수님께서 "그들은 영벌에, 의인들은 영생에 들어가리라(마 25:46)." 말씀하셨던 것입니다.

이러한 점에서 우리가 알아야 할 중요한 말씀이 있다면 "우리가 이 보배를 질그릇에 가졌으니 이는 심히 큰 능력은 하나님께 있고 우리에게 있지 아니함을 알게 하려 함이라(고후 4:7)."는 사도 바울의 증언의 말씀일 것입니다. 왜냐하면 모든 인간은 성령이라는 보배를 받았을지라도 우리는 쉽게 깨지거나 부서지기 쉬운 질그릇과 같은 존재이기 때문에 구원받지 못할 수도 있다는 사실을 알아야 합니다(고후 4:7).

그러므로 우리가 이제는 육신(肉身)의 생각에서 영(靈)의 생각으로 방향 전환하여 반드시 성령의 인도함을 받아야만 합니다(요 16:13).

"그러므로 형제들아 우리가 빚진 자로되 육신에게 져서 육신대로 살 것이 아니니라, 너희가 육신대로 살면 반드시 죽을 것이로되 영으로써 몸의 행실을 죽이면 살리니, 무릇 하나님의 영으로 인도함을 받는 사람은 곧 하나님의 아들이라, 너희는 다시 무서워하는 종의 영을 받지 아니하고 양자의 영을 받았으므로 우리가 아빠 아버지라고 부르짖느니라, 성령이 친히 우리의 영과 더불어 우리가 하나님의 자녀인 것을 증언하시나니, 자녀이면 또한 상속자 곧 하나님의 상속자요 그리스도와 함께 한 상속자니 우리가 그와 함께 영광을 받기 위하여 고난도 함께 받아야 할 것이니라(롬 8:12~17)."는 계시의 말씀대로 지금은 우리가 육신대로 살아 죽을 것이 아니라 '육신의 생각'에서 '영의 생각'으로 방향 전환할 때라 생각합니다.

왜냐하면 우리가 영으로써 몸의 행실을 죽이면 영원한 생명으로 구원받기 때문에(롬 8:13) 우리가 불법을 행하지 않게 되는 것입니다. 그러나 불법은 육신의 생각이기 때문에 불법을 행할 수밖에 없는 것입니다. 왜냐하면 "육신을 따르는 자는 육신의 일을, 영을 따르는 자는 영의 일을 생각하나니, 육신의 생각은 사망이요 영의 생각은 생명과 평안이니라, 육신의 생각은 하나님과 원수가 되나니 이는 하나님의 법에 굴복하지 아니할 뿐 아니라 할 수도 없음이라 (롬 8:5~7)."는 말씀이 있기 때문에 그렇습니다. 특히 5절 말씀과 같이 육신을 따르는 자는 육신의 일을 하기에 하나님의 법에 굴복하지 아니할 뿐 아니라 할 수도 없기 때문에 구원받을 수 없는 것입니다.

3. 구원받지 못함은 진리를 모르기 때문입니다

세상이 말하는 진리는 참된 이치나 도리를 말하는 것으로 언제나 누구에게나 타당하다고 인정하는 것을 말하겠지만 이를 진정한 진리라 말할 수 없습니다. 이는 육신의 생각에서 나왔기 때문에 그렇습니다.

그러면 성경에서의 진리란? 바로 예수 그리스도십니다. 이는 "예수께서 이르시되 내가 곧 길이요 진리요 생명이니 나로 말미암지 않고는 아버지께로 올 자가 없느니라(요 14:6)." 말씀하셨기에 예수님께서 왜 자신을 '진리'라 말씀하셨는지를 우리가 살펴야 하겠습니다. 이는 예수 그리스도께서 성삼위일체 하나님이시기 때문이기도 하겠지만 성부 하나님께서 성자 예수 그리스도를 이 땅에 보내신 목적은 "하나님이 세상을 이처럼 사랑하사 독생자를 주셨으니 이는 그를 믿는 자마다 멸망하지 않고 영생을 얻게 하려 하심이라, 하나님이 그 아들을 세상에 보내신 것은 세상을 심판하려 하심이 아니요 그로 말미암아 세상이 구원을 받게 하려 하심이라, 그를 믿는 자는 심판을 받지 아니하는 것이요 믿지 아니하는 자는 하나님의 독생자의 이름을 믿지 아니하므로 벌써 심판을 받은 것이니라, 그 정죄는 이것이니 곧 빛이 세상에 왔으되 사람들이 자기 행위가 악하므로 빛보다 어둠을 더 사랑한 것이니라, 악을 행하는 자마다 빛을 미워하여 빛으로 오지 아니하나니 이는 그 행위가 드러날까 함이요, 진리를 따르는 자는 빛으로 오나니 이는 그 행위가 하나님 안에서 행한 것임을 나타내려 함이라 하시니라(요 3:16~21)."는 데 있기 때문입니다. 하지만 하나님 아들이신 예수 그리스도께서 우리의 죄를 대속하여 주시기 위해 십자가 보혈의 피를 흘려 죽으심으로 인하여 우리가 죄에서 해방될 수 있기 때문에(롬 8:1~2) 우리가 하나님 아버지께로 갈 수 있는 유일한 생명의 길을 우리에게 열어 주셨습니다. 이를 우리가 '진리의 길'이라 말하는 것입니다.

그러므로 예수님께서 "내가 아버지께로부터 너희에게 보낼 보혜사 곧 아버지께로부터 나오시는 진리의 성령이 오실 때에 그가 나를 증언하실 것이요(요 15:26)."라고 말씀하셨고, 또한 진리의 성령께서 예수님을 증언하여 주시기 때문에 "예수께서 이르시되 내가 곧 길이요 진리요 생명이니 나로 말미암지 않고는 아버지께로 올 자가 없느니라(요 14:6)." 말씀하셨던 것입니다. 그렇기 때문에 예수 그리스도야말로 진정한 진리라 말할 수 있습니다. 그리고 "다른 이로 써는 구원을 받을 수 없나니 천하 사람 중에 구원을 받을 만한 다른 이름을 우리에게 주신 일이 없음이라(행 4:12)."고 베드로 사도께서 증언하여 주셨기 때문입니다.

그러므로 진리란 말로만 이루어지는 것이 아닙니다. 예수님께서 몸소 십자가에 달려 흘리신 보혈의 피와 죽음의 대가로 인하여 우리가 죄를 용서받았습니다. 죄와 사망에서 우리를 해방시켜 주시고 하나님 아버지께로 갈 수 있는 유일한 통로를 우리에게 마련해 주셨기에 예수님께서 '내가 곧 길이요 진리요 생명이라.'고 말씀하셨던 것입니다.

"그러므로 예수께서 자기를 믿은 유대인들에게 이르시되 너희가 내 말에 거하면 참으로 내 제자가 되고, 진리를 알지니 진리가 너희를 자유롭게 하리라, 그들이 대답하되 우리가 아브라함의 자손이라 남의 종이 된 적이 없거늘 어찌하여 우리가 자유롭게 되리라 하느냐, 예수께서 대답하시되 진실로 진실로 너희에게 이르노니 죄를 범하는 자마다 죄의 종이라, 종은 영원히 집에 거하지 못하되 아들은 영원히 거하나니, 그러므로 아들이 너희를 자유롭게 하면 너희가 참으로 자유로우리라, 나도 너희가 아브라함의 자손인 줄 아노라 그러나 내 말이 너희 안에 있을 곳이 없으므로 나를 죽이려 하는도다, 나는 내 아버지에게서 본 것을 말하고 너희는 너희 아비에게서 들은 것을 행하느니라(요 8:31~38)."

예수님께서 유대인들에게 "진리가 너희를 자유롭게 하리라(요 8:32)." 말씀하여 주셨지만 유대인들은 예수님 말씀의 본뜻을 이해하지 못하였습니다. "우리가 아브라함의 자손이라 남의 종이 된 적이 없거늘 어찌하여 우리가 자유롭게 되리라 하느냐(요 8:33)."고 '육신의 생각'으로 받아들였기에 예수님의 말씀에 시비조로 반응하였던 것입니다.

그러나 이들의 생각을 아시는 예수님께서 "나도 너희가 아브라함의 자손인 줄 아노라 그러나 내 말이 너희 안에 있을 곳이 없으므로 나를 죽이려 하는도다(요 8:38)." 말씀하시게 된 것입니다. 이는 '영(靈)의 생각'과 '육(肉)의 생각'이 서로 대조 관계를 이루고 있기에 유대인들이 구세주로 오신 예수 그리스도를 죽이려 했던 것입니다.

이처럼 유대인에게 영적인 것을 말해 주어도 들을 수 없었던 것은 '육신의 생각'으로 예수님의 말씀을 들었기 때문입니다. 이는 예수님께서 니고데모에게 "육으로 난 것은 육이요 영으로 난 것은 영이니, 내가 네게 거듭나야 하겠다 하는 말을 놀랍게 여기지 말라(요 3:6~7)."고 말씀하신 것과 같이 '영과 육'은 서로 대조 관계를 이루고 있기에 그들은 예수님의 말씀을 들었지만 말씀을 이해할 수 없었습니다. 이는 유대인들 마음속 깊이 깔려 있는 선민의식에 대한 상한 집착과 자부심 때문에 '집단 이기주의적인 대답으로 표출'될 수밖에 없었던 것입니다.

그런데 **예수님께서 말씀하시는 진리란**, 세상 진리와 차원이 다른 진리이기 때문에 금생(今生)과 내생(來生)에서(딤전 4:8) 생명과 평안을 누리며 살 수 있기에(롬 8:6 하단) 이를 '참 진리'라 말할 수 있는 것입니다. 그래서 사도 바울이 "육체의 연단은 약간의 유익이 있으나 경건은 범사에 유익하니 금생과 내생에 약속이 있느니라(딤전 4:8)." 말씀하신 것도 이 때문이라 말할 수 있겠습니다.

이처럼 하나님 나라의 영원한 생명이 우리에게 주어진다는 점에서 이 진리는 진정한 진리이자 하나님의 은사라 말할 수 있기에(롬 6:23) "예수께서 이르시되 내가 곧 길이요 진리요 생명이니 나로 말미암지 않고는 아버지께로 올 자가 없느니라(요 14:6)." 말씀하셨던 것입니다. 더군다나 진리의 성령 하나님께서 오늘날에도 예수 그리스도를 믿는 우리 각자에게 증언하여 주실 뿐만 아니라 진리의 길로 인도하여 주시기 때문에 예수님의 말씀이 진정한 진리라 말할 수 있는 것입니다. 생각해 보세요. 진리를 사람들이 '육신의 생각'으로만 증언한다면 믿을 수 없는 일이겠지만 진리의 성령 하나님께서 우리 각자에게 직접 증언해 주시게 된다면 우리가 믿을 수밖에 없기에 이를 "하나님의 은사(롬 6:23)"라 말씀하셨던 것입니다. 이는 영원한 생명이기 때문에 그렇습니다(롬 6:23). 그래서 예수님께서 "내 이름으로 무엇이든지 내게 구하면 내가 행하리라, 너희가 나를 사랑하면 나의 계명을 지키리라, 내가 아버지께 구하겠으니 그가 또 다른 보혜사를 너희에게 주사 영원토록 너희와 함께 있게 하리니, 그는 진리의 영이라 세상은 능히 그를 받지 못하나니 이는 그를 보지도 못하고 알지도 못함이라 그러나 너희는 그를 아나니 그는 너희와 함께 거하심이요 또 너희 속에 계시겠음이라, 내가 너희를 고아와 같이 버려두지 아니하고 너희에게로 오리라(요 14:14~18)."고 말씀하여 주셨습니다.

특히 16절 "그가 또 다른 보혜사를 너희에게 주사"란 말씀에서 또 다른 보혜사란 사람이 아니라 그 다음 절인 17절 말씀과 같이 곧 '진리의 영(靈)을 지칭하여 말씀하신 것'으로서 진리의 영이란 우리와 함께 거하시는 보혜사 성령을 말씀하시는 것입니다.

"보혜사 곧 아버지께서 내 이름으로 보내실 성령 그가 너희에게 모든 것을 가르치고 내가 너희에게 말한 모든 것을 생각나게 하리라. 평안을 너희에게 끼치노니 곧 나의 평안을 너희에게 주노라 내가 너희에게 주는 것은 세상이 주는 것과 같지 아니하니라 너희는 마음에 근심하지도 말고 두려워하지도 말라(요 14:26~27)."라고 예수님께서 말씀하셨던 것입니다

이처럼 보혜사 성령님은 진리의 영(靈)이시기에 진리를 구하고자 하는 모든 이에게 가르치시고 생각나게 해주심으로써 우리가 진리 안에 거하게 된다는 원리라 하겠습니다. 이러한 원리를 어떻게 생각하십니까? 이것이 참 진리라고 생각하지 않습니까? 진리의 영이 우리에게 직접 임하시어 가르쳐 주시게 되면 우리의 믿음이 확신 있게 체험하여 알게 되기 때문에 우리는 주님이 행하실 수 있도록 모든 것을 주님께 내어 드려 맡길 수 있는 것입니다.

따라서 나 또한 주님 안에 있기만 하면 영적인 평온이 나에게 주어짐을 우리 자신이 직접 체험하여 알게 되는 것입니다. 바로 이러한 원리가 예수 그리스도를 믿는 **믿음**의 원리이자 참 진리입니다(출 14:13~14; 요 14:27, 5:2). 우리가 믿음으로 구하고 또한 믿음 안에서 기다리기만 하면 농부이신 하나님 아버지께서 우리를 깨끗하게 가꾸어 깨끗한 영혼으로 만들어 주시기 때문에 우리가 하나님 나라의 영원한 백성이 되어 많은 열매를 맺게 되는 것입니다(요 15:2). 이처럼 진리의 영을 통해서 우리가 하나님을 알 수 있게 됩니다.

"우리 주 예수 그리스도의 하나님, 영광의 아버지께서 지혜와 계시의 영을 너희에게 주사 하나님을 알게 하시고, 너희 마음의 눈을 밝히사 그의 부르심의 소망이 무엇이며 성도 안에서 그 기업의 영광의 풍성함이 무엇이며, 그의 힘의 위력으로 역사하심을 따라 믿는 우리에게 베푸신 능력의 지극히 크심이 어떠한 것을 너희로 알게 하시기를 구하노라(엡 1:17~19)."는 말씀과 같이 사도 바울에게 계시하여 주셨기 때문에 마음의 눈(영안)이 밝아져서 진리를 알게 되는 것을 참 진리라 말할 수 있는 것입니다. 이는 영적인 진리가 우리 가운데서 활성화되면 에베소서 3장에 나타나 있듯이 "이러므로 내가 하늘과 땅에 있는 각 족속에게, 이름을 주신 아버지 앞에 무릎을 꿇고 비노니, 그의 영광의 풍성함을 따라 그의 성령으로 말미암아 너희 속사람을 능력으로 강건하게 하시오며, 믿음으로 말미암아 그리스도께서 너희 마음에 계시게 하시옵고 너희가 사랑 가운데서 뿌리가 박히고 터가 굳어져서, 능히 모든 성도와 함께 지식에 넘치는 그리스도의 사랑을 알고, 그 너비와 길이와 높이와 깊이가 어떠함을 깨달아 하나님의 모든 충만하신 것으로 너희에게 충만하게 하시기를 구하노라(엡 3:14~19)."는 말씀은 참 진리라 하겠습니다.

따라서 하나님의 거룩한 자녀로 거듭나게 된 사도 바울은 "오직 너희의 심령이 새롭게 되어, 하나님을 따라 의와 진리의 거룩함으로 지으심을 받은 새 사람을 입으라(엡 4:23~24)."고 말씀하셨고, "새 사람을 입었으니 이는 자기를 창조하신 이의 형상을 따라 지식에까지 새롭게 하심을 입은 자니라(골 3:10)."는 말씀이야말로 참 진리라 말할 수 있는 것입니다.

그러므로 '참 진리'란 세상의 지성과 이성인 '육신의 생각'으로만 이루어지는 것이 아니라 '진리의 영(靈)'을 통해서 아는 지식으로서 나를 창조하신 하나님의 형상을 따라 하나님을 아는 지식에까지 새로워지는 것을 말하는 것입니다(골 3:10). 그러나 우리가 진리의 영(靈)을 체험하여 알지 못한다면 하나님을 알 수도 믿을 수도 없기에 믿음의 모양만 있을 뿐 구원 받을 수 없는 불쌍하고 안타까운 상황이 주어질 수밖에 없을 것입니다.

이러한 점에서 우리가 기억해야 할 것이 있다면 "예수께서 이르시되 내가 곧 길이요 진리요 생명이니 나로 말미암지 않고는 아버지께로 올 자가 없느니라(요 14:6)."는 말씀과 "진리의 성령이 오시면 그가 너희를 모든 진리 가운데로 인도하시리니 그가 스스로 말하지 않고 오직 들은 것을 말하며 장래 일을 너희에게 알리시리라(요 16:13)."는 말씀일 것입니다. 왜냐하면 성령의 도우심 없이는 우리가 진리를 알 수 없기 때문입니다.

그리고 진리에는 생명이 있기에 진정한 진리라 말할 수 있는 것입니다. 지난날 제 자신이 육신의 생각으로 진리를 알려고 했을 때는 "항상 배우나 끝내 진리의 지식에 이를 수 없느니라(딤후 3:7)."는 말씀과 같이 저의 육신의 생각과 영(靈)의 생각이 대조를 이루고 있었기 때문에 내가 아무리 애쓰고 노력해도 진리를 알 수 없다는 사실을 몰랐고, 이를 성령 하나님께서 알게 하여 주셨습니다.

이처럼 우리가 육신의 생각에 계속 머물러 있으면 나의 이기적인 욕망과 욕심에 사로잡혀 세상 방법으로 행할 수밖에 없기에 진리를 모르고 예수님으로부터 "그 때에 내가 그들에게 밝히 말하되 내가 너희를 도무지 알지 못하니 불법을 행하는(진리를 모르는) 자들아 내게서 떠나가라(마 7:23)."는 말씀을 듣게 되는 것입니다. 이는 성령을 받았을지라도 육신의 생각으로 인해 진리의 성령이신 예수 그리스도를 모르기 때문에, 구원받지 못하는 안타까운 경우가 발생하게 된 것입니다.

그러므로 우리가 진리의 성령 하나님의 인도함을 받는 것이야말로 참 진리이자 진정한 진리의 길로 갈 수 있는 유일한 길일 것입니다. 그리고 또한 이를 알려면 많은 시간이 요구될 것입니다.

4. 구원받지 못함은 처음 사랑을 잊어버렸기 때문입니다

"에베소 교회의 사자에게 편지하라 오른손에 있는 일곱 별을 붙잡고 일곱 금 촛대 사이를 거니시는 이가 이르시되, 내가 네 행위와 수고와 네 인내를 알고 또 악한 자들을 용납하지 아니한 것과 자칭 사도라 하되 아닌 자들을 시험하여 그의 거짓된 것을 네가 드러낸 것과, 또 네가 참고 내 이름을 위하여 견디고 게으르지 아니한 것을 아노라, 그러나 너를 책망할 것이 있나니 너의 처음 사랑을 버렸느니라, 그러므로 어디서 떨어졌는지를 생각하고 회개하여 처음 행위를 가지라 만일 그리하지 아니하고 회개하지 아니하면 내가 네게 가서 네 촛대를 그 자리에서 옮기리라, 오직 네게 이것이 있으니 네가 니골라 당의 행위를 미워하는도다 나도 이것을 미워하노라, 귀 있는 자는 성령이 교회들에게 하시는 말씀을 들을지어다 이기는 그에게는 내가 하나님의 낙원에 있는 생명나무의 열매를 주어 먹게 하리라(계 2:1~7)."는 계시의 말씀은 사도 요한께서 밧모 섬에 유배 중일 때 환상 중에 받은 내용입니다.

 말씀에서 세 가지 칭찬을 하시고 이어서 "그러나 너를 책망할 것이 있나니 너의 처음 사랑을 버렸느니라(계 2:4)."는 책망의 말씀을 하십니다. "그러므로 어디서 떨어졌는지를 생각하고 회개하여 처음 행위를 가지라 만일 그리하지 아니하고 회개하지 아니하면 내가 네게 가서 네 촛대를 그 자리에서 옮기리라(계 2:5)."는 엄중한 계시의 말씀을 듣게 된 것입니다.

 4절 "처음 사랑을 버렸느니라."의 말씀에서 처음 사랑이란 무엇입니까? "하나님 사랑이냐 이웃 사랑이냐?" 중에서 어느 쪽의 사랑을 버렸는지를 먼저 알아야 할 것입니다. 왜냐하면 사랑의 방향성과 사랑의 우선순위가 달라질 수 있기 때문입니다. '처음 사랑'이란 우선 '하나님에 대한 사랑'을 가리키는 말씀으로 보아야 할 것 같습니다.

이는 하나님에 대한 사랑을 잘 모르거나 알지 못하면 "하나님은 질투하시는 하나님이시라(출 20:5; 신 4:24, 5:9, 6:15; 수 24:19; 나 1:2)."로 기록하고 있기 때문입니다. 그리고 마태복음 22장의 한 율법사가 예수님을 시험하여 "어느 계명이 크니까?" 질문하자 "예수께서 이르시되 네 마음을 다하고 목숨을 다하고 뜻을 다하여 주 너의 하나님을 사랑하라 하셨으니, 이것이 크고 첫째 되는 계명이요, 둘째도 그와 같으니 네 이웃을 네 자신 같이 사랑하라 하셨으니, 이 두 계명이 온 율법과 선지자의 강령이니라(마 22:37~40)." 말씀하셨습니다.

이러한 점에서 계시록의 '처음 사랑'이란 첫째 되는 계명이라 말할 수 있겠습니다. 그런데 여기서 '하나님에 대한 처음 사랑이란' 무엇을 말씀하고 있느냐는 것입니다. 왜냐하면 우리가 성령의 나타나심과 그 능력을 체험하지 않고는 육신의 생각으로 하나님의 사랑을 알 수 없을 뿐 아니라 하나님을 사랑할 수 없기 때문입니다. 이는 "육신을 따르는 자는 육신의 일을, 영을 따르는 자는 영의 일을 생각하나니, 육신의 생각은 사망이요 영의 생각은 생명과 평안이니라, 육신의 생각은 하나님과 원수가 되나니 이는 하나님의 법에 굴복하지 아니할 뿐 아니라 할 수도 없음이라, 육신에 있는 자들은 하나님을 기쁘시게 할 수 없느니라, 만일 너희 속에 하나님의 영이 거하시면 너희가 육신에 있지 아니하고 영에 있나니 누구든지 그리스도의 영이 없으면 그리스도의 사람이 아니라(롬 8:5~9)." 말씀하셨기 때문입니다.

　따라서 요한계시록에서의 하나님에 대한 사랑은 우리가 성령을 처음 체험했을 때의 하나님에 대한 사랑을 말씀하시는 것이라 말할 수 있습니다. 이는 내 자신이 고등학교 시절 처음으로 성령을 체험하여 하나님에 대한 믿음은 확고하였지만 목회자가 되고 나서 산송장으로 살고 있을 때 성령 하나님의 위로하심과 마음의 상처를 치유 받았기 때문입니다. 성령 하나님을 강력하게 체험했을 때의 그 감격과 감동을 통하여 성령 하나님을 더 알고자 하는 간절한 마음과 열정을 가졌지만, 저 역시 에베소 교회 성도와 같이 '처음 사랑'을 잃어버렸습니다. 그래서 주님께서 "처음 행위를 가지라(계 2:5)."고 하시는 말씀이 무엇을 뜻하는지 알게 되었기에 이를 말할 수 있는 것입니다.

　이같이 성령을 처음 체험해 보았던 분들은 '하나님에 대한 처음 사랑'을 이해할 수 있기에 '처음 사랑으로 돌아가야 한다.'는 말씀도 이해하여 알 것입니다. 이는 성령을 일찍이 체험하여 알고 있었지만, 광양 태인수표교회에서 목회하면서 산송장으로 살고 있을 때 인천 순복음교회(최성규 목사 시무) 목회자세미나에서 미국 펜사콜라 브라운스빌 교회의 Fire School 학장 마이클 브라운(Michael Brown) 목사님의 집회에서 강력한 성령 체험을 하였을 때 그랬습니다. 그리고 인천 포도원교회(강인용 목사 시무)와 여러 영성 집회에 참여하여 치유 받기도 하여 자신도 모르게 다른 것 생각할 것 없이 오직 성령 체험에 사로잡혀 있었을 때였습니다. 그래서 기도를 더 열심히 하게 되었고, 성경 말씀도 더 열심히 찾아보게 되었습니다.

특히 성령에 대하여 알고자 하는 마음에 성경을 더욱 집중하여 탐구하게 되었고 그 이후 국내외 여러 영성 집회와 세미나를 찾아다녔습니다. 그러다가 에베소 교회가 주님을 향한 '처음 사랑'을 잃어버렸듯이 저 역시 처음 사랑을 잃어버렸기 때문에 주님께서 "너를 책망할 것이 있나니 너의 처음 사랑을 버렸느니라(계 2:4)."는 책망의 말씀을 저를 향한 말씀으로 듣게 된 것입니다. 예수님께서 부활 후 베드로를 만난 대화에서 '처음 사랑'을 요구하시는 장면도 이 때문이었음을 알 수 있었습니다. 살펴보겠습니다.

"그들이 조반 먹은 후에 예수께서 시몬 베드로에게 이르시되 요한의 아들 시몬아 네가 이 사람들보다 나를 더 사랑하느냐 하시니 이르되 주님 그러하나이다 내가 주님을 사랑하는 줄 주님께서 아시나이다 이르시되 내 어린 양을 먹이라 하시고, 또 두 번째 이르시되 요한의 아들 시몬아 네가 나를 사랑하느냐 하시니 이르되 주님 그러하나이다 내가 주님을 사랑하는 줄 주님께서 아시나이다 이르시되 내 양을 치라 하시고, 세 번째 이르시되 요한의 아들 시몬아 네가 나를 사랑하느냐 하시니 주께서 세 번째 네가 나를 사랑하느냐 하시므로 베드로가 근심하여 이르되 주님 모든 것을 아시오매 내가 주님을 사랑하는 줄을 주님께서 아시나이다 예수께서 이르시되 내 양을 먹이라, 내가 진실로 진실로 네게 이르노니 네가 젊어서는 스스로 띠 띠고 원하는 곳으로 다녔거니와 늙어서는 네 팔을 벌리리니 남이 네게 띠 띠우고 원하지 아니하는 곳으로 데려가리라, 이 말씀을 하심은 베드로가 어떠한 죽음으로 하나님께 영광을 돌릴 것을 가리키심이러라 이 말씀을 하시고 베드로에게 이르시되 나를 따르라 하시니 (요 21:15~19)." 이 말씀과 같이 예수님께서 세 번씩이나 주님을 부인했던 베드로에게 어떤 꾸지람과 나무람 없이 세 번씩이나 물으셨던 말씀이 "네가 나를 사랑하느냐."였습니다.

그리고 구약의 아브라함에게 "이삭을 번제로 드리라(창 22:2)."는 말씀에서도 "하나님이 그에게 일러 주신 곳에 이른지라 이에 아브라함이 그 곳에 제단을 쌓고 나무를 벌여 놓고 그의 아들 이삭을 결박하여 제단 나무 위에 놓고, 손을 내밀어 칼을 잡고 그 아들을 잡으려 하니, 여호와의 사자가 하늘에서부터 그를 불러 이르시되 아브라함아 아브라함아 하시는지라 아브라함이 이르되 내가 여기 있나이다 하매, 사자가 이르시되 그 아이에게 네 손을 대지 말라 그에게 아무 일도 하지 말라 네가 네 아들 네 독자까지도 내게 아끼지 아니하였으니 내가 이제야 네가 하나님을 경외(사랑)하는 줄을 아노라(창 22:9~12)." 말씀과 같이 하나님은 우리가 하나님을 경외하며 하나님을 사랑하고 있는지를 알기 위해 '처음 사랑'을 요구하시는 것입니다. 따라서 하나님은 우리에게 하나님을 향한 '처음 사랑'을 요구하시는 분이시라 말할 수 있겠습니다. 그러나 만약 '처음 사랑'을 우리가 잃게 되었다면 "그러므로 어디서 떨어졌는지를 생각하고 회개하여 처음 행위를 가지라 만일 그리하지 아니하고 회개하지 아니하면 내가 네게 가서 네 촛대를 그 자리에서 옮기리라(계 2:5)."는 엄중한 경고의 말씀을 듣게 될 것입니다.

하나님의 '처음 사랑'을 찾지 못한다면 하나님과 내가 아무 상관도 없는 존재가 되기 때문에 "네 촛대를 옮기리라." 말씀하실 것입니다. 한마디로 말씀에 순종하지 않으면 심판하시겠다는 말씀으로서 이를 더욱 강조하시기 위해 "귀 있는 자는 성령이 교회들에게 하시는 말씀을 들을지어다 이기는 그에게는 내가 하나님의 낙원에 있는 생명 나무의 열매를 주어 먹게 하리라(계 2:7)." 말씀하셨던 것입니다.

그러므로 우리가 회개하여 '처음 행위'를 다시 찾게 되었다면 "이기는 그에게는 내가 하나님의 낙원에 있는 생명 나무의 열매를 주어 먹게 하리라."는 말씀대로 생명 나무의 열매를 우리가 먹게 될 것입니다. 그러나 우리가 하나님을 향한 처음 사랑을 잃어버리게 되었다면 믿었지만, 하나님의 낙원에 있는 생명 나무의 열매를 먹지 못함은 물론 구원받지 못하는 안타까운 상황이 우리에게 벌어질 것입니다.

4장

성령에 침묵하는 것

한국교회가 '육신의 생각'으로 복음을 전함에 있어서 대체로 '믿음' 만을 강조하여 영적으로 무지하게 된 나머지 성령에 대하여 침묵할 수밖에 없었던 것이 아닌가 생각하게 되었습니다. 그리고 그 원인 중 하나가 교회에서 은사자들이 생겨나면 함께 기뻐하고 축하해 주어야 함에도 목회자와 은사자 간에 거리끼는 관계가 되는 것입니다. 왜냐하면 성도가 은사를 받으면 목회자 자신이 엄청난 부담을 갖게 됨은 물론 영적인 권위에 큰 타격과 손상을 입게 되는 것으로 생각하기 때문에 서로 간에 꺼리는 경우가 생겼기 때문입니다.

지난날 많은 선배 은사자들께서 교회의 영적 부흥과 발전을 일으킨 엄청난 공로가 있었음에도 불구하고 교회와 성도들에게 부담과 민폐를 끼친 것도 사실입니다. 본래 교회란 "우리가 알거니와 하나님을 사랑하는 자 곧 그의 뜻대로 부르심을 입은 자들에게는 모든 것이 합력하여 선을 이루느니라(롬 8:28)." 이런 곳입니다.

그리고 사도 바울께서 에베소서 2장에서 "이는 그로 말미암아 우리 둘이 한 성령 안에서 아버지께 나아감을 얻게 하려 하심이라, 그러므로 이제부터 너희는 외인도 아니요 나그네도 아니요 오직 성도들과 동일한 시민이요 하나님의 권속이라, 너희는 사도들과 선지자들의 터 위에 세우심을 입은 자라 그리스도 예수께서 친히 모퉁잇돌이 되셨느니라, 그의 안에서 건물마다 서로 연결하여 주 안에서 성전이 되어 가고, 너희도 성령 안에서 하나님이 거하실 처소가 되기 위하여 그리스도 예수 안에서 함께 지어져 가느니라(엡 2:18~22)." 말씀하셨던 곳이 교회였습니다.

그리고 고린도전서 12장에서는 "몸은 하나인데 많은 지체가 있고 몸의 지체가 많으나 한 몸임과 같이 그리스도도 그러하니라, 우리가 유대인이나 헬라인이나 종이나 자유인이나 다 한 성령으로 세례를 받아 한 몸이 되었고 또 다 한 성령을 마시게 하셨느니라, 몸은 한 지체뿐만 아니요 여럿이니, 만일 발이 이르되 나는 손이 아니니 몸에 붙지 아니하였다 할지라도 이로써 몸에 붙지 아니한 것이 아니요, 또 귀가 이르되 나는 눈이 아니니 몸에 붙지 아니하였다 할지라도 이로써 몸에 붙지 아니한 것이 아니니, 만일 온 몸이 눈이면 듣는 곳은 어디며 온 몸이 듣는 곳이면 냄새 맡는 곳은 어디냐, 그러나 이제 하나님이 그 원하시는 대로 지체를 각각 몸에 두셨으니, 만일 다 한 지체뿐이면 몸은 어디냐, 이제 지체는 많으나 몸은 하나라, 눈이 손더러 내가 너를 쓸 데가 없다 하거나 또한 머리가 발더러 내가 너를 쓸 데가 없다 하지 못하리라, 그뿐 아니라 더 약하게 보이는 몸의 지체가 도리어 요긴하고, 우리가 몸의 덜 귀히 여기는 그것들을 더욱 귀한 것들로 입혀 주며 우리의 아름답지 못한 지체는 더욱 아름다운 것을 얻느니라 그런즉, 우리의 아름다운 지체는 그럴 필요가 없느니라 오직 하나님이 몸을 고르게 하여 부족한 지체에게 귀중함을 더하사, 몸 가운데서 분쟁이 없고 오직 여러 지체가 서로 같이 돌보게 하셨느니라, 만일 한 지체가 고통을 받으면 모든 지체가 함께 고통을 받고 한 지체가 영광을 얻으면 모든 지체가 함께 즐거워하느니라, 너희는 그리스도의 몸이요 지체의 각 부분이라(고전 12:12~27)." 말씀하셨던 것입니다

이와 같은 말씀들이 있었음에도 불구하고 개인의 유익과 영적인 권위만을 내세우거나 카리스마적인 태도를 보이시는 분들이 있습니다. 고린도전서 12장의 말씀처럼 은사자들이 상호 보완적이고 의존적인 관계를 맺어 교회와 성도들을 존중하면서 성령 안에서 하나로 협력한다면 마지막 심판 때 "이기는 자는 이것들을 상속으로 받으리라 나는 그의 하나님이 되고 그는 내 아들이 되리라(계 21:7)."는 은총의 말씀을 듣게 될 것입니다.

그러나 이 땅의 많은 능력 받으신 분들은 교회와 성도들을 향하여 지나칠 정도로 영적 권위와 카리스마로 대하는 경향이 있어서 결국 교회와 등을 지게 되고 분쟁하여 교회와 성도들에게 상처를 크게 남겼음을 부정할 수 없을 것입니다. "나는 은사 받았는데 당신은 뭘 받았느냐?"는 식으로 말입니다. 저도 목회 초년 시절 신유 은사를 받은 여자 권사로 인하여 많은 어려움과 곤욕을 겪었습니다. 그때 일을 잠시 회상해 보면 이렇습니다. 제가 전임목회자 후임으로 부임하여 온 완전 무경험의 초짜 전도사였을 때 일입니다. 새벽 2~3시경 한 성도의 가정에서 전화로 "와서 기도해 달라."는 요청이 있었습니다. 사탄이 들어와 아들과 며느리가 팔이 뒤틀리고 그 가정이 지금 난리가 났다는 것입니다.

이때 저는 은사도 받지 못하였지만 안타까운 심정과 걱정하는 마음으로 사모와 함께 달려갔습니다. 하나님께서 제게 기도할 기회를 주셨다는 감동이 있었습니다. 먼저 그 가정을 위하여 기도하고 아들을 보니 괜찮은 것 같았고 며느리는 계속 드러누운 상태에서 팔이 심하게 뒤틀린 채 뒹굴고 있었습니다. 저는 팔에 손을 얹고 안타까운 심정으로 하나님께 기도하였습니다.

기도 중에 문제의 여자 권사가 들어오더니 전도사인 저의 양손을 들어 제치기에 순간적으로 양옆으로 여자 권사의 손을 타다닥 치며 기도를 계속 진행했습니다. 기도를 끝마치고 보니 여자 권사는 풋내기 전도사가 무엇을 어떻게 하나 먼발치 창가에서 팔짱을 끼고 가소롭다는 눈길로 쳐다보고 있었습니다. 다행히 하나님께서 저를 불쌍히 여기사 부끄럼 당하지 않도록 아들과 며느리의 팔이 모두 정상으로 돌아오는 은혜를 베풀어 주셨습니다.

  그러나 진짜 문제는 이제부터 시작이었습니다. 다음 날 여자 권사가 교회로 찾아와 따지듯이 하는 말이 '그들을 왜 나한테 맡기지 않았느냐'는 것입니다. 그래서 말했죠. "권사님이 말한 대로 '기도 받을 사람들은 다 내게로 보내 달라.' 하여 그동안 모두 다 권사님에게 보내주지 않았습니까? 그리고 어제 일은 어머니 되시는 성도께서 전화로 '기도해 달라. 우리 가정에 사탄이 들어와 아들과 며느리가 팔이 뒤틀리고 난리가 났으니 기도하여 달라.' 하여 갔더니, 권사님도 없고, 어쩔 수 없이 안타까운 마음과 목회자의 신분으로 기도했을 뿐입니다. 나는 권사님처럼 신유 은사나 어떤 능력을 받은 일도 없고 아무 능력도 없지만 안타까운 마음으로 기도해 준 것인데 잘못입니까? 성도들이 기도 요청을 해 오면 능력이 없더라도 안타까운 심정으로 기도하는 것이 목회자 아닙니까? 그동안 그래왔듯이 앞으로도 그가 어떠한 사람이건 권사님 찾는 사람은 무조건 권사님께 모두 보내드릴 것입니다. 그러나 어제와 같은 상황이 와서 나에게 기도 요청을 해 오면 능력은 없지만, 성도들을 위해 기도해 줄 수밖에 없는 것이 목회자의 직분입니다. 목회자는 안타까운 심정으로 양들을 돌볼 뿐입니다."라고 말했지요. 권사는 아무 말 없더군요. 그 후로 이러저러한 종류의 일들이 많이 있었고 그때마다 저는 안타까운 심정으로 기도했을 뿐인데 때마다 주님께서 저를 불쌍히 여기사 많은 은혜를 베풀어 주셨습니다. 그래서 하나님께 감사할 뿐입니다.

마침내 여자 권사가 찾아와 '교회 창립 멤버는 교회를 떠나야 한다.'면서 권사 자신이 교회를 떠나겠다는 것입니다. 그래서 말했지요. "떠나지 마시고 주님의 일을 함께 해 보는 것이 어떠냐?" 권해 보았으나 '창립 멤버는 떠나야 한다.'면서 여자 권사는 떠나갔습니다. 싸움하거나 언성을 높인 일도 없이 하나님께서 해결해 주셨습니다. 하지만 끝이 아니었습니다. 여자 권사는 떠났지만, 권사를 따르는 무리가 남아 있었기에 교회는 오히려 더 어려움과 혼란이 생겨 끝내 목회자를 몰아내려고 지방의 감리사와 감독을 찾아가는 분란도 있었습니다. 그러나 그때도 하나님께서 해결해 주셨습니다.

당시 목회자인 저의 상태는 산송장 그 자체였습니다. 아무것도 할 수 없는 상태로 힘없이 먼 허공만 쳐다보는 바보 같은 사람이 되었습니다. 예배 시간에 설교와 기도는 모두 남의 것 그대로 토씨 하나 안 빼고 따라 했습니다. 하나님과 성도들에게 죄송했지만, 목회자 가정이 먹고 살기 위해서 그렇게 했습니다. 그때 제 자신을 위해 어떠한 기도도 할 수 없는 살아 있는 송장이었습니다. 그저 실오라기 같은 심정으로 하나님만 겨우 의지할 뿐이었습니다.

전임목회자께서 교회 개척 1년 만에 다른 곳으로 이임해 가셨고 초년 전도사인 제가 교회와 전임자에 대해 아무런 정보도 모른 상태에서 부임 인사차 전임자에게 전화하였더니 전임목회자가 당황하여 불안해하는 목소리로 전화를 받는 것입니다. 왜 전화했느냐며 치를 떨며 하는 말이, 권사를 따르는 무리가 목회자의 멱살을 잡고 온 동네를 끌고 다니며 협박하는 일들을 당했고 사모님은 하혈하는 상태까지 이르렀다며, 그간의 교회 사정을 말해 주어 전임자와 교회가 엄청난 고초와 박해를 당한 사정을 대략 알게 되었습니다.

전임목회자에게 저는 동병상련(同病相憐)의 마음을 느꼈습니다. 이처럼 많은 교회와 목회자들께서도 저와 비슷한 경험을 하였을 것으로 보아 선배 목회자들께서도 교회와 성도를 지키고자, 그리고 목회자의 영적 권위를 지키기 위해, 때론 은사자들을 신비주의자로 몰거나 규정하여 배격하는 현상이 일어났음을 미루어 짐작해 보았습니다.

따라서 많은 교회와 목회자들께서 성령에 대해 기피하게 되었고 일반 성도들은 물론이거니와 많은 젊은 목회자들까지도 성령을 거의 듣지도 알지도 못하게 되어 성경에 기록된 말씀을 '육신의 생각'으로 응용하여 말씀을 전하게 된 것은 한국교회의 아픔이자 우리 모두의 아픔이고 슬픔이라 생각합니다. 누구를 탓할 계제도 못 된다고 생각했습니다. 하지만 하나님 나라 입장에서 볼 때 엄청난 손실이 아닐 수 없습니다. 다 사탄의 장난이었습니다.

비록 목회자인 나 자신이 지난날에 엄청난 고통과 괴로움을 당하였다 하여 은사들을 금한다거나 거부할 수만은 없는 일 아니겠습니까? 목회자인 내가 은사가 없다 하여 성령 하나님의 일을 가로막거나 방해해서는 안 될 것입니다(막 3:29). 물론 시기 질투해서는 더더욱 안 될 것입니다. 목회자가 아닌 은사자일지라도 하나님이 세운 사명자임에 틀림없습니다. 그러나 만일 그들이 하나님 말씀대로 행하지 않고 계속 삯꾼처럼 행한다면 그 죄를 피할 수 없습니다.

"인자야 내가 너를 이스라엘 족속의 파수꾼으로 세웠으니 너는 내 입의 말을 듣고 나를 대신하여 그들을 깨우치라, 가령 내가 악인에게 말하기를 너는 꼭 죽으리라 할 때에 네가 깨우치지 아니하거나 말로 악인에게 일러서 그의 악한 길을 떠나 생명을 구원하게 하지 아니하면 그 악인은 그의 죄악 중에서 죽으려니와 내가 그의 피 값을 네 손에서 찾을 것이고, 네가 악인을 깨우치되 그가 그의 악한 마음과 악한 행위에서 돌이키지 아니하면 그는 그의 죄악 중에서 죽으려니와 너는 네 생명을 보존하리라, 또 의인이 그의 공의에서 돌이켜 악을 행할 때에는 이미 행한 그의 공의는 기억할 바 아니라 내가 그 앞에 거치는 것을 두면 그가 죽을지니 이는 네가 그를 깨우치지 않음이니라 그는 그의 죄 중에서 죽으려니와 그의 피 값은 내가 네 손에서 찾으리라, 그러나 네가 그 의인을 깨우쳐 범죄하지 아니하게 함으로 그가 범죄하지 아니하면 정녕 살리니 이는 깨우침을 받음이며 너도 네 영혼을 보존하리라(겔 3:17~21)."는 말씀과 같이 사명자는 악인과 의인을 깨우치는 파수꾼의 역할을 수행한다는 점에서 우리 모두 하나님 앞에서 무한한 책임과 의무의 중요성을 깨달아야 할 것입니다. 특히 오늘날의 혼탁한 사회에서 영적 지도자들의 책임이 그 어느 때보다 막중하다는 점에서 더욱 그렇습니다.

그리고 예수님께서 열두 제자와 달리 70인을 세우시어 각 동네와 각 지역으로 둘씩 앞서 보내셨을 때 "칠십 인이 기뻐하며 돌아와 이르되 주여 주의 이름이면 귀신들도 우리에게 항복하더이다, 예수께서 이르시되 사탄이 하늘로부터 번개 같이 떨어지는 것을 내가 보았노라, 내가 너희에게 뱀과 전갈을 밟으며 원수의 모든 능력을 제어할 권능을 주었으니 너희를 해칠 자가 결코 없으리라, 그러나 귀신들이 너희에게 항복하는 것으로 기뻐하지 말고 너희 이름이 하늘에 기록된 것으로 기뻐하라 하시니라(눅 10:17~20)."는 말씀을 우리가 반드시 기억해야 하겠습니다.

지난날에 많은 선배 목사님과 은사자들께서 엄청난 가난과 고난 속에서도 힘들게 사명을 감당하던 시기가 있었습니다. 목회하고자 하시는 분들이 하나님의 사명을 받지 않으면 목회할 꿈도 감히 꾸지 못하던 어려운 시대였습니다. 이런 까닭에 지난 시대에 많은 하나님의 사람들이 하나님으로부터 사명을 직접 받아 하나님의 일을 할 수 있었기에 많은 교회가 엄청난 부흥을 할 수 있었던 것도 사실입니다.

그러나 오늘의 상황은 인본주의적인 '육신의 생각'으로 하나님의 일을 하게 됨에 따라 성령에 대하여 침묵할 수밖에 없는 상황으로 뒤바뀌게 된 것 같습니다. 이러한 점에서 한국교회와 세계교회가 하나님의 일을 육신의 생각으로 목회하고 성령을 기피하게 되면서 하나님과의 영적 관계가 소원(疏遠)해질 수밖에 없어 "너희가 이같이 어리석으냐 성령으로 시작하였다가 이제는 육체로 마치겠느냐(갈 3:3)."는 말씀을 듣게 된 것입니다. 영적인 믿음은 점점 사라져 끝내 타락할 수밖에 없는 것이, 오늘의 세계교회와 한국교회의 현실이 아닌가 생각해 보았습니다.

이처럼 오늘날의 많은 교회와 성도들은 경건의 모양은 있으나 경건의 능력은 사라져(딤후 3:5) 세상과 하나가 되어 가고 있는 세속화[14]된 현상을 우리가 볼 수밖에 없습니다. 물론 세속화라고 하는 순기능도 있겠지만 역기능이 있는 것 또한 사실입니다. 그러나 오늘의 한국교회는 순기능보다는 역기능의 현상이 더 많이 나타나고 있기에 개신교 신자이신 한완상 전 부총리가 『예수 없는 예수 교

---

14) 세속화란 ① 거룩에 대한 대립 개념으로, 일종의 종교적 타락으로 보는 것. ② 인간이 신으로부터 이 세상을 위임받아 인간이 자유와 책임을 가지고 적극적으로 살아가는 삶의 기회로 보는 것을 말합니다.

회』[15]라는 책을 쓰지 않았겠습니까? 책 제목이 말해 주듯 교회가 '예수 없는 예수 교회화' 되었기 때문에 한국교회가 성령에 대하여 침묵할 수밖에 없는 것입니다. 이러한 점에서 교회가 성령에 대하여 왜 침묵할 수밖에 없게 되었는지를 우리가 좀 더 살피지 않을 수 없을 것입니다.

1. 성령에 대한 침묵은 성령을 체험하지 못했기 때문입니다

한국교회가 성령에 대하여 침묵할 수밖에 없었던 것은 성령을 체험하지 못하고 지식적인 '육신의 생각'으로만 예수 그리스도를 믿었기 때문이라 생각합니다. 예를 들어 요한복음 3장에 보면, 밤늦게 예수님을 찾아온 유대인 지도자 니고데모라 하는 사람이 "그가 밤에 예수께 와서 이르되 랍비여 우리가 당신은 하나님께로부터 오신 선생인 줄 아나이다 하나님이 함께 하시지 아니하시면 당신이 행하시는 이 표적을 아무도 할 수 없음이니이다, 예수께서 대답하여 이르시되 진실로 진실로 네게 이르노니 사람이 거듭나지 아니하면 하나님의 나라를 볼 수 없느니라, 니고데모가 이르되 사람이 늙으면 어떻게 날 수 있사옵나이까 두 번째 모태에 들어갔다가 날 수 있사옵나이까, 예수께서 대답하시되 진실로 진실로 네게 이르노니 사람이

---

15) 한완상, 『예수 없는 예수 교회』, 김영사, 2008 참조.

물과 성령으로 나지 아니하면 하나님의 나라에 들어갈 수 없느니라, 육으로 난 것은 육이요 영으로 난 것은 영이니, 내가 네게 거듭나야 하겠다 하는 말을 놀랍게 여기지 말라, 바람이 임의로 불매 네가 그 소리는 들어도 어디서 와서 어디로 가는지 알지 못하나니 성령으로 난 사람도 다 그러하니라, 니고데모가 대답하여 이르되 어찌 그러한 일이 있을 수 있나이까, 예수께서 그에게 대답하여 이르시되 너는 이스라엘의 선생으로서 이러한 것들을 알지 못하느냐, 진실로 진실로 네게 이르노니 우리는 아는 것을 말하고 본 것을 증언하노라 그러나 너희가 우리의 증언을 받지 아니하는도다, 내가 땅의 일을 말하여도 너희가 믿지 아니하거든 하물며 하늘의 일을 말하면 어떻게 믿겠느냐(요 3:2~12)."라는 꾸지람의 말씀을 듣게 된 것입니다.

　율법에 정통하고 뛰어난 이스라엘의 선생으로서 영적인 일을 마땅히 알아야 함에도 영적인 일을 전혀 모른다는 것은 육신의 생각으로 영의 생각을 이해할 수 없다는 반증이라 말할 수 있겠습니다. 그리고 니고데모에게 영의 생각을 가르쳐 주어도 모르기 때문에 "어찌 그러한 일이 있을 수 있나이까?"라고 다시 질문할 수밖에 없었던 것입니다. 사실 니고데모가 구약의 말씀들을 꿰뚫고 있을지라도 성령을 받아본 일이 없기에 성령에 관하여 무지할 수밖에 없었을 것입니다.

　에스겔 36장에 "맑은 물을 너희에게 뿌려서 너희로 정결하게 하되 곧 너희 모든 더러운 것에서와 모든 우상 숭배에서 너희를 정결하게 할 것이며, 또 새 영을 너희 속에 두고 새 마음을 너희에게 주되 너희 육신에서 굳은 마음을 제거하고 부드러운 마음을 줄 것이며, 또 내 영을 너희 속에 두어 너희로 내 율례를 행하게 하리니 너희가 내 규례를 지켜 행할지라(겔 36:25~27)."는 말씀이 기록되어 있을지라도 니고데모가 이를 지식적으로 기억하여 알고 있을 뿐 이를 체험한 일이 없기에 예수님의 말씀을 이해할 수 없었던 것입니다. 비록 니고데모는 정통 바리새인이자 최고 산헤드린 공회 회원으로서 도덕적이며 종교적인 권력을 가진 재판관으로서 율법을 꿰고 있을지라도 성령을 체험하여 본 일이 없기에 '물과 성령'에 대한 주님의 말씀을 들려주거나 가르쳐 주어도 이해할 수 없었을 것입니다. 그가 세상 지식으로 구약성서 전체를 꿰고 있을지라도 자기 자신이 성령을 체험하지 못하였다면 알 수 없는 것이 '물과 성령'이기 때문에 예수님의 "물과 성령으로 나지 아니하면 하나님의 나라에 들어갈 수 없느니라(요 3:5)."는 말씀에 큰 충격일 수밖에 없었을 것입니다.

그래서 예수님께서 니고데모에게 "육으로 난 것은 육이요 영으로 난 것은 영이니, 내가 네게 거듭나야 하겠다 하는 말을 놀랍게 여기지 말라, 바람이 임의로 불매 네가 그 소리는 들어도 어디서 와서 어디로 가는지 알지 못하나니 성령으로 난 사람도 다 그러하니라(요 3:6~8)." 말씀하여 주셨지만, 니고데모는 나면서부터 인본주의적 사고인 '육신의 생각'으로 영적인 교육을 받아왔고 지식적으로 하나님을 믿을 수밖에 없었습니다. 그래서 니고데모는 예수님으로부터 영적인 말씀을 듣고 이해하려고 해도 이해할 수 없는 공황상태(恐慌狀態)에 이르렀기에 "니고데모가 대답하여 이르되 어찌 그러한 일이 있을 수 있나이까(요 3:9)."라고 다시 질문할 수밖에 없었던 것입니다.

니고데모는 "육으로 난 것은 육이요 영으로 난 것은 영이니, 내가 네게 거듭나야 하겠다 하는 말을 놀랍게 여기지 말라(요 3:6~7)."는 예수님의 말씀과 사도 바울의 "육신을 따르는 자는 육신의 일을, 영을 따르는 자는 영의 일을 생각하나니(롬 8:5)"라는 대조의 말씀들을 더욱 이해할 수 없을 것입니다. 그리고 이 세상 사람들이 그러하듯 니고데모도 육신의 생각으로 하나님을 믿는다는 것이 곧 영의 생각이라고 생각하였기 때문에 이해할 수 없는 것입니다. 육신의 생각과 영의 생각이 서로 대조 관계라는 사실을 모르고 믿기 때문에 "어찌 그러한 일이 있을 수 있나이까"라고 다시 질문할 수밖에 없었을 것입니다.

때문에 "예수께서 그에게 대답하여 이르시되 너는 이스라엘의 선생으로서 이러한 것들을 알지 못하느냐, 진실로 진실로 네게 이르노니 우리는 아는 것을 말하고 본 것을 증언하노라 그러나 너희가 우리의 증언을 받지 아니하는도다, 내가 땅의 일을 말하여도 너희가 믿지 아니하거든 하물며 하늘의 일을 말하면 어떻게 믿겠느냐(요 3:10~12)."라는 말씀을 니고데모가 들었을 때 엄청난 충격을 받고 많은 근심을 하게 되었을 것입니다. 니고데모에게 이러한 상황이 주어진 것은 성령을 체험하지 못하였기 때문입니다. 이같이 오늘을 사는 우리도 니고데모와 똑같이 육신의 생각으로 예수 그리스도를 믿고 있는 한 주님의 말씀을 모를 수밖에 없어 엉뚱한 질문을 할 수밖에 없다는 이치라 하겠습니다. 따라서 성령을 자신이 직접 체험하지 못하면 육신의 생각인 지성과 이성으로 믿을 수밖에 없기에 진리의 오묘함을 모를 수밖에 없는 것이 믿음의 원리라 하겠습니다. 세상 지식으로는 성령의 나타나심과 능력에 의해서 사람이 거듭날 수 있다는 사실을 이해하거나 받을 수 없음을 주님께서 알고 계셨기에 "내가 네게 거듭나야 하겠다 하는 말을 놀랍게 여기지 말라(요 3:7)." 말씀하셨던 것입니다.

그러므로 성경 상의 신비한 하나님의 말씀을 세상 지식으로 이해하려고 생각할 때 믿을 수도, 이해할 수도 없어 신앙생활을 힘들게 할 수밖에 없었던 것입니다. 이에 예수님께서 "물과 성령으로 나지 아니하면 하나님의 나라에 들어갈 수 없느니라(요 3:5)." 말씀하여 주셨으나 이러한 원리를 모르는 니고데모는 "어찌 그러한 일이 있을 수 있나이까."라고 다시 질문할 수밖에 없는 것입니다. 비록 니고데모가 예수님의 말씀을 이해하지 못했지만 어렴풋하게나마 말씀을 이해하고 받아들였기에 훗날 대제사장들과 바리새인들이 예수님에 대하여 비난할 때 니고데모는 예수님을 옹호하였습니다(요 7:50~52). 뿐만 아니라 예수님께서 십자가에서 숨을 거두신 후 아리마대 사람 요셉이 예수님의 시신을 가져갔을 때도(요 19:38) "일찍이 예수께 밤에 찾아왔던 니고데모도 몰약과 침향 섞은 것을 백 리트라쯤 가지고 온지라, 이에 예수의 시체를 가져다가 유대인의 장례 법대로 그 향품과 함께 세마포로 쌌더라(요 19:39~40)."는 기록이 있는 것입니다.

이렇게 니고데모가 행할 수 있었던 것은 주님의 말씀을 통하여 막연하지만 무언가 깨우침에 대한 도전을 받았기 때문일 것입니다. 왜냐하면 아직 성령이 임하지 않았을 때였기에 예수님의 말씀을 막연히 받아들였을 것입니다.

2. 성령에 대한 침묵은 성령에 대해 무지했기 때문입니다

위에서 살펴본 바와 같이 세계교회와 한국교회가 성령을 받아들이지 못하는 근본적인 이유 중 하나가 성령을 체험하지 못하였고, 그로 인해 성령에 대해 무지하기 때문임을 우리는 알 수밖에 없습니다. 왜냐하면 인본주의적 '육신의 생각'으로 "나는 믿음으로 구원받았다."라는 말과 "한 번 구원은 영원한 구원이다."라는 식의 '육신의 생각'으로 인하여 교회와 성도가 성령에 대하여 침묵할 수밖에 없도록 만들어졌기 때문에, 성령에 대한 무지로 나타난 것입니다.

그런데 사람들이 "성령에 관하여 나는 잘 몰라."라고 말하는 것은, 성경 말씀에 성령에 대한 말씀들이 분명히 기록되었음에도 오늘날의 세계교회와 한국교회 성도가 성령에 대하여 무지하였다면 이는 하나님에 대한 기만일 수밖에 없을 것입니다.

이는 첫째로 "그리스도인이라면 '그리스도의 영(성령)'을 반드시 받아야 한다."고 말하지 않고 있기 때문입니다(요 3:5, 20:22; 롬 8:9). 물론 성령을 받아야 한다는 사실을 기본적으로 알고 있겠지만 "성령 받아야 한다."라고 심각하게 선포하거나 받아들이지 않고 있기 때문입니다.

둘째로 "생명의 성령의 법(롬 8:2)"으로 살지 않고 육신의 생각인 사망의 법으로 살고 있기 때문에(롬 8:2, 6) 이에 대한 문제의 심각성을 함께 느끼지 못하고 있기 때문입니다.

셋째로 성령에 관한 잘못된 정보나 인식으로 인하여 성령에 대하여 무지할 수밖에 없게 되었기 때문입니다. 그러므로 우리가 성령에 대한 무지로 인하여 발생한 잘못된 인식이 무엇이며, '육신의 생각'으로 인하여 파생된 것이 무엇이고, 그 실체가 무엇으로 나타나게 되었는지를 살피지 않을 수 없습니다. 왜냐하면 이 땅에 이단이나 사이비 종파들이 많이 파생되었기 때문에 이를 살피려는 것입니다.

1) 성령에 대한 무지로 성령에 대해 잘못된 인식을 갖게 되었습니다

우리가 예수 그리스도를 믿을 때 육신(肉身)의 생각으로 믿을 것이냐 아니면 영(靈)의 생각으로 믿을 것이냐를 먼저 가르쳐야 할 것입니다. 왜냐하면 우리의 구원 문제가 달렸기 때문에 그렇습니다. 그리고 예수 그리스도를 믿을 때 '육신의 생각'이 곧 '영의 생각'이라고 착각하고 믿고 있기 때문입니다.

물론 우리가 '육신의 생각'으로 믿게 되었을지라도 육신의 생각은 어디까지나 믿음의 시작점일 뿐 우리의 믿음이 더 이상 성장할 수 없을 뿐만 아니라 영적인 깊은 체험은 꿈도 꿀 수 없기에 지식적이거나 이성적으로만 하나님을 믿게 됩니다. 이러한 점에서 영적 지도자들은 이를 영의 생각으로 방향 전환할 수 있도록 안내하여 가르쳐야 할 것입니다. 영적 성장이 잘못 설정되면 믿었지만, 구원받을 수 없는 상황이 바로 본인에게 발생할 수 있기에 그렇습니다.

이를 알기 위해서 요한복음 14장 말씀을 살펴보겠습니다. 이는 예수님께서 십자가의 고난과 고통을 당하시기 위하여 제자들을 떠나시기에 앞서 앞으로 다가올 위기 상황에 대한 예고에 불안해하는 제

자들에게 권면하셨던 말씀입니다.

"너희는 마음에 근심하지 말라 하나님을 믿으니 또 나를 믿으라, 내 아버지 집에 거할 곳이 많도다 그렇지 않으면 너희에게 일렀으리라 내가 너희를 위하여 거처를 예비하러 가노니, 가서 너희를 위하여 거처를 예비하면 내가 다시 와서 너희를 내게로 영접하여 나 있는 곳에 너희도 있게 하리라, 내가 어디로 가는지 그 길을 너희가 아느니라, 도마가 이르되 주여 주께서 어디로 가시는지 우리가 알지 못하거늘 그 길을 어찌 알겠사옵나이까, 예수께서 이르시되 내가 곧 길이요 진리요 생명이니 나로 말미암지 않고는 아버지께로 올 자가 없느니라, 너희가 나를 알았더라면 내 아버지도 알았으리로다 이제부터는 너희가 그를 알았고 또 보았느니라, 빌립이 이르되 주여 아버지를 우리에게 보여 주옵소서 그리하면 족하겠나이다, 예수께서 이르시되 빌립아 내가 이렇게 오래 너희와 함께 있으되 네가 나를 알지 못하느냐 나를 본 자는 아버지를 보았거늘 어찌하여 아버지를 보이라 하느냐, 내가 아버지 안에 거하고 아버지는 내 안에 계신 것을 네가 믿지 아니하느냐 내가 너희에게 이르는 말은 스스로 하는 것이 아니라 아버지께서 내 안에 계셔서 그의 일을 하시는 것이라, 내가 아버지 안에 거하고 아버지께서 내 안에 계심을 믿으라 그렇지 못하겠거든 행하는 그 일로 말미암아 나를 믿으라, 내가 진실로 진실로 너희에게 이르노니 나를 믿는 자는 내가 하는 일을 그도 할 것이요 또한 그보다 큰 일도 하리니 이는 내가 아버지께로 감이라, 너희가 내 이름으로 무엇을 구하든지 내가 행하리니 이는 아버지로 하여금 아들로 말미암아 영광을 받으시게 하려 함이라, 내 이름으로 무엇이든지 내게 구하면 내가 행하리라, 너희가 나를 사랑하면 나의 계명을 지키리라(요 14:1~15)."

특히 7절 "너희가 나를 알았더라면 내 아버지도 알았으리로다." 말씀을 보면서 예수님의 제자들은 예수님이 어떤 분이신지를 잘 모르고 막연히 믿고 따르고 있다는 사실을 알 수 있습니다. "너희가 나를 알았더라면"이란 말씀처럼 아직도 제자들은 예수님에 대하여 잘 모르고 있음을 주님께서 이미 알고 계셨기 때문에 이를 말씀하여 주셨던 것입니다.

예수님께서 이렇게 말씀하시게 된 까닭은 제자들이 성부 성자 성령 삼위일체(三位一體) 하나님을 잘 모르고 있었기 때문입니다. 그래서 "너희가 나를 알았더라면 내 아버지도 알았으리로다(요 14:7)." 말씀하셨던 것입니다. 그리고 이어서 "이제부터는 너희가 그를 알았고 또 보았느니라."고 말씀하셨는데도 빌립이 "주여 아버지를 우리에게 보여 주옵소서 그리하면 족하겠나이다(요 14:8)."라는 육신의 생각에 의한 질문을 하였습니다. 이처럼 제자들이 예수님의 말씀을 전혀 이해하지 못하고 있음을 아시기 때문에 "예수께서 이르시되 빌립아 내가 이렇게 오래 너희와 함께 있으되 네가 나를 알지 못하느냐 나를 본 자는 아버지를 보았거늘 어찌하여 아버지를 보이라 하느냐, 내가 아버지 안에 거하고 아버지는 내 안에 계신 것을 네가 믿지 아니하느냐 내가 너희에게 이르는 말은 스스로 하는 것이 아니라 아버지께서 내 안에 계셔서 그의 일을 하시는 것이라(요 14:9~10)." 말씀하셨던 것입니다

 이와 같이 제자들이 예수님의 영적인 말씀을 이해하지 못하는 것을 보신 예수님께서 얼마나 답답하셨으면 제자들에게 "내가 아버지 안에 거하고 아버지는 내 안에 계신 것을 네가 믿지 아니하느냐 내가 너희에게 이르는 말은 스스로 하는 것이 아니라 아버지께서 내 안에 계셔서 그의 일을 하시는 것이라, 내가 아버지 안에 거하고 아버지께서 내 안에 계심을 믿으라 그렇지 못하겠거든 행하는 그 일로 말미암아 나를 믿으라(요 14:10~11)." 말씀하셨던 것입니다.

 그런데 이와 같은 말씀은 이미 요한복음 10장에서 유대인들에게도 하셨던 말씀입니다. "만일 내가 내 아버지의 일을 행하지 아니하거든 나를 믿지 말려니와, 내가 행하거든 나를 믿지 아니할지라도 그 일은 믿으라 그러면 너희가 아버지께서 내 안에 계시고 내가 아버지 안에 있음을 깨달아 알리라 하시니(요 10:37~38)." 여기에서 예수님의 제자들과 유대인들이 예수님의 말씀을 알아듣지 못한 것은 '육신(肉身)의 생각'으로 영(靈)의 말씀을 이해하려는 잘못된 인식 때문이었습니다.

예수님께서 요한복음 3장에서 니고데모에게 "육으로 난 것은 육이요 영으로 난 것은 영이니, 내가 네게 거듭나야 하겠다 하는 말을 놀랍게 여기지 말라." 말씀하셨던 것도 육(肉)과 영(靈)이 서로 대조 관계이기 때문에 니고데모가 알아듣지 못한 것처럼, 요한복음 14장에서 예수님의 제자들도 육신의 생각으로 믿고 있기 때문에 이를 깨닫지 못한 것입니다.

예수님의 제자들이나 유대인들 그리고 오늘을 사는 우리가 예수님의 말씀을 '육신의 생각'으로만 말씀을 듣고 믿으려는 잘못된 인식으로 믿고 있는 한 영적인 말씀을 표면적으로만 믿을 수밖에 없다는 사실을 우리가 알아야 합니다. 만일 우리가 예수 그리스도를 '육신의 생각'으로만 믿으려 한다면, 인간 예수님만을 바라보게 되어 세상 지식인 이성과 지성으로만 판단하여 믿을 수밖에 없어, 예수님의 말씀을 이해하려 하지만 이해할 수 없어 믿는 것이 매우 힘들 뿐입니다.

이를 아시는 주님께서 유대인들이나 예수님의 제자들에게 "만일 내가 내 아버지의 일을 행하지 아니하거든 나를 믿지 말려니와, 내가 행하거든 나를 믿지 아니할지라도 그 일은 믿으라 그러면 너희가 아버지께서 내 안에 계시고 내가 아버지 안에 있음을 깨달아 알리라 하시니(요 10:37~38)."라고 말씀하셨던 것입니다. 말씀인즉 일어날 수 없는 불가능한 신비한 일들을 주님께서 행하시면 행하신 그 일로 말미암아 "나를 믿으라." 말씀하셨던 것입니다.

그리고 "내가 진실로 진실로 너희에게 이르노니 나를 믿는 자는 내가 하는 일을 그도 할 것이요 또한 그보다 큰일도 하리니 이는 내가 아버지께로 감이라(요 14:12)."도 이 원리에서 말씀하셨던 것입니다. 그런데 우리가 이 말씀에서 주목해야 할 것은 주님께서 이 말씀을 왜 하시게 되었느냐는 것입니다. 이는 예수님을 믿는 자들도 예수님께서 행하신 그 일을 행할 뿐만 아니라 예수님께서 행하신 일보다 큰일도 행하게 될 것이기 때문에 주님께서 "너희가 내 이름으로 무엇을 구하든지 내가 행하리니 이는 아버지로 하여금 아들로 말미암아 영광을 받으시게 하려 함이라, 내 이름으로 무엇이든지 내게 구하면 내가 행하리라, 너희가 나를 사랑하면 나의 계명을 지키리라, 내가 아버지께 구하겠으니 그가 또 다른 보혜사를 너희에게 주사 영원토록 너희와 함께 있게 하리니, 그는 진리의 영이라 세상은 능히 그를 받지 못하나니 이는 그를 보지도 못하고 알지도 못함이라 그러나 너희는 그를 아나니 그는 너희와 함께 거하심이요 또 너희 속에 계시겠음이라(요 14:13~17)." 말씀하셨던 것입니다.

이러한 말씀을 제자들이 올바로 인식해야 함에도 예수님의 제자들과 유대인들 그리고 오늘을 사는 우리까지도 '육신의 생각'으로만 말씀을 듣고 판단하려는 잘못된 인식을 갖고 있으므로, 17절 말씀과 같이 세상은 성령을 받지 못할 뿐 아니라 말씀 자체를 이해할 수 없다는 사실을 우리가 알아야 한다는 것입니다.

왜냐하면 "육신의 생각은 하나님과 원수가 되나니 이는 하나님의 법에 굴복하지 아니할 뿐 아니라 할 수도 없음이라, 육신에 있는 자들은 하나님을 기쁘시게 할 수 없느니라(롬 8:7~8)."와 같이 육신(肉身)의 생각과 영(靈)의 생각은 서로 대조 관계이기 때문에 사도 바울께서 "만일 너희 속에 하나님의 영이 거하시면 너희가 육신에 있지 아니하고 영에 있나니 누구든지 그리스도의 영이 없으면 그리스도의 사람이 아니라(롬 8:9)." 말씀하셨던 것입니다.

또한 "내 말과 내 전도함이 설득력 있는 지혜의 말로 하지 아니하고 다만 성령의 나타나심과 능력으로 하여, 너희 믿음이 사람의 지혜에 있지 아니하고 다만 하나님의 능력에 있게(고전 2:4~5)." 하셨습니다. 이는 "하나님의 나라는 말에 있지 아니하고 오직 능력에(고전 4:20)." 있기에 그렇습니다.

따라서 우리가 '육신의 생각'에 사로잡혀 있는 한 우리의 믿음 또한 항상 초보일 수밖에 없기에 믿는 것에 늘 불만이 가득하거나 헷갈리는 현상이 자꾸 일어나는 것입니다. 그래서 "멜기세덱에 관하여는 우리가 할 말이 많으나 너희가 듣는 것이 둔하므로 설명하기 어려우니라, 때가 오래 되었으므로 너희가 마땅히 선생이 되었을 터인데 너희가 다시 하나님의 말씀의 초보에 대하여 누구에게서 가르침을 받아야 할 처지이니 단단한 음식은 못 먹고 젖이나 먹어야 할 자가 되었도다, 이는 젖을 먹는 자마다 어린 아이니 의의 말씀을 경험하지 못한 자요(히 5:11~13)."라는 말씀을 듣게 되는 것입니다.

유대교에서 기독교로 개종한 지 오래된 사람들이 마땅히 남을 가르칠 만한 위치에 있어야 함에도 아직도 영적 유아기(초보)에 머물러 있기에 남에게 가르침을 받아야 할 처지에 놓인 것입니다. 이는 13절의 말씀과 같이 의의 말씀을 경험하지 못했기 때문에 생기는 현상이라 말할 수 있습니다(히 5:13). 이와 같이 의의 말씀을 경험하지 못했다는 것은 곧 성령을 체험하였지만 이를 깊게 체험하지 못했기 때문에 '영적 유아기'라 말하는 것입니다.

영적 유아기를 쉽게 이해하기 위해서 선지자 모세의 믿음의 발전상을 잠깐 소개할까 합니다. 모세는 태어난 지 삼 개월 만에 버려져 바로 공주의 아들이 되었고, 친모가 유모로 들어가 아들 모세를 양육하여 하나님의 자녀이자 이스라엘 아들로 교육받았습니다.

이렇게 교육받은 모세가 장성한 후 나이 40살이 된 어느 날 어떤 애굽 사람이 자기의 이스라엘 형제를 치는 것을 보고 도울 생각에 애굽 사람을 쳐 죽여 모래 속에 감추었습니다만 이튿날 동포끼리 싸우는 것을 보고 화해시키는 중에 전날의 일이 탄로난 것을 알았습니다. 이에 미디안으로 도주하여 40년이 된 어느 날 하나님의 산 호렙에 이르러 하나님의 사자를 만나기 전까지의 80년을 '영적 유아기적인 신앙생활'이라 말할 수 있겠습니다. 그리고 이러한 모세의 80년 믿음을 초보적이고 표면(유아기)적인 믿음이라 말하는 것입니다.

모세 역시 육신의 생각인 이성과 지성으로만 교육받아 하나님을 믿었기 때문에 영적인 성장이 제자리에 멈출 수밖에 없었을 것입니다. 그래서 "육으로 난 것은 육이요 영으로 난 것은 영이니, 내가 네게 거듭나야 하겠다 하는 말을 놀랍게 여기지 말라(요 3:6~7)." 말씀하셨던 것도 이 때문이라 말할 수 있겠습니다. 따라서 모세의 영적인 믿음 생활은 하나님의 산 호렙에서 하나님의 사자를 만난 다음에 시작되었다고 말할 수 있는 것입니다(출 3:2~12).

이와 같이 선지자 모세가 하나님의 음성을 듣기 전까지 육신의 생각으로 하나님을 믿게 되었던 까닭은 이를 영적으로 가르쳐 주는 사람이 없었기 때문이고, 이를 깨닫기까지 80년이란 오랜 세월이 걸렸던 것입니다. 모세를 키워준 친모도 하나님을 믿었지만 성령에 대하여 무지했기 때문에 이를 가르칠 수 없었던 것입니다. 이같이 인본주의적인 육신의 생각이 우리 모두를 사로잡고 있는 한 성령에 대하여 무지할 수밖에 없을 뿐 아니라 신앙생활에 장애가 되므로 영적 성장의 근본 문제라 말할 수 있겠습니다.

그러므로 오늘날의 교회가 인본주의적 육신의 생각으로 복음을 전하고 가르치고 잘못된 인식으로 믿고 있는 한 우리가 성령에 대하여 무지할 수밖에 없을 뿐 아니라 영적 유아기에 머물 수밖에 없을 것입니다.

(1) 성령에 대한 무지로 성령을 이론으로 알려는 현상이 나타납니다

믿음에 대해 잘못된 인식 중의 하나가 성령을 육신의 생각으로 만들어낸 이론으로 알려 한다는 것입니다. 비록 성령을 세상 지식으로 안다고 하더라도 그것은 아는 것이 아닙니다. 왜냐하면 성령은 하나님의 선물이기 때문에(행 2:38) 이론으로 알 수 없어 사도 바울께서 "우리가 이것을 말하거니와 사람의 지혜가 가르친 말로 아니하고 오직 성령께서 가르치신 것으로 하니 영적인 일은 영적인 것으로 분별하느니라, 육에 속한 사람은 하나님의 성령의 일들을 받지 아니하나니 이는 그것들이 그에게는 어리석게 보임이요 또 그는 그것들을 알 수도 없나니 그러한 일은 영적으로 분별되기 때문이라(고전 2:13~14)." 말씀하신 것입니다.

이에 대하여 고린도후서 10장에 보면 사도 바울이 자신의 대적자인 이론가들로부터 사도직을 지키기 위해 "너희를 대면하면 유순하고 떠나 있으면 너희에 대하여 담대한 나 바울은 이제 그리스도의

온유와 관용으로 친히 너희를 권하고, 또한 우리를 육신에 따라 행하는 자로 여기는 자들에 대하여 내가 담대히 대하는 것 같이 너희와 함께 있을 때에 나로 하여금 이 담대한 태도로 대하지 않게 하기를 구하노라, 우리가 육신으로 행하나 육신에 따라 싸우지 아니하노니, 우리의 싸우는 무기는 육신에 속한 것이 아니요 오직 어떤 견고한 진도 무너뜨리는 하나님의 능력이라 모든 이론을 무너뜨리며, 하나님 아는 것을 대적하여 높아진 것을 다 무너뜨리고 모든 생각을 사로잡아 그리스도에게 복종하게 하니(고후 10:1~5)."라고 말씀하셨습니다.

이 말씀에서 우리가 무너뜨려야 하는 대상이 무엇이냐는 것과 왜 이론을 무너뜨려야 하는지를 알아야 할 것입니다. 왜냐하면 육신의 생각에서 나왔기 때문에 무너뜨려야 한다는 말씀입니다. 이는 "육신의 생각은 하나님과 원수가 되나니 이는 하나님의 법에 굴복하지 아니할 뿐 아니라 할 수도 없음이라, 육신에 있는 자들은 하나님을 기쁘시게 할 수 없느니라(롬 8:7~8)." 말씀과 같이 육신에 있는 자들은 하나님을 기쁘시게 할 수 없기 때문입니다. 또한 "그리스도께서 나를 보내심은 세례를 베풀게 하려 하심이 아니요 오직 복음을 전하게 하려 하심이로되 말의 지혜로 하지 아니함은 그리스도의 십자가가 헛되지 않게 하려 함이라(고전 1:17)."는 데 있다고 말씀하셨습니다. 왜냐하면 "하나님의 지혜에 있어서는 이 세상이 자기 지혜로 하나님을 알지 못하므로 하나님께서 전도의 미련한 것으로 믿는 자들을 구원하시기를 기뻐하셨도다(고전 1:21)." 말씀하셨던 것입니다.

이는 십자가가 헛되지 않게 하시려는 데 있기에 그렇습니다. 그리고 이러한 연유로 인하여 사도 바울은 모든 잘못된 이론(궤변)을 무너뜨리기 위해 "하나님 아는 것을 대적하여 높아진 것을 다 무너뜨리고 모든 생각을 사로잡아 그리스도에게 복종하게 하니(고후 10:5)."라는 데 있기 때문입니다.

따라서 '육신의 생각'으로 이루어진 잘못된 이론들이 성령에 대하여 무지하게 만든 요인이 되었기에 '이론이 십자가를 헛되게 만든다'라고 말할 수 있는 것입니다. 그러므로 "우리의 싸우는 무기는 육신에 속한 것이 아니요 오직 어떤 견고한 진도 무너뜨리는 하나님의 능력이라 모든 이론을 무너뜨리며, 하나님 아는 것을 대적하여 높아진 것을 다 무너뜨리고 모든 생각을 사로잡아 그리스도에게 복종하게 하니, 너희의 복종이 온전하게 될 때에 모든 복종하지 않는 것을 벌하려고 준비하는 중에 있노라(고후 10:4~6)." 말씀하셨던 것입니다.

왜냐하면 모든 이론은 '육신의 생각'에서 나왔기 때문에 그렇습니다. 따라서 '육신의 생각'에서 나온 모든 이론은 복음을 전하거나 믿으려는 잘못된 인식 때문에 하나님께서 이를 무너뜨리시려는 것입니다(고후 10:4). 그래서 "그리스도께서 나를 보내심은 세례를 베풀게 하려 하심이 아니요 오직 복음을 전하게 하려 하심이로되 말의 지혜로 하지 아니함은 그리스도의 십자가가 헛되지 않게 하려 함이라. 십자가의 도가 멸망하는 자들에게는 미련한 것이요 구원을 받는 우리에게는 하나님의 능력이라, 기록된 바 내가 지혜 있는 자들의 지혜를 멸하고 총명한 자들의 총명을 폐하리라 하였으니, 지혜 있는 자가 어디 있느냐 선비가 어디 있느냐 이 세대에 변론가가 어디 있느냐 하나님께서 이 세상의 지혜를 미련하게 하신 것이 아니냐, 하나님의 지혜에 있어서는 이 세상이 자기 지혜로 하나님을 알지 못하므로 하나님께서 전도의 미련한 것으로 믿는 자들을 구원하시기를 기뻐하셨도다. 유대인은 표적을 구하고 헬라인은 지혜를 찾으나, 우리는 십자가에 못 박힌 그리스도를 전하니 유대인에게는 거리끼는 것이요 이방인에게는 미련한 것이로되, 오직 부르심을 받은 자들에게는 유대인이나 헬라인이나 그리스도는 하나님의 능력이요 하나님의 지혜니라. 하나님의 어리석음이 사람보다 지혜롭고 하나님의 약하심이 사람보다 강하니라(고전 1:17~25)." 말씀하셨던 것입니다.

이러한 점에서 사도 바울은 그리스도의 십자가가 헛되지 않게 하려는 목적에서 "말과 지혜의 아름다운 것으로 아니하였나니(고전 2:1)."라고 말씀하셨던 것입니다. 그리고 말씀을 전하는 자의 화술의 능력에 따라 복음의 진의가 달라지기 때문에 하나님의 능력이 나타나기보다는 말하는 자의 지혜가 더 잘 나타나게 됩니다. 이것은 그리스도의 십자가가 헛되게 될 뿐 아니라 성령에 대하여 무지하게 만드는 요인으로 나타나기 때문에 사도 바울이 받은 계시에 의하면 "오직 부르심을 받은 자들에게는 유대인이나 헬라인이나 그리스도는 하나님의 능력이요 하나님의 지혜니라, 하나님의 어리석음이 사람보다 지혜롭고 하나님의 약하심이 사람보다 강하니라, 형제들아 너희를 부르심을 보라 육체를 따라 지혜로운 자가 많지 아니하며 능한 자가 많지 아니하며 문벌 좋은 자가 많지 아니하도다, 그러나 하나님께서 세상의 미련한 것들을 택하사 지혜 있는 자들을 부끄럽게 하려 하시고 세상의 약한 것들을 택하사 강한 것들을 부끄럽게 하려 하시며, 하나님께서 세상의 천한 것들과 멸시 받는 것들과 없는 것들을 택하사 있는 것들을 폐하려 하시나니, 이는 아무 육체도 하나님 앞에서 자랑하지 못하게 하려 하심이라(고전 1:24~29)."고 하셨습니다.

특히 29절의 "아무 육체도 하나님 앞에서 자랑하지 못하게 하려 하심이라."이 말씀은 인간의 교만을 부끄럽게 하여 오직 주님만을 자랑하기 위함이었습니다. 하지만 모든 인간의 본성은 자기 자신을 자랑하려는 생각과 높이려는 생각이 마음 중심에 자리 잡고 있기에 밖으로는 표출되지 않고 꼭꼭 숨어 있을 뿐입니다. 그렇지만 사도 바울은 달랐습니다.

"형제들아 내가 너희에게 나아가 하나님의 증거를 전할 때에 말과 지혜의 아름다운 것으로 아니하였나니, 내가 너희 중에서 예수 그리스도와 그가 십자가에 못 박히신 것 외에는 아무 것도 알지 아니하기로 작정하였음이라. 내가 너희 가운데 거할 때에 약하고 두려워하고 심히 떨었노라, 내 말과 내 전도함이 설득력 있는 지혜의 말로 하지 아니하고 다만 성령의 나타나심과 능력으로 하여, 너희 믿음이 사람의 지혜에 있지 아니하고 다만 하나님의 능력에 있게 하려 하였노라(고전 2:1~5)."

특히 3절에 보면 "내가 너희 가운데 거할 때에 약하고 두려워하고 심히 떨었노라."는 사도 바울의 고백은 전도에 있어서 자신의 설득력 있는 지혜로운 말로 인하여 그리스도의 십자가가 헛되게 될까, 또한 하나님께 누가 될까 두려워한 것입니다. 더 나아가 성령의 능력을 외면하게 될까 심히 두려워했습니다. 바로 이 점이 1902년 〈신학월보〉 제2권 4호 사설 서두에 잘 나타나 있기에 이를 소개합니다.

"만일 즈긔의 힘과 지혜로 이 일을 ᄒᆞ코져 ᄒᆞ면 도모지 남을 감화시킬 수 없을 뿐이라. 도리어 그 마음에 염증이 생겨 도를 속히 배반할지니 이러한 전도는 차라리 아니하는 것만 같지 못하나니 이는 인력과 세상 지혜로 능히 사람을 회개치 못함이라."[16]

---

16) H. G. Jones, 〈신학월보〉, 제2권 4호, 1902. 4, p.146.

〈신학월보〉 사설의 서문을 보면서 당황스럽기도 하고 죄송스럽기도 할 것입니다. 저의 경우를 소개하면 이렇습니다. 저라고 하는 사람은 원래 말을 잘 못하는 사람이기도 하지만 제가 생각할 때 설교를 너무 못하는 사람이기 때문에 육신의 생각으로 하나님의 말씀을 전함에 있어서 설득력 있는 말로 하는 것이 마땅하고 당연하다고 생각했었습니다.

그래서 설교를 잘하려는 욕망과 욕심이 생겨 설득력 있는 말로 설교하면 하나님께서 저의 설교를 곤죽으로 만들어 놓으실 때가 한두 번이 아니었습니다. 당시에는 왜 곤죽으로 되었는지조차 몰랐습니다. 저라는 사람은 사람들 앞에서 말을 잘 못하는 미련한 사람이었기에 내가 못나서 그런가 보다 생각하면서도 도대체 '나는 왜 이렇게 설교를 못할까?' 너무 못하니까 괴로운 나머지 새벽 기도회 시간에 하나님께 기도했습니다. "하나님, 저에게 설교 잘할 수 있는 지혜와 능력을 주시던가, 아니면 저의 목숨을 거두어 가 주세요. 목회가 너무 어렵고 힘들어서 못 하겠습니다."라고 기도했습니다.

이때 하나님께서 "네가 목회했냐? 내가 했지."라고 말씀하시더라고요. 그러면서 갑자기 저의 옆구리가 갈라지고 쪼개지는 것처럼 엄청난 통증이 오는 것이었습니다. 숨도 제대로 못 쉴 정도로 아팠습니다. 저는 하나님께 한 행동이 잘못되어 징계받는 것도 모르고 괴로워하는 중에 가만히 생각해 보았습니다. 그동안 저 자신이 목회하는 것으로 생각했었는데 제가 한 것이 아니더라고요. 하나님 말씀대로 하나님이 전부 하셨음을 비로소 깨닫게 되어 회개하였더니 통증이 금방 사라졌습니다.

 그동안 설교를 논리정연하게 잘하려는 것이 하나님의 방법이 아니었기 때문에 저를 깨닫게 하시려고 저의 설교를 곤죽으로 만들어 주셨던 것입니다. 그것도 모르고 지식적으로 했으니 제가 얼마나 미련하고 어리석은지 모릅니다. 이는 영적으로 깨어 있지 못하였기 때문이었습니다. 하지만 육신의 생각으로 설교 잘하려는 욕망과 욕심이 생길 때마다 영락없이 곤죽으로 만들어 놓으셨기에 지금은 육신의 생각을 소멸시키려 하거나 주님께 모두 내려놓으려 애쓰고 있는 초기 단계에 있습니다. 주님께 죄송하게 생각하며 진리를 알아가는 중입니다.

 이러한 점에서 생각해 볼 때 초대교회와 초기 한국교회에서 하나님의 능력으로 하려는 전통이 분명히 이어져 왔지만, 애석하게도 오늘의 세계교회와 한국교회는 이러한 전통을 잃어버린 것 같습니다. 이러한 현실이 저를 더 어렵고 힘이 들게 했습니다. 이는 육신의 생각이 나를 지배하고 있었기 때문이었습니다. 어떻게 하는 것이 영의 생각으로 말씀을 전하는 건지를 몰랐습니다.

 복음은 사람의 지혜롭고 설득력 있는 말로 전하는 것이 아니라 오직 하나님의 능력에 의지하여 전해야 합니다. 바로 이 부분이 세상 사람들이 이해할 수 없는 하나님의 능력이자 신비입니다. 그래서 이사야 선지자께서 하나님으로부터 받은 계시의 말씀을 이렇게 전하였습니다. "이는 내 생각이 너희의 생각과 다르며 내 길은 너희의 길과 다름이니라 여호와의 말씀이니라, 이는 하늘이 땅보다 높음 같이 내 길은 너희의 길보다 높으며 내 생각은 너희의 생각보다 높음이니라(사 55:8~9)."

이러한 말씀의 원리를 세상 지식으로 어떻게 이해하며 받아들일 수 있겠습니까? 그러나 사도 바울은 하나님이 어떠한 분이시라는 사실을 체험적으로 알게 되었기에 "우리 주 예수 그리스도의 하나님, 영광의 아버지께서 지혜와 계시의 영을 너희에게 주사 하나님을 알게 하시고, 너희 마음의 눈을 밝히사 그의 부르심의 소망이 무엇이며 성도 안에서 그 기업의 영광의 풍성함이 무엇이며, 그의 힘의 위력으로 역사하심을 따라 믿는 우리에게 베푸신 능력의 지극히 크심이 어떠한 것을 너희로 알게 하시기를 구하노라(엡 1:17~19)."는 중보기도를 쓰셨던 것입니다.

그리고 하나님 앞에서 육신의 생각에서 나온 모든 것이 말장난에 불과함을 알게 되었을 뿐만 아니라 사람의 훌륭한 문학적인 생각으로 꾸며진 아름다운 말도 하나님께는 누더기일 뿐임을 알게 되었기에 "형제들아 내가 너희에게 나아가 하나님의 증거를 전할 때에 말과 지혜의 아름다운 것으로 아니하였나니, 내가 너희 중에서 예수 그리스도와 그가 십자가에 못 박히신 것 외에는 아무 것도 알지 아니하기로 작정하였음이라, 내가 너희 가운데 거할 때에 약하고 두려워하고 심히 떨었노라, 내 말과 내 전도함이 설득력 있는 지혜의 말로 하지 아니하고 다만 성령의 나타나심과 능력으로 하여, 너희 믿음이 사람의 지혜에 있지 아니하고 다만 하나님의 능력에 있게 하려 하였노라(고전 2:1~5)." 말씀하셨던 것입니다.

그러므로 성령을 육신의 생각으로 만들어낸 이론으로 알려 하거나 가르치려 한다는 것은, 이치에 맞지 않는 생각이라 생각합니다. 사도 바울께서 이러한 원리를 체험하여 아셨기 때문에 "내가 너희 중에서 예수 그리스도와 그가 십자가에 못 박히신 것 외에는 아무 것도 알지 아니하기로 작정하였음이라(고전 2:2)." 말씀하셨던 것입니다.

여기에는 인간의 어떠한 '육신의 생각'이 있을 수 없고, 오직 성령 하나님의 나타나심과 능력만이 이 땅에 나타나셔야 하셨기에 "내가 너희 가운데 거할 때에 약하고 두려워하고 심히 떨었노라(고전 2:3)." 말씀하셨던 것도 이 때문이라 말할 수 있겠습니다. 이를 굳이 설명하자면 사도 바울의 고백은 전도에 있어서 자신의 설득력 있는 지혜로운 말로 인하여 그리스도의 십자가가 헛되게 될까, 하나님께 누(累)가 될까 두려웠던 것입니다.

그리고 사도 바울 자신이 성령의 능력을 외면하게 될까 심히 두려웠을 것입니다. 이처럼 사도 바울의 생각은 오직 성령의 나타나심과 능력으로 인하여 하나님 아버지께 영광을 돌리는 데 집중되어 있었습니다(롬 15:6; 고전 10:31).

(2) 성령의 역사는 초대교회 때만 있었다?

"성령의 역사는 이미 초대교회로 끝난 것이기 때문에 몰라도 된다."라고 말하는 분들이 계십니다. 그러나 그렇지 않습니다. 생각해 보세요. 성령의 역사가 초대교회 때만 있었다면 그리스도를 믿는 일은 이 세상에 없었을 것입니다. 이는 당신이 모르고 있을 뿐입니다. 만일 성령의 역사가 이미 끝난 것이라면 그리스도를 믿는 일이 이미 끝나 없었을 것이고, 성령의 나타나심과 권능이 초대교회 때만 나타났다고 생각했다면 예수 그리스도의 십자가 사건은 비참한 사건으로 끝났을 것입니다.

그리고 영원히 그리스도의 십자가의 죽으심과 부활은 모든 사람에게서 잊혀졌을 뿐 아니라 예수님 당대에 이미 끝났을 것입니다. 또한 우리의 믿음 역시 육신의 생각으로만 이루어져 지식적인 신앙만 가질 수밖에 없어 사도행전 5장의 '드다'와 같이 그리스도를 믿는 일은 이미 이 세상에서 없어졌을 것입니다(행 5:36~37).

그러나 성령의 역사는 결코 끝난 것이 아니라 사도행전 이후 오늘날까지 세계기독교 대 부흥사 속에 끊임없이 이어져 오고 있었습니다. 단지 우리가 모르고 있을 뿐입니다. 확인해 보겠습니다.

제프 워(Geoff Waugh)의 *Flashpoints of Revival*[17] 책의 목차가 곧 세계 기독교사에 일어났던 성령의 역사이기에 이를 소개합니다. 이 책은 1998년도에 캐나다 토론토교회 서점의 이름 모를 아가씨로부터 선물 받은 것인데 지면을 통해 고마움의 표시를 전합니다.

1. 1727 – Hermhut, Germany (Zinzendorf)
2. 1735 – New England, America (Edwards)
3. 1739 – London, England, (Whitefield, Wesley)
4. 1745 – Crossweeksung, America (Brainerd)
5. 1781 – Cornwall, England,
6. 1800 – America (McGready)
7. 1801 – Cane Ridge, America (Stone)
8. 1821 – Adams, America (Finney)
9. 1858 – New York, America (Lanphier)
10. 1859 – Ulster, Ireland (McQuilkin)
11. 1859 – Natal, South Africa (Zulus)

---

17) Geoff Waugh, *Flashpoints of Revival(History's Mighty Revivals)*, Foreword by c. Peter Wagner.

12. 1871 - New York, America (Moody)

13. 1904 - Loughor, Wales (Roberts)

14. 1905 - Mukti, India (Ramabai)

15. 1906 - Los Angeles, America (Seymour)

16. 1907 - PyongYang, Korea

17. 1909 - Valparaiso, Chile (Hoover)

18. 1921 - Lowestroft, England (Brown)

19. 1936 - Gahini, Rwanda (East African Revival)

20. 1947 - North America (Healing Evangelism)

21. 1948 - Canada (Saron Bible School)

22. 1949 - Hebries Islands, Scotland (Compbell)

23. 1951 - City Bell, Argentina (Miller)

24. 1965 - Soe, Timor (Tiri)

25. 1970 - Wilmore, Kentucky (Asbury College)

26. 1970 - Solomon Islands (Thompson)

27. 1971 - Saskatoon, Canada (McCleod)

28. 1973 - Phnom Penh, Cambodia (Burke)

29. 1975 - Gaberone Botswana (Bonnke)

30. 1979 - Elcho Islands, Australia (Gondarra)

31. 1979 - Anaheim, America (Wimber)

32. 1979 - South Africa (Howard-Browne)

33. 1988 - Papua New Guinea (Van Bruggen)

34. 1988 - Madruga, Cuba

35. 1989 - Henan and Anhul, China

36. 1992 - Argentina (Freidzon)

37. 1993 - Brisbane, Australia (Miers)

38. 1994 - Toronto, Canada (Arnott, Clark)

39. 1994 - Brompton, London (Mumford)

40. 1994 - Sunderland, England (Gott)

41. 1995 - Melboume, Florida (Clark)

42. 1995 - Modesto, California (Berteau)

43. 1995 - Brownwood, Texas (College Revivals)

44. 1995 - Pensacola, Florida (Hill)

45. 1995 - Mexico (Hogan)

46. 1996 - Houston, Texas (Heard)

이처럼 세계기독교사에 성령의 역사가 이어져 왔음을 부인할 수 없을 것입니다. 특히 미국 로스앤젤레스의 아주사 거리의 대 부흥(1906년 윌리엄 세이모)은 오늘날 하나님을 믿고 성령을 체험하고 사모하는 사람들이라면 한 번쯤 꼭 가보고 싶은 곳이기도 합니다. 그 이유는 단 한 가지 아주사 부흥에서[18] 하나님의 '쉐카이나 영광

---

18) 토미 웰첼 · J 에드워드 모리스 · 신디 멕코완 엮음, 『아주사 부흥 그 놀라운 간증』, 큰믿음출판사, 2007, p.51.

(SHEKINAH GLORY)'[19]이 나타났기 때문입니다.

　실제로 눈으로 볼 수 있는 성령의 임재의 구름이 3년 반 동안 예배 처소인 창고를 가득 채우고 또한 주의 임재가 가득한 건물 위로 성령의 불길이 타오르며 "하늘에서도 강한 불길이 내려와 하늘과 땅의 불길들이 서로 만나는 장관을 이루었습니다. 성령의 불과 하나님의 강한 임재의 짙은 구름이 임하면 강력한 치유의 기적이 일어났는데, 뼈들이 우두둑 소리를 내며 다시 자라기도 했고, 잘려진 팔과 다리들이 몇 초 만에 자라는 창조적인 기적들이 나타났습니다."라고 『아주사 부흥 그 놀라운 간증』 뒤표지에[20] 기록된 것을 볼 수 있었습니다.

　오늘날에도 우리가 알지 못하고 생각하지 못한 기적들을 볼 수 있습니다. 목록에도 수록되어 있지만 1907년 우리나라 평양 장대현교회 대 부흥에서도 성령의 나타나심과 권능이 임재하셨음이 세계교회사와 한국교회사에 엄연히 기록되어 있습니다.

---

19) '쉐카이나'는 성서적으로 '머물다' 또는 '거주하다'를 뜻하는 'Shakan'이라는 단어에서 유래합니다. 역사를 통해 하나님은 그의 영광스러운 임재를 나타내시고 지속적으로 거주하실 만한 백성들을 찾으셨습니다. 구약에서 하나님의 쉐카이나 영광은 지성소 속죄소의 그룹 사이에 머물렀습니다.

20) 토미 웰첼 · J 에드워드 모리스 · 신디 멕코완 엮음, 『아주사 부흥 그 놀라운 간증』, 큰믿음출판사, 2007, 뒤표지.

그리고 44번 미국의 펜사콜라 브론스빌 교회의 경우, 우리나라의 순복음교회 조용기 목사님께서 1991년도에 이를 예언하셨는데[21] 1995년도에 정말 성령의 역사가 펜사콜라 브론스빌 교회에 강력하게 나타났습니다.[22]

이와 같은 성령의 나타나심과 권능의 대 부흥 역사를 보면서 성령의 나타나심과 권능의 역사는 세계 역사 속에서 이미 끝난 것이 아니라 지금도 세계 각처에서 계속 일어나고 있음을 우리가 인지해야 할 것입니다. 그리고 오늘날에도 지역적으로 또는 개별적으로 각 개인에게 믿거나 믿지 않는 사람에게도 성령의 나타나심과 능력으로 하나님의 일을 나타내 주시기도 하여 체험하신 성도들이 우리 주위에 많이 계십니다.

그리고 최근에도, 미국 애즈버리 대학교에서 부흥이 일어났고 (2023년 2월 8일) 또한 타 대학까지 번져가고 있어 성령의 부흥을 사모하는 세계 젊은이들이 모여들고 있습니다. 그리고 유튜브(YouTube)에서 또는 인터넷에서 이를 확인하여 볼 수 있을 것입니다. 또 한 예로 로드니 모건 하워드(Rodney Howard Browne) 목사님을 소개할 수 있습니다. 단지 우리가 알지 못하고 있을 뿐입니다.

---

21) 이영훈, 『펜사콜라 기적의 현장 브라운스빌 교회』, 국민일보, 1997, p.19.
22) 위의 책, p.21.

그러므로 "성령의 역사는 초대교회 때만 있었다."라는 생각은 잘못된 인식이라 말할 수 있겠습니다. 우리가 알지 못하는 곳에서 성령의 나타나심과 능력이 계속 행하여지고 있으며, 하나님께서 일을 행하시고 성취하고 계심을 우리가 알아야 할 것입니다(렘 33:2~3).

3. 성령에 대한 침묵은 성령에 대한 목마름이 없기 때문입니다

한국교회와 세계교회가 성령에 대하여 침묵하고 있는 것은 성령을 체험하지 못하였을 뿐만 아니라 성령에 대하여 근원적 목마름이 없기 때문인 것 같습니다. 요한복음 3장에서 "진실로 진실로 네게 이르노니 사람이 물과 성령으로 나지 아니하면 하나님의 나라에 들어갈 수 없느니라(요 3:5)."라고 예수님께서 분명히 말씀하여 주신 것처럼, 우리는 물과 성령으로 거듭나야만 구원함을 받을 수 있습니다.

그리고 누가복음 11장에서 예수님께서 제자들에게 기도를 가르치시면서 "또 이르시되 너희 중에 누가 벗이 있는데 밤중에 그에게 가서 말하기를 벗이여 떡 세 덩이를 내게 꾸어 달라, 내 벗이 여행중에 내게 왔으나 내가 먹일 것이 없노라 하면, 그가 안에서 대답하여 이르되 나를 괴롭게 하지 말라 문이 이미 닫혔고 아이들이 나와 함께 침실에 누웠으니 일어나 네게 줄 수가 없노라 하겠느냐. 내가 너희에게 말하노니 비록 벗 됨으로 인하여서는 일어나서 주지 아니할지라도 그 간청함을 인하여 일어나 그 요구대로 주리라. 내가 또 너희에게 이르노니 구하라 그러면 너희에게 주실 것이요 찾으라 그러면 찾아낼 것이요 문을 두드리라 그러면 너희에게 열릴 것이니, 구하는 이마다 받을 것이요 찾는 이는 찾아낼 것이요 두드리는 이에게는 열릴 것이니라. 너희 중에 아버지 된 자로서 누가 아들이 생선을 달라 하는데 생선 대신에 뱀을 주며, 알을 달라 하는데 전갈을 주겠느냐. 너희가 악할지라도 좋은 것을 자식에게 줄 줄 알거든 하물며 너희 하늘 아버지께서 구하는 자에게 성령을 주시지 않겠느냐 하시니라(눅 11:5~13)." 말씀해 주셨음에도 불구하고 성령을 아직도 받지 못하였다면 성령을 받고자 하는 갈급함과 간절함이 없는 반증이라 말할 수 있겠습니다. 이는 내 마음 중심이 육신의 생각에 사로잡혔기 때문에 주님으로부터 "이르시되 이사야가 너희 외식하는 자에 대하여 잘 예언하였도다 기록하였으되 이 백성이 입술로는 나를 공경하되 마음은 내게서 멀도다(막 7:6)."라는 말씀을 들을 수밖에 없을 것입니다.

이는 성령을 구하고자 하는 간절한 마음이 없기에 예수님으로부터 "이 세대를 무엇으로 비유할까 비유하건대 아이들이 장터에 앉아 제 동무를 불러, 이르되 우리가 너희를 향하여 피리를 불어도 너희가 춤추지 않고 우리가 슬피 울어도 너희가 가슴을 치지 아니하였다 함과 같도다(마 11:16~17)."라는 말씀을 우리가 듣게 되는 것입니다. 예수님 사역에 냉담하였기 때문에 이러한 말씀을 들을 수밖에 없을 것입니다.

따라서 성령을 구하지 않은 사람들은 억울하고 분통이 터지겠지만 주님 말씀에 순종하지 않고 구하지 않은 것 자체가 오만과 교만이기 때문에 핑계가 있을 수 없습니다. 그리고 말씀의 중요성을 주님께서 가르쳐 주셔도 깨닫지 못할 뿐 아니라 말씀을 들어도 건성으로 듣거나 건성으로 말씀을 보기 때문에 이러한 자들에 관하여 스바냐 선지자께서 이르시기를 "여호와를 배반하고 따르지 아니한 자들과 여호와를 찾지도 아니하며 구하지도 아니한 자들을 멸절하리라(습 1:6)." 말씀하셨습니다. 또한 히브리서 기자께서도 "때가 오래되었으므로 너희가 마땅히 선생이 되었을 터인데 너희가 다시 하나님의 말씀의 초보에 대하여 누구에게서 가르침을 받아야 할 처지이니 단단한 음식은 못 먹고 젖이나 먹어야 할 자가 되었도다(히 5:12)."라는 책망의 말씀을 하신 것입니다.

이런 경우에 속하신 분들은 신앙생활을 습관적으로 해 오신 분들이십니다. 마음 한편으로는 성령 받기 원하고 있지만 힘써 구하지 않은 것입니다. 이는 구원에 대한 그 심각성과 긴박성을 모르고 있기 때문인 것 같습니다. 이러한 점에서 우리가 생각해야 할 것은 구원의 문제가 항상 우리를 기다리고 있다는 사실입니다. '내가 구원 받을 수 있느냐 없느냐'의 문제가 내 앞에 늘 놓여 있지만 '육신의 생각'에 사로잡혀 말씀을 들어도 그때 그 순간뿐 입니다. 이는 말씀에 분명히 나타나 있지만 성령에 대한 근원적인 목마름이 없기 때문입니다.

 영적인 면이 해이하다 보면 그 해이함이 습관이 되어 말씀을 거부할 수밖에 없는 상황에 이르게 됩니다. 이는 평소에 성령을 추구하고자 하는 간절한 마음이 없기 때문입니다. 기도는 내 똥끝이 타야 합니다. 말하자면 물에 빠진 사람이 말 잘해야 건짐을 받습니까? 급박한 상황일 때 "살려주세요! 살려주세요!!" 외치기만 해도 주위에 있는 사람들이 모여들어 구하듯이 하나님께 드리는 기도도 이와 똑같습니다.

 그런데 이런 분들이 기도하여도 응답받지 못하는 근본 이유가 무엇인지 아십니까? 하나님께 기도를 잘 드리려는 육신의 생각 때문입니다. 이는 평소에 말을 조리 있게 하려는 육신의 생각과 하나님을 설득하여 응답받으려는 육신의 생각 때문입니다. 하나님은 청산유수같이 말을 조리 있게 잘하는 기도를 원하시는 분이 아니라 어설프거나 조리 있게 말하지 못해도 우리 마음의 중심을 보시고 응답해 주시는 좋으신 하나님이십니다. "너는 기도할 때에 네 골방에 들어가 문을 닫고 은밀한 중에 계신 네 아버지께 기도하라 은밀한 중에 보시는 네 아버지께서 갚으시리라(마 6:6)." 말씀하셨던 것도 이 때문이라 말할 수 있겠습니다.

그리고 기도를 누구에게 하고, 누가 듣는 것입니까? 사람이 아니라 우리의 기도를 들어 주시는 분은 하나님 아버지십니다. 이성적·지성적·논리적으로 기도를 설득력 있게 잘하려는 육신의 생각이 나를 지배하고 있을 뿐만 아니라 여기에는 우리의 이기적인 욕망과 욕심이 가득차 있기에 응답을 받을 수 없는 것입니다.

그러면 무엇이 욕망이고 무엇이 욕심인 줄 아십니까?

주님께서 "그런즉 너희는 먼저 그의 나라와 그의 의를 구하라 그리하면 이 모든 것을 너희에게 더하시리라(마 6:33)."고 하신 말씀과 같이 우리가 그의 나라와 그의 의를 구하는 것 외에 달리 구하는 것이 이기적인 욕망이자 욕심입니다. 그런데 말입니다. 하나님의 나라와 그 의를 구하는 일이 인생의 가장 중요하고 긴급히 선결해야 할 문제임을 강조하시는 말씀이 무엇이라 생각하십니까? 그 답이 우리가 본 누가복음 11장입니다.

"너희가 악할지라도 좋은 것을 자식에게 줄 줄 알거든 하물며 너희 하늘 아버지께서 구하는 자에게 성령을 주시지 않겠느냐(눅 11:13)." 말씀일 것입니다. 성령을 구하는 것이 바로 그의 나라와 의를 구하는 것입니다. 그의 나라와 의를 구하면 하늘 아버지께서 우리에게 필요한 것을 아시기 때문에(마 6:32) '우리에게 필요한 모든 것을 더하시리라' 말씀하셨던 것입니다. 그리고 '그의 나라와 그의 의를 구하는 것' 외에 더 구하는 것이 있다면 그것은 우리의 이기적인 욕망과 욕심일 것입니다.

그러므로 마태복음 6장 33절의 말씀은, 신앙생활에 있어서 우리가 하나님 앞에 진정성 있게 우리 자신을 비우며 하나님의 나라와 그의 의를 위하여 구하는 일이 최고로 구해야 할 최우선적인 문제이지, 세상 사람들이 구하는 것처럼 우리의 이기적인 욕망과 욕심을 구하는 것이 아니라는 말입니다. 그리고 이 시점에서 "나는 왜 아직까지 성령을 받지 못하였는가"를 심각하게 고민하면서 그 원인이 무엇인지 알기 위해 누가복음 11장을 다시 한번 살펴야 하겠습니다.

"내가 너희에게 말하노니 비록 벗 됨으로 인하여서는 일어나서 주지 아니할지라도 그 간청함을 인하여 일어나 그 요구대로 주리라, 내가 또 너희에게 이르노니 구하라 그러면 너희에게 주실 것이요 찾으라 그러면 찾아낼 것이요 문을 두드리라 그러면 너희에게 열릴 것이니, 구하는 이마다 받을 것이요 찾는 이는 찾아낼 것이요 두드리는 이에게는 열릴 것이니라, 너희 중에 아버지 된 자로서 누가 아들이 생선을 달라 하는데 생선 대신에 뱀을 주며, 알을 달라 하는데 전갈을 주겠느냐. 너희가 악할지라도 좋은 것을 자식에게 줄 줄 알거든 하물며 너희 하늘 아버지께서 구하는 자에게 성령을 주시지 않겠느냐 하시니라(눅 11:8~13)."는 말씀과 같이 우리가 간절히 구하고 찾고 두드리면 성령을 반드시 받게 될 것을 약속하여 주셨기에 우리가 하나님께 간청하여 기도해야 한다는 것입니다. 여기서 우리가 생각할 것은 무엇보다 우리 인생의 가장 중요하고 긴급히 선결해야 할 문제가 무엇인지를 우리가 알아야 한다는 것입니다. 왜냐하면 우리의 주님께서 "사람이 물과 성령으로 나지 아니하면 하나님의 나라에 들어갈 수 없느니라(요 3:5)." 말씀하여 주셨기 때문입니다.

이는 나의 영원한 생명인 구원 문제가 내 앞에 놓여 있기 때문입니다. 따라서 우리가 성령 받아야 하는 목적은 성령의 나타나심과 능력의 인도하심으로 인하여 하나님 아버지께 나갈 뿐만 아니라 하나님의 능력 안에서 영원히 살기 위해서입니다. 그러나 만약 우리가 성령의 갈급함과 절박함을 깨닫지 못한 상태라면 "주님, 성령의 갈급함과 절박함을 저로 깨닫도록 인도하여 주옵소서!"라고 예수님의 이름으로 기도한다면 이것 또한 허락하실 것입니다.

그러므로 오늘부터 작정하여 하나님께 집중적으로 기도해 보세요. 그분은 당신의 하나님 아버지시고 당신은 그분의 자녀입니다. 처음이 힘들 뿐입니다. 그동안 몰라서 힘써 기도하지 못했던 것뿐입니다. 이제 힘써 구하시기만 하면 됩니다.

"일을 행하시는 여호와, 그것을 만들며 성취하시는 여호와, 그의 이름을 여호와라 하는 이가 이와 같이 이르시도다. 너는 내게 부르짖으라 내가 네게 응답하겠고 네가 알지 못하는 크고 은밀한 일을 네게 보이리라(렘 33:2~3)."고 말씀해 주셨습니다.

그러므로 간절한 마음으로 끈기 있게 계속 구해 보세요. 그리고 욕심내지 마시고, 결단코 실망하지 마시고 구해 보세요. 당신은 분명 성령을 받을 것입니다.

5장

육신의 생각으로 생겨난 현상들

 우리가 육신의 생각으로 믿음 생활하는 한 우리의 믿음에 분명한 한계가 생겨 표면적인 믿음이 될 수밖에 없습니다. 이는 우리 믿음의 근원적인 문제가 영(靈)의 생각이 아닌 육신(肉身)의 생각으로 잘못 설정되었기 때문에 '예수 그리스도의 도'를 따르려 하지만 따르지 못하고 결국 우리가 하나님 말씀에 불순종하는 삶을 살 수밖에 없는 것입니다. 이는 "예수께서 대답하시되 진실로 진실로 네게 이르노니 사람이 물과 성령으로 나지 아니하면 하나님의 나라에 들어갈 수 없느니라, 육으로 난 것은 육이요 영으로 난 것은 영이니, 내가 네게 거듭나야 하겠다 하는 말을 놀랍게 여기지 말라(요 3:5~7)."는 말씀이 근거가 되기 때문입니다.

 그리고 로마서 8장에서 사도 바울은 "육신을 따르는 자는 육신의 일을, 영을 따르는 자는 영의 일을 생각하나니, 육신의 생각은 사망이요 영의 생각은 생명과 평안이니라. 육신의 생각은 하나님과 원수가 되나니 이는 하나님의 법에 굴복하지 아니할 뿐 아니라 할 수도 없음이라. 육신에 있는 자들은 하나님을 기쁘시게 할 수 없느니라. 만일 너희 속에 하나님의 영이 거하시면 너희가 육신에 있지 아니하고 영에 있나니 누구든지 그리스도의 영이 없으면 그리스도의 사람이 아니라." 말씀하셨기 때문에 우리가 이를 살펴야 할 것입니다.

따라서 이번 장에서는 우리의 잘못된 육신(肉身)의 생각으로 인하여 한국교회의 문제점들이 어떻게 나타나게 되었는지 이를 살피려고 합니다.

1. 영의 상태를 살피지 않게 되었습니다

믿음의 사람들이 자신의 영을 살피는 것은 아주 중요합니다. 왜냐하면 '우리가 구원받을 수 있느냐' 또는 '영원한 생명을 얻을 수 있느냐'의 문제가 달려 있기 때문입니다. 이렇게 영적인 상태를 살피기에 앞서 디모데전서 4장 말씀과 고린도전서 11장 말씀을 보겠습니다. 먼저 디모데전서 4장 말씀을 보겠습니다.

"그러나 성령이 밝히 말씀하시기를 후일에 어떤 사람들이 믿음에서 떠나 미혹하는 영과 귀신의 가르침을 따르리라 하셨으니, 자기 양심이 화인을 맞아서 외식함으로 거짓말하는 자들이라, 혼인을 금하고 어떤 음식물은 먹지 말라고 할 터이나 음식물은 하나님이 지으신 바니 믿는 자들과 진리를 아는 자들이 감사함으로 받을 것이니라, 하나님께서 지으신 모든 것이 선하매 감사함으로 받으면 버릴 것이 없나니, 하나님의 말씀과 기도로 거룩하여짐이라, 네가 이것으로 형제를 깨우치면 그리스도 예수의 좋은 일꾼이 되어 믿음의 말씀과 네가 따르는 좋은 교훈으로 양육을 받으리라, 망령되고 허탄한 **신화를 버리고** 경건에 이르도록 네 자신을 연단하라, 육체의 연단은 약간의 유익이 있으나 경건은 범사에 유익하니 금생과 내생에 약속이 있느니라, 미쁘다 이 말이여 모든 사람들이 받을 만하도다, 이를 위하여 우리가 수고하고 힘쓰는 것은 우리 소망을 살아 계신 하나님께 둠이니 곧 모든 사람 특히 믿는 자들의 구주시라, 너는 이것들을 명하고 가르치라, 누구든지 네 연소함을 업신여기지 못하게 하고 오직 말과 행실과 사랑과 믿음과 정절에 있어서 믿는 자에게 본이 되어, 내가 이를 때까지 읽는 것과 권하는 것과 가르치는 것에 전념하라, 네 속에 있는 은사 곧 장로의 회에서 안수 받을 때에 예언을 통하여 받은 것을 가볍게 여기지 말며, 이 모든 일에 전심 전력하여 너의 성숙함을 모든 사람에게 나타나게 하라, 네가 네 자신과 가르침을 살펴 이 일을 계속하라 이것을 행함으로 네 자신과 네게 듣는 자를 구원하리라(딤전 4:1~16)."

사도 바울께서 사랑하는 동역자요, 믿음의 아들인 젊은 디모데에게 전하여 준 계시의 말씀입니다. 1~5절은 후일에 육신의 생각으로 믿었던 사람들이 믿음에서 떠나 미혹의 영과 귀신의 가르침을 받고 양심에 화인을 맞아서 거짓말하는 자들이 되는데 이들의 특징을 알려줌으로써 경계할 것을 가르치시는 말씀일 것입니다. 그리고 6~10절은 그리스도의 선한 일꾼이 되기 위해 믿음의 말씀으로 양육 받고, 신화를 버리며 경건에 이르도록 연단할 것을 말씀합니다. 11~16절은 구원으로 인도하는 것과 권하는 것 그리고 가르치는 것에 전념하라 말씀하시며 선한 목회 사역을 지혜롭게 행할 것을 가르치는 말씀입니다.

특히 "가르침을 살피라."는 말씀은 가르치고자 하는 이의 마음이 육신의 생각이 아니라 '성령의 인도하심에 따라 가르치고 있는지를 살피라.'는 말씀일 것입니다. 이는 말씀을 전하는 자나 말씀을 듣는 자의 구원 문제가 달려 있기에 이를 살펴야 한다는 말씀입니다. 세상 사람들도 자신을 되돌아볼 자기만의 시간이 꼭 필요할진데 하물며 하나님과 그의 백성을 섬기는 자로서 자기 자신이 성령 안에서 행하고 있는가를 살피는 것은 너무나 당연합니다. 영적인 상태를 살핀다는 점에서 사도 바울이 말씀하셨던 성만찬을 생각하지 않을 수 없기에 고린도전서 11장의 말씀을 보겠습니다.

"내가 너희에게 전한 것은 주께 받은 것이니 곧 주 예수께서 잡히시던 밤에 떡을 가지사, 축사하시고 떼어 이르시되 이것은 너희를 위하는 내 몸이니 이것을 행하여 나를 기념하라 하시고, 식후에 또한 그와 같이 잔을 가지시고 이르시되 이 잔은 내 피로 세운 새 언약이니 이것을 행하여 마실 때마다 나를 기념하라 하셨으니, 너희가 이 떡을 먹으며 이 잔을 마실 때마다 주의 죽으심을 그가 오실 때까지 전하는 것이니라, 그러므로 누구든지 주의 떡이나 잔을 합당하지 않게 먹고 마시는 자는 주의 몸과 피에 대하여 죄를 짓는 것이니라, 사람이 자기를 살피고 그 후에야 이 떡을 먹고 이 잔을 마실지니, 주의 몸을 분별하지 못하고 먹고 마시는 자는 자기의 죄를 먹고 마시는 것이니라, 그러므로 너희 중에 약한 자와 병든 자가 많고 잠자는 자도 적지 아니하니, 우리가 우리를 살폈으면 판단을 받지 아니하려니와, 우리가 판단을 받는 것은 주께 징계를 받는 것이니 이는 우리로 세상과 함께 정죄함을 받지 않게 하려 하심이라(고전 11:23~32)."

특히 23~26절 말씀은 고린도 교회를 향한 예수님의 성만찬 유래와 그 의미와 올바른 자세를 살펴 행하도록 강조한 말씀입니다. 떡을 가지사 이것은 너희를 위한 내 몸이니 나를 기념하라 하시고 또한 이 잔은 내 피로 세운 새 언약이니 나를 기념하라 말씀하심에 따라 애찬(愛餐)으로 불린 성도들의 회식과 함께 성찬(聖餐)식을 행하였던 것입니다.

그런데 애찬과 함께 성찬에는 문제 될 것이 없겠지만 성도가 애찬에 사용될 음식을 각자 준비하다 보니 빈부의 격차로 부자들이 음식을 가난한 형제들과 함께 나누지 않고 자기들만 배불리 먹음으로 형제애가 깨져 분쟁과 편당으로 주의 만찬을 함께할 수 없었습니다(고전 11:19~22). 이를 본 사도 바울은 "너희가 먹고 마실 집이 없느냐 너희가 하나님의 교회를 업신여기고 빈궁한 자들을 부끄럽게 하느냐 내가 너희에게 무슨 말을 하랴 너희를 칭찬하랴 이것으로 칭찬하지 않노라(고전 11:22)." "그러므로 누구든지 주의 떡이나 잔을 합당하지 않게 먹고 마시는 자는 주의 몸과 피에 대하여 죄를 짓는 것이니라, 사람이 자기를 살피고 그 후에야 이 떡을 먹고 이 잔을 마실지니, 주의 몸을 분별하지 못하고 먹고 마시는 자는 자기의 죄를 먹고 마시는 것이니라(고전 11:27~29)." 말씀하셨던 것입니다.

예배 후 공동체 안에서 애찬을 나누며 형제애를 돈독히 하고 영적인 교제를 나누며 서로의 안위를 살피고 무거운 짐을 함께 나누고 서로 위로하고 서로 치유 기도를 해주어야 함에도 고린도 교우들은 말씀대로 행하지 않았습니다. "그러므로 너희 중에 약한 자와 병든 자가 많고 잠자는(죽은) 자도 적지 아니하니(고전 11:30)."라는 현상이 나타났기 때문에 사도 바울께서 "우리가 우리를 살폈으면 판단을 받지 아니하려니와, 우리가 판단을 받는 것은 주께 징계를 받는 것이니 이는 우리로 세상과 함께 정죄함을 받지 않게 하려 하심이라

(고전 11:31~32)." 말씀하셨던 것입니다.

그리스도인들이 하나님으로부터 판단을 받지 않도록 어려운 성도들의 가정과 자기 자신의 영적인 상태를 살펴보라고 말씀하여 주셨지만(고전 11:31) 고린도 교회 성도들이 어려운 성도들의 가정을 살피지 않아서(고전 11:32) 주께 징계 받게 되었다는 말씀입니다.

징계란 우리의 삶 속에서 여러 어려움과 고통 그리고 괴로움 등으로 나타나는데, 이는 어려운 형제의 가정을 돌보지 못한 것에 대한 회개를 촉구하기 위해서 그리스도인들에게 내리시는 것입니다. 그리고 영원한 심판을 막기 위한 수단으로 나타난 것이 징계라 말할 수 있습니다.

그리고 이러한 징계의 현상들은, 하나님 아버지의 끝없는 사랑의 표현입니다. 왜냐하면 마지막 심판을 피할 수 있는 기회를 우리에게 마련해 주시기 위한 하나님의 사랑과 긍휼하심이기 때문입니다. 그러나 우리가 회개를 거부하거나 이를 외면한다면 마지막 심판을 면할 수 없을 것입니다.

회개는 살아 있을 때 해야 합니다. 그래서 예수님께서 "하나님은 죽은 자의 하나님이 아니요 살아 있는 자의 하나님이시니라(마 22:32)." 말씀하셨고, 또한 사도 바울도 "믿음은 모든 사람의 것이 아니라(살후 3:2)." 말씀하셨던 것입니다. 이같이 하나님께서 하나님의 자녀들에게 심판과 벌(징계)을 내리시는 것은 "너희가 죄와 싸우되 아직 피흘리기까지는 대항하지 아니하고, 또 아들들에게 권하는 것 같이 너희에게 권면하신 말씀도 잊었도다 일렀으되 내 아들아 주의 징계하심을 경히 여기지 말며 그에게 꾸지람을 받을 때에 낙심하지 말라, 주께서 그 사랑하시는 자를 징계하시고 그가 받아들이시는 아들마다 채찍질하심이라 하였으니, 너희가 참음은 징계를 받기 위함이라 하나님이 아들과 같이 너희를 대우하시나니 어찌 아버지가 징계하지 않는 아들이 있으리요, 징계는 다 받는 것이거늘 너희에게 없으면 사생자요 친아들이 아니니라, 또 우리 육신의 아버지가 우리를 징계하여도 공경하였거든 하물며 모든 영의 아버지께 더욱 복종하며 살려 하지 않겠느냐, 그들은 잠시 자기의 뜻대로 우리를 징계하였거니와 오직 하나님은 우리의 유익을 위하여 그의 거룩하심에 참여하게 하시느니라, 무릇 징계가 당시에는 즐거워 보이지 않고 슬퍼 보이나 후에 그로 말미암아 연단 받은 자들은 의와 평강의 열매를 맺느니라, 그러므로 피곤한 손과 연약한 무릎을 일으켜 세우고, 너희 발을 위하여 곧은 길을 만들어 저는 다리로 하여금 어그러지지 않고 고침을 받게 하라(히 12:4~13)." 말씀하셨던 것입니다.

말씀과 같이 우리가 이 땅에서 징계 받는 것은 하나님의 자녀이기 때문이기도 하겠지만 마지막 심판 때 '정죄함을 받지 않도록' 하기 위하여 이 땅에서 징계 받는 것입니다. 그러나 세상은 하나님의 자녀가 아닐 뿐 아니라 하나님 알기를 거부하였기에, 이 세상에서도 저세상에서도 심판과 벌을 받는 것입니다.

그런데 하나님의 자녀들이 이 땅에서 징계 받는 이유는 무엇일까요? "너희는 스스로 깨끗하게 하여 거룩할지어다 나는 너희의 하나님 여호와이니라, 너희는 내 규례를 지켜 행하라 나는 너희를 거룩하게 하는 여호와이니라(레 20:7~8)."는 말씀과 같이 우리가 섬기는 하나님은 우리를 거룩하게 하시는 하나님이시기 때문이라 하겠습니다. 그리고 예레미야 선지자가 "우리가 스스로 우리의 행위들을 조사하고 여호와께로 돌아가자(애 3:40)." 선포하셨던 것도 이러한 원리에 의해서 말씀하셨던 것입니다. 이와 같이 하나님께서 우리를 징계하심은, 우리가 하나님께로 돌아가게 하기 위한 것이므로, 이를 우리가 스스로 살펴야 한다는 말씀이라 하겠습니다.

그러므로 우리를 하나님 백성으로서 올바른 삶을 살게 하고자 하는 목적에서 사도 바울은 "형제들아 사람이 만일 무슨 범죄한 일이 드러나거든 신령한 너희는 온유한 심령으로 그러한 자를 바로잡고 너 자신을 살펴보아 너도 시험을 받을까 두려워하라(갈 6:1)." 말씀하셨던 것입니다.

이러한 관점에서 고린도전서 11장의 말씀을 마음에(성만찬에 대한 바울의 권면) 생각하여 볼 때 자기 자신의 영적인 상태와 가르침을 성령의 인도하심에 따라 행하고 있는지를 먼저 살펴야 할 것입니다. 왜냐하면 나를 통하여 전하여진 복음에 구원의 문제가 달려 있으니 우리가 우리 자신을 살피지 않을 수 없는 것입니다. "너희는 너희가 하나님의 성전인 것과 하나님의 성령이 너희 안에 계시는 것을 알지 못하느냐, 누구든지 하나님의 성전을 더럽히면 하나님이 그 사람을 멸하시리라 하나님의 성전은 거룩하니 너희도 그러하니라(고전 3:16~17)."는 말씀에 동의하기에 우리는 "진정으로 내가 하나님께 영적인 사람인가?"를 언제 어디서나 늘 스스로 살피지 않을 수 없을 것입니다.

1) 육신의 생각으로 영적인 사람이라고 착각하며 살았습니다

내가 예수 그리스도를 믿고 있다는 사실만 가지고 영적인 사람이라 생각하는 것은 넌센스인 것 같습니다. 왜냐하면 하나님의 영(성령)을 받아본 적이 없으면서 영적인 사람이라 말하고 있기 때문입니다. 또한 모든 인간은 하나님의 영이 없는 육신과 혼(魂: 생각, 정신)만 갖고 있을 뿐이기에(창 6:3) 사도 바울은 "만일 너희 속에 하나님의 영이 거하시면 너희가 육신에 있지 아니하고 영에 있나니 누구든지 그리스도의 영이 없으면 그리스도의 사람이 아니라(롬 8:9)." 말씀하셨던 것도 이 때문이라 말할 수 있겠습니다.

그런데 오늘의 한국교회의 현실은 성령 받지 않은 분들이 하나님(그리스도)의 영(靈)을 받은 것으로 착각하고 있어 문제가 되는 것입니다. **영이란** 하나님으로부터 선물로 받는 것이기 때문에 그렇습니다(행 2:38). 그래서 예수님께서 부활하신 후 제자들에게 나타나시어 "성령을 받으라." 말씀하셨던 것입니다(요 20:22). 따라서 예수 그리스도를 믿는 사람에게 있어서 성령은 필연적 요구 사항이라 말할 수 있겠습니다.

이러한 점에서 우리가 예수 그리스도를 나의 구세주로 믿고 있다고 말하는 것은 "내가 하나님의 자녀로서 영적인 사람인가?"라는 영적인 질문을 자기 자신에게 묻는 것과 같습니다. '하나님의 영'을 받는 바로 그 순간이야말로 믿음의 시작점이 된다는 점에서 생각해 볼 때 영적인 살핌이 얼마나 중요한 것인가를 자기 자신이 인식해야 하고 이를 꼭 기억해야만 될 것입니다. 이는 우리가 구원받기 위해서입니다.

우리가 '그리스도의 영'을 왜 받아야만 하는지 로마서 8장을 보면 그 답을 찾을 수 있을 것입니다.

"그러므로 이제 그리스도 예수 안에 있는 자에게는 결코 정죄함이 없나니, 이는 그리스도 예수 안에 있는 생명의 성령의 법이 죄와 사망의 법에서 너를 해방하였음이라, 율법이 육신으로 말미암아 연약하여 할 수 없는 그것을 하나님은 하시나니 곧 죄로 말미암아 자기 아들을 죄 있는 육신의 모양으로 보내어 육신에 죄를 정하사, 육신을 따르지 않고 그 영을 따라 행하는 우리에게 율법의 요구가 이루어지게 하려 하심이니라, 육신을 따르는 자는 육신의 일을, 영을 따르는 자는 영의 일을 생각하나니, 육신의 생각은 사망이요 영의 생각은 생명과 평안이니라, 육신의 생각은 하나님과 원수가 되나니 이는 하나님의 법에 굴복하지 아니할 뿐 아니라 할 수도 없음이라, 육신에 있는 자들은 하나님을 기쁘시게 할 수 없느니라, 만일 너희 속에 하나님의 영이 거하시면 너희가 육신에 있지 아니하고 영에 있나니 누구든지 그리스도의 영이 없으면 그리스도의 사람이 아니라(롬 8:1~9)."는 말씀은 곧 우리가 "생명의 성령의 법" 안에서 살아야 한다는 것을 밝히시는 말씀입니다. 이는 육신의 생각과 영의 생각을 대조시켜 '육신의 생각'은 하나님과 원수가 되어 하나님의 법에 굴복할 수도 없을 뿐 아니라 하나님을 기쁘시게 할 수 없어(롬 8:7~8) "누구든지 그리스도의 영이 없는 사람은 그리스도의 사람이 아니라(롬 8:9)." 말씀하셨던 것입니다.

그런데 7~8절 말씀을 생각해 볼 때 좀 놀랍고 당황스러웠을 것입니다. 왜냐하면 육신의 생각으로 믿는 사람이 하나님과 원수가 된다? 그리고 하나님을 기쁘시게 할 수 없다? 특히 그리스도의 영이 없으면 그리스도의 사람이 아니라는 말씀이 충격일 수밖에 없어 불안해질 것입니다. 왜냐하면 저의 경우를 생각해 보면 성령을 일찍이 받았음에도 불구하고 영적인 지식이 전무하였기 때문에 지난날 "나에게 '그리스도의 영'이 있었나 없었나?" 고민이 되더라고요. 내가 목회를 하고 있었지만, 무엇이 영의 생각이고, 무엇이 육신의 생각인지를 몰라 혼란스러워했습니다. 이것이 하나님이 주신 생각인지, 육신의 생각인지를 몰랐기 때문입니다.

왜 나에게 영적으로 혼란스러운 현상이 일어나는 것일까요? 이는 내가 성령을 받았지만 **첫째는** 성령 충만하게 받지 못하였기 때문이고, **둘째는** 육신의 생각이 나를 지배하고 있었기 때문입니다. 그리고 **셋째는** 이를 가르쳐 주는 사람도 없었을 뿐만 아니라 내가 영적으로 무식하여 물어볼 줄도 몰랐기 때문입니다. 그런데 이보다 근본 원인이 있었습니다. **넷째는** 육신의 생각을 영의 생각으로 착각했기 때문에 이를 깨닫기까지 시간이 너무 많이 걸렸던 것입니다.

그리고 '육신의 생각'이라는 말이 성경에는 있었지만 내가 이를 모르고 신앙생활을 했을 뿐만 아니라 영적으로 민감하지 못하여 많은 시간과 세월이 흘러서야 비로소 성령 하나님께서 이를 깨닫게 하여 주셔서 그나마 이를 알게 된 것이 다름 아니라 다섯째 방언이었습니다. 그만큼 내가 성령 하나님께 민감하지 못하였고 저의 마음이 강퍅하였기에 이런 현상이 생겼던 것입니다. 내가 영적인 사람인가, 아닌가라는 점에서 '그리스도의 영'이란 나에게 없어서는 안 될 필연적 요구 사항이기 때문에, 우리가 하나님께 구하는 것이 마땅하여 이를 살피려는 것이 **첫째 이유**였습니다. 그리고 '그리스도의 영' 곧 '하나님의 영'이 내게 임하시게 되면 살아 계신 하나님을 내가 체험적으로 믿게 되어 하나님의 사랑과 모든 말씀을 진실로 믿게 될 뿐만 아니라 진리의 성령을 체험하는 정도에 따라 조금씩 알아 가게 하여 주셨기 때문에 이를 살피는 **둘째 이유**라 하겠습니다 (요일 1:20).

그리고 엄밀히 말하면 '그리스도(하나님)의 영'을 받는 그 순간이 나에게 있어서 예수님에 대한 처음 사랑을 체험하는 순간이자 믿음의 시작점이라 말할 수 있기에 이를 **셋째 이유**라 하겠습니다. 그러나 우리가 성령(그리스도의 영)의 인도하심을 받지 못하고 믿게 된다면 안타깝게도 우리의 믿음은 표면적인 믿음일 수밖에 없어서 늘 불만족스러운 신앙생활을 하게 될 것입니다. 뿐만 아니라 다른 사람과 비교한다든지 비판하는 일에 잘 나서게 되므로 자주 실족할 수밖에 없기에 성령의 인도하심을 받기 위한 것이 **넷째 이유**라 하겠습니다. 그리고 말로는 늘 믿는다고 하지만 마음속으로 그것이 그러한가? 물음표(?)가 따라다니기 때문에 시험 들기 마련일 것입니다. 그래서 "입으로만 하나님을 공경하는 교인들이 교회 안에 가득 차 있다."라는 말들이 나오기 때문입니다. 그리고 예수 그리스도를 진정 사랑하기 위해서가 **다섯째 이유**라 하겠습니다. 이는 예수 그리스도를 사랑하기 때문입니다.

이처럼 성령 받은 자와 받지 못한 자의 믿음의 시작점이 서로 다르게 나타나기 때문에 믿음의 차이가 엄청날 수밖에 없을 것입니다. 이런 점에서 '과연 내가 육신의 생각으로 사는 사람인가? 아니면 영적인 삶을 사는 사람인가? 그리고 예수 그리스도를 진정 사랑하는가?'를 살핀다는 것은, 너무나 당연한 사실일 것입니다. 왜냐하면 우리가 성령(방언)을 받았을지라도 육신의 지배를 받고 있다면 우리의 믿음 역시 어린아이(표면적인)의 믿음에 불과하기 때문입니다.

그러므로 우리가 성령(방언)의 인도함(도움)을 받았다는 것은 "거듭난 생활을 할 수 있는 믿음의 새로운 출발점이 생겼다."는 것과 같습니다. 그래서 사도 바울은 "만일 너희 속에 하나님의 영이 거하시면 너희가 육신에 있지 아니하고 영에 있나니 누구든지 그리스도의 영이 없으면 그리스도의 사람이 아니라(롬 8:9)." 말씀하셨던 것입니다.

그동안 우리는 육신의 생각으로 신앙생활 하는 것을 영적인 생각으로 착각하며 살았다는 점에서 우리 자신이 얼마나 영적으로 무식한 사람이었는지 여실히 드러나게 되었기에 이를 살폈던 것은 너무나 당연한 일이자 다행한 일이라 생각합니다. 여기(방언)에는 우리의 영원한 생명과 구원의 문제가 달렸기에 영적인 상태를 우리 자신이 살피지 않을 수 없을 것입니다(요 3:5).

2) 육신의 생각으로 **하나님 말씀에 불순종하게 되었습니다**

하나님께서 인간을 창조하실 때 하나님을 믿고, 따르고, 찾고, 구하며, 하나님 말씀에 순종하게 하셨지만, 아담과 하와는 원죄(창 3:6)를 짓고 하나님의 아들들은 사람의 딸들의 아름다움을 보고 자기들이 좋아하는 모든 여자를 아내로 삼았습니다. 이로 말미암아 '하나님의 영(방언)'이 영원히 사람과 함께하지 않게 되었고(창 6:2~3), 모든 인간은 하나님의 영(방언)이 없는 육신이 되었습니다(창 6:3). 따라서 모든 인간은 하나님 말씀에 불순종할 수밖에 없는 존재가 되었습니다. 이는 "육신을 따르는 자는 육신의 일을, 영을 따르는 자는 영의 일을 생각하나니, 육신의 생각은 사망이요 영의 생각은 생명과 평안이니라, 육신의 생각은 하나님과 원수가 되나니 이는 하나님의 법에 굴복하지 아니할 뿐 아니라 할 수도 없음이라, 육신에 있는 자들은 하나님을 기쁘시게 할 수 없느니라(롬 8:5~8)." 말씀과 같이 우리가 육신의 생각으로 하나님을 믿게 되면 하나님 말씀에 순종할 것 같지만 '육신의 생각'으로 믿고 있기 때문에 하나님 말씀에 순종할 수 없었던 것입니다. 육신의 생각으로 예수 그리스도를 믿으려 애를 쓰거나 기도하는 한 우리의 믿음은 더 이상 성장하거나 발전하지 못하여 답답할 때가 많을 것입니다.

그래서 우리가 육신의 생각으로 믿는 것은 막연히 하나님을 믿는 것이어서 많은 사람이 말씀에 대한 갈증과 구원에 대한 확신도 없고 삶에 변화도 없는 무의미한 신앙생활을 하게 될 수밖에 없는 것입니다. 이를 아시는 우리 주님께서 요한복음 4장에서와 같이 사마리아 여인에게 "아버지께 참되게 예배하는 자들은 영과 진리로 예배할 때가 오나니 곧 이 때라 아버지께서는 자기에게 이렇게 예배하는 자들을 찾으시느니라, 하나님은 영이시니 예배하는 자가 영과 진리로 예배할지니라(요 4:23~24)." 말씀하셨던 것입니다. 그리고 예수님께서 "이 말씀을 하시고 그들을 향하사 숨을 내쉬며 이르시되 성령을 받으라(요 20:22)." 말씀하셨던 것입니다. 또한 예수님께서 부활 후 제자들에게 사도행전 1장에서 "사도와 함께 모이사 그들에게 분부하여 이르시되 예루살렘을 떠나지 말고 내게서 들은 바 아버지께서 약속하신 것을 기다리라, 요한은 물로 세례를 베풀었으나 너희는 몇 날이 못되어 성령으로 세례를 받으리라(행 1:4~5)." 말씀하여 주셨습니다.

그런데 예수님의 제자들은 어떻게 행하였습니까? 제자들은 말씀에 순종하여 마가의 다락방에서 "기도에 힘쓰더라." 했습니다(행 1:14~15). 그리고 기도한 지 열흘 만에 오순절 날 "홀연히 하늘로부터 급하고 강한 바람 같은 소리가 있어 그들이 앉은 온 집에 가득하며, 마치 불의 혀처럼 갈라지는 것들이 그들에게 보여 각 사람 위에 하나씩 임하여 있더니, 그들이 다 성령의 충만함을 받고 성령이 말하게 하심을 따라 다른 언어들로 말하기를 시작하니라(행 2:2~4)."

고 응답하여 주셨습니다.

　이러한 말씀들이 있음에도 불구하고 아직까지 성령(방언) 받지 못하였음은 하나님의 엄중한 말씀에 순종하지 않을 뿐만 아니라 하나님께 집중적으로 기도하지 않았다는 증거가 되는 것입니다. 이는 내가 하나님 말씀에 굴복하지 않을 뿐 아니라 불순종했다는 것을 여실히 드러낸 표징이자 명확한 증거라 말할 수 있겠습니다.

　따라서 우리가 성령(방언)을 아직도 받지 못하였다는 것은 하나님 말씀에 불순종한 소치라고 볼 수밖에 없을 뿐입니다. 왜냐하면 성령은 기도 외에 다른 어떤 것으로 받을 수 없기 때문입니다. 간청하면 주시겠다고 분명히 약속하셨기에 명백한 불순종이라 말할 수 있겠습니다(눅 11:5~13). 그래서 사도 바울께서 로마서 10장에서 "그러나 그들이 다 복음을 순종하지 아니하였도다 이사야가 이르되 주여 우리가 전한 것을 누가 믿었나이까 하였으니, 그러므로 믿음은 들음에서 나며 들음은 그리스도의 말씀으로 말미암았느니라, 그러나 내가 말하노니 그들이 듣지 아니하였느냐 그렇지 아니하니 그 소리가 온 땅에 퍼졌고 그 말씀이 땅 끝까지 이르렀도다 하였느니라, 그러나 내가 말하노니 이스라엘이 알지 못하였느냐 먼저 모세가 이르되 내가 백성 아닌 자로써 너희를 시기하게 하며 미련한 백성으로써 너희를 노엽게 하리라 하였고, 이사야는 매우 담대하여 내가 나를 찾지 아니한 자들에게 찾은 바 되고 내게 묻지 아니한 자들에게 나타났노라 말하였고, 이스라엘에 대하여 이르되 순종하지 아니하고 거슬러 말하는 백성에게 내가 종일 내 손을 벌렸노라 하였느니라(롬 10:16~21)." 말씀하셨던 것입니다.

사도 바울은 자신이 과거에 하나님의 의를 잘 몰라 훼방하거나 거역했던 것을 생각하며 동일한 잘못을 범하고 있는 동족에 대하여 안타까운 마음을 금하지 못하였습니다. 그래서 바울은 그들에게 율법과 은혜, 행위와 믿음이라는 두 길을 서로 비교 제시하면서(롬 10:1~13) 구원의 유일한 길인 복음을 거듭 강조하였습니다(롬 10:14~21). 특히 "네가 만일 네 입으로 예수를 주로 시인하며 또 하나님께서 그를 죽은 자 가운데서 살리신 것을 네 마음에 믿으면 구원을 받으리라, 사람이 마음으로 믿어 의에 이르고 입으로 시인하여 구원에 이르느니라, 이스라엘에 대하여 이르되 순종하지 아니하고 거슬러 말하는 백성에게 내가 종일 내 손을 벌렸노라 하였느니라(롬 10:9, 10, 21)." 말씀은 어떻게든 자기 동족을 구원의 길로 인도하려는 사도 바울의 애타는 호소입니다.

따라서 우리가 성령 받지 않고 육신(肉身)의 생각으로만 믿고 있는 한 우리의 믿음은 표면적인 믿음일 수밖에 없어 몸만 왔다 갔다 하는 나이롱 신자일 뿐만 아니라 모든 말씀에 불순종하는 존재일 뿐입니다. 물론 교회에 열심히 다니고 있습니다.

그러나 우리가 하나님을 건성으로 믿게 되어 믿음이 항상 제자리에 머물러 있을 수밖에 없기에 사도 바울께서 "육신의 생각은 하나님과 원수가 되나니 이는 하나님의 법에 굴복하지 아니할 뿐 아니라 할 수도 없음이라 육신에 있는 자들은 하나님을 기쁘시게 할 수 없느니라, 만일 너희 속에 하나님의 영이 거하시면 너희가 육신에 있지 아니하고 영에 있나니 누구든지 그리스도의 영이 없으면 그리스도의 사람이 아니라(롬 8:7~9)." 말씀하셨던 것입니다. 또한 이렇게 육신의 생각으로 신앙생활 하는 자들에 관하여 "형제들아 내가 신령한 자들을 대함과 같이 너희에게 말할 수 없어서 육신에 속한 자 곧 그리스도 안에서 어린 아이들을 대함과 같이 하노라(고전 3:1)."고 말씀하실 수밖에 없을 것입니다.

따라서 성령(방언)을 받아야 한다는 사실을 우리가 알면서도 습관적으로 믿다 보면 자기 자신도 모르게 불순종하게 되는 일들이 자주 일어나는 것입니다. 이는 편의주의적인 육신의 생각으로만 믿었기 때문에 그렇습니다.

그러므로 육신의 생각으로 예수 그리스도를 계속 믿고 있는 한 그가 예수 그리스도를 믿고 있을지라도 구원받지 못하는 안타까운 일들이 발생하게 되는 것입니다. 왜냐하면 '그리스도의 영(방언)'이 없으면 그리스도의 사람이 아닐 뿐 아니라 말씀을 들어도 굴복할 수 없는 존재가 되기 때문에 그렇습니다(롬 8:8).

2. 육신의 생각으로 영의 일을 하지 않게 되었습니다

우리가 육신의 생각으로 인본주의의 교육을 받고 있는 한 육신의 생각에 계속 머물 수밖에 없다는 점에서 우리가 왜 육신의 생각으로 영의 일을 하면 안 되는지 살펴보겠습니다. 하나님의 자녀들이 인본주의적인 세상에서 태어나 인본주의적 사고에서 살아왔고 또한 인본주의적인 방법으로 교육받아 왔다는 점에서 한국교회와 세계교회는 자신도 모르게 신앙적인 잘못을 범할 수밖에 없었을 것입니다. 왜냐하면 이 지구상의 모든 인간은 인간중심의 이론으로만 교육받고 살았기 때문에 예수님께서 "내가 아직도 너희에게 이를 것이 많으나 지금은 너희가 감당하지 못하리라. 그러나 진리의 성령이 오시면 그가 너희를 모든 진리 가운데로 인도하시리니 그가 스스로 말하지 않고 오직 들은 것을 말하며 장래 일을 너희에게 알리시리라, 그가 내 영광을 나타내리니 내 것을 가지고 너희에게 알리시겠음이라 (요 16:12~14)." 말씀하셨던 것입니다.

그래서 이를 체험하여 알게 된 사도 바울은 "형제들아 내가 신령한 자들을 대함과 같이 너희에게 말할 수 없어서 육신에 속한 자 곧 그리스도 안에서 어린 아이들을 대함과 같이 하노라, 내가 너희를 젖으로 먹이고 밥으로 아니하였노니 이는 너희가 감당하지 못하였음이거니와 지금도 못하리라(고전 3:1~2)."고 말씀하셨을 뿐만 아니라 "육에 속한 사람은 하나님의 성령의 일들을 받지 아니하나니 이는 그것들이 그에게는 어리석게 보임이요, 또 그는 그것들을 알 수도 없나니 그러한 일은 영적으로 분별되기 때문이라(고전 2:14)." 말씀하셨던 것입니다. 따라서 인간 중심적인 영성 교육은 육신의 생각에서 나온 이론에 불과할 뿐이라는 말씀이 예수님의 말씀이고 사도 바울의 견해였습니다. 왜냐하면 이는 "생명의 성령의 법"으로 규정되었기 때문입니다(롬 8:2).

그러므로 우리가 믿는 하나님은 세상의 이론으로 알게 되는 하나님이 아니라 살아계신 하나님의 영(방언)을 우리가 받을 때만이 비로소 하나님을 알게 되어 영적인 사람이 되는 것입니다. 그러나 어떤 사람은 영성에 대한 지식을 이론으로 듣고 전할 뿐 살아계신 하나님을 직접 체험하지 못하였기 때문에 살아계신 하나님을 알 수도, 체험할 수도 없는 것입니다. 이는 '그리스도의 영'을 내가 직접 체험하여 알게 될 때 비로소 하나님을 알 수 있기 때문입니다. 이를 가르쳐 주거나 알려 주는 사람도 없었지만 가르쳐 주어도 뜬구름 잡는 것과 같이 모르기 때문에 하나님에 대하여 막연히 알 뿐 지식적인 교육이 전부이다 보니 영적인 일을 인정하면서도 터부시될 수밖에 없는 것이 오늘의 현실입니다.

이는 제가 지난날 요한복음 3장과 로마서 8장을 보았어도 몰랐듯이 저와 같은 분들이 많이 계신 것이 아닌가 생각이 들어서입니다. 왜냐하면 한국교회가 성령 받는 것보다는 인본주의적 육신의 생각으로 영(靈)의 일을 가르치고 있기 때문입니다. 성령을 받고자 하는 마음은 있지만 내 앞에 놓여 있는 목회 현장은 너무 빠르고 바쁘게 진행될 뿐만 아니라 우리가 사는 이 사회가 경쟁사회이기 때문에 목회를 어떻게 하면 성공시킬 수 있을 것인가만 생각하고, 성령에 관심 가질 마음의 여유가 없습니다. 그리고 이를 영적으로 가르쳐 주거나 지적해 주는 이가 없어 무관심할 수밖에 없을 것입니다. 그런데 성령(방언) 받지 않고도 성령 받은 것처럼 행세하려 한다면 자기 자신을 속일 뿐 아니라 하나님까지 속이는 행위이기 때문에 문제가 아닐 수 없습니다.

오늘날 세계교회와 한국교회에는 성령을 받지 않고도 "성령 받았다." 말하는 사람들이 많이 있습니다. 그러나 그가 비록 "나는 성령 받았다." 말할지라도 진정 예수님을 믿는 영적인 사람이라고는 말할 수 없습니다. 왜냐하면 거듭난 삶을 살지 않고 육신의 생각으로만 이 세상에 살고 있기에 모양만 그리스도인이지 그리스도의 사람이 아니라 말할 수 있습니다(롬 8:9). 그러므로 예수님으로부터 "그 때에 내가 그들에게 밝히 말하되 내가 너희를 도무지 알지 못하니 불법을 행하는 자들아 내게서 떠나가라(마 7:23)."는 말씀을 듣게 될 것입니다.

인본주의적 사고에서 시작된 신앙은 사람을 변화시킬 수 없기에 세계교회와 한국교회는 타락할 수밖에 없고 '교회 종말'[23]이란 말이 나온 것입니다. 이럴 때 목회자가 진실하고 솔직하게 성도들에게 성령에 관하여 설명하면서 "내가 성령 받지 못하였습니다. 그러나 우리가 성령 받기 위하여 함께 힘써 기도하고 성령의 인도하심을 받도록 힘씁시다." 고백한다면 오히려 성도들은 기뻐하며 목회자를 더 믿고 따를 것입니다. 왜냐하면 하나님은 영이시기 때문에 예수님께서 사마리아 여인에게 "아버지께 참되게 예배하는 자들은 영과 진리로 예배할 때가 오나니 곧 이 때라 아버지께서는 자기에게 이렇게 예배하는 자들을 찾으시느니라, 하나님은 영이시니 예배하는 자가 영과 진리로 예배할지니라(요 4:23~24)." 말씀하셨던 것입니다.

그래서 사도 바울께서도 "오직 하나님이 성령으로 이것을 우리에게 보이셨으니 성령은 모든 것 곧 하나님의 깊은 것까지도 통달하시느니라, 사람의 일을 사람의 속에 있는 영 외에 누가 알리요 이와 같이 하나님의 일도 하나님의 영 외에는 아무도 알지 못하느니라, 우리가 세상의 영을 받지 아니하고 오직 하나님으로부터 온 영을 받았으니 이는 우리로 하여금 하나님께서 우리에게 은혜로 주신 것들을 알게 하심이라, 우리가 이것을 말하거니와 사람의 지혜가 가르

---

23) 다이애나 버틀러 배스, 이원규 역, 『교회의 종말』, 서울: 도서출판kmc, 2017.

친 말로 아니하고 오직 성령께서 가르치신 것으로 하니 영적인 일은 영적인 것으로 분별하느니라. 육에 속한 사람은 하나님의 성령의 일들을 받지 아니하나니 이는 그것들이 그에게는 어리석게 보임이요, 또 그는 그것들을 알 수도 없나니 그러한 일은 영적으로 분별되기 때문이라. 신령한 자는 모든 것을 판단하나 자기는 아무에게도 판단을 받지 아니하느니라. 누가 주의 마음을 알아서 주를 가르치겠느냐 그러나 우리가 그리스도의 마음을 가졌느니라(고전 2:10~16)." 말씀하셨던 것입니다.

따라서 우리의 목회는 육신의 생각으로 하는 것이 아니라 하나님께서 우리에게 주신 은혜로 하는 것입니다. 그런데 그동안 지난날 저의 목회를 돌아볼 때 인본주의적 사고로 목회를 해왔음을 고백하지 않을 수 없습니다. 이러한 점에서 저의 짧은 소견으로 볼 때 죄송하게도 다른 목회자들 중에도 저와 같이 인본주의적 사고로 목회하신 분이 있지 않았나 헤아려 봅니다.

이는 영적으로 가르쳐 주는 이가 없었기 때문입니다. 그러나 영적인 삶을 살려고 한다면 하나님께서 주신 영의 생각으로 복음을 전해야 할 것이며 이를 위해서 우리는 영(靈)의 인도함을 받아야 한다는 것입니다(요 16:13). 그래서 이를 체험하여 알게 된 사도 바울은 "하나님의 나라는 말에 있지 아니하고 오직 능력에 있음이라(고전 4:20)." 말씀하셨던 것입니다. 그리고 "하나님께서 우리에게 은혜로 주신 것들(고전 2:12)"이라는 말씀은 곧 "우리 주 예수 그리스도의 하나님, 영광의 아버지께서 지혜와 계시의 영을 너희에게 주사 하나님을 알게 하시고, 너희 마음의 눈(영안)을 밝히사 그의 부르심의 소망이 무엇이며 성도 안에서 그 기업의 영광의 풍성함이 무엇이며, 그의 힘의 위력으로 역사하심을 따라 믿는 우리에게 베푸신 능력의 지극히 크심이 어떠한 것을 너희로 알게 하시기를 구하노라(엡 1:17~19)."는 말씀일 것입니다.

그리고 이를 우리로 알게 하시려는 목적에서 에베소서 말씀에 기록하신 것을 알 수 있습니다. 그러므로 육신의 생각으로 영의 일을 하거나 주님을 믿는 한 우리는 주님으로부터 부끄러움과 책망 그리고 심판을 받게 될 것입니다. 왜냐하면 인본주의적인 사고로 하나님의 영적인 일을 판단하거나 가르치고 이를 믿고 있기에 "육신의 생각은 하나님과 원수가 되나니 이는 하나님의 법에 굴복하지 아니할 뿐 아니라 할 수도 없음이라, 육신에 있는 자들은 하나님을 기쁘시게 할 수 없느니라, 만일 너희 속에 하나님의 영이 거하시면 너희가 육신에 있지 아니하고 영에 있나니 누구든지 그리스도의 영이 없으면 그리스도의 사람이 아니라(롬 8:7~9)."는 말씀을 들을 수밖에 없고, 우리가 영의 일을 하지 않게 된 것 같습니다.

3. 육신의 생각으로 사명을 받지 않게 되었습니다

사명이란 조직 사회로부터 주어진 책무 또는 명령을 말합니다. 따라서 사명(使命)은 내가 나에게 받는 것이 아니라 위로부터, 즉 하나님으로부터 위임받는 것을 말합니다. 믿는 사람들에게 있어서 **사명이란** "내가 복음을 전할지라도 자랑할 것이 없음은 내가 부득불 할 일임이라 만일 복음을 전하지 아니하면 내게 화가 있을 것이로다, 내가 내 자의로 이것을 행하면 상을 얻으려니와 내가 자의로 아니한다 할지라도 나는 사명을 받았노라, 그런즉 내 상이 무엇이냐 내가 복음을 전할 때에 값없이 전하고 복음으로 말미암아 내게 있는 권리를 다 쓰지 아니하는 이것이로다, 내가 모든 사람에게서 자유로우나 스스로 모든 사람에게 종이 된 것은 더 많은 사람을 얻고자 함이라(고전 9:16~19)." 말씀일 것입니다. 그리고 "내가 달려갈 길과 주 예수께 받은 사명 곧 하나님의 은혜의 복음을 증언하는 일을 마치려 함에는 나의 생명조차 조금도 귀한 것으로 여기지 아니하노라(행 20:24)."는 사도 바울의 말씀이야말로 진정한 사명이라 말할 수 있을 것입니다.

그렇다고 한다면 과연 성경에 나타난 예수님의 제자들은 어떻게 제자가 되었으며 어떻게 행하였는지를 성경에서 찾아보는 것이 순서일 것입니다. 왜냐하면 예수님의 열두 제자가 제자로 선택된 과정을 살펴보면 제자들이 먼저 자원하였는지 아니면 열두 제자를 한자리에서 테스트하여 뽑으셨는지 그리고 예수님으로부터 직접 부름을 받았는지를 알 수 있기에 이를 살펴보려는 것입니다.

"갈릴리 해변에 다니시다가 두 형제 곧 베드로라 하는 시몬과 그의 형제 안드레가 바다에 그물 던지는 것을 보시니 그들은 어부라, 말씀하시되 나를 따라오라 내가 너희를 사람을 낚는 어부가 되게 하리라 하시니, 그들이 곧 그물을 버려 두고 예수를 따르니라(마 4:18~20)."는 말씀과 같이 예수님께서는 지나가시다가 테스트 없이 제자를 뽑으셨습니다. 마태복음 9장에서도 "예수께서 그 곳을 떠나 지나가시다가 마태라 하는 사람이 세관에 앉아 있는 것을 보시고 이르시되 나를 따르라 하시니 일어나 따르니라(마 9:9)."는 말씀과 같이 지나가시다가 제자를 뽑으셨습니다.

이와 같은 방법으로 예수님께서 열두 명의 제자를 세관에서, 강가에서 그리고 여러 곳에서 선발하셨습니다. 인터넷에 '**무능력자를 들어서 사용하신 예수님**'에 대한 이야기가 현대판으로 각색되어 있기에 이를 소개합니다.[24]

---

24) 얍복나루 〈무능력자를 들어서 사용하신 예수님〉 2008. 02. 22.14:53.
http://blog.daum.net/sun-2540/2457892 2018. 다음 인터넷 접속

예수님이 새 단체를 조직하기 위하여 그 간부 요원으로서 열두 제자를 뽑고 경영 상담소(Management Consultants)에 그들의 자격심사를 의뢰했다면 이런 회답을 받을 것이다.

사마리아와 나사렛 마을 목공소 요셉의 아들 예수 귀하
  귀하가 의뢰한 12명의 이력서를 검토하고 '심리테스트'와 '직업적성검사'를 모아 컴퓨터에 넣어 결과를 뽑았습니다. 일반적으로 그들은 귀하가 계획하는 새 단체의 간부 사원으로 자격 부족입니다. 학력이 너무 낮고 경험이 전무합니다. 그들은 단체 관념이 없고 협조 정신이 약하여 경영관리자로서 적합하지 않습니다.

  시몬 베드로는 정서적으로 안정성이 결여되어 있고 성격이 너무 과격합니다. 안드레는 한마디로 무능력자입니다. 남을 지도할 사람이 못됩니다. 이런 사람들로 어떻게 복음 사업을 하겠다는 말입니까? 하마터면 큰일 날 뻔했습니다. 복음 사업에 성공하려면 사람부터 바꾸십시오. 자격 미달입니다. 한 명만을 제외하고 나머지 사람들은 단체 관념도 없고 협력 정신이 약하여 복음 사업자로서 적합하지 않습니다.

＊예를 들어 **시몬 베드로**는 직업이 어부로서 성격이 너무 과격할 뿐만 아니라 덤벙대는 성격이 있어 정서적으로 불안정합니다.
＊**안드레**는 직업이 어부로서 한마디로 무능력자이며 지도력과 창

조력이 없습니다. 때문에 남을 지도할 사람이 못됩니다. 무능력자입니다.

＊**세배대의 아들 야고보**와 **요한 형제**의 직업은 어부입니다. 공동체의 이익을 제쳐놓고 개인의 이익을 추구할 사람입니다. 야고보는 요주의 인물로서 사상검증이 필요합니다. 특히 요한은 지독한 이기주의자로 협동심이 없는 사람입니다.

＊**도마**는 매사 부정적이고, 남의 말을 절대 믿지 않는 성격의 소유자로서 질문뿐이며 추진력이 없습니다.

＊**마태**는 자기의 이익을 위하여 무슨 짓이나 할 사람입니다. 로마의 앞잡이라는 세리 공무원 출신으로 이미 사회의 지탄을 받는 사람이고 사회평판이 매우 나쁩니다.

＊**알패오의 아들 야고보**(유다의 형)**와 유다**(다대오)는 **가나안인 시몬**이 사회 혁명을 노리는 과격한 불온사상에 감염되어 있습니다. 특히 시몬은 열심 당원이었습니다.

이들은 귀하가 생각하는 복음 사업에 해로울 뿐만 아니라 파산에 이게 할 것입니다. 귀하가 추천한 열두 명 중 쓸 만한 사람이 딱 한 사람 있습니다. 그는 능력과 가능성이 있고, 사회 지식도 풍부하며, 예민한 실업인의 감각과 판단력을 모두 갖춘 사람입니다. 또한 사교성도 있어서 상류 권력층과 접촉할 수 있는 사람이라 강한 동기와 의욕에 차 있습니다. 그리고 현실 감각이 아주 탁월합니다. 이재(理財)에 밝고 변화에 능동적으로 대처하는 인물이지요. 그 사람의 이름은 **가룟 유다**입니다. 지금까지 이렇게 유능한 인재를 본 적이 없습니다. 따라서 본 경영 상담회사는 유다 한 명만 추천하고 남은 요원은 다른 사람들을 찾아보도록 권고합니다.

○○ 컨설팅 주식회사 대표 ○○○

위의 내용을 보면 참으로 컴퓨터가 분석한 제자들의 능력은 형편없었습니다. 그런데 실제로 역사상 나타난 새 단체라 할 수 있는 그리스도의 교회에서 2000년 세계 역사를 주름잡은 사람들은 부적격자로 낙인찍힌 11명이었고, 오히려 유능하다고 인정받은 유다는 탈락되었습니다.

이 모순에 대한 대답은 오직 하나님이십니다. 그들은 모든 면에서 자격 부족이었으나 **"누구든지 나를 따라오려거든 자기를 부인하고 자기 십자가를 지고 나를 따를 것이니라**(마 16:24)."는 예수님의 말씀에 따라 자기를 부인하고, 자기 십자가를 진 사람들이었습니다. **이 말씀이 그들 자신을 변화시켰고 사회와 세계를 바꾸어 나갔습니다.**

"예수께서 열두 제자를 불러 모으사 모든 귀신을 제어하며 병을 고치는 능력과 권위를 주시고, 하나님의 나라를 전파하며 앓는 자를 고치게 하려고 내보내시며, 이르시되 여행을 위하여 아무 것도 가지지 말라 지팡이나 배낭이나 양식이나 돈이나 두 벌 옷을 가지지 말며, 어느 집에 들어가든지 거기서 머물다가 거기서 떠나라, 누구든지 너희를 영접하지 아니하거든 그 성에서 떠날 때에 너희 발에서 먼지를 떨어 버려 그들에게 증거를 삼으라 하시니, 제자들이 나가 각 마을에 두루 다니며 곳곳에 복음을 전하며 병을 고치더라(눅 9:1~6)."는 말씀과 같이 하나님의 나라 확장을 위하여 제자들로 하여금 천국 복음을 전하게 하셨습니다. "그 후에 주께서 따로 칠십 인을 세우사 친히 가시려는 각 동네와 각 지역으로 둘씩 앞서 보내시며, 이르시되 추수할 것은 많되 일꾼이 적으니 그러므로 추수하는 주인에게 청하여 추수할 일꾼들을 보내 주소서 하라, 갈지어다 내가 너희를 보냄이 어린 양을 이리 가운데로 보냄과 같도다(눅 10:1~3)."고 말씀하셨던 것입니다.

이러한 방법으로 예수님께서는 70인 제자들도 직접 택하셨습니다. 그리고 사울은 주님께서 이 땅에 계실 때가 아닌 승천하신 이후에 주님의 목소리로만 주님을 만나 아나니야를 통하여 제자의 사명을 받고 사도로 쓰임을 받았습니다. 이처럼 예수 그리스도의 제자로 선택받아 제자로 쓰임 받은 것이 주님의 방법이자 하나님의 방법이라 말할 수 있겠습니다. 택함을 받은 제자들의 특성에 관하여 사도 바울은 이렇게 말하였습니다.

"십자가의 도가 멸망하는 자들에게는 미련한 것이요 구원을 받는 우리에게는 하나님의 능력이라, 기록된 바 내가 지혜 있는 자들의 지혜를 멸하고 총명한 자들의 총명을 폐하리라 하였으니, 지혜 있는 자가 어디 있느냐 선비가 어디 있느냐 이 세대에 변론가가 어디 있느냐 하나님께서 이 세상의 지혜를 미련하게 하신 것이 아니냐, 하나님의 지혜에 있어서는 이 세상이 자기 지혜로 하나님을 알지 못하므로 하나님께서 전도의 미련한 것으로 믿는 자들을 구원하시기를 기뻐하셨도다, 유대인은 표적을 구하고 헬라인은 지혜를 찾으나, 우리는 십자가에 못 박힌 그리스도를 전하니 유대인에게는 거리끼는 것이요 이방인에게는 미련한 것이로되, 오직 부르심을 받은 자들에게는 유대인이나 헬라인이나 그리스도는 하나님의 능력이요 하나님의 지혜니라, 하나님의 어리석음이 사람보다 지혜롭고 하나님의 약하심이 사람보다 강하니라, 형제들아 너희를 부르심을 보라 육체를 따라 지혜로운 자가 많지 아니하며 능한 자가 많지 아니하며 문벌 좋은 자가 많지 아니하도다, 그러나 하나님께서 세상의 미련한 것들을 택하사 지혜 있는 자들을 부끄럽게 하려 하시고 세상의 약한 것들을 택하사 강한 것들을 부끄럽게 하려 하시며, 하나님께서 세상의 천한 것들과 멸시 받는 것들과 없는 것들을 택하사 있는 것들을 폐하려 하시나니, 이는 아무 육체도 하나님 앞에서 자랑하지 못하게 하려 하심이라(고전 1:18~29)."

말씀과 같이 **하나님께서 사람을 선택함에 있어서** 사람의 방법이 아니라 오로지 하나님의 뜻과 방법에 따라 제자들을 선택하셨음을 우리가 볼 수 있습니다. 따라서 하나님께서 사람을 선택하여 하나님의 사람으로 사용하신다는 것은 '신비' 그 자체입니다. 이는 사람(육신)의 생각으로는 상상할 수 없는 일이기 때문에 그렇습니다. 사울도 육신의 생각으로 판단할 때 예수님의 제자가 될 수 없는 원수였습니다. 이러했던 사울을 택하신 감격적 장면을 사도행전 9장에서 보겠습니다.

"사울이 주의 제자들에 대하여 여전히 위협과 살기가 등등하여 대제사장에게 가서, 다메섹 여러 회당에 가져갈 공문을 청하니 이는 만일 그 도를 따르는 사람을 만나면 남녀를 막론하고 결박하여 예루살렘으로 잡아오려 함이라. 사울이 길을 가다가 다메섹에 가까이 이르더니 홀연히 하늘로부터 빛이 그를 둘러 비추는지라, 땅에 엎드러져 들으매 소리가 있어 이르시되 사울아 사울아 네가 어찌하여 나를 박해하느냐 하시거늘, 대답하되 주여 누구시니이까 이르시되 나는 네가 박해하는 예수라, 너는 일어나 시내로 들어가라 네가 행할 것을 네게 이를 자가 있느니라 하시니, 같이 가던 사람들은 소리만 듣고 아무도 보지 못하여 말을 못하고 서 있더라(행 9:1~7)."는 신비로운 장면에서 예수님은 목소리로만 "나는 네가 박해하는 예수라(행 9:5)." 말씀하셨습니다. "너는 일어나 시내로 들어가라 네가 행할 것을 네게 이를 자가 있느니라(행 9:6)." 말씀과 함께 사울이 선택받은 것은 사울의 의사와는 관계없이 예수님의 일방적인 방법으로 원수 같았던 사울을 제자로 소명하여 주셨습니다. 한편 다이나믹한 또 다른 장면을 보게 될 것입니다.

"그 때에 다메섹에 아나니아라 하는 제자가 있더니 주께서 환상 중에 불러 이르시되 아나니아야 하시거늘 대답하되 주여 내가 여기 있나이다 하니, 주께서 이르시되 일어나 직가라 하는 거리로 가서 유다의 집에서 다소 사람 사울이라 하는 사람을 찾으라 그가 기도하는 중이니라, 그가 아나니아라 하는 사람이 들어와서 자기에게 안수하여 다시 보게 하는 것을, 보았느니라 하시거늘, 아나니아가 대답하되 주여 이 사람에 대하여 내가 여러 사람에게 듣사온즉 그가 예루살렘에서 주의 성도에게 적지 않은 해를 끼쳤다 하더니, 여기서도 주의 이름을 부르는 모든 사람을 결박할 권한을 대제사장들에게서 받았나이다 하거늘, 주께서 이르시되 가라 이 사람은 내 이름을 이방인과 임금들과 이스라엘 자손들에게 전하기 위하여 택한 나의 그릇이라, 그가 내 이름을 위하여 얼마나 고난을 받아야 할 것을 내가 그에게 보이리라(행 9:10~16)."

말씀에 의지하여 아나니아가 사울이 사도로 부름을 받도록 안수하여 주었습니다. 사울은 예수 믿는 사람에게 있어서 원수 같은 존재임을 예수님께서 이미 아셨음에도 불구하고 그를 사도로 소명하여 주셨습니다. 더구나 사울은 예수님의 제자가 아닐 뿐만 아니라 예수님으로부터 말씀을 가르침 받은 일도 없었고, 또한 제자들로부터 말씀에 대한 어떠한 가르침도 받지 않은 사람이었습니다. 일반적인 사람들이 생각할 때 사울을 사명자로 세운다는 것은 있을 수 없는 불가능한 상식 밖의 일일 것입니다. 그리고 사울의 의사와 관계없이 사울을 사도로 세우셨습니다. 바로 이것이 하나님의 방법이자 신비 그 자체입니다.

이처럼 사울은 다메섹 도상에서 예수님의 음성만 듣고 제자가 되었기 때문에 사도 바울은 "예수 그리스도의 종 바울은 사도로 부르심을 받아 하나님의 복음을 위하여 택정함을 입었으니(롬 1:1)."라고 자기 자신을 소개하고 있습니다.

생각해 보세요. 예수 믿는 사람들의 원수가 예수님의 제자가 되는 것이 있을 수 있는 일입니까? 그런데 있었습니다. 신비 그 자체이자 주님의 방법입니다. 이는 이성적으로 생각할 때 이해할 수 없는 일이었습니다. 그런데 초기 기독교의 제자들과 초기 한국교회의 목회자들은 예수 그리스도를 체험적으로 믿었기에 사명자로 복음을 전할 수 있었던 것이고 평신도가 목회자가 된 근거라 말할 수 있겠습니다. 왜냐하면 체험 없이 목회자가 될 수 없는 박해 시대였기 때문에 "내가 달려갈 길과 주 예수께 받은 사명 곧 하나님의 은혜의 복음을 증언하는 일을 마치려 함에는 나의 생명조차 조금도 귀한 것으로 여기지 아니하노라(행 20:24)." 고백할 수밖에 없었을 것입니다.

그러나 사명자로 부르심 받지 못한 목회자는 육신의 생각으로 목회할 수밖에 없음을 우리가 알아야 할 것입니다. 이는 하나님의 방법이 아닌 육신의 생각에 따라 스스로 목회자가 되었기 때문입니다. 이러함에도 많은 분들이 '사명'을 받지 않고도 "사명 받았다." 말합니다. 사명 받지 않았는데도 "사명 받았다."라고 말하는 것은 넌센스 아닙니까? 이러한 분들이 계시기에 한국교회가 문제가 아닐 수 없습니다. 물론 자원해서 목회를 얼마든지 할 수도 있습니다. 그러나 여기에는 더 많은 어려움과 고난과 시련과 시험이 분명히 따르기 때문에 너무 힘들어 중도에 포기하시는 분들이 많이 계십니다.

"코로나 기간에 한국교회 6만 5천 교회 중 1만 교회가 문을 닫았다."[25]는 소식이 CTS TV에 소개된 것을 보고 깜짝 놀랐습니다. 왜 이러한 현상이 일어나는 것입니까? 이는 육신의 생각으로 목회를 선택하였기 때문이기도 하겠지만, 무엇보다 중요한 것은 고난이라는 희생의 대가를 치르지 않고는 목회자가 될 수 없기 때문입니다. 목회는 하나님으로부터 '사명'을 받아야만 감당할 수 있는 것입니다.

"형제들아 너희를 부르심을 보라 육체를 따라 지혜로운 자가 많지 아니하며 능한 자가 많지 아니하며 문벌 좋은 자가 많지 아니하도다, 그러나 하나님께서 세상의 미련한 것들을 택하사 지혜 있는

---

25) 인터넷 다음 사이트에서 「코로나 기간에 1만 교회가 문을 닫았다」를 검색하시면 동영상을 볼 수 있습니다.

자들을 부끄럽게 하려 하시고 세상의 약한 것들을 택하사 강한 것들을 부끄럽게 하려 하시며, 하나님께서 세상의 천한 것들과 멸시받는 것들과 없는 것들을 택하사 있는 것들을 폐하려 하시나니, 이는 아무 육체도 하나님 앞에서 자랑하지 못하게 하려 하심이라(고전 1:26~29)."

이러한 말씀에 따르면 하나님은 하나같이 신통치 않고, 별 볼 일 없는 무능력한 자들을 택하여 하나님의 사명자로 세우셨음을 우리가 확인할 수 있습니다. 그런데 왜 하나님께서 이러한 자들을 선택하셨을까요? 이들은 하나님만 의지하기 때문입니다. 그리고 구원이 하나님의 능력에 있음을 우리로 알게 하기 위해서입니다(고전 1:18).

따라서 사도 바울은 "**하나님의 나라는 말에 있지 아니하고 오직 능력에 있음이라**(고전 4:20)." 말씀하셨던 것입니다. 그리고 고린도전서 3장 20절에 "또 주께서 지혜 있는 자들의 생각을 헛것으로 아신다." 말씀하셨던 것도 이 때문이라 할 수 있습니다. 이러한 말씀들을 여러분들은 어떻게 생각하십니까? 육신의 생각과 전혀 다르지요? 똑똑하고, 능력 있고, 보다 지도력이 있는 능력의 사람들을 선택하는 것이 일반적인 사람들의 생각일 것입니다. 그래서 사도 바울은 고린도전서 1장에서 "지혜 있는 자가 어디 있느냐 선비가 어디 있느냐 이 세대에 변론가가 어디 있느냐 하나님께서 이 세상의 지혜를 미련하게 하신 것이 아니냐, 하나님의 지혜에 있어서는 이 세상이 자기 지혜로 하나님을 알지 못하므로 하나님께서 전도의 미련한 것으로 믿는 자들을 구원하시기를 기뻐하셨도다(고전 1:20~21)." 말씀하셨던 것입니다.

그런데 이러한 영적인 말씀을 육신의 생각(이성적)으로 받아들이기가 무척 어려울 것입니다. 왜냐하면 육신의 생각으론 이해할 수 없는 대조 관계이기 때문에 이를 모를 수밖에 없는 것입니다. 그러나 **미련한 자들이** 목회하게 되면 자기 자신이 미련함을 알기 때문에 오직 하나님만을 의지하여 도움을 요청할 뿐입니다. 이사야 선지자가 받은 계시의 말씀을 보면 우리가 하나님의 도움을 받아야만 하는 연유를 알게 될 것입니다.

"이는 내 생각이 너희의 생각과 다르며 내 길은 너희의 길과 다름이니라 여호와의 말씀이니라, 이는 하늘이 땅보다 높음 같이 내 길은 너희의 길보다 높으며 내 생각은 너희의 생각보다 높음이니라(사 55:8~9)." 우리가 하나님을 의지하는 것은 하나님의 생각이 사람의 생각과 다르고 더 높기 때문에 그렇습니다. 그래서 잠언 기자는 잠언 3장에서 "너는 마음을 다하여 여호와를 신뢰하고 네 명철을 의지하지 말라, 너는 범사에 그를 인정하라 그리하면 네 길을 지도하시리라, 스스로 지혜롭게 여기지 말지어다 여호와를 경외하며 악을 떠날지어다, 이것이 네 몸에 양약이 되어 네 골수를 윤택하게 하리라." 말씀하셨던 것입니다.

우리는 하나님의 신비한 말씀을 직접 체험하지 않고는 그 진리의 오묘함을 알 수 없습니다. 그래서 만약 **육신의 생각으로 목회를 선택하였다면** 영적인 일에 대해 무지할 수밖에 없어 '**목회를 내가 하는 것**'이라 착각할 수밖에 없는 것입니다. 그래서 이단이나 사이비들이 나오는 것 아니겠습니까? 그러나 하나님의 뜻에 따라 사명 받아 목회하게 되었다면 진리의 오묘함과 그 기쁨은 이루 말할 수 없어 "주님이 하셨습니다."라고 고백하게 되는 것입니다.

이는 시작부터 다르기에 다른 대답이 나올 수밖에 없는 것입니다. 그러나 사명 받지 못한 상태에서 목회하게 되었다면 영적인 기대에서 상실감을 느낀 나머지 목회를 중간에 그만두게 되거나 육신의 방법으로 목회를 계속할 수밖에 없기에 그 마지막 결과가 사망이 되는 것입니다(롬 8:6).

그러나 비록 내가 하나님으로부터 '사명'을 받지 못하여 자원으로 목회하게 되었다 하더라도 이제부터 성령 받기 위해서는 하나님 앞에서 내가 어떻게 해야 하고, 이를 위해 무엇에 힘써야 하는지를 생각해야 하지 않겠습니까? 목회는 아무나 하는 것이 아니기에 영적인 사람만이 해야 한다는 말입니다. 왜냐하면 영과 진리로 예배를 드려야 함은 물론이거니와(요 4:23) 영적인 일은 영적으로 분별할 수 있어야 하기에 그렇습니다(고전 2:13).

　더구나 목회자가 하나님을 모르고 어떻게 하늘의 비밀스러운 말씀들을 전할 수 있겠으며, 성령을 체험하지 못하고 '육신의 생각'으로 어떻게 하나님의 일을 감당할 수 있겠습니까? 그래서 사도 바울께서 "사람이 마땅히 우리를 그리스도의 일꾼이요 하나님의 비밀을 맡은 자로 여길지어다." 말씀하셨던 것입니다(고전 4:1).

　여기서 잠시 생각할 것이 있습니다. "이렇게 말하는 당신은 사명 받았습니까?"라고 질문하실 수 있습니다. 저는 어릴 때부터 목회자까지는 아닐지라도 하나님의 일을 해야겠다는 생각을 어렴풋이 갖고 있었습니다. 내가 나를 생각할 때 미련하고 말도 잘 못하기 때문에, 나는 아니라고 생각했습니다. 그래서 저는 아닐지라도 주위에 있는 똑똑한 사람들을 목회의 길로 인도하기도 하였습니다. 그러다가 박영배 목사님과 조각가이자 교수인 김효숙 누님과 저의 누님인 최지자 누님을 통해 신학할 것을 제안 받고 신학을 했습니다.

　이때만 해도 목회는 안 하고 단지 평신도로 봉사할 것만을 생각하였습니다. 그러던 어느 날 공동 번역 로마서를 읽는 중에 "일어나라. 일어나라. 일어나라."는 하나님의 음성을 들었습니다. 그래서 친구인 조세영 장로에게(나사렛교회) "신학을 다시 해야겠다."고 이야기하자 자기 할머께 가서 하나님의 일을 해야 하는지를 기도 받아야 한다면서 저를 안내하여 목사님 사모였던 그분께 기도와 말씀을 받기도 하였습니다.

이때만 해도 목회자가 될 것이라고는 생각도 못하였습니다. 그러던 중 인천 연안선교회 본부로부터 경남에 있는 삼천포 연안선교회 선교사로 발령받아 3년간 활동하였으나 몸이 극도로 쇠약해져 선교 사역을 할 수 없는 지경에 이르렀습니다. 그때 처음으로 하나님께서 나를 목회의 길로 인도하신다는 감동을 주셔서 누님 집에서 1년간 요양한 뒤 감리교신학대학원을 다녔습니다. 이를 마치고 목회할 처소를 수소문하던 중 박기섭 목사님[26]이 전라남도 광양의 태인수표교회를 소개해 주셔서 은퇴하기까지 한 곳에서 목회하였습니다. 이 모든 과정을 인도하여 주신 하나님께 감사와 영광을 드립니다.

이렇게 목회하면서 깨달은 것은 우리가 성령을 받고 하나님의 사역을 할지라도 하나님께서 길을 열어 주실 때까지 우리는 기다려야 하고 희생의 대가(代價)를 치러야만 한다는 사실이었습니다. 기다림과 희생의 대가에는 하나님께서 나를 향하신 깊은 뜻이 있기 때문이었습니다. "이는 하나님의 사람으로 온전하게 하며 모든 선한 일을 행할 능력을 갖추게 하려 함이라(딤후 3:17)." 그러므로 하나님께서 응답해 주실 때까지 우리는 계속 기다려야 합니다.

---

26) 당시 삼천포교회를 시무하셨고, 지금은 고인이 되셨다.

"여호와의 눈은 온 땅을 두루 감찰하사 전심으로 자기에게 향하는 자들을 위하여 능력을 베푸시나니(대하 16:9)"라는 말씀이 있는 것도 이 때문입니다. 그러나 우리가 기다리지 않고 육신의 생각으로 자신의 이기적인 욕망과 욕심에 따라 목회하려 한다면 그것이 불법이고 죄가 되는 것입니다(요일 2:16).

그래서 유다서에서 "사랑하는 자들아 너희는 너희의 지극히 거룩한 믿음 위에 자신을 세우며 성령으로 기도하며, 하나님의 사랑 안에서 자신을 지키며 영생에 이르도록 우리 주 예수 그리스도의 긍휼을 기다리라(유 1:20~21)."고 권면하셨던 것입니다.

그러나 오늘의 한국교회가 육신의 생각으로 목회를 지원하다 보니 목회자 '세습 반대 운동'과 '세습 옹호'라는 기현상이 나타나는 것 아니겠습니까? 목회자의 자녀가 목회하게 되었다는 것은, 하나님께 감사드리고 축하할 일입니다. 그러나 이렇게 싸움박질하는 것이 하나님의 뜻이고 이것이 하나님께서 원하시는 일이라 생각하십니까? 육신의 생각으로 목회하려 하였기에 싸움박질하는 것입니다.

그리고 이러한 싸움박질은 하나님과 상관없는 것입니다. 세상 방법으로 목회자의 길을 선택했기 때문에 교회 안에 분란을 일으키는 것입니다. 하나님께서는 영적인 사람을 요구하십니다(요 4:23~24). 이와 같이 육신의 생각으로 목회하려 한다면 주님으로부터 "그러므로 회개에 합당한 열매를 맺고 속으로 아브라함이 우리 조상이라 말하지 말라 내가 너희에게 이르노니 하나님이 능히 이 돌들로도 아브라함의 자손이 되게 하시리라(눅 3:8)."는 말씀을 듣게 될 것입니다.

4. 육신의 생각으로 인본주의 교육만을 받게 되었습니다

아담 이후 모든 사람은 태어날 때부터 인본주의적 사고로 교육받고 살아왔기에 인본주의적인 육신의 생각으로 사는 것이 매우 자연스러울 수밖에 없습니다. 이같이 모든 사람은 인본주의적 사고로 하나님을 믿고 "예수 그리스도를 나의 구세주"라 고백하지만 인본주의 자체가 자기중심이기 때문에 자신의 믿음이 곧 믿음의 기준이 되고 맙니다. 따라서 인본주의적인 **육신의 생각에서 나온 믿음은** 자기중심적인 믿음이라 이기적으로 믿을 수밖에 없어 이를 가리켜 인본주의적(人本主義的)인 믿음이라 말하는 것입니다. 이는 육신의 생각인 지성과 이성으로 판단하여 믿기 때문에 모든 생각이 자기중심(인간중심)이 될 수밖에 없습니다.

그래서 영적인 생각을 육신의 생각으로 판단하며 믿는 분들에게는 영으로 믿는 것 자체가 큰 도전일 수밖에 없을 것입니다. 왜냐하면 저를 비롯해 이 지구상에 사는 모든 사람이 육신의 생각으로 살고 있기에 그렇습니다. 이처럼 육신의 생각으로 하나님의 말씀을 듣고 교육받아 왔기 때문에 모든 설교하시는 분들이 설득력 있게 설교를 잘하려고 생각하는 것은 너무나 자연스럽고 당연한 태도일 것입니다. 그러나 아무리 설득력 있게 설교를 잘 전한다 할지라도 인본주의적 자기중심적인 육신의 설교일 뿐입니다. 그리고 성도들 역시 육신의 생각으로 설교를 들어왔고 판단하여 받아들였기에 자기중심적인 삶을 살 수밖에 없어 이를 사사기적인 믿음 또는 사사기 시대[27]라 말하는 것입니다(삿 21:25).

이렇게 육신의 생각으로 목회를 하시는 분들이나 말씀을 듣는 분들의 특징을 본다면 성경 상의 모든 말씀을 지식적으로, 논리적으로 또는 이성적인 판단으로 설득력 있게 설교를 체계적으로 그것도 문학적인 어투로 잘 전하거나 들었을 것입니다. 그러나 그 설교가 육신의 생각인 자기 소견을 잘 나타냈다면 그 설교는 자기 소견일 뿐이며 그 설교가 비록 명설교라 말할지라도 표면적인 설교일 수밖에 없습니다. 왜냐하면 그 설교는 육신의 생각에서 나온 설교이기 때문에 육신의 생각에 머물 수밖에 없다는 말입니다. 따라서 육신의 생각으로 설교를 듣는 사람들 역시 육신의 생각으로 말씀을 들었기에 거듭날 수 없다는 이치라 하겠습니다(요 3:5). 하나님의 영(靈)을 받

---

27) 이스라엘에 왕이 없으므로 각기 자기의 소견에 옳은 대로(삿 21:25) 행하였기 때문에 타락하고 범죄한 암울했던 시대를 사사기라 말합니다.

은 일이 없기에 그 설교는 육신의 생각에 불과할 뿐입니다. 성경 말씀에 따르면 그렇습니다.

그래서 사도 바울은 "육신을 따르는 자는 육신의 일을, 영을 따르는 자는 영의 일을 생각하나니, 육신의 생각은 사망이요 영의 생각은 생명과 평안이니라, 육신의 생각은 하나님과 원수가 되나니 이는 하나님의 법에 굴복하지 아니할 뿐 아니라 할 수도 없음이라, 육신에 있는 자들은 하나님을 기쁘시게 할 수 없느니라, 만일 너희 속에 하나님의 영이 거하시면 너희가 육신에 있지 아니하고 영에 있나니 누구든지 그리스도의 영이 없으면 그리스도의 사람이 아니라(롬 8:5~9)." 말씀하셨던 것입니다.

말씀에 비추어 볼 때 세계교회와 한국교회의 영적인 일들은 인본주의적인 교육의 결과라 말할 수밖에 없을 것입니다. 왜냐하면 '하나님의 영이 없는 육신의 생각'이라 지성과 이성적인 판단으로 이루어져 있기에 하나님을 자기의 소견대로 믿게 되었고, 영적인 신앙생활보다는 인간의 지성과 이성으로 믿게 됨에 따라 우리의 믿음이 자기중심적인 믿음이라 말할 수밖에 없을 것입니다(삿 21:25).

이러한 관점에서 저 자신을 고백하면, 그동안 육신의 생각으로 성공을 위한 목회를 나름대로 생각하며 꿈을 키워왔습니다. 그러나 이러한 꿈은 헛된 망상에 불과했습니다. 무엇이 성공인지도 모르면서 바쁘게 헤매기만 했습니다. 성공을 위해서 오랫동안 성경 말씀과 기도보다는 세상의 유명 설교가들과 유명 부흥사들의 설교집을 읽기도 하고 또한 자료를 수집 편집하여 이론적인 설교를 엄청 많이 했습니다. 오로지 저의 관심의 초점은 "어떻게 하면 설교 잘할까." 곧 성공의 길이었기에 세미나, 설교, 강의, 영성 훈련 등에도 헤아릴 수 없이 많이 참여하였습니다.

이는 지식적으로 많이 축적하는 것이 성공하는 길인 줄 알았기 때문입니다. 그리고 영적으로 가르쳐 주는 이가 없어 많은 시간과 노력 그리고 열정을 허비했습니다. 이처럼 많은 시간과 열정들을 허비했던 것은 하나님을 의지한 것이 아니라 나 자신 그리고 성공한 사람들을 의지했기 때문입니다. 그것은 저의 잘못된 이기적인 욕망이자 욕심임을 하나님께서 깨우쳐 주셨기에 그나마 회개하며 계속 고쳐 나가는 중입니다.

오늘날 많은 목회자께서 본인과 똑같이 육신의 생각으로 목회하시는 것을 볼 때 실로 안타까움을 금할 수 없습니다. 인본주의적 사고로 목회하고 있는 한 목회자 자신의 영뿐 아니라 성도들의 영까지 시들어 갈 수밖에 없기 때문입니다. 바로 이러한 점이 성령을 소멸시키는 결과이자 성령을 받아들이지 못하는 요인이 되기 때문입니다.

이 시점에서 예수님의 열두 명의 제자를 살펴보는 것도 좋을 것 같습니다. 왜냐하면 성령 받기 전의 열두 제자들과 오늘을 살고 있는 우리에게 다를 것이 없기 때문입니다. 예수님의 부르심을 받은 열두 제자들은 예수님의 공생애 동안 믿고 따랐으면서 주님이 십자가에 달려 죽으시자 부활하신 주님을 만나기 전까지 왜 각기 자기 집으로 돌아갔다고 생각하십니까?(막 16:11, 13, 14) 이는 육신의 생각으로 예수님을 믿고 따랐기 때문에 이를 믿지 못하여 집으로 간 것입니다.

"열두 제자 중의 하나로서 디두모라 불리는 도마는 예수께서 오셨을 때에 함께 있지 아니한지라, 다른 제자들이 그에게 이르되 우리가 주를 보았노라 하니 도마가 이르되 내가 그의 손의 못 자국을 보며 내 손가락을 그 못 자국에 넣으며 내 손을 그 옆구리에 넣어 보지 않고는 믿지 아니하겠노라(요 20:24~25)."라고 말하지 않았습니까?

도마는 우리와 똑같이 인본주의적인 육신의 생각으로 교육을 받은 사람으로서 예수님께서 직접 뽑은 제자였을 뿐만 아니라 주님의 공생애 동안 여러 기사와 이적과 표적을 자기 자신의 눈으로 직접 목격하였던 사람이었습니다. 그러나 그는 주님을 믿지 못했습니다. 그래서 예수님께서 8일 만에 제자들을 다시 만난 자리에서 "도마에게 이르시되 네 손가락을 이리 내밀어 내 손을 보고 네 손을 내밀어 내 옆구리에 넣어 보라 그리하여 믿음 없는 자가 되지 말고 믿는 자가 되라. 도마가 대답하여 이르되 나의 주님이시요 나의 하나님이시니이다. 예수께서 이르시되 너는 나를 본 고로 믿느냐 보지 못하고 믿는 자들은 복되도다(요 20:27~29)." 말씀하셨던 것입니다.

 예수님께서 직접 뽑으신 제자도 이러할진대 하물며 우리의 믿음이 더 낫다고 생각하십니까? 꿈 깨시고 솔직해지세요. 눈으로 보지 못하고 육신의 생각으로 예수 그리스도를 믿는 것은 **믿는 데 분명한 한계가 있기에** 온전하게 믿을 수 없습니다. 그래서 그 믿음은 표면적인 믿음일 수밖에 없기에 예수님께서 "육으로 난 것은 육이요 영으로 난 것은 영이니, 내가 네게 거듭나야 하겠다 하는 말을 놀랍게 여기지 말라(요 3:6~7)." 말씀하셨던 것입니다.

 육신의 생각으로 하나님의 말씀을 이해할 수도 알 수도 믿을 수도 없음을 아시는 주님께서 부활 후 제자들에게 왜 성령을 받으라고 말씀하셨을까요? 이는 제자들이 육신의 생각으로만 예수 그리스도를 믿고 있는 한 주님의 부활하심을 믿을 수 없기 때문입니다. 예수님을 직접 목격하였던 예수님의 제자들도 믿지 못하였는데 예수님을 보지도 못한 우리가 '어찌 믿을 수 있겠느냐'는 것입니다. 우리가 나면서부터 육신의 방법으로 교육받았고 교육받은 대로 살아온 것이 이제는 완전히 몸에 배어 이를 어떻게 믿을 수 있겠느냐는 것입니다. 지성과 이성으로 믿을 뿐입니다. 그런데 우리가 위의 사실들을 지식으로 알고 육신의 생각을 하지 않으려고 애를 써 보지만 오히려 육신의 생각을 더 하게 된다는 사실을 알고 있습니까? 육신의 생각이 나를 지배하고 있기에 육신의 생각만 더 골똘하게 생각하는 현상을 우리 자신이 곧 목격하게 될 것입니다.

그러므로 우리가 인본주의적인 육신의 생각으로 사는 한 육신의 생각이 나를 지배할 수밖에 없어 지식적이며 이성적으로만 믿게 된다는 결론에 이를 뿐입니다. 이는 인본주의 교육만을 받고 살았기 때문에 그렇습니다.

5. 육신의 생각으로 믿음만을 강조하게 되었습니다

육신의 생각이 나를 지배하게 되므로 "믿기만 하면 구원받는다."는 데 이르게 되었습니다. 그런데 바로 여기에서 오해가 생기는 것입니다. 물론 믿어야 구원받습니다. 그래서 믿음은 아주 중요합니다. 그러나 믿음만 강조하다 보면 "한 번 구원은 영원한 구원이다"라는 식으로 말하기 때문에 이단 종파나 사이비 종교가 나오는 것 아닙니까? 그런데 말입니다. 이단 종파나 사이비 종교가 어디에서 나오는 줄 아십니까? 우리와 똑같이 예수 그리스도를 믿었던 사람들입니다(요일 2:19).

그래서 사도 요한은 "그들이 우리에게서 나갔으나 우리에게 속하지 아니하였나니 만일 우리에게 속하였더라면 우리와 함께 거하였으려니와 그들이 나간 것은 다 우리에게 속하지 아니함을 나타내려 함이니라(요일 2:19)." 말씀하셨던 것입니다. 사도 바울이 "그들이 하나님을 시인하나 행위로는 부인하니 가증한 자요 복종하지 아니하는 자요 모든 선한 일을 버리는 자니라(딛 1:16)." 말씀하셨던 것도 이 때문이었습니다.

말로는 "믿는다."고 하지만 실제 상황에 들어가면 어떻게 행하고 있습니까? 막연히 믿고 있기에 많은 사람이 말씀에 대한 갈증과 구원에 대한 확신도 없고, 삶에 변화도 없는 무의미한 신앙생활을 하게 되니까 이단에 빠지는 것 아니겠습니까? 그래서 신천지 같은 이단이 224페이지 그림과 같은 자료로 성도들을 유인하는 것입니다.

신천지의 말대로 이런 현상이 생기는 것은 맞습니다. 그러나 이러한 현상이 왜 생기는지 우리가 알아야 하지 않겠습니까? 이런 현상 역시 육신의 생각으로 신앙생활 하였기 때문에 나타나는 현상입니다. 말하자면 육신의 생각으로 이루어진 이론으로 배우고 가르쳐 지식적으로 믿게 되었기에 불만족스러울 수밖에 없습니다. 여기에 신천지도 예외일 수 없습니다. 단지 그들은 집단으로 세뇌(洗腦)되었을 뿐입니다.

그런데 여기서 중요한 질문을 하지 않을 수 없습니다. "육신의 생각으로 살아계신 하나님을 이론으로 가르쳐 믿을 수 있다고 생각하십니까?" 육신의 생각으로 설명하여 보았지만 믿어집니까? 그리고 육신의 생각으로 믿게 될 때 그들의 말대로 신앙생활이 만족스럽습니까? 불만족스럽고 의문일 뿐입니다. 그래서 이단 신천지나 사이

---

28) "신천지 이만희 총회장님을 소개해 드리려 합니다", 〈천지일보〉, 2020. 2. 18.

비 종교에 빠지는 것입니다. 육신의 생각으로 믿었기 때문이기도 하겠지만 예수 그리스도를 믿는 것 자체가 신비인데 그 신비를 무시하고 믿었기에 불만족스러울 수밖에 없습니다.

그래서 주님께서 "성령 받으라." 말씀하셨던 것입니다(요 20:22). 성령 받으면 성령의 인도하심으로 인하여 성령의 열매로 나타나는 현상이 실제로 우리에게 나타나게 됩니다. 그래서 예수님께서 "지금까지는 너희가 내 이름으로 아무 것도 구하지 아니하였으나 구하라 그리하면 받으리니 **너희 기쁨이 충만하리라**(요 16:24)." 또 "오직 성령의 열매는 사랑과 희락과 화평과 오래 참음과 자비와 양선과 충성과, 온유와 절제니 이같은 것을 금지할 법이 없느니라(갈 5:22~23)." 말씀하셨던 것입니다.

그리고 성령의 열매는 신앙생활의 결정체이기 때문에, 불만족스러울 수 없는 것입니다. 만일 신앙생활에 있어서 불만족스럽다면 이는 육신의 생각으로 믿기 때문이고, 성령을 받지 못하였거나 자기의 주관적인 믿음으로만 믿고 있기에 불만족스러울 수밖에 없는 것입니다. 따라서 우리의 믿음 생활에 있어서 "믿을 수 없는 것을 믿을 수 없다." 말할 줄 아는 것과 성령 받지 못하였으면 "성령 받지 못하였다." 말할 줄 아는 것이 곧 솔직한 믿음의 태도일 것입니다.

따라서 예수 그리스도를 믿는 것 자체가 신비이기에 우리가 왜 신비의 말씀을 믿게 되었는지 따져보아야 한다는 것입니다. 우리가 믿지 못하는 것을 왜 믿게 되었는지를 알게 되는 것이 **바로 믿음의 시작점**이기 때문에 그렇습니다. 그리고 **믿는 것이 왜 신비인 줄 아십니까?** 믿을 수 없는 것을 믿게 되었기 때문입니다. 믿을 수 없는 불가능한 일들이 내 삶 속에서 일어났거든요. 그래서 믿게 되는 것입니다. 신비 그 자체를 말입니다. 신비는 신화와 다릅니다. 신화는 사람이 만든 것이지만, '신비'는 일어날 수 없는 불가능한 일들을 내 삶에서 전지전능하신 하나님께서 행하셨기 때문에 이를 믿는 것입니다. 이렇게 우리가 살아계신 하나님의 능력을 체험하여 알게 되었기에 그래서 체험적인 믿음은 아주 중요한 믿음의 요소라 말할 수 있겠습니다.

그런데 "신비를 찾으면 안 된다."고 말들 합니다. 아주 위험한 발상입니다. 신비를 무시하고 믿었기에 많은 사람이 마음속으로는 하나님을 믿지 않으면서도 믿는다고 말하기 때문에 문제가 되는 것입니다. 그래서 이단이나 사이비 종교가 생기는 것입니다.

이것이 거짓이요, '**예수 없는 예수 교회**'가 되는 것입니다. 마음속으로는 믿지 않으면서 "하나님을 믿는다." 말하는 것이 하나님의 말씀을 허구(虛構)로 만드는 요인이 되는 것입니다. 아닙니까? 그래서 나의 믿음에 불만족스러울 수밖에 없는 것입니다.

현대의 젊은 청년들에게 성경의 신비한 말씀들을 어떻게 설명할 것이고 어떻게 이해시키실 것입니까? 사람의 생각과 방법 그리고 그 어떤 이론과 설명으로는 이해할 수 없는 것이 기독교입니다. 더군다나 "기독 청년들 40% '성경대로 살면 사회에서 성공 못 해'"[29]라는 기사가 왜 나왔겠습니까? 이는 믿지 못하기 때문입니다. 그리고 많은 성도께서 믿는 척하지만, 속으로는 '그런가? 저런가?' 의심을 가슴에 묻어 둔 채 억지로 믿기 때문에 디도서 1장에서 "그들이 하나님을 시인하나 행위로는 부인하니 가증한 자요 복종하지 아니하는 자요 모든 선한 일을 버리는 자니라(딛 1:16)." 말씀하신 것입니다. 왜 이렇게 말씀하셨는지 아십니까? 이는 믿음이 아니기 때문입니다. 억지로 믿는 것은 자기가 자기를 속이는 것입니다. 그것은 기독교라는 타이틀(title)을 내세운 하나의 종교일 뿐입니다.

이러한 분들은 어떤 문제가 발생하거나 상황이 나타나게 되면 교회를 떠납니다. 아니, "주님을 떠난다." 이 말입니다. 체험이 없기 때문입니다. 성경은 계속 진실을 말씀하고 있는데 왜 거짓으로 증언하고 믿으라고 말합니까? 솔직하게 말해 보세요. 성경의 신비를 믿지 못한다는 것은 곧 예수 그리스도를 믿지 못한다는 것과 똑같은 말입니다. 신비를 무시하고 믿었기에 믿음은 육신의 생각에만 머물 수밖에 없는 것입니다.

---

29) 천수연, "기독 청년들 40% '성경대로 살면 사회에서 성공 못해'", 〈CBS노컷뉴스〉, 2021. 1. 27.

그래서 히브리 기자는 "멜기세덱에 관하여는 우리가 할 말이 많으나 너희가 듣는 것이 둔하므로 설명하기 어려우니라, 때가 오래 되었으므로 너희가 마땅히 선생이 되었을 터인데 너희가 다시 하나님의 말씀의 초보에 대하여 누구에게서 가르침을 받아야 할 처지이니 단단한 음식은 못 먹고 젖이나 먹어야 할 자가 되었도다, 이는 젖을 먹는 자마다 어린 아이니 의의 말씀을 경험하지 못한 자요, 단단한 음식은 장성한 자의 것이니 그들은 지각을 사용함으로 연단을 받아 선악을 분별하는 자들이니라(히 5:11~14)."고 말씀하셨던 것입니다.

말씀에서와 같이 많은 목회자와 성도들께서 말씀을 들어도 이해하지 못하는 것은 영적인 유아기에 머물러 있기 때문이기도 하겠지만 무엇보다 근본적인 원인은 육신의 생각으로 말씀을 듣기 때문입니다. 이것은 오늘날도 마찬가지여서 오랜 신앙생활에도 불구하고 여전히 육신의 생각으로 말씀을 듣기 때문에 영적인 깊은 세계에 이르지 못한 채 신앙의 초보에만 머물러 있음을 아시는 사도 바울은 "하나님의 나라는 말에 있지 아니하고 오직 능력에 있음이라(고전 4:20)."고 말씀하셨던 것입니다.

따라서 육신의 생각인 지성과 이성으로 믿게 되는 경우 마음속 깊은 곳에서 하나님을 믿지 못하는 현상이 나타나 신앙생활이 불만족스러울 수밖에 없는 것이 오늘의 현실입니다. 이러한 차원에서 육신의 생각으로 믿는 분들에게, '**나는 믿음으로 구원받았다**'고 확신에 찬 분들께는 미안하지만, 그 믿음은 "표면적인 믿음이거나 초보적인 믿음에 불과하다."고 말할 수밖에 없습니다. '어찌 이런 날벼락 같은 말을 하는가?'라고 생각하겠지요? 놀랍고 당황스러울 것입니다. 증명해 보세요.

"나는 믿음으로 구원받았다."는 말은 말 그대로 "나는 믿음으로 구원받았다."입니다. 물론 "나는 믿음으로 구원받았다."라고 말할 수 있습니다. 그러나 여기서 문제 되는 것은 '나를 이미 구원받은 존재'로 종결 짓기 때문에, 문제가 되는 것입니다. 어떻게 그럴 수 있습니까? 그것은 지나쳐도 너무 앞서 나간 것입니다. "믿음으로 구원받는다."라는 말 자체는 맞는 말이지만 믿음은 현재진행형입니다. 그런데 "나는 믿음으로 구원받았다."라는 말 자체는 완료형이기 때문에 잘못입니다.

따라서 "나는 믿음으로 구원받는다."라는 말과 "나는 믿음으로 구원받았다."라는 말은 엄연한 차이가 있는 것입니다. 아무리 믿음이 좋다 하여도 분명히 잘못되었기 때문에 특히 구원파와 신천지 같은 이단과 사이비들이 생겨나는 것 아니겠습니까? 믿음은 현재진행형이란 사실을 우리가 알기 위하여 말씀으로 확인해 보겠습니다.

사도 바울이 에베소 교회에 보낸 편지에서 "너희도 성령 안에서 하나님이 거하실 처소가 되기 위하여 그리스도 예수 안에서 함께 지어져 가느니라(엡 2:22)."고 하신 말씀에 어떻게 나타나 있습니까? 종결입니까, 진행형입니까? 내가 성령 안에서 하나님이 거하실 처소가 되기 위하여 그리스도 예수 안에서 "함께 지어져 간다."는 말씀은 진행형의 말씀이 분명하지요? 종결이 아닙니다.

감옥에 갇힌 사도 바울이 에베소에 직접 갈 수 없는 상황에서 에베소 교인들에게 권하는 편지에서 "우리가 다 하나님의 아들을 믿는 것과 아는 일에 하나가 되어 온전한 사람을 이루어 그리스도의 장성한 분량이 충만한 데까지 이르리니(엡 4:13)"라고 하신 말씀도 진행형이었습니다.

그리고 야고보 사도도 "내 형제들아 만일 사람이 믿음이 있노라 하고 행함이 없으면 무슨 유익이 있으리요 그 믿음이 능히 자기를 구원하겠느냐, 만일 형제나 자매가 헐벗고 일용할 양식이 없는데, 너희 중에 누구든지 그에게 이르되 평안히 가라, 덥게 하라, 배부르게 하라 하며 그 몸에 쓸 것을 주지 아니하면 무슨 유익이 있으리요, 이와 같이 행함이 없는 믿음은 그 자체가 죽은 것이라, 어떤 사람은 말하기를 너는 믿음이 있고 나는 행함이 있으니 행함이 없는 네 믿음을 내게 보이라 나는 행함으로 내 믿음을 네게 보이리라 하리라, 네가 하나님은 한 분이신 줄을 믿느냐 잘하는도다 귀신들도 믿고 떠느니라, 아아 허탄한 사람아 행함이 없는 믿음이 헛것인 줄을 알고

자 하느냐, 우리 조상 아브라함이 그 아들 이삭을 제단에 바칠 때에 행함으로 의롭다 하심을 받은 것이 아니냐, 네가 보거니와 믿음이 그의 행함과 함께 일하고 행함으로 믿음이 온전하게 되었느니라, 이에 성경에 이른 바 아브라함이 하나님을 믿으니 이것을 의로 여기셨다는 말씀이 이루어졌고 그는 하나님의 벗이라 칭함을 받았나니, 이로 보건대 사람이 행함으로 의롭다 하심을 받고 믿음으로만은 아니니라, 또 이와 같이 기생 라합이 사자들을 접대하여 다른 길로 나가게 할 때에 행함으로 의롭다 하심을 받은 것이 아니냐, 영혼 없는 몸이 죽은 것 같이 행함이 없는 믿음은 죽은 것이니라(약 2:14~26)."고 말씀하셨던 것입니다.

이와 같은 말씀이 왜 이렇게 많이 기록된 것입니까? 믿음은 지속적으로 변화 발전되어야 한다는 것과 행함이 없는 믿음은 죽은 것이라는 사실을 우리에게 깨우쳐 주시기 위함입니다. 그리고 요한계시록에서 "이기는 자는 이와 같이 흰 옷을 입을 것이요 내가 그 이름을 생명책에서 결코 지우지 아니하고 그 이름을 내 아버지 앞과 그의 천사들 앞에서 시인하리라(계 3:5)."고 하신 말씀처럼 믿음으로 끝까지 이기는 자만이 흰옷을 입을 것이요 내 이름이 생명책에 기록되어 하나님 앞과 천사들 앞에서 시인받기 때문입니다.

그러나 끝까지 이기지 못할 때는 낙오되어 심판받게 되기 때문에 이길 때까지 믿음의 끈을 놓아서는 안 된다는 말씀입니다. 믿음의 선한 싸움을 위한 권면의 말씀인 디모데전서 6장의 "믿음의 선한 싸움을 싸우라 영생을 취하라 이를 위하여 네가 부르심을 받았고 많은 증인 앞에서 선한 증언을 하였도다, 만물을 살게 하신 하나님 앞과 본디오 빌라도를 향하여 선한 증언을 하신 그리스도 예수 앞에서 내가 너를 명하노니, 우리 주 예수 그리스도께서 나타나실 때까지 흠도 없고 책망 받을 것도 없이 이 명령을 지키라(딤전 6:12~14)." 말씀에서도 분명하고 명확하게 나타나 있기에 "우리 주 예수 그리스도께서 나타나실 때까지 흠도 없고 책망 받을 것도 없이 이 명령을 지키라(딤전 6:14)." 말씀하셨던 것입니다.

그러므로 내가 구원받기 위해서 나의 믿음이 계속 성장 발전해야 하기에 믿음은 언제나 진행형입니다. 그래서 '성화의 과정'이 오래 걸리는 것 아닙니까. 성경의 그 많은 신비스러운 일들을 세상 사고로 어떻게 이해할 수 있다고 생각하십니까? 이러한 일들은 세상 지식인 육신의 생각으로는 결코 이해할 수 없고 설명할 수도 없습니다. 그래서 믿지 못하는 것이지요. 목사인 저도 한때 속으로는 믿지 못하고 의혹 속에 '정말 그럴 수 있을까?'라고 생각한 적이 있었습니다. 그때는 자신이 스스로 속이며 살았던 때였습니다. 그렇지만 저는 목사인 고로 성도들에게 믿음이란 단어를 사용하여 육신의 방법으로 믿음에 대한 말씀과 찬양 그리고 기도하게 하여 머리에 입력시켜 착각 속에 신앙생활 하도록 밀어붙여 왔습니다. 심판받을 일인 줄도 모르고 마구 해댔습니다. 목사 자신이 믿지 못하면서 말입니다.

  목사가 이러했으니 애꿎은 성도들은 목사 따라 함께 지옥에 가는 것입니다. 진리를 몰랐기 때문입니다. 이렇게 제가 엉터리 목사였습니다. 속으로는 믿지 못하는데 겉으로 믿는다? 이는 자신을 속이는 것이자 하나님까지 속이는 것입니다. 성도들은 괜히 목사에게 미안하고 멋쩍어서 "믿는다."고 거짓말합니다. 그래서 자기기인(自欺欺人)이란 말이 있는 것입니다. 곧 자신을 속이고 남을 속인다는 의미로, 자신도 믿지 않는 말이나 행동으로 남까지 속이는 사람을 풍자한 말입니다.

  그러므로 **믿지 못하면 "믿지 못한다."** 믿으면 "믿는다." 확실하게 말할 수 있어야 합니다. 그리고 분명히 말할 수 있어야 합니다. 왜 믿지 못하고, 왜 믿게 되었는지를 분명히 말할 수 있어야 합니다. 이것이 진실이고 용기입니다. 이것이 믿음을 갖고자 하는 이의 양심입니다. 어정쩡한 태도가 죄가 된다는 사실을 우리가 알아야 합니다.

  나의 분명한 믿음의 태도가 아주 중요하기 때문에 이렇게 집요하게 묻는 것입니다. 불안하십니까? 불안해하지 마세요. 왜냐하면 바로 이 부분이 믿음이 시작하는 출발점이기 때문에 그렇습니다. 하나님은 감찰하시는 분이기 때문에 속일 수 없습니다. 따라서 "하나님의 말씀은 살아 있고 활력이 있어 좌우에 날선 어떤 검보다도 예리하여 혼과 영과 및 관절과 골수를 찔러 쪼개기까지 하며 또 마음의 생각과 뜻을 판단하나니, 지으신 것이 하나도 그 앞에 나타나지 않음이 없고 우리의 결산을 받으실 이의 눈 앞에 만물이 벌거벗은 것같이 드러나느니라(히 4:12~13)."는 말씀이 있는 것입니다.

마음의 생각과 뜻을 판단하시는 하나님 앞에 나타나지 않음이 없고 벌거벗은 것같이 드러나기 때문에 우리는 하나님 앞에 진실해야만 합니다. 그리고 "오직 하나님께 옳게 여기심을 입어 복음을 위탁 받았으니 우리가 이와 같이 말함은 사람을 기쁘게 하려 함이 아니요 오직 우리 마음을 감찰하시는 하나님을 기쁘시게 하려 함이라(살전 2:4)." 말씀처럼 우리가 복음을 말함은 감찰하시는 하나님을 기쁘시게 하기 위한 것이기에 복음을 말할 때 솔직하고 진실해야 한다는 것입니다.

그런데 어떤 목사님은 "신비를 좇지 말라."고 권면하시는데 이것은 문제가 됩니다. 신비를 좇지 말라는 것이 왜 문제가 되는지 아십니까?

구약의 창세기부터 신약의 요한계시록까지 신비(神秘) 그 자체 아닙니까? 성경 자체가 신비인데 "신비를 좇지 말라."고 말하기 때문입니다. 신비가 무엇입니까? 이성적으로나 상식적으로 일어날 수 없는 일들이 일어나고 나타나는 것입니다. 그런데 말입니다. 인간이 살고, 죽는 것 자체가 신비이고 인간이 존재하는 것 자체가 신비 아닙니까? 이러할진대 "신비를 따르지 말라."고 하면 나보고 어떻게 하라는 것입니까? 믿으라는 것입니까, 믿지 말라는 것입니까? 죄송하게도 이런 분들은 성경을 제대로 알지도 못할 뿐 아니라 그야말로 성경에 대해 무지한 분이십니다. 바로 이러한 분이 자기모순에 빠지는 것입니다.

때문에 사도 바울은 로마서 11장 25절에 "형제들아 너희가 스스로 지혜 있다 하면서 이 신비를 너희가 모르기를 내가 원하지 아니하노니 이 신비는 이방인의 충만한 수가 들어오기까지 이스라엘의 더러는 우둔하게 된 것이라(롬 11:25)."고 말씀하셨고, 로마서 16장에는 "나의 복음과 예수 그리스도를 전파함은 영세 전부터 감추어졌다가, 이제는 나타내신 바 되었으며 영원하신 하나님의 명을 따라 선지자들의 글로 말미암아 모든 민족이 믿어 순종하게 하시려고 알게 하신 바 그 신비의 계시를 따라 된 것이니 이 복음으로 너희를 능히 견고하게 하실, 지혜로우신 하나님께 예수 그리스도로 말미암아 영광이 세세무궁하도록 있을지어다 아멘(롬 16:25~27)."이라는 말씀이 있는 것입니다.

따라서 신비를 믿어야 한다는 현실(現實)을 우리가 직시(直視)해야 합니다. 이는 믿는 것 자체가 신비이기 때문에 그렇습니다. 그렇다고 신비주의자라고 몰지 마시기 바랍니다. 단지 우리가 구원받기 위해서일 뿐 그 이상도 그 이하도 아닙니다. 그런데 이런 신비의 말씀을 인간의 보편적인 사고와 이성으로 믿을 수 있다고 생각하십니까? 더구나 우리는 최첨단의 인공지능과 가상현실(假想現實) 속에 살고 있기에 더 믿지 못하는 것입니다. 그래서 믿음에 있어서 솔직하고 진실해야 한다는 것입니다.

다시 묻습니다. 성경이 믿어집니까? 내가 여러분을 너무 몰아붙이거나 강요하는 것이라 생각하십니까? 바로 이 부분이 우리 모두에게 아주 중요한 문제이기에 이렇게 집요하게 질문하는 것입니다. 내 양심에 비치는 그 자체 그대로 솔직하게 말하기만 하면 됩니다. 그것은 당신 자신과 하나님만이 아시는 일입니다. 아무튼 그 답이 어떠한 것이건 간에 그 답의 결과가 중요하겠지만 보다 중요한 것은 당신의 솔직하고 거짓이 없는 생각 그 자체입니다.

나의 믿음 없는 원초적인 시점부터 믿음이 시작되어야 하기에 집요하게 질문하였던 것입니다. 믿거나 믿지 못하는 당신의 가장 밑바닥의 믿음을 말하는 것입니다. 왜냐하면 하나님께서는 우리 믿음의 가장 밑바닥인 무(無)의 상태에서부터 천국 백성으로 만들어 가시기를 원하시기 때문입니다. 이것이 성경에 깔린 내용입니다. 때문에 거짓 없는 나의 진정한 모습을 말해 주어야 한다는 것입니다.

"그러므로 누구든지 나의 이 말을 듣고 행하는 자는 그 집을 반석 위에 지은 지혜로운 사람 같으리니, 비가 내리고 창수가 나고 바람이 불어 그 집에 부딪치되 무너지지 아니하나니 이는 주추를 반석 위에 놓은 까닭이요, 나의 이 말을 듣고 행하지 아니하는 자는 그 집을 모래 위에 지은 어리석은 사람 같으리니, 비가 내리고 창수가 나고 바람이 불어 그 집에 부딪치매 무너져 그 무너짐이 심하니라(마 7:24~27)."라는 말씀이 있는 것입니다.

이러한 점에서 원초적인 믿음은 아주 중요한 것이지만 "믿기만 하면 구원받는다." 말하는 것에 초점을 맞추다 보면 말씀에 오해가 생기거나 의문이 생겨 이단과 사이비에 빠질 염려가 많다는 것입니다. 그리고 믿음만 강조하다 보면 이상한 신학들과 이단들이 파생되어 나오는 것도 이 때문이 아니겠습니까? 이런 현상들이 왜 나오는 것입니까? 이러한 현상들이 나타나는 것은 육신의 생각으로 믿고 있기에 그렇습니다.

그래서 "예수께서 대답하시되 진실로 진실로 네게 이르노니 사람이 물과 성령으로 나지 아니하면 하나님의 나라에 들어갈 수 없느니라, 육으로 난 것은 육이요 영으로 난 것은 영이니, 내가 네게 거듭나야 하겠다 하는 말을 놀랍게 여기지 말라(요 3:5~7)." 말씀하셨던 것입니다. 그리고 "하나님의 나라는 말에 있지 아니하고 오직 능력에(고전 4:20)." 있기에 우리가 확신 있는 믿음을 갖게 되는 것입니다.

 "형제들아 내가 너희에게 나아가 하나님의 증거를 전할 때에 말과 지혜의 아름다운 것으로 아니하였나니, 내가 너희 중에서 예수 그리스도와 그가 십자가에 못 박히신 것 외에는 아무 것도 알지 아니하기로 작정하였음이라. 내가 너희 가운데 거할 때에 약하고 두려워하고 심히 떨었노라. 내 말과 내 전도함이 설득력 있는 지혜의 말로 하지 아니하고 다만 성령의 나타나심과 능력으로 하여, 너희 믿음이 사람의 지혜에 있지 아니하고 다만 하나님의 능력에 있게 하려 하였노라(고전 2:1~5)." 이처럼 우리는 육신(肉身)의 생각으로 믿는 것이 아니라 영(靈)의 생각으로 믿어야 하기에 성령(방언)을 필히 받아야 하고(요 3:5~6; 롬 8:6) 또한 성령의 인도함을 받아야 한다는 것입니다(요 16:13; 롬 8:14).

2부
영의 생각(성령)

"예수께서 대답하시되
진실로 진실로 네게 이르노니
사람이 물과 성령으로 나지 아니하면
하나님의 나라에 들어갈 수 없느니라."
(요 3:5)

1. 초대교회와 초기 한국교회의 부흥

초대교회와 한국교회의 참다운 부흥의 힘은 어디서 왔을까요? 이는 초대교회와 한국교회의 폭발적인 부흥이 육신의 생각으로 된 것이 아니기 때문에 이를 밝히고자 하는 질문이라 하겠습니다.

사도행전 1장 8절 "오직 성령이 너희에게 임하시면 너희가 권능을 받고 예루살렘과 온 유대와 사마리아와 땅 끝까지 이르러 내 증인이 되리라."는 말씀과 같이 초대교회와 초기 한국교회는 하나님의 능력 없이 전도할 수 없는 절체절명(絶體絶命)의 시기였습니다. 왜냐하면 두 시대의 시대적 차이는 있을지 모르지만, 시대적 정황은 다 똑같아 살아 계신 하나님의 능력을 체험하지 않으면 감히 믿을 수도 전할 수도 없는 박해 시대였기에 육신의 생각이 아니라 성령의 나타나심과 능력에 의해서 교회가 폭발적으로 부흥 발전했기 때문에 그렇습니다.

초대교회 때 마가의 다락방에 성령의 나타나심과 능력이 임하시어 성령을 선물로 받게 됨에 따라 제자들이 다른 언어들로 말하기 시작하였습니다. 그러자 경건한 유대인들이 천하 각국으로부터 와서 예루살렘에 머물다가 방언 소리를 듣고 각각 자기네 지방의 언어로 말함을 본 그날에 신도의 수가 3,000명이나 더하더라(행 2:41)는 말씀이 있습니다. 이는 세계 복음화의 첫 번째 사례라 말할 수 있습니다. 우리나라의 경우 원산 대 부흥 운동(1903)과 평양 대 부흥 운동(1907)에 의해서 크게는 집단적인 부흥이 있었고, 작게는 각 개인에게 성령의 나타나심과 능력이 임하여 성령을 체험하였기에 한국교회가 부흥 발전하게 된 것이라 말할 수 있겠습니다.

그러나 오늘의 한국교회의 일반적인 부흥회를 살펴보면 교회 목회자나 집회 인도자의 근본적인 생각이 많이 달라져 있음을 보게 됩니다. 이는 영(靈)에 의한 집회라기보다는 육신(肉身)의 생각으로 '각색된 집회'를 종종 보게 되기 때문입니다.

우리가 육신의 생각으로는 사람과 사회를 변화시킬 수 없기에 성령의 나타나심과 능력을 통해서 교회와 사회가 새롭게 변화되기를 간절히 바라는 마음으로 성령을 소망하는 것 아니겠습니까? 이러한 점에서 초대교회와 초기 한국교회의 대 부흥 운동을 살펴본다는 것은 매우 중요하고 필요한 일입니다.

1903년 원산 대 부흥의 수년 전부터 한국교회 안에는 성령의 권능으로 믿음 생활하고자 하는 기조가 이미 이루어져 있었기에 이를 소개합니다. 1902년 〈신학월보〉 제2권 4호에[30] 실린 사설 일부를 고어로 된 글을 약간 현대어로 바꾸어 소개합니다.

신력으로 젼도홈

대개 그리스도인들이 저 죄인들의 ᄉ망 길로 가는 것을 보고 측은한 마음이 발하여 이에 참 이치를 그에게 전하고 사는 길로 인도하는 것이 저의 당연한 직분이요 힘써야 할 것이나 만일 ᄌ긔의 힘과 지혜로 이일을 ᄒ코져 ᄒ면 도모지 남을 감화시킬 수 없을 뿐이라 도리어 그 마음에 염증이 생겨 도를 속히 배반할지니 이러한 전도는 차라리 아니하는 것만 같지 못하나니 이는 인력과 세상 지혜로 능히 사람을 회개치 못함이라

(여기까지 원본 그대로 사용하였고, 이후부터는 약간 수정하여 기록하였음을 미리 밝힙니다.)

대개 우리는 그리스도를 배우는 사람이라 그리스도는 하나님이시오 무소불능하시되 그 몸이 인품이시고 또한 우리의 모본이 되신 고로 자기 머리 위에 성신이 비둘기 모양으로 강림하

---

30) H. G. Jones, 〈신학월보〉, 제2권 4호, 1902. 4, pp.146~152.

사 그 몸에 신력이 충만하신 후에 나가 전도를 시작하시니 우리는 누구냐 일찍이 죄 구덩이에서 병들고 죽게 되었던 자 아니냐. 그러면 우리의 힘을 의지하랴 결단코 아니라. 이 힘은 벌써 우리가 죄에 빠져 있을 때 능히 벗어나지 못하던 힘이요 세상 지혜를 쓰랴? 이는 하나님의 진리를 거스르고 심히 허망하여 하나님을 모른다 하며 우리를 도리어 허탄한 길로 인도하는 지혜가 아니냐. 자기의 힘과 세상 지혜를 믿는 이여, 심히 어리석도다. 어찌 하나님께서 세상에 지혜 있는 자와 총명 있는 자와 학문 있는 자를 멸망하시는 줄 모르느냐.

그러면 우리가 어찌할꼬. 감사하신 하나님 우리를 죽음에서 능히 살리신 신의 힘을 의지하여야 이 거룩한 일을 할지라. 그런고로 우리가 남에게 전도하기 전에 먼저 하나님께 간절히 기도하여 하나님의 신이 우리 마음에 들어오사 우리의 영혼이 성신과 화합한 후에야 강건한 힘을 얻은 후에 전도하면 능히 사람의 마음을 감화할 것이요. 또한 참 진리를 전할 수 있으리라 우리가 이 도를 깨닫기를 잠깐 시험하여 봅시다.

대개 우리가 남에게 전도하는 것은 그 육체에게 전하는 것이 아니요, 그 죽게 된 영혼이나 혹 연약한 영혼에게 전도하는 것이니 그 영혼은 곧 신이라. 신은 신을 쫓나니 그런고로 육신으로 난 것은 육신이요 신으로 난 것은 신이니 만일 신에게다 육신의 도리를 전하면 도무지 할 수도 없고 감화할 수도 없느니라.

그리스도교는 신교니 우리가 남의 신을 대해야 전도할 때에 신의 이치와 신의 힘으로 전도해야 그 영혼을 구원할지니 이 전도하는 신력은 우리의 신이 아니요, 하나님의 신을 가르침이라. 예로부터 이제까지 유명한 선생과 목사의 사기를 보니 다 자기의 힘으로 무슨 일을 행치 못하고 하나님께 간절히 기도하여 하나님의 신력을 얻은 후에 전도를 시작하여 큰 교회를 일으키고 많은 사람을 구원하였으니 이 이치의 증거가 확실한지라.

미국 지방의 예를 든 〈신학월보〉의 사설과 같이 모든 목회자와 성도들이 '신력으로 전도해야 한다'는 공통적인 생각을 마음속 깊이 갖고 있었습니다. 이를 증명하는 사례로 석담 이경직 목사께서 (1876~1965) 정동교회에서 성령 체험하신 후 1901년 권사 직분을 받으시고 1902년 5월 동대문교회(종로교회 겸임)[31] 제6대 담임 전도사로 부임하시어 그해 〈신학월보〉에 실은 글을 소개합니다. "눈을 곳치뫼 밋지 안턴 ᄌ손이 회개홈"[32]이란 제목의 글입니다.

---

31) 1902년 6월 아펜젤러 선교사의 갑작스런 순직으로 인하여 종로(현 중앙감리)교회도 함께 전도사 겸임하셨습니다. 정영관, 〈종로 중앙교회 창립 100주년 기념행사 팜프렛〉과 〈중앙교회 설립과 역대목사 목록〉, 그리고 이호식 장로(중앙감리교회)의 증언(고인이 되심).

32) H. G. Jones, 〈신학월보〉, 제2권 6호, 1902. 6, pp.262~263.

동대문교회 교인 김덕우 씨는 45년 한문 선생으로 왼쪽 눈이 희미하게 보이나 바른쪽 눈은 눈동자에 봉긋한 것이 있어 전혀 보이지 아니하기를 23년 된 사람이 여러 의원에게 다녔지만 백약이 무효하더니 하루는 성신의 인도하심으로 제중원에서 고치려 할 때에 의원이 김 선생에게 물어 '어떻게 믿소.' 하니 김 선생이 말하기를 '사람의 재주로는 날 수 없으되 오직 주의 권능으로는 낳는 줄 믿노라.' 하니 의원이 그 말을 듣고 수술할 때 눈동자에 약을 바르고 칼로 눈동자를 찌르되 살이 조금도 아프지 아니한지라. 의원이 보라 하기에 본즉 완연히 사람과 모든 것이 다 보이는지라. 기쁘고도 기이하여 그 연고를 물으니 눈동자 속에서 흰 바둑돌 하나만 한 것을 빼내었다 하니 김 선생이 그때에 하나님께 찬송하였다 하고 그 눈은 아주 완전한 눈이 되었으니 이러한 것을 보고야 어찌 사람의 재주라 하리요.

그 시로 그 집안이 다 하나님께 찬송하매 영화를 하나님께 돌려보내고 또 기뻐할 뿐더러 김 선생의 자제 중 광오 씨가 그전에는 전도도 많이 듣고 권면도 많이 들었건마는 도무지 믿지 않더니 자기 부친의 눈 고친 것을 보고 '과연 사람의 재주가 아니오. 하나님의 권능이시라.' 하고 자기가 자원하여 열심히 교당에 다니고 학습인의 이름이 부쳐지니 이 일로 말미암아 보건데 '의원이라고 모든 병을 다 자기 뜻대로 고칠 수 있는 것이

> 아니요, 전도한다고 다 자기 뜻대로 다 회개시키는 것이 아니
> 라.' 권수 리경직

다음은 1913년 석담 이경직 목사님께서 경성 이문동 중앙예배당(서강교회 겸임)에 시무하실 때 〈그리스도회보 내보〉에 "주의 권능으로 나음"[33]이란 제목으로 실은 글입니다.

> 본 교회가 설립된 지 3, 4년에 하나님의 은혜를 많이 받은 중 더욱 감사한 일은 그동안 교우 중 실진(失眞: 정신질환자)환자 5인이 다 나음을 얻었는데 이루 다 말할 수 없거니와 남부 죠동 사는 리순돌은 나이 지금 17세에 우연히 15일 전부터 미친증이 발하여 남녀노소를 막론하고 보는 대로 욕설을 하다가도 다만 교우를 보면 기쁜 빛을 띠고 말하는지라. 그 부모는 아직 믿지 아니함으로 굿을 하며 경을 읽는 경우에 이르렀더니 병자가 크게 노하여 야단을 치는 고로, 본 교당 임원제 씨가 그 집에 가서 불철주야 하고 합심 기도함으로 점점 제정신으로 돌아와서 지금은 아주 완전한 사람이 되었다 하니 '하나님의 특이한 권능을 증거하고 찬송하였다.

이로 미루어 볼 때 초기 한국교회와 성도들은 '신력으로 전도해야 한다.'는 분명한 인식을 서로 공유(共有)하고 있었던 것입니다(행

---

33) 이경직, "주의 권능으로 나음", 〈그리스도회보〉, 1913. 6. 9.

1:8). 달리 말하면 생명의 성령의 법인 '능력 전도를 해야 한다.'는 생각을 마음 중심에 갖고 있었던 것입니다(행 1:8; 롬 8:2). 바로 이것이 한국교회를 부흥케 하는 원동력이라 말할 수 있습니다. 그리고 주님의 방법이자 성경적 전도 방법일 것입니다(행 1:8).

이와 같이 초대교회와 초기 한국교회의 목회자들과 성도들께서 "사람의 지혜가 아니라 신력으로 전도하자!"는 사도행전 1장 8절의 말씀을 받아들였기에 초대교회와 한국교회가 부흥 발전한 것 같이 한국교회의 부흥도 성령의 나타나심과 능력으로 된 것이지(고전 2:4) 사람의 설득력 있는 '육신의 생각'인 지혜와 지식으로 된 것이 결코 아니라는 말입니다.

그리고 예수님께서 착한 행실과(마 5:16) 선한 일을(행 10:38) 행하셨듯이 예수님의 제자인 우리도 마귀에게 눌린 이들을 모두 어두운 세력으로부터 해방시켜 주어야 할 것입니다. 곧 사도행전 10장 "하나님이 나사렛 예수에게 성령과 능력을 기름 붓듯 하셨으매 그가 두루 다니시며 선한 일을 행하시고 마귀에게 눌린 모든 사람을 고치셨으니 이는 하나님이 함께 하셨음이라(행 10:38)." 말씀과 같이 그리스도인들의 삶은 예수님께서 행하셨듯이 행해야 한다는 것입니다. "이같이 너희 빛이 사람 앞에 비치게 하여 그들로 너희 착한 행실을 보고 하늘에 계신 너희 아버지께 영광을 돌리게 하라(마 5:16)." 말씀하셨던 것입니다. 따라서 육신의 생각에 의한 부흥이 아니라 오직 성령의 나타남과 능력으로 한국교회가 부흥 발전하게 되었다는 사실을 우리 모두 알아야 할 것입니다.

그러므로 오늘날에 있어서 한국교회가 성령 받지 못하는 근본적인 문제는 육신의 생각으로 복음을 전하기 때문입니다. 위에서 밝힌 1902년 〈신학월보〉 제2권 4호 사설 "신력으로 전도함" 서두에서 보면 "만일 자기의 힘과 지혜로 이 일을 하고자 하면 도모지 남을 감화시킬 수 없을 뿐이라. 도리어 그 마음에 염증이 생겨 도를 속히 배반할지니 이러한 전도는 차라리 아니하는 것만 같지 못하나니 이는 인력과 세상 지혜로 능히 사람을 회개치 못함이라."[34]는 말씀대로 전하지 않고 육신의 생각으로 복음을 전하고 듣기 때문에 지식적으로만 믿을 수밖에 없어 복음에 대한 갈증이 생긴 나머지 이단이나 사이비에 빠지는 것입니다.

이와 같이 한국교회가 육신의 생각으로 복음을 전하거나 들으려는 한 한국교회는 성령 받지 못하는 안타까운 상황과 문제가 계속 이어질 수밖에 없을 것입니다.

---

34) H. G. Jones, 〈신학월보〉, 제2권 4호, 1902. 4. p.146.

2. 초대교회와 초기 한국교회 지도자들이 어떻게 세워졌느냐?

우리가 얼마나 잘못하고 있는지를 알기 위해서 초대교회와 초기 한국교회 당시 사회적·민족적 정황 속에서 교회 지도자들이 어떻게 세워졌는가를 살펴보겠습니다. 예수님 당시 초대교회의 시대적 상황과 초기 한국교회의 시대적 상황을 살펴본다면 시대적 차이는 있을지라도 시대적 정황은 비슷한 상황이라 하겠습니다.

우선 이스라엘 왕국과 유다 왕국은 성경으로 볼 때 블레셋, 애굽, 앗수르, 바벨론 등 외세의 잦은 침략을 받거나 지배받아 오면서 북 이스라엘 왕국은 아시리아에 의해 주전 722년 멸망했으며, 남유다 왕국은 주전 586년 바벨론에 의해 멸망하였습니다. 주전 141년 독립했지만, 예수님 당시는 로마의 식민지였고 이후 페르시아(이슬람교) 등에 점령당하였을 뿐만 아니라 예수 그리스도를 믿기만 해도 핍박과 순교당하는 시대였습니다. 그리고 예수님 당시와 주후 50년까지는 신약성경이 한 권도 없었을 뿐만 아니라 신학이란 아예 없었던 때였습니다.

성경은 주후 50~150년 사이인 100년 동안 신약성경 27권이 낱권으로 기록되었습니다. 당시에는 히브리어 아람어 헬라어 등을 혼용하여 사용하였고, 글을 쓰거나 읽는 것이 일반적이지 않을 뿐 아니라 여러 세대를 거쳐 헬라어 신약성경이 낱권으로 기록될 수밖에 없어 주로 구전(口傳)으로만 복음을 전하던 시대였습니다.

이러한 점에서 초기 한국교회도 예수님 당시의 초대교회와 시대적 상황과 정황이 비슷했던 때입니다. 초기 한국교회 지도자들이 세워질 당시에는 한글이 있었지만, 주로 한문을 사용하던 시대였습니다. 세종대왕이 1443년에 한글을 창제하고 1446년 반포하였지만 한국 사회의 기득권층에 의해 한글은 수백 년 동안 천대받아 왔습니다. 그러나 1877년에 로스 선교사가 상해에서「한글 문법서」(Corean Primer)를 간행하였고, 1882년에 전도인(傳道人)을 통해 한글 성경이 조선에 반입되어 사용되기 시작하였습니다.

인터넷상의 "역사교과서에서 가르치지 않은 한글의 진실(천대받던 한글의 보급)"[35]이란 글에 의하면 "한글은 여러 가지 이유로 널리 보급되지 못하였다. 즉 반절, 언문, 암클(여성들의 문자)이라고 하여 천대받았던 세종대왕의 훈민정음이 하나님의 말씀을 기록한 성경 번역과 함께 기독교인들을 중심으로 널리 보급되었다."라고 하였습니다.

---

35) [출처] 역사 교과서에서 가르치지 않은 한글의 진실(천대받던 한글의 보급) | 작성자 nap5342, 2020. 12 접속.

18, 19세기에 외국 선교사들이 기독교를 이 땅에 알리는 유일한 수단으로 성경을 우리 한글로 만들면서 한글이 널리 쓰이게 되었지만, 그 당시만 해도 한글이 제대로 발전되지 못했던 초기 때였습니다. 그리고 외국 선교사가 영어 성경을 한글로 번역하는 일이 어려운 상황이었습니다. 물론 성경 번역에 한국인들도 참여하였습니다만 당시 한국인들 중에 외국어를 능통하게 하시는 분들이 없었을 뿐만 아니라, 성경의 본뜻과 의미를 제대로 알고 있지 않아 많은 어려움이 있었으리라 생각합니다.

이와 같이 초대교회와 초기 한국교회도 성경을 쪽복음으로 만들어 보던 아주 귀한 시대였습니다. 그리고 쪽복음마저 누구나 다 볼 수 있었던 것도 아니었습니다. 기독교를 박해하여 순교를 당하는 시대이기 때문에 대부분 구전(口傳)으로 전할 수밖에 없었음에도 기독교의 부흥이 전 세계로 전해졌으니, 우리의 믿음이 육신의 생각이 아니라 성령의 나타남과 능력을 체험함으로 이루어졌다는 사실은 우리가 꼭 기억해야 할 대목이라 하겠습니다.

그리고 기독교가 들어올 당시, 1876년 개항을 전후한 국제 정세는 한국을 놓고 주변 제국주의 열강들이 호시탐탐 침략의 기회를 노리던 때라 매우 혼란스러웠습니다.[36] 이 땅 한반도에서 청일전쟁(1894), 을미사변(1895), 러일전쟁(1904), 을사보호조약(1905)

---

36) 〈한국기독교 100년 기념사업회 요람〉, 1984, p.63.

과 한일합방(1910), 1919년 3·1독립운동 제암리감리교회 학살사건(1919. 4. 15)을 거쳐 1920년대 초반에는 사립학교에까지 신사참배를 강요하였고 1937년부터 기독교계 학교의 일부는 폐교시켰습니다. 일반인들은 물론 교회에까지 신사참배를 강요하였을[37] 뿐 아니라 신사참배를 거부하는 일로 인하여 옥고를 치르거나 순교를 당하는 시대였습니다.

끝내 1915년 조선총독부는 황국신민화를 위해 한국어를 폐지시키는 한편 기존에 유교와 불교를 믿고 있던 사람들도 엄청난 박해와 억압을 가했습니다. 특히 기독교는 제사를 우상숭배로 여겼기에 '아비도 없고 임금도 없는(無父無君)' 종교로 여겨 엄청난 핍박을 가했습니다. 그리고 1950년 공산당의 6·25전쟁 발발 당시 남쪽 기독교 성직자 174명이 피살되고 교직자 184명이 납북되는 등 희생자가 모두 358명에 이릅니다. 그리고 북한에서만 장로교 교역자 240명, 감리교 교역자 46명이 순교 또는 행방불명되는 등 위험한 시대였습니다.[38]

따라서 예수를 믿는다는 것 자체가 매우 어려운 시대였기에 교회 목회자와 수도원 원장, 기도원 원장이 된다는 것은 더욱 어렵고 힘든 시대였습니다. 물론 예수를 믿는다는 것과 교회 지도자가 된

---

37) "신사참배거부운동" ⓒ† : http://cafe.daum.net/cgsbong 2019.10.3.
38) 『기독교연감』 1957판, 대한기독교서회.

다는 것은 그 동기가 여러 가지겠으나 하나님께서 믿게 하거나 교회 지도자로 세우시지 않으면 감히 꿈도 못 꾸던 때였습니다. 그러나 성령 하나님께서 집단으로 또는 개별적으로 임하여 주셨기에 목회자가 되거나 수도원 원장, 기도원 원장 등이 되어 한국교회가 부흥 발전하게 된 것이라 말할 수 있겠습니다. 이처럼 교회 지도자가 된다는 것 자체가 하나님께 사명을 받지 않고는 지도자의 길로 갈 수 없었던 고난의 시대였습니다.

그러므로 초대교회와 한국교회가 폭발적으로 부흥한 것은 육신의 생각에 의해서 부흥한 것이 아니라 성령의 나타나심과 능력에 의해서 부흥한 것임을 우리가 알 수 있었기 때문에 '육신의 생각'이야말로 한국교회에 성령 받지 못하는 근본적인 문제의 요인이라 말할 수 있겠습니다.

1장

누구든지 나를 따라오려거든

　예수 그리스도께서 예루살렘에 올라가 장로들과 대제사장들과 서기관들에게 많은 고난을 받으시고 죽임을 당하고 제삼일에 살아나야 할 것을 제자들에게 비로소 나타내시면서 "이에 예수께서 제자들에게 이르시되 누구든지 나를 따라오려거든 자기를 부인하고 자기 십자가를 지고 나를 따를 것이니라, 누구든지 제 목숨을 구원하고자 하면 잃을 것이요 누구든지 나를 위하여 제 목숨을 잃으면 찾으리라, 사람이 만일 온 천하를 얻고도 제 목숨을 잃으면 무엇이 유익하리요 사람이 무엇을 주고 제 목숨과 바꾸겠느냐, 인자가 아버지의 영광으로 그 천사들과 함께 오리니 그 때에 각 사람이 행한 대로 갚으리라, 진실로 너희에게 이르노니 여기 서 있는 사람 중에 죽기 전에 인자가 그 왕권을 가지고 오는 것을 볼 자들도 있느니라(마 16:24~28)." 말씀하셨습니다.

이는 제자로서 지켜야 할 가장 기본적인 대원칙을 우리가 지켜 나갈 때 예수님의 참 제자가 될 수 있는 토대와 기초가 될 수 있기에 예수님께서 말씀하셨던 것입니다. 이를 달리 말하면 예수님의 참 제자로서 순종(順從)과 희생의 대가(代價)를 치러야 할 마음의 준비가 되었느냐는 것입니다. 한마디로 "생명의 성령의 법"대로 살고자 하는 마음의 준비가 되었느냐는 것입니다.

이러한 점에서 이번 장에서는 우리가 예수 그리스도의 참 제자로서 지켜야 할 가장 기본적인 조건이자 대원칙이 무엇인지를 알기 위해 이를 살펴보고자 합니다.

1. 자기를 부인하라

예수 그리스도를 믿고자 하는 대원칙의 첫 번째 조건은 "이에 예수께서 제자들에게 이르시되 **누구든지 나를 따라오려거든 자기를 부인하고** 자기 십자가를 지고 **나를 따를 것이니라**(마 16:24)." 말씀일 것입니다.

말씀에서 '자기를 부인'한다고 하는 것은 곧 '자기를 부정하는 것'입니다. 이를 '해탈(解脫)'로 보시는 분도 계십니다만 이는 근원부터 잘못된 생각입니다. 왜냐하면 인터넷 사전을 참고하여 보면 '해탈(解脫)'은 "굴레의 얽매임에서 벗어남, 속세의 속박이나 번뇌 등에서 벗어나 근심이 없는 편안한 경지에 도달함"이지만, '부인 (否認)'은 "어떤 사실을 그렇다고 인정하지 않는 것"으로 나와 있습니다.

이를 설명하자면 해탈(解脫)이란 '나'라고 하는 존재가 자유롭기 위하여 속세의 속박이나 번뇌에서 벗어나 근심이 없는 평안한 경지에 도달한 것입니다. '나'라고 하는 존재 자체가 번뇌에서 벗어나 나의 모든 생각이 자유로울 수 있겠으나 '나'라고 하는 존재 자체가 죽지 않았기 때문에, 결국 생각의 기준이 항상 '나'일 수밖에 없습니다. 그러므로 그것은 결국 나를 위한 해탈일 것입니다. 이를 위해서 고행(苦行)하는 것 아니겠습니까? 그런데 해탈과 고행을 누가 하는 것입니까? 자기 자신의 해탈을 위하여 행하는 것입니다. 따라서 그 기준의 성립은 사람의 판단과 의견으로 만들어졌기에 세상적인 자기 판단일 수밖에 없습니다. 이를 육신의 생각으로 생각하기 때문에 자기 자신에서 벗어날 수 없다는 말입니다.

그런데 "자기를 부인(否認)하는 것"이란 자기 자신을 낮추는 척하거나 겸손한 척하는 정도의 것이 아니라 '나'라고 하는 존재 자체를 아예 인정하지 않고 철저한 자기부정과 자기 죽음을 말하는 것입니다. 예수님 자신이 자기를 부인(부정)하는 삶을 사셨듯이 제자인 우리도 자기를 부인(부정)하는 삶을 살아야 한다는 논리입니다. 이를 좀 더 설명하자면 예수님의 참 제자로서 믿고 따른다고 하는 것은 '나'라고 하는 존재 자체를 철저히 부정하거나 죽여 오직 하나님만 의지하는 삶을 말하는 것입니다. 바로 이것이 제자로서의 참된 삶을 살 수 있는 길이기에 해탈과는 분명한 차이가 있습니다.

자기를 부인(否認)하는 삶이란 그리스도를 좇는 하나님의 자녀들이 취해야 할 대원칙이라 하겠습니다. '자기 부인(否認)' 없이 예수 그리스도를 믿는다고 하는 것은 마음속 깊이 예수님을 믿을 수 없을 뿐 아니라 표면적인 믿음일 수밖에 없다는 결론에 이르게 될 것입니다. 그러므로 자기 자신의 주관적인 육신의 생각만으로 주님을 믿기 때문에 예수님께서 "누구든지 나를 따라오려거든 자기를 부인하고 자기 십자가를 지고 나를 따를 것이니라(마 16:24)." 말씀하셨던 것입니다.

따라서 자기를 부인하는 삶이란 구체적으로 말한다면 자아로서 자기 자신의 원초적인 생각과 신념, 가치관, 자존심, 이기적인 소망과 욕망과 욕심 그리고 자신의 인간적인 안전이나 행복과 이익 등에 대한 본능적인 욕구를 부정하거나 인정하지 않고 오직 내 안에 계신 예수 그리스도만을 인정하며 사는 삶을 말하는 것입니다.

그리고 '자기부정'이란 자기 존재 자체를 인정하지 않는 삶을 말하는 것으로서 곧 '육신의 생각'을 완전히 '부정'하거나 '소멸'시키는 깃을 말하는 것입니다. 왜냐하면 아담의 원죄 이후 하나님의 아들들이 사람의 딸들의 아름다움을 보고 모든 여자를 아내로 삼은(창 6:2) 옛사람의 본성이 완전히 부패되었기 때문에 '나'라고 하는 존재 자체를 완전히 부정하는 것을 말하는 것입니다.

그러므로 '육신의 생각'을 죽이거나 소멸시키는 것 자체가 '자기부정'이라 말할 수 있겠습니다. 그런데 문제는 우리가 거짓되고 부패한 육신의 생각을 다 갖고 있기에 이를 죽이려 하지만 죽일 수 없다는 것입니다. 왜냐하면 우리가 육신의 생각을 죽이려 할 때 육신의 생각이 죽는 것이 아니라 오히려 더 살아나는 것을 우리 자신이 목격하게 되기 때문입니다.

우리 힘과 능력으로 육신의 생각을 죽일 수 없기에 "이 때문에 하나님께서 그들을 부끄러운 욕심에 내버려 두셨으니 곧 그들의 여자들도 순리대로 쓸 것을 바꾸어 역리로 쓰며, 그와 같이 남자들도 순리대로 여자 쓰기를 버리고 서로 향하여 음욕이 불 일듯 하매 남자가 남자와 더불어 부끄러운 일을 행하여 그들의 그릇됨에 상당한 보응을 그들 자신이 받았느니라, 또한 그들이 마음에 하나님 두기를 싫어하매 하나님께서 그들을 그 상실한 마음대로 내버려 두사 합당하지 못한 일을 하게 하셨으니, 곧 모든 불의, 추악, 탐욕, 악의가 가득한 자요 시기, 살인, 분쟁, 사기, 악독이 가득한 자요 수군수군하는 자요, 비방하는 자요 하나님께서 미워하시는 자요 능욕하는 자요 교만한 자요 자랑하는 자요 악을 도모하는 자요 부모를 거역하는 자요, 우매한 자요 배약하는 자요 무정한 자요 무자비한 자라, 그들이 이같은 일을 행하는 자는 사형에 해당한다고 하나님께서 정하심을 알고도 자기들만 행할 뿐 아니라 또한 그런 일을 행하는 자들을 옳다 하느니라(롬 1:26~32)." 말씀하셨던 것입니다.

 이러한 점에서 '육신의 생각을 내가 죽일 수 없다고 한다면 내가 어떻게 해야 하느냐.'라는 데까지 이르게 되었습니다. 그래서 구약의 스가랴 선지자께서 계시 받은 대로 "만군의 여호와께서 말씀하시되 이는 힘으로 되지 아니하며 능력으로 되지 아니하고 오직 나의 영으로 되느니라(슥 4:6b)." 말씀하셨던 것입니다. 왜냐하면 오직 '하나님의 영(성령)'만이 육신의 생각을 죽일 수 있기에 예수님께서 "성령을 받으라." 말씀하셨던 것이고, 또한 예수님께서 "성령을 받으라." 말씀하심에는 하나님의 깊은 뜻이 있기 때문이었습니다.

 이는 창세기 때 하나님의 아들들이 잃었던 '하나님의 영'을 다시 찾게 되는 것을 말하는 것이며 또한 성령은 능력의 하나님이시기에 우리가 성령의 도우심으로 '자기를 부인'할 수 있기 때문입니다. 이를 체험한 바 있는 사도 바울께서도 "너희가 육신대로 살면 반드시 죽을 것이로되 영으로써 몸의 행실을 죽이면 살리니, 무릇 하나님의 영으로 인도함을 받는 사람은 곧 하나님의 아들이라(롬 8:13~14)." 말씀하셨던 것입니다, 그리고 갈라디아서 5장에서도 "내가 이르노니 너희는 성령을 따라 행하라 그리하면 육체의 욕심을 이루지 아니하리라, 육체의 소욕은 성령을 거스르고 성령은 육체를 거스르나니 이 둘이 서로 대적함으로 너희가 원하는 것을 하지 못하게 하려 함이니라(갈 5:16~17)." 말씀하셨던 것입니다.

그러므로 우리가 예수 그리스도의 참 제자가 되려 한다면 말씀과 같이 하나님의 영(성령)의 도움으로 '자기를 부정'해야 한다는 말씀입니다. 이는 '육신의 생각'이 우리를 지배하여 뿌리 깊게 자리 잡고 있기에 세상 방법으로 아무리 애쓰고 노력하여도 소멸되지 않던 자기부정이 성령 하나님의 능력을 힘입어 '육신의 생각'을 소멸시켜서 '자기부정'이 이루어지는 것입니다. 이를 '성화' 내지 거듭남의 삶의 시작점이라 말합니다. 따라서 성령(방언) 받는 그 순간이야말로 우리 믿음의 새로운 시작점이자 영적인 삶의 새로운 출발점이라 말할 수 있는 것입니다.

'해탈'과 '자기를 부인'한다고 하는 것은 서로 같은 것 같지만 같을 수 없는 대조 관계일 뿐입니다. '자기부정'에 대하여 실천 방법을 설명하자면 어떤 어려운 상황과 환경이 나에게 주어졌을 때 내 생각과 의견 그리고 경험에 따른 좋은 생각과 능력들이 나름대로 있겠지만 '육신의 생각'을 완전히 부정하거나 소멸시켜 버려야 한다는 것입니다. 왜냐하면 '육신의 생각' 자체가 하나님과 원수가 될 뿐 아니라 하나님을 기쁘시게 할 수 없기에(롬 8:7~8) '육신의 생각' 자체를 소멸시키는 것입니다.

그래서 우리 주님께서 요한복음 12장에서 "내가 진실로 진실로 너희에게 이르노니 한 알의 밀이 땅에 떨어져 죽지 아니하면 한 알 그대로 있고 죽으면 많은 열매를 맺느니라(요 12:24)." 말씀하셨던 것도 이 원리였습니다. 이 말씀은 우리가 취해야 할 '자기부정'의 자세이기 때문에 예수님께서 말씀하셨던 것입니다.

자기를 부인(부정)한다는 점에서 아무래도 하나님과 예수님 그리고 우리와의 관계성을 좀 더 설명해야 할 것 같습니다. 왜냐하면 확실한 이해와 말씀에 대한 원리를 예수님의 말씀을 통해서 알게 되기 때문입니다.

"나는 참포도나무요 내 아버지는 농부라. 무릇 내게 붙어 있어 열매를 맺지 아니하는 가지는 아버지께서 그것을 제거해 버리시고 무릇 열매를 맺는 가지는 더 열매를 맺게 하려 하여 그것을 깨끗하게 하시느니라, 너희는 내가 일러준 말로 이미 깨끗하여졌으니, 내 안에 거하라 나도 너희 안에 거하리라 가지가 포도나무에 붙어 있지 아니하면 스스로 열매를 맺을 수 없음 같이 너희도 내 안에 있지 아니하면 그러하리라, 나는 포도나무요 너희는 가지라 그가 내 안에,

내가 그 안에 거하면 사람이 열매를 많이 맺나니 나를 떠나서는 너희가 아무 것도 할 수 없음이라, 사람이 내 안에 거하지 아니하면 가지처럼 밖에 버려져 마르나니 사람들이 그것을 모아다가 불에 던져 사르느니라, 너희가 내 안에 거하고 내 말이 너희 안에 거하면 무엇이든지 원하는 대로 구하라 그리하면 이루리라, 너희가 열매를 많이 맺으면 내 아버지께서 영광을 받으실 것이요 너희는 내 제자가 되리라(요 15:1~8)."는 말씀에서와 같이 우리는 주님과 떨어질 수 없는 불가분리(不可分離)의 관계에 있습니다. 그러나 가지인 우리가 주님을 떠나게 된다면 우리는 우리 자신의 힘과 노력으로 영적인 열매를 맺지 못하기 때문에 농부이신 하나님 아버지께서 가지인 우리를 제거하여 불에 던져 사를 수밖에 없습니다. 그러니 주님 안에 항상 거해야만 한다는 말씀이었습니다. 영적인 관계는 예수 그리스도를 통하지 않으면 영적인 열매를 맺을 수 없기에 그렇습니다. 그래서 영적인 삶이란 오랜 시간이 걸리는 것입니다. 바로 이것이 예수 그리스도를 믿는 원리입니다.

이러한 점에서 가지인 우리가 참 포도나무이신 주님께 믿음으로 붙어 있다고 하는 말씀은 곧 '나'라고 하는 존재는 완전히 없어지고 오직 주님만 남는 상태를 말합니다. 성경적으로 표현하자면 "내가 그리스도와 함께 십자가에 못 박혔나니 그런즉 이제는 내가 사는 것이 아니요 오직 내 안에 그리스도께서 사시는 것이라 이제 내가 육체 가운데 사는 것은 나를 사랑하사 나를 위하여 자기 자신을 버리신 하나님의 아들을 믿는 믿음 안에서 사는 것이라(갈 2:20)."는 상태를 말하는 것입니다.

말씀과 같이 내가 그리스도를 믿는다고 하는 것은 내가 그리스도와 함께 십자가에서 이미 죽어 있는 상태를 말하는 것입니다. 이는 '나'라고 하는 존재가 이미 이 세상에 없기에 오직 내 안에 주님만 사시는 상태를 말하는 것입니다(갈 2:20).

그러므로 죽어 있는 내가 지금 이렇게 이 세상에서 살아 있는 것은 하나님의 아들을 믿는 믿음으로 말미암아 성령의 도우심으로 우리가 새 생명 가운데서 사는 삶을 말하는 것으로 이를 '거듭남의 삶'이라 말합니다.

그런데 말입니다. '자기를 부인(부정)'해야 한다는 것에 대한 이러한 지식을 내가 지식적으로 알고 있다 하여 자기 자신을 부인(부정)할 수 없다는 것입니다. 왜냐하면 그 지식은 자기의 것이 아니고 다른 사람의 지식일 뿐 영적인 일에 있어서는 모르는 상태이기 때문입니다. 따라서 내가 직접 체험하지 않은 지식은 세상 지식일 뿐 모르는 것과 똑같은 상태라 말할 수 있습니다. 이는 내가 나를 부인(부정)하거나 나의 모든 일을 주님께서 행하시도록 내어 드리지 못하기 때문입니다.

그리고 '나'라고 하는 존재가 육신의 생각에 머물러 있거나 육신의 지배를 받고 있기 때문에 자기 자신을 부인(부정)하지 못하는 것입니다. 그가 지식적으로는 알고 있을지라도 아직 주님을 맞이할 마음의 준비가 덜 되었기 때문에 자기 자신을 부정하는 데 많은 시간이 걸리는 것입니다. 그러나 자기 자신이 육신의 생각으로 아무리 애쓰고 노력하고 힘써 봐야 힘만 들 뿐 아무 소용도 없다는 사실을 자기 자신이 곧 깨닫게 될 것입니다. 이는 육신의 생각으로 믿기 때문에 그렇습니다. 그래서 많은 시간이 소요되는 것입니다.

그래서 예수님께서 "성령을 받으라." 말씀하신 이유가 바로 여기에 있는 것입니다. '자기를 부인'하거나 부정하는 일을 돕는 분이 바로 '그리스도의 영' 곧 '성령'이시기 때문입니다. 그래서 우리가 그리스도의 영이신 성령 하나님께 "성령 하나님, 나에게 임하여 주옵시고, 내가 나를 부인(부정)할 수 있도록 나를 도와주옵소서! 내가 나를 부인할 때 육신의 생각이 소멸되는 것을 알게 되었기에 이를 간청합니다. 그리고 그리스도의 참 제자가 되기를 소원합니다. 또한 그리스도의 진리로 인도함 받기 원하오니, 나를 이끌어 주옵소서. 오직 주님의 뜻에 따라 매일 살기를 원합니다. 예수님의 이름으로 기도합니다."라고 마음속으로부터 성령 하나님께 간절히 구하는 기도를 매일 해야 할 것입니다. 왜냐하면 성령의 나타나심과 능력으로 육신의 생각을 소멸시킬 수 있는 힘과 능력을 우리 주님께서 우리에게 주시기 때문에 우리가 이를 할 수 있는 것입니다. 따라서 '우리가 우리 자신을 부정'하기 위해서 '그리스도의 영'의 도우심을 요청하는 것입니다. 그리고 이렇게 하나님께 요청하는 것이 믿음의 원리이기 때문에 우리가 요청하는 것입니다.

이같이 '자기를 부정'하는 원리를 깨달으신 사도 바울께서 빌립보서 3장에서 이렇게 말씀하셨습니다. "하나님의 성령으로 봉사하며 그리스도 예수로 자랑하고 육체를 신뢰하지 아니하는 우리가 곧 할례파라, 그러나 나도 육체를 신뢰할 만하며 만일 누구든지 다른 이가 육체를 신뢰할 것이 있는 줄로 생각하면 나는 더욱 그러하리니, 나는 팔일 만에 할례를 받고 이스라엘 족속이요 베냐민 지파요 히브리인 중의 히브리인이요 율법으로는 바리새인이요, 열심으로는 교회를 박해하고 율법의 의로는 흠이 없는 자라, 그러나 무엇이든지 내게 유익하던 것을 내가 그리스도를 위하여 다 해로 여길뿐더러, 또한 모든 것을 해로 여김은 내 주 그리스도 예수를 아는 지식이 가장 고상하기 때문이라 내가 그를 위하여 모든 것을 잃어버리고 배설물로 여김은 그리스도를 얻고, 그 안에서 발견되려 함이니 내가 가진 의는 율법에서 난 것이 아니요 오직 그리스도를 믿음으로 말미암은 것이니 곧 믿음으로 하나님께로부터 난 의라, 내가 그리스도와 그 부활의 권능과 그 고난에 참여함을 알고자 하여 그의 죽으심을 본받아, 어떻게 해서든지 죽은 자 가운데서 부활에 이르려 하노니, 내가 이미 얻었다 함도 아니요 온전히 이루었다 함도 아니라 오직 내가 그리스도 예수께 잡힌 바 된 그것을 잡으려고 달려가노라, 형제들아 나는 아직 내가 잡은 줄로 여기지 아니하고 오직 한 일 즉 뒤에 있는 것은 잊어버리고 앞에 있는 것을 잡으려고, 푯대를 향하여 그리스도 예수 안에서 하나님이 위에서 부르신 부름의 상을 위하여 달려가노라, 그러므로 누구든지 우리 온전히 이룬 자들은 이렇게 생각할지니 만일 어떤 일에 너희가 달리 생각하면 하나님이 이것도 너희에게 나타내시리라, 오직 우리가 어디까지 이르렀든지 그대로 행할 것이라(빌 3:3~16)."

사도 바울께서 이와 같이 말씀하실 수 있었던 것도 '자기 자신을 부인'하는 삶의 원리를 깨달으셨기 때문입니다. 이처럼 사도 바울은 자기 자신에게 그동안 유익으로 여겼던 것을 주님 안에서 배설물로 여기게 되었습니다(빌 3:7~8). 오직 그리스도만을 최고로 여기는 사도 바울의 태도야말로 진정한 '자기 부인'이요 '자기 십자가'를 지고 따르는 참 제자의 모습이라 말할 수 있을 것입니다.

따라서 '자기를 부정'한다고 하는 것은 영적인 열매를 맺을 수 있는 유일한 길이자 영적 성장의 지름길이기에 믿는 자라면 마땅히 '자기 자신을 부인' 또는 '자기부정'하는 삶이 필수 과정이라 하겠습니다. 그런데 우리가 믿고 의지하는 예수 그리스도께선 '자기를 부인(부정)'할 것을 말씀으로만 우리에게 가르치신 분이 아니라 말씀을 실천하시는 분이시라는 사실을 우리가 알고 우리도 예수님처럼 따라 행해야 합니다.

요한복음 5장에서 "그러므로 예수께서 그들에게 이르시되 내가 진실로 진실로 너희에게 이르노니 아들이 아버지께서 하시는 일을 보지 않고는 아무 것도 스스로 할 수 없나니 아버지께서 행하시는 그것을 아들도 그와 같이 행하느니라, 내가 아무 것도 스스로 할 수 없노라 듣는 대로 심판하노니 나는 나의 뜻대로 하려 하지 않고 나를 보내신 이의 뜻대로 하려 하므로 내 심판은 의로우니라(요 5:19, 30)." 말씀하셨습니다.

그런데 예수님께서 이렇게 행하셨던 것은, 먼저 예수님 자신이 하나님의 말씀에 순종하시는 것이요, 다음은 우리도 하나님 말씀에 순종할 수 있도록 본이 되어 주시기 위한 말씀이셨습니다. 왜냐하면 예수님께서 육신을 갖고 이 땅에 오셨기 때문에, 예수님 자신도 '자기를 부인'하시는 삶을 사셔야 했기 때문입니다. 바로 이것이 예수님의 하나님을 향한 믿음이자 '자기를 부인'하시는 삶이라 하겠습니다.

따라서 우리도 **'우리 자신을 부인'하는 것이** 하나님의 성품(聖品)을 닮는 일이자 생명을 얻는 유일한 길이기에 '자기를 부인'하거나 부정하는 삶을 살아야 하는 것입니다. 그런데 우리의 주님은 우리에게 자기 자신만의 '자기부정'만이 아니라 더 나가 '포괄적인 자기부정'까지도 요구하시는 분이십니다.

포괄적인 자기부정이란 이렇습니다. "무릇 내게 오는 자가 자기 부모와 처자와 형제와 자매와 더욱이 자기 목숨까지 미워하지 아니하면 능히 내 제자가 되지 못하고(눅 14:26)"라는 말씀이 있습니다. 이 말씀을 보면서 우리는 '**사랑을 말씀하시면서 내 부모와 형제와 자매와 자신의 목숨까지 미워하라**'는 말씀이 이해가 안 될 것입니다. 그러나 만일 당신이 이러한 생각을 하고 있다면 그 생각은 '육신의 생각'에 불과할 뿐이라는 사실을 곧 깨닫게 될 것입니다. 그 이유는 다음과 같습니다.

첫째, 만일 내가 "내가 그리스도와 함께 십자가에 못 박혔나니 그런즉 이제는 내가 사는 것이 아니요(갈 2:20)."라는 말씀에서 내가 그리스도와 함께 십자가에 못 박혔다는 말씀은 곧 내가 그리스도와 함께 십자가에서 이미 죽어 있는 상태를 말하는 것입니다. 따라서 죽어 있는 사람에게는 부모 형제 자매가 있을 수 없다는 것입니다. 이는 내가 살아 있을 때 부모와 형제와 자매가 있지 죽은 사람에게는 아무도 있을 수 없다는 논리입니다. 왜냐하면 '나'라는 존재가 이미 죽었기 때문에 죽은 사람에게는 아무도 있을 수 없기에 부모 형제 자매가 있을 수 없다는 것입니다. 그러므로 '포괄적인 자기부정'은 모든 것을 부정한다는 이치라 하겠습니다.

둘째, 여기서 우리가 알아야 할 것은 세상적인 관계나 인간적인 관계를 중하게 생각하다 보면 하나님을 섬기는 데 있어 상호 간에

서로 올무가 될 수밖에 없기 때문에 더욱 그렇습니다. 이는 **인간관계란** 상호 관계로 이루어져 있어 서로 의존적일 수밖에 없어 하나님의 말씀보다는 인간관계를 더 중하게 여기기 때문에 그렇습니다.

셋째, 여기서 말씀하시는 것은 우선순위를 말하고 있는 것입니다. 그래서 예수님께서 "또 내 이름을 위하여 집이나 형제나 자매나 부모나 자식이나 전토를 버린 자마다 여러 배를 받고 또 영생을 상속하리라, 그러나 먼저 된 자로서 나중 되고 나중 된 자로서 먼저 될 자가 많으니라(마 19:29~30)." 말씀하셨던 것입니다.

이처럼 우리 자신에 대하여 '자기를 부인할 것'을 요구하신 주님의 목적은 우리로 영생을 얻게 하려는 데 있습니다. 왜냐하면 영원한 생명은 그 어떤 것과 동일시하거나 우위에 놓아서는 안 되기 때문입니다. 그것이 부모 형제 자매 또한 재물이라 할지라도 영원한 생명을 얻기 위해선 영원한 생명이 우선시 되어야 하기 때문입니다. 그리고 이를 완전히 이해하려 한다면 창세기 22장 말씀을 보면 곧 이해될 것입니다.

"그 일 후에 하나님이 아브라함을 시험하시려고 그를 부르시되 아브라함아 하시니 그가 이르되 내가 여기 있나이다, 여호와께서 이르시되 네 아들 네 사랑하는 독자 이삭을 데리고 모리아 땅으로 가서 내가 네게 일러 준 한 산 거기서 그를 번제로 드리라(창 22:1~2)."

는 말씀에 순종하여 "하나님이 그에게 일러 주신 곳에 이른지라 이에 아브라함이 그 곳에 제단을 쌓고 나무를 벌여 놓고 그의 아들 이삭을 결박하여 제단 나무 위에 놓고, 손을 내밀어 칼을 잡고 그 아들을 잡으려 하니, 여호와의 사자가 하늘에서부터 그를 불러 이르시되 아브라함아 아브라함아 하시는지라 아브라함이 이르되 내가 여기 있나이다 하매, 사자가 이르시되 그 아이에게 네 손을 대지 말라 그에게 아무 일도 하지 말라 네가 네 아들 네 독자까지도 내게 아끼지 아니하였으니 내가 이제야 네가 하나님을 경외하는 줄을 아노라(창 22:9~12)."는 말씀을 듣게 되어 아브라함이 믿음의 조상이 된 것 아니겠습니까?

이 점을 이해해야 기독교의 원초적인 진리를 알게 되기 때문에 소개한 것입니다. 하나님에 대한 사랑이 우선시 될 때 "또 내 이름을 위하여 집이나 형제나 자매나 부모나 자식이나 전토를 버린 자마다 여러 배를 받고 또 영생을 상속하리라(마 19:29; 눅 18:30)."는 말씀이 이루어지는 것입니다. 그런데 '포괄적 자기 부인(부정)' 역시 예수 그리스도께서 말씀으로만 전하신 것이 아니라는 것입니다. 이미 마태복음 12장에서 실천해 보여주셨습니다.

"한 사람이 예수께 여짜오되 보소서 당신의 어머니와 동생들이 당신께 말하려고 밖에 서 있나이다 하니, 말하던 사람에게 대답하여 이르시되 누가 내 어머니이며 내 동생들이냐 하시고, 손을 내밀어 제자들을 가리켜 이르시되 나의 어머니와 나의 동생들을 보라, 누구든지 하늘에 계신 내 아버지의 뜻대로 하는 자가 내 형제요 자매요 어머니이니라 하시더라(마 12:47~50)."는 말씀이야말로 '포괄적인 자기 부인'이라 말할 수 있는 것입니다.

이와 같이 우리 주님께서 포괄적인 자기를 부인하셨듯이 제자인 우리도 포괄적인 자기 부인을 할 수 있어야 한다는 말씀입니다. 왜냐하면 우리로 영원한 생명을 얻도록 하시려는 것과 또한 우리를 통하여 복음을 듣는 자들에게도 포괄적인 자기 부인을 행할 수 있도록 전하시려는 하나님의 깊으신 뜻이 있기 때문입니다.

2. 자기 십자가를 지고 나를 따를 것이니라

예수 그리스도를 믿고자 하는 대원칙 두 번째 조건은 "이에 예수께서 제자들에게 이르시되 **누구든지 나를 따라오려거든** 자기를 부인하고 **자기 십자가를 지고 나를 따를 것이니라**(마 16:24)."는 말씀일 것입니다.

"자기 십자가를 지고 나를 따를 것이니라."는 말씀은 곧 주님이 자기 십자가를 지시듯이 제자인 우리도 고난의 십자가를 우리의 삶 속에서 짊어져야 한다는 말씀입니다. 이는 제자로서의 필요조건이기 때문에 이를 따라야 한다는 말씀입니다.

따라서 '자기 십자가를 진다는 것'은 곧 나의 삶 속에서 내가 짊어져야 하는 고난과 고통과 수치와 곤고 그리고 죽음까지도 묵묵히 예수님을 따를 뿐 아니라 이를 기쁨으로 감내하는 것을 말합니다. 고난을 가치 있게 여길 수 있는 것은 우리가 예수 그리스도의 참 제자가 되기 위하여 높은 희생의 대가(代價)를 치를 때 참 제자가 될 수 있기 때문입니다.

"내 아버지께서 모든 것을 내게 주셨으니 아버지 외에는 아들을 아는 자가 없고 아들과 또 아들의 소원대로 계시를 받는 자 외에는 아버지를 아는 자가 없느니라, 수고하고 무거운 짐 진 자들아 다 내게로 오라 내가 너희를 쉬게 하리라, 나는 마음이 온유하고 겸손하니 나의 멍에를 메고 내게 배우라 그리하면 너희 마음이 쉼을 얻으리니, 이는 내 멍에는 쉽고 내 짐은 가벼움이라 하시니라 (마 11:27~30)." 말씀에 힘입어 우리가 넉넉히 짊어질 수 있기 때문입니다. 왜냐하면 하나님의 영을 우리가 받았기 때문에 그렇습니다 (마 11:27). 그런데 이를 육신의 생각대로 살려 한다면 주님으로부터 "누구든지 자기 십자가를 지고 나를 따르지 않는 자도 능히 내 제자가 되지 못하리라(눅 14:27)." 말씀을 듣게 될 것이기 때문에 제자로서 합당하지 않게 됩니다.

그러므로 예수 그리스도를 따름에 있어서 나에게 주어지는 고통과 수치와 고난 그리고 죽음을 묵묵히 걸머질 뿐만 아니라 이를 가치 있게 여기며 기뻐할 수 있는 것은 영의 도우심을 받았기 때문입니다. 그런데 "자기 십자가를 지고 나를 따를 것이니라."는 말씀에서 우리가 알아야 할 것이 있습니다. 우리 주님께서 말씀으로만 우리에게 가르치신 분이 아니라 '자기 십자가'를 진다는 것이 구체적으로 무엇인지 알려주시기 위해 몸소 고난의 십자가를 지셨으며 죽기까지 하셨다는 사실을 우리가 알아야 한다는 것입니다. 그리고 이를 위하여 우리 주님께서 기도하셨습니다.

"예수께서 나가사 습관을 따라 감람 산에 가시매 제자들도 따라갔더니, 그 곳에 이르러 그들에게 이르시되 유혹에 빠지지 않게 기도하라 하시고, 그들을 떠나 돌 던질 만큼 가서 무릎을 꿇고 기도하여, 이르시되 아버지여 만일 아버지의 뜻이거든 이 잔을 내게서 옮기시옵소서 그러나 내 원대로 마시옵고 아버지의 원대로 되기를 원하나이다 하시니, 천사가 하늘로부터 예수께 나타나 힘을 더하더라, 예수께서 힘쓰고 애써 더욱 간절히 기도하시니 땀이 땅에 떨어지는 핏방울 같이 되더라(눅 22:39~44)."

그리고 이에 대해 히브리서 기자는 "그는 육체에 계실 때에 자기를 죽음에서 능히 구원하실 이에게 심한 통곡과 눈물로 간구와 소원을 올렸고 그의 경건하심으로 말미암아 들으심을 얻었느니라, 그가 아들이시면서도 받으신 고난으로 순종함을 배워서, 온전하게 되셨은즉 자기에게 순종하는 모든 자에게 영원한 구원의 근원이 되시고, 하나님께 멜기세덱의 반차를 따른 대제사장이라 칭하심을 받으셨느니라(히 5:7~10)." 증언하여 주셨습니다.

이처럼 우리의 주님께서 하나님의 아들이시면서도 고난으로 순종함을 배워(히 5:8) 우리에게 영원한 구원의 근원이 되어주심을 몸으로 실천하여 주셨듯이 제자인 우리도 그리스도의 고난에 참여해야 한다는 말씀을 히브리서 기자는 증언하였습니다.

그리고 베드로 사도는 "이를 위하여 너희가 부르심을 받았으니 그리스도도 너희를 위하여 고난을 받으사 너희에게 본을 끼쳐 그 자취를 따라오게 하려 하셨느니라, 그는 죄를 범하지 아니하시고 그 입에 거짓도 없으시며, 욕을 당하시되 맞대어 욕하지 아니하시고 고난을 당하시되 위협하지 아니하시고 오직 공의로 심판하시는 이에게 부탁하시며, 친히 나무에 달려 그 몸으로 우리 죄를 담당하셨으니 이는 우리로 죄에 대하여 죽고 의에 대하여 살게 하려 하심이라 그가 채찍에 맞음으로 너희는 나음을 얻었나니, 너희가 전에는 양과 같이 길을 잃었더니 이제는 너희 영혼의 목자와 감독 되신 이에게 돌아왔느니라(벧전 2:21~25)." 말씀하셨습니다.

따라서 나에게 기쁜 일이거나 슬픈 일이거나 또한 어려운 역경과 고난의 삶, 순교의 상황이 주어진다 하더라도 회피하거나 모면하려 하지 않고 그 상황 자체를 믿음으로 받아들여야 합니다. "자기 십자가를 지고 나를 따를 것이니라."는 점을 이해하기 위해서 사도 바울은 "나는 날마다 죽노라(고전 15:31)."고 말씀하셨을 뿐만 아니라 고난의 아픔의 정도를 표현하신 말씀이 있기에 소개하려 합니다.

"여러 사람이 육신을 따라 자랑하니 나도 자랑하겠노라, 너희는 지혜로운 자로서 어리석은 자들을 기쁘게 용납하는구나, 누가 너희를 종으로 삼거나 잡아먹거나 빼앗거나 스스로 높이거나 뺨을 칠지라도 너희가 용납하는도다, 나는 우리가 약한 것 같이 욕되게 말하노라 그러나 누가 무슨 일에 담대하면 어리석은 말이나마 나도 담대하리라, 그들이 히브리인이냐 나도 그러하며 그들이 이스라엘인이냐 나도 그러하며 그들이 아브라함의 후손이냐 나도 그러하며, 그들이 그리스도의 일꾼이냐 정신 없는 말을 하거니와 나는 더욱 그러하도다 내가 수고를 넘치도록 하고 옥에 갇히기도 더 많이 하고 매도 수없이 맞고 여러 번 죽을 뻔하였으니, 유대인들에게 사십에서 하나 감한 매를 다섯 번 맞았으며, 세 번 태장으로 맞고 한 번 돌로 맞고 세 번 파선하고 일 주야를 깊은 바다에서 지냈으며, 여러 번 여행하면서 강의 위험과 강도의 위험과 동족의 위험과 이방인의 위험과 시내의 위험과 광야의 위험과 바다의 위험과 거짓 형제 중의 위험을 당하고, 또 수고하며 애쓰고 여러 번 자지 못하고 주리며 목마르고 여러 번 굶고 춥고 헐벗었노라, 이 외의 일은 고사하고 아직도 날마다 내 속에 눌리는 일이 있으니 곧 모든 교회를 위하여 염려하는 것이라, 누가 약하면 내가 약하지 아니하며 누가 실족하게 되면 내가 애타지 아니하더냐, 내가 부득불 자랑할진대 내가 약한 것을 자랑하리라, 주 예수의 아버지 영원히 찬송할 하나님이 내가 거짓말 아니하는 것을 아시느니라(고후 11:18~31)."

그리고 사도 바울께서는 고린도 교회 교인들에게 자신이 겪은 고난과 거짓 사도들을 비교하시면서 누가 참 사도인지 스스로 판단하도록 말씀하셨습니다. 수많은 죽음의 위험과 고통을 감내하며 오직 그리스도만을 최고로 여기는 사도 바울이야말로 진정한 '자기 부인'이요, '자기 십자가'를 지고 따르는 제자로서 희생의 대가(代價)를 치르셨던 것입니다. 이렇게 극심한 고난과 고통 중에서도 사도 바울이 고난을 기쁘게 견딜 수 있었던 것은 "우리가 이 보배를 질그릇에 가졌으니 이는 심히 큰 능력은 하나님께 있고 우리에게 있지 아니함을 알게 하려 함이라, 우리가 사방으로 욱여쌈을 당하여도 싸이지 아니하며 답답한 일을 당하여도 낙심하지 아니하며, 박해를 받아도 버린 바 되지 아니하며 거꾸러뜨림을 당하여도 망하지 아니하고, 우리가 항상 예수의 죽음을 몸에 짊어짐은 예수의 생명이 또한 우리 몸에 나타나게 하려 함이라, 우리 살아 있는 자가 항상 예수를 위하여 죽음에 넘겨짐은 예수의 생명이 또한 우리 죽을 육체에 나타나게 하려 함이라, 그런즉 사망은 우리 안에서 역사하고 생명은 너희 안에서 역사하느니라, 기록된 바 내가 믿었으므로 말하였다 한 것 같이 우리가 같은 믿음의 마음을 가졌으니 우리도 믿었으므로 또한 말하노라, 주 예수를 다시 살리신 이가 예수와 함께 우리도 다시 살리사 너희와 함께 그 앞에 서게 하실 줄을 아노라, 이는 모든 것이 너희를 위함이니 많은 사람의 감사로 말미암아 은혜가 더하여 넘쳐서 하나님께 영광을 돌리게 하려 함이라(고후 4:7~15)."는 데 있습니다.

위의 말씀과 같이 사도 바울께서 항상 예수님을 위하여 죽음을 몸에 짊어지셨던 까닭은 예수님의 생명이 사도 바울의 죽을 몸에 나타나게 하려는 데 있었습니다. 따라서 믿는 우리도 수많은 고난과 고통을 감내해야 하는 것은 예수의 생명이 우리 죽을 육체에 나타나게 하려는 데 있다 하겠습니다.

이같이 우리가 "우리 자신을 부인하고 자기 십자가를 지고 주님을 따른다."는 말씀은 주님의 말씀에 순종하였음은 물론 영의 깊은 세계로 들어가는 출발점이라는 것과 그리스도 예수 안에서 살리심을 받은 우리가 새 생명 가운데서 행하게 하시려는 주님의 깊으신 뜻이라고 말할 수 있을 것입니다.

그리고 예수님께서 예고하셨던 말씀대로(요 21:18~19) 베드로 사도는 로마에서 십자가에 거꾸로 달려 순교를 당하였고, 다른 제자들과 수많은 성도께서도 고난과 고통 가운데 순교를 당하셨고, 또한 우리나라의 수많은 믿음의 선배들께서도 많은 고난과 고문을 받으시며 순교를 당한 기록들이 한국교회사와 세계기독교사에 기록되어 있습니다. 이러한 점에서 오늘을 사는 우리도 우리의 삶 속에서 많은 고난과 고통이 우리에게 주어진다 할지라도 믿음으로 그 상황 그대로를 받아들이는 희생의 대가(代價)를 치르는 것이야말로 믿음의 조건이자 원리라 말할 수 있겠습니다.

이와 같이 하나님을 믿고 예수 그리스도를 나의 구세주로 믿고 있는 기독교의 역사는 순교의 역사라 말할 수 있습니다. 예수 그리스도를 믿는 것 자체가 '순교의 역사'이기 때문에 그렇습니다. 그런데 말입니다. "자기 자신을 부인하거나 무거운 짐을 육신의 생각으로는 짊어질 수 없다."는 사실 또한 우리가 알아야 합니다. 왜냐하면 성령의 인도함과 성령의 도우심 없이 순교하는 것은 불가능한 일이기에 스가랴 선지자께서 "이는 힘으로 되지 아니하며 능력으로 되지 아니하고 오직 나의 영으로 되느니라(슥 4:6)." 말씀하셨습니다. 또한 이를 아시는 우리의 주님께서 "성령을 받으라." 말씀하셨던 것도 이 때문이라 말할 수 있겠습니다.

이처럼 우리가 성령의 인도함을 받게 될 때 비로소 '자기부정'과 자기 십자가를 지며 주님을 따를 수 있게 됨은 물론 우리에게 영원한 생명이 주어진다는 사실을 몸으로 체험하여 알게 되기 때문에 사도 바울께서 "깊도다 하나님의 지혜와 지식의 풍성함이여, 그의 판단은 헤아리지 못할 것이며 그의 길은 찾지 못할 것이로다(롬 11:33)."라는 감격적인 고백의 말씀을 하신 것입니다.

따라서 성령 안에서 자기를 부인하고 자기 십자가를 지고 행한다는 것을 체험적으로 알게 될 때 우리가 비로소 성령 안에서 힘쓰게 되는 것입니다. 그러나 성령 안에서 이를 행하지 않는다면 "영혼 없는 몸이 죽은 것 같이 행함이 없는 믿음은 죽은 것이니라(약 2:26)." 말씀을 듣게 될 것입니다. 내가 행하지 않으면 체험할 수 없고, 체험하지 못하면 지식적으로만 알게 되어, 하나님을 체험하지 못하고 믿으면 표면적인 신자일 수밖에 없어 말씀을 제대로 따르거나 순종할 수 없기에 예수님으로부터 "누구든지 자기 십자가를 지고 나를 따르지 않는 자도 능히 내 제자가 되지 못하리라(눅 14:27)."는 엄중한 말씀을 듣게 될 것입니다. 그러나 우리가 성령의 도우심으로 "자기를 부인하고 자기 십자가를 지고 나를 따를 것이니라(마 16:24)." 말씀대로 순종할 수 있게 되었다면 비로소 예수님의 참 제자가 되었다 말할 수 있을 것입니다. 왜냐하면 성령 하나님께서 도와주셨기 때문입니다.

그러므로 여러분에게 "당신은 예수님의 참 제자로서 이러한 원칙과 원리를 깨닫게 되었다고 생각하십니까?" 그리고 "당신은 예수님의 참 제자로서 자기 자신을 부인(부정)하며 자기 십자가를 지고 예수 그리스도를 따를 준비가 되어 있습니까?"라고 질문하지 아니할 수 없을 것입니다. 이는 우리가 예수 그리스도의 참 제자가 되기 위해서 그리고 영원한 생명을 얻기 위해서입니다.

3. 광야의 길

"자기를 부인하고 자기 십자가를 지고 나를 따를 것이니라(마 16:24)." 말씀은 예수 그리스도를 믿는 자로서 마땅히 지켜야 하는 가장 기본적인 대원칙이라 한다면, '광야의 길'은 하나님께서 우리를 낮추시며 우리를 시험하사 우리 마음이 어떠한지 그 명령을 지키는지 지키지 않는지를 알려 하시려는 목적에서 우리를 훈련하시는 장이라 말할 수 있겠습니다. 이러한 점에서 '광야의 길'은 우리가 감당해야 하는 세 번째 믿음의 조건이자 거듭남의 길이라 말할 수 있을 것입니다.

우리가 예수님을 믿고 따름에 있어서 가장 힘들고 행하기 어려운 것은 바로 '자기를 부인(부정)'하는 것입니다. 또 '자기 십자가를 지고 따르는 것'이 거듭남의 길이라 말할 수 있겠습니다. 이를 '십자가의 길' 또는 '고난의 길'이라 말하기도 합니다. 왜냐하면 우리가 평생을 헤치고 가야 할 가장 힘든 길이기 때문입니다.

그리고 이 길은 자기와의 싸움 내지 자기희생의 대가를 치러야 갈 수 있는 길이기 때문에 로마서 7장이 있는 것입니다(롬 7:14~25). 특히 자기를 내세우기 좋아하거나 자존심이 강한 분들 그리고 어떤 특권의식에 사로잡혀 있는 분들이거나 진영논리에 속한 사람들에게는 더더욱 어려울 것입니다. 왜냐하면 육신의 생각이 이끄는 대로 자기의 주관적인 생각으로 지금까지 살아오면서 힘쓰고 애쓰고 쌓아온 본인의 사고방식과 수많은 가치관 그리고 경험하여 얻은 최고의 지식을 다 깨뜨려 소멸시켜야 하는 매우 힘들고 어려운 길이기 때문에 이를 광야의 길, 고난의 길, 십자가의 길 또는 협착한 길이라 말합니다. 이러한 길을 궁극적으로 '성화의 길'이라고도 말하며 이렇게 성화되어 가는 과정을 '성화의 과정' 또는 '거듭남의 과정'이라 말하는 것입니다.

그리고 이러한 성화의 과정 없이 영화(glorification)의 성결한 자리로 갈 수 없기에 우리의 예수님께서 "좁은 문으로 들어가기를 힘쓰라 내가 너희에게 이르노니 들어가기를 구하여도 못하는 자가 많으리라(눅 13:24)." 말씀하셨던 것입니다. 한마디로 자기 자신을 희생하는 대가(代價)를 치러야 비로소 천국에 들어갈 수 있기 때문입니다.

그러므로 우리가 이러한 광야의 길을 감에 있어서 무엇을 기억해야 하고, 염려해야 하는지를 살피는 것 역시 영원한 생명이 달린 문제이기 때문에 이를 살피지 않을 수 없을 것입니다.

1) 광야 길을 기억하라

선지자 모세께서 이스라엘 백성에게 거친 들판으로서 황무지이며 불모지(不毛地)인 길을, 일주일이면 갈 수 있는 길을, 그것도 지난 40년을 정처 없이 다녔던 광야 길을 왜 굳이 걷게 하셨으며 "광야 길을 기억하라." 말씀하셨을까를 생각하지 않을 수 없을 것입니다. 왜냐하면 광야의 길은 믿는 자에게 영원한 생명이 달린 길이기 때문이기도 하겠지만 우리가 40년씩이나 걸린 연유를 알게 될 때 하나님 말씀에 순응하게 되기 때문에 이를 살피지 않을 수 없을 것입니다.

"내가 오늘 명하는 모든 명령을 너희는 지켜 행하라 그리하면 너희가 살고 번성하고 여호와께서 너희의 조상들에게 맹세하신 땅에 들어가서 그것을 차지하리라, 네 하나님 여호와께서 이 사십 년 동안에 네게 광야 길을 걷게 하신 것을 기억하라 이는 너를 낮추시며 너를 시험하사 네 마음이 어떠한지 그 명령을 지키는지 지키지 않는지 알려 하심이라, 너를 낮추시며 너를 주리게 하시며 또 너도 알지 못하며 네 조상들도 알지 못하던 만나를 네게 먹이신 것은 사람이 떡으로만 사는 것이 아니요 여호와의 입에서 나오는 모든 말씀으로 사는 줄을 네가 알게 하려 하심이니라, 이 사십 년 동안에 네 의복이 해어지지 아니하였고 네 발이 부르트지 아니하였느니라. 너는 사람이 그 아들을 징계함 같이 네 하나님 여호와께서 너를 징계하시는 줄 마음에 생각하고, 네 하나님 여호와의 명령을 지켜 그의 길을 따라가며 그를 경외할지니라(신 8:1~6)."는 말씀을 생각하지 않을 수 없을 것입니다.

그런데 이 말씀을 왜 여기서 굳이 하시게 되었느냐는 근원적인 것을 먼저 밝히는 것이 순서일 것입니다. 이는 이스라엘 백성들이 광야 생활 내내 하나님과 모세를 향해 원망과 불평을 늘어놓거나, 금송아지를 만들어 "우리의 신으로 만들자." 말하지 않나(출 32:1~6), 고기를 먹을 수 없다느니, 물이 없다는 등 불평불만의 말들을 늘어놓았기 때문입니다. 뿐만 아니라 '가나안 땅에 들어가는 목전에서도 불순종과 불신앙적인' 행태를 보였으니 이것이 **가데스 반역**입니다(민 14:1~4).

당시 이스라엘 백성들이 가나안 땅에 들어가기 직전인 가데스 바네아에서 선지자 모세에게 가나안 정탐을 요청한 일이 있었습니다(신 1:22). 이는 하나님에 대한 의구심과 가나안에 대한 두려움 때문에 요청한 것인데, 하나님께서 이를 허락하심으로 가나안 정탐꾼 12명을 선택하였습니다. 40일간 정탐하고 온 정탐꾼 12명 중(민 13:2) 10명은 육신의 생각에 따라 "가나안 정복은 불가능하다." 보고하였고(민 13:25~29, 31~33) 영적인 하나님의 사람인 갈렙과 여호수아만이 영(靈)의 생각으로 "그들은 우리의 먹이라(민 14:9)." 보고하였습니다. 이처럼 서로 반대되는 보고를 함에 따라 "이스라엘 자손이 다 모세와 아론을 원망하며 온 회중이 그들에게 이르되 우리가 애굽 땅에서 죽었거나 이 광야에서 죽었으면 좋았을 것을, 어찌하여 여호와가 우리를 그 땅으로 인도하여 칼에 쓰러지게 하려 하는가 우리 처자가 사로잡히리니 애굽으로 돌아가는 것이 낫지 아니하랴, 이에 서로 말하되 우리가 한 지휘관을 세우고 애굽으로 돌아가자 하매(민 14:2~4)" 한 것이 가데스 반역이었습니다(신 1:27~28).

말씀과 같이 이스라엘 백성의 집단적인 불순종으로 인하여 "여호와께서 모세에게 이르시되 이 백성이 어느 때까지 나를 멸시하겠느냐 내가 그들 중에 많은 이적을 행하였으나 어느 때까지 나를 믿지 않겠느냐(민 14:11)." 분노하셨습니다. 같은 장에서 "내 영광과 애굽과 광야에서 행한 내 이적을 보고서도 이같이 열 번이나 나를 시험하고 내 목소리를 청종하지 아니한 그 사람들은, 내가 그들의 조상들에게 맹세한 땅을 결단코 보지 못할 것이요 또 나를 멸시하는 사람은 한 사람도 그것을 보지 못하리라(민 14:22~23)." 말씀과 함께 정탐하러 갔었던 1세대와 20세 이상의 사람들을 향하여 이렇게 말씀하셨습니다.

"여호와께서 모세와 아론에게 말씀하여 이르시되, 나를 원망하는 이 악한 회중에게 내가 어느 때까지 참으랴 이스라엘 자손이 나를 향하여 원망하는 바 그 원망하는 말을 내가 들었노라, 그들에게 이르기를 여호와의 말씀에 내 삶을 두고 맹세하노라 너희 말이 내 귀에 들린 대로 내가 너희에게 행하리니, 너희 시체가 이 광야에 엎드러질 것이라 너희 중에서 이십 세 이상으로서 계수된 자 곧 나를 원망한 자 전부가, 여분네의 아들 갈렙과 눈의 아들 여호수아 외에는 내가 맹세하여 너희에게 살게 하리라 한 땅에 결단코 들어가지 못하리라, 너희가 사로잡히겠다고 말하던 너희의 유아들은 내가 인도하여 들이리니 그들은 너희가 싫어하던 땅을 보려니와, 너희의 시체는 이 광야에 엎드러질 것이요, 너희의 자녀들은 너희 반역한 죄를 지고 너희의 시체가 광야에서 소멸되기까지 사십 년을 광야에서 방황하는 자가 되리라, 너희는 그 땅을 정탐한 날 수인 사십 일의 하루를 일 년으로 쳐서 그 사십 년간 너희의 죄악을 담당할지니 너희는 그제서야 내가 싫어하면 어떻게 되는지를 알리라 하셨다 하라, 나 여호와가 말하였거니와 모여 나를 거역하는 이 악한 온 회중에게 내가 반드시 이같이 행하리니 그들이 이 광야에서 소멸되어 거기서 죽으리라, 모세의 보냄을 받고 땅을 정탐하고 돌아와서 그 땅을 악평하여 온 회중이 모세를 원망하게 한 사람, 곧 그 땅에 대하여 악평한 자들은 여호와 앞에서 재앙으로 죽었고, 그 땅을 정탐하러 갔던 사람들 중에서 오직 눈의 아들 여호수아와 여분네의 아들 갈렙은 생존하니라(민 14:26~38)."

말씀대로 정탐하고 와서 악평하던 자들은 현장에서 모두 죽었고 악평의 말을 듣고 같이 원망하던 **1세대들 역시** 모두 광야에서 죽었습니다. 살아남은 2세대들은 광야에서 40년간 방황하였는데 이제 또다시 아름다운 땅 가나안을 눈앞에 두고 선지자 모세께서 출애굽 2세대에게 "내가 오늘 명하는 모든 명령을 너희는 지켜 행하라 그리하면 너희가 살고 번성하고 여호와께서 너희의 조상들에게 맹세하신 땅에 들어가서 그것을 차지하리라, 네 하나님 여호와께서 이 사십 년 동안에 네게 광야 길을 걷게 하신 것을 기억하라 이는 너를 낮추시며 너를 시험하사 네 마음이 어떠한지 그 명령을 지키는지 지키지 않는지 알려 하심이라(신 8:1~2)." 말씀하셨던 것입니다.

이같이 하나님께서 이스라엘 백성을 40년 광야의 길을 걷게 하신 까닭은 그들을 낮추시며 시험하여 하나님의 모든 명령을 지키게 하시려는 것과 하나님을 사랑하여 하나님을 경외케 하려는 데 있었음을(신 8:6) 우리가 기억해야 한다는 말씀이었습니다.

따라서 시험이란(試驗, test, temptation) 말씀과 같이 하나님의 도를 행하거나 행하지 아니하는지를 시험하시기도 하겠지만(신 8:2; 삿 2:22) 시험을 통하여 단련한다는 의미가 더 클 것입니다(시 66:10). 반면 인간의 이기적인 욕망과 욕심에 이끌려 생기는 유혹(temptation)의 시험도 있을 것입니다.

야고보 사도께서 "시험을 참는 자는 복이 있나니 이는 시련(단련)을 견디어 낸 자가 주께서 자기를 사랑하는 자들에게 약속하신 생명의 면류관을 얻을 것이기 때문이라(약 1:12)." 말씀하셨습니다. 말씀과 같이 시험(Test, Trial)은 믿음의 연단을 위하여 하나님이 허락하시는 것이기 때문에 유혹(temptation)과는 분명한 차이가 있기에 시험(Test, Trial)의 결과로서 "생명의 면류관을 얻게 되는 것이라." 말할 수 있을 것입니다.

따라서 "광야는 믿음의 훈련의 장이다."라고 말할 수 있겠습니다. 예를 들자면 하나님께서 아브라함에게 여러 시험(단련) 중에 가장 지키기 어려운 시험을 행하셨기에 창세기 22장의 말씀을 다시 소개하려 합니다. "그 일 후에 하나님이 아브라함을 시험하시려고 그를 부르시되 아브라함아 하시니 그가 이르되 내가 여기 있나이다, 여호와께서 이르시되 네 아들 네 사랑하는 독자 이삭을 데리고 모리아 땅으로 가서 내가 네게 일러 준 한 산 거기서 그를 번제로 드리라(창 22:1~2)."는 지키기 어려운 시험을 통과하였기에 아브라함을 믿음의 조상이라 말하게 된 것입니다.

창세기 22장을 보면 "이삭이 그 아버지 아브라함에게 말하여 이르되 내 아버지여 하니 그가 이르되 내 아들아 내가 여기 있노라 이삭이 이르되 불과 나무는 있거니와 번제할 어린 양은 어디 있나이까, 아브라함이 이르되 내 아들아 번제할 어린 양은 하나님이 자기를 위하여 친히 준비하시리라 하고 두 사람이 함께 나아가서, 하나님이 그에게 일러 주신 곳에 이른지라 이에 아브라함이 그 곳에 제단을 쌓고 나무를 벌여 놓고 그의 아들 이삭을 결박하여 제단 나무 위에 놓고, 손을 내밀어 칼을 잡고 그 아들을 잡으려 하니, 여호와의 사자가 하늘에서부터 그를 불러 이르시되 아브라함아 아브라함아 하시는지라 아브라함이 이르되 내가 여기 있나이다 하매, 사자가 이르시되 그 아이에게 네 손을 대지 말라 그에게 아무 일도 하지 말라 네가 네 아들 네 독자까지도 내게 아끼지 아니하였으니 내가 이제야 네가 하나님을 경외하는 줄을 아노라, 아브라함이 눈을 들어 살펴본즉 한 숫양이 뒤에 있는데 뿔이 수풀에 걸려 있는지라 아브라함이 가서 그 숫양을 가져다가 아들을 대신하여 번제로 드렸더라(창 22:7~13)."는 말씀과 같이 하나님께서 아브라함에게 행하신 시험을 아브라함이 통과할 수 있었던 것은 **예비적인 연단의 과정**을 거쳤기 때문입니다. 시험(단련)은 한 번으로 이루어지는 것이 아닙니다. 이러한 점에서 아브라함이 믿음의 조상 된 시험 과정을 살펴보면 이렇습니다.

① 아브람이 "너는 너의 고향과 친척과 아버지의 집을 떠나(창 12:1)"라는 하나님의 말씀에 따라 하란을 떠날 때 칠십오 세에 시험을 통과했습니다(창 12:4).
② 아브람이 하나님의 말씀에 따라 가나안에 갔지만 가나안에 기근이 들게 되므로 애굽으로 가는 시험을 받았습니다(창

12:10).

③ 아브람이 자기 자신이 살기 위해 아내 사래를 "내 누이라" 칭하며 육신의 생각으로 자기 자신이 시험을 행했습니다(창 12:11~13, 20:2).

④ 아브람은 아내 사래에 의해 여종 하갈과 동침하는 시험을 받았습니다(창 16:2).

⑤ 그리고 하나님이 100세 된 아브라함과 90세 된 사라에게 아들을 주시겠다고 말씀하시자 "아브라함이 엎드려 웃으며 마음속으로 이르되 백 세 된 사람이 어찌 자식을 낳을까 사라는 구십 세니 어찌 출산하리요 하고, 아브라함이 이에 하나님께 아뢰되 이스마엘이나 하나님 앞에 살기를 원하나이다(창 17:17~18)." 하며 출산에 대한 시험을 받을 때 믿지를 않았고 이를 거부하였습니다.

⑥ 마지막으로 하나님께서 아브라함의 독자 이삭을 번제로 바치라는 가장 힘들고 가장 어려운 시험을(창 22:1~2) 통과하였기에 (창 22:12) 아브라함은 믿음의 조상이 될 수 있었습니다.

그런데 여기서 **우리가 꼭 기억해야 할 점이 있습니다.** 왜 아브라함이 ②번, ③번, ④번, ⑤번은 통과하지 못했느냐는 것과 그리고 ①번과 ⑥번은 어떻게 해서 통과했느냐는 것입니다. ②, ③, ④, ⑤번은 아브라함 자신이 육신의 생각과 판단에 의존하여 따랐기 때문에 시험에 빠질 수밖에 없었지만 ①, ⑥번은 어떻게 하여 시험에 통과했을까요? 궁금하지 않습니까?

①번은 일반적인 세상 사람들이 들을 수 없는 하나님의 음성을 아브라함 자신이 난생 처음으로 체험하여 들었기 때문에 영적인 말씀에 순종할 수 있었던 것입니다. 그리고 ⑥번은 아브라함이 아들을 가질 수 없는 나이 100세와 임신할 수 없는 90세 된 아내 사라에게 이삭이라는 아들을 주셨기에(창 21:5) 아브라함은 하나님을 100% 믿을 수 있었습니다. 아들을 주신 이도 하나님이시고, "번제로 바치라." 말씀하신 이도 하나님이시기에 하나님을 완전히 믿게 된 아브라함은 아들을 번제로 바칠 수 있는 믿음이 생겨 이를 순종할 수 있었던 것입니다(창 22:12).

이와 같이 하나님께서는 믿음과 헌신의 진실성을 파악하기 위해 자기 백성들을 시험하시는 분이십니다(창 22:1; 삿 2:22). 그런데 우리가 아브라함의 시험(Test, Trial)을 통해서 알아야 할 것은 하나님의 자녀인 여러분과 저에게도 아브라함과 같이 일상생활 속에서 연단의 시험이 느닷없이 닥칠 수 있다는 것입니다. 그것도 한 번으로 그치는 것이 아니라 계속 이어지다가 하나님 보시기에 우리의 믿음이 온전한 마음으로 하나님을 의지하고 순종할 수 있을 때 결정적인 가장 큰 시험이 주어진다는 사실을 우리가 알아야 합니다. 그래서 시편 66편 10절에 "하나님이여 주께서 우리를 시험하시되 우리를 단련하시기를 은을 단련함 같이 하셨으며"라는 고백이 있는 것입니다. 그래서 "광야는 믿음의 훈련장이다."라고 말하는 것입니다.

하나님께서 우리를 시험하사 단련시키시는 목적은 복을 주시기 위함입니다(신 8:16). 따라서 우리가 한두 번 시험을 통과했다 해서 자만하거나 방심해서는 안 된다는 말씀입니다. 한마디로 하나님으로부터 시험에 합격할 때까지입니다. 그래야 믿음이 오래 지속될 수 있기 때문입니다.

하나님께서 믿음의 사람들을 시험하시는 궁극적인 목적은 무엇일까요? 출애굽기 20장 20절에서 모세가 백성에게 이르되 "두려워하지 말라 하나님이 임하심은 너희를 시험하고 너희로 경외하여 범죄하지 않게 하려 하심이니라(출 20:20)." 하신 것처럼 우리로 하나님을 경외하며 범죄하지 않게 하시려는 데 있습니다. 이는 우리가 영원한 생명을 얻게 하기 위해서입니다. 따라서 이러한 영적인 시험에 대한 특성을 잘 알고 계셨던 선지자 모세는 안타까운 심정으로 이렇게 말씀하였습니다.

"내가 오늘 명하는 모든 명령을 너희는 지켜 행하라 그리하면 너희가 살고 번성하고 여호와께서 너희의 조상들에게 맹세하신 땅에 들어가서 그것을 차지하리라, 네 하나님 여호와께서 이 사십 년 동안에 네게 광야 길을 걷게 하신 것을 기억하라 이는 너를 낮추시며 너를 시험하사 네 마음이 어떠한지 그 명령을 지키는지 지키시 않는지 알려 하심이라. 너를 낮추시며 너를 주리게 하시며 또 너도 알지 못하며 네 조상들도 알지 못하던 만나를 네게 먹이신 것은 사람이 떡으로만 사는 것이 아니요 여호와의 입에서 나오는 모든 말씀으로 사는 줄을 네가 알게 하려 하심이니라(신 8:1~3)."

이 말씀과 같이 하나님께서 이스라엘 백성을 40년 광야에서 시험하신 목적이 여호와 하나님의 입에서 나오는 모든 말씀으로 우리가 사는 줄로 알게 하시려는 데 있기에 "오늘 명하는 모든 명령을 너희는 지켜 행하라(신 8:1)." 말씀하셨던 것입니다. 그리고 선지자 모세는 임종을 앞에 둔 시점에서 하나님께서 이스라엘 백성들로 하여금 하나님의 입에서 나오는 모든 말씀으로 사는 존재임을 알게 하여 자기 자신을 의지하지 않고, 오직 하나님만 의지하게 하려는 목적에서였음을 우리가 알아야 할 것입니다. 보시겠습니다.

"이 사십 년 동안에 네 의복이 해어지지 아니하였고 네 발이 부르트지 아니하였느니라. 너는 사람이 그 아들을 징계함 같이 네 하나님 여호와께서 너를 징계하시는 줄 마음에 생각하고, 네 하나님 여호와의 명령을 지켜 그의 길을 따라가며 그를 경외할지니라. 네 하나님 여호와께서 너를 아름다운 땅에 이르게 하시나니 그 곳은 골짜기든지 산지든지 시내와 분천과 샘이 흐르고, 밀과 보리의 소산지요 포도와 무화과와 석류와 감람나무와 꿀의 소산지라. 네가 먹을 것에 모자람이 없고 네게 아무 부족함이 없는 땅이며 그 땅의 돌은 철이요 산에서는 동을 캘 것이라, 네가 먹어서 배부르고 네 하나님 여호와께서 옥토를 네게 주셨음으로 말미암아 그를 찬송하리라(신 8:4~10).”

이스라엘 백성이 앞으로 가나안에 입성하여 누리게 될 땅은 이스라엘이 지난 40년 동안 보아온 메마른 광야와는 달리 아름답고 풍부한 물(신 8:7)과 풍부한 농작물(신 8:8), 풍부한 광물질(신 8:9)이 있는 땅입니다. 한마디로 젖과 꿀이 흐르는 땅을 하나님께서 언약하여 주셨음을 믿고 이스라엘과 오늘을 사는 우리도 감사함으로 찬양과 찬송을 드려야 할 것입니다(신 8:10). 이는 이스라엘뿐만 아니라 하나님을 믿는 모든 백성에게 이르시는 약속의 말씀이라 하겠습니다(신 8:4~10).

따라서 선지자 모세께서 이스라엘 백성을 향하여 "광야 길을 걷게 하신 것을 기억하라(신 8:2)." 말씀하셨던 것은, 오늘을 사는 우리에게 주시는 말씀이기도 합니다. 이를 설명하자면 광야의 길은 성화의 과정을 나타내는 말씀으로서 이스라엘 백성이 광야를 거쳤듯이 오늘을 사는 우리도 광야를 거쳐야만 거듭난 생활을 할 수 있습니다. 뿐만 아니라 끝 날에 '영화(glorification)'를 얻고 금생과 내생에서도 약속이 있기에(딤전 4:8) 이스라엘 백성과 오늘을 사는 우리에게도 "광야 길을 걷게 하신 것을 기억하라." 말씀하셨던 것입니다.

그러므로 '광야는 믿음의 사람들에게 있어서 믿음의 훈련의 장'이자 거듭남의 장이라 말할 수 있겠습니다. "이는 너를 낮추시며 너를 시험하사 네 마음이 어떠한지 그 명령을 지키는지 지키지 않는지 알려(신 8:2)" 하시는 하나님의 훈련의 장이기 때문에 우리가 광야의 길을 기억해야 한다는 말씀이라 하겠습니다.

2) 네 하나님 여호와를 잊어버릴까 염려하노라

"광야 길을 걷게 하신 것을 기억하라." 말씀하셨던 선지자 모세는 이제 이스라엘 백성 2세대에게 또 이렇게 말씀하셨습니다.

"내가 오늘 네게 명하는 여호와의 명령과 법도와 규례를 지키지 아니하고 네 하나님 여호와를 잊어버리지 않도록 삼갈지어다, 네가 먹어서 배부르고 아름다운 집을 짓고 거주하게 되며, 또 네 소와 양이 번성하며 네 은금이 증식되며 네 소유가 다 풍부하게 될 때에, 네 마음이 교만하여 네 하나님 여호와를 잊어버릴까 염려하노라 여호와는 너를 애굽 땅 종 되었던 집에서 이끌어 내시고, 너를 인도하여 그 광대하고 위험한 광야 곧 불뱀과 전갈이 있고 물이 없는 간조한 땅을 지나게 하셨으며 또 너를 위하여 단단한 반석에서 물을 내셨으며, 네 조상들도 알지 못하던 만나를 광야에서 네게 먹이셨나니 이는 다 너를 낮추시며 너를 시험하사 마침내 네게 복을 주려 하심이 었느니라(신 8:11~16)."

특히 14절 "네 마음이 교만하여 네 하나님 여호와를 잊어버릴까 염려하노라." 말씀을 우리가 생각하지 않을 수 없을 것입니다. 왜냐하면 선지자 모세께서 지난 40년간 광야 생활 중 하나님의 은혜를 다시 한번 상기시키시면서 "네 조상들도 알지 못하던 만나를 광야에서 네게 먹이셨나니 이는 다 너를 낮추시며 너를 시험하사 마침내 네게 복을 주려 하심이었느니라. 그러나 네가 마음에 이르기를 내 능력과 내 손의 힘으로 내가 이 재물을 얻었다 말할 것이라, 네 하나님 여호와를 기억하라 그가 네게 재물 얻을 능력을 주셨음이라 이같이 하심은 네 조상들에게 맹세하신 언약을 오늘과 같이 이루려 하심이니라(신 8:16~18)." 말씀하셨기 때문입니다.

그런데 선지자 모세께서 이렇게 말씀하신 까닭은 모든 재물은 하나님의 것이며 인간은 단지 그 재물을 관리하는 청지기에 불과할 뿐이라는 사실을 우리에게 각인시켜 주시기 위해서였습니다. 이를 잘 아시는 선지자 모세께서 "네가 만일 네 하나님 여호와를 잊어버리고 다른 신들을 따라 그들을 섬기며 그들에게 절하면 내가 너희에게 증거하노니 너희가 반드시 멸망할 것이라, 여호와께서 너희 앞에서 멸망시키신 민족들 같이 너희도 멸망하리니 이는 너희가 너희의 하나님 여호와의 소리를 청종하지 아니함이니라(신 8:11~20)." 말씀으로 엄중히 경고하여 주셨습니다. 그런데 이러한 염려와 걱정의 말씀이 사사기 시대에 이르러 "이스라엘 자손이 여호와의 목전에 악을 행하여 자기들의 하나님 여호와를 잊어버리고 바알들과 아세라들을 섬긴지라(삿 3:7)." 발생하였고, 하나님을 잘 섬겼던 솔로몬 왕도 하나님을 떠나 우상을 섬겼던 것입니다(왕상 11:1~11).

그리고 예레미야 선지자를 통하여 계시하신 말씀에서도 "그런데 이스라엘 족속아 마치 아내가 그의 남편을 속이고 떠나감 같이 너희가 확실히 나를 속였느니라 여호와의 말씀이니라, 소리가 헐벗은 산 위에서 들리니 곧 이스라엘 자손이 애곡하며 간구하는 것이라 그들이 그들의 길을 굽게 하며 자기 하나님 여호와를 잊어버렸음이로다(렘 3:20~21)." 말씀하셨던 것입니다.

그런데 이러한 말씀을 통해서 **우리가 꼭 기억하고 알아야 할 것이 있다면** 지난날 척박하고 열악한 광야 40년 생활에서 하나님께서 어떻게 은혜를 베푸셨는지를 상기하면서, 앞으로 가나안 땅에 입성하여 차지하게 될 그들의 소유가 풍부하게 될지라도 하나님께서 재물 얻을 능력을 주셨기 때문이라는 사실을 기억하고 이를 알아야 한다는 말씀이었습니다(신 8:18).

그리고 오늘을 사는 우리도 이를 알아야 하고, 기억해야 한다는 것입니다. 왜냐하면 우리도 이스라엘 백성과 똑같은 성정(性情)을 갖고 있을 뿐만 아니라 모든 인간은 육신을 갖고 사는 존재이기 때문에 그렇습니다.

따라서 우리가 물질적 풍요로 인하여 하나님과 멀어진다면 그 풍요는 우리 자신에게 있어서 축복이 아니라 도리어 화(火)가 된다는 사실을 반드시 알아야 하고 이를 기억해야 할 것입니다. 이스라엘 백성이 가데스 반역이라는 전력(前歷)이 있어 하나님으로부터 심판을 받았기 때문에(민 14:1~10) 선지자 모세는 바로 이 점을 염려하였던 것입니다.

그러므로 하나님의 백성에게 있어서 실천해야 할 항목이 있다면 적어도 하나님을 기억해야 한다는 것과 하나님이 어떠한 분이신지를 우리가 확실히 알고 믿어야 한다는 것입니다. 바로 이 점을 잘 아시는 호세아 선지자께서도 "그러므로 우리가 여호와를 알자 힘써 여호와를 알자 그의 나타나심은 새벽 빛 같이 어김없나니 비와 같이, 땅을 적시는 늦은 비와 같이 우리에게 임하시리라 하니라, 나는 인애를 원하고 제사를 원하지 아니하며 번제보다 하나님을 아는 것을 원하노라, 그들은 아담처럼 언약을 어기고 거기에서 나를 반역하였느니라(호 6:3, 6~7)." 말씀하셨던 것입니다.

그러나 이스라엘 백성들은 하나님을 믿는 선민으로서 하나님의 말씀에 어찌하여 믿지 못하고 반역하게 된 것일까요? 왜냐하면 이

사야 선지자의 말씀에서 "이는 네가 네 구원의 하나님을 잊어버리며 네 능력의 반석을 마음에 두지 아니한 까닭이라 그러므로 네가 기뻐하는 나무를 심으며 이방의 나무 가지도 이종하는도다(사 17:10)."라는 말씀과 같이 자기 자신의 주관적인 육신의 생각대로 하나님을 믿었기 때문에 이스라엘 백성들은 자기들을 구원하실 하나님을 잊어버리게 되었습니다. 이는 자기 입맛에 따라 하나님을 믿었기 때문이고, 그래서 성경 말씀에 '사사기'가 있는 것입니다.

그러므로 선지자 모세는 이스라엘 백성이 앞으로 가나안 땅에서 누리게 될 풍요로 인해 하나님 여호와를 잊어버릴까 염려하여 "네가 만일 네 하나님 여호와를 잊어버리고 다른 신들을 따라 그들을 섬기며 그들에게 절하면 내가 너희에게 증거하노니 너희가 반드시 멸망할 것이라, 여호와께서 너희 앞에서 멸망시키신 민족들 같이 너희도 멸망하리니 이는 너희가 너희의 하나님 여호와의 소리를 청종하지 아니함이니라(신 8:19~20)." 경고의 말씀을 하셨던 것입니다.

하나님께서 이스라엘 백성을 선민으로 택하심은 육신의 생각으로 살지 말고 오직 영의 생각으로 하나님만 섬기며 살라는 것인데, 이스라엘 백성이 끝내 하나님의 영을 외면한다면 이스라엘 백성 스스로 멸망할 수밖에 없을 것이라는 경고의 말씀이라 하겠습니다.

이러한 말씀을 통해서 **우리가 알아야 할 것이 있다면** 이스라엘 백성이 광야 40년이란 오랜 세월을 고난의 길을 걸었듯이 우리도 광야의 길을 가야 한다는 원리입니다. 왜냐하면 '광야의 길'은 '성화의 길'이며 또한 '거듭남의 과정'이기 때문에 그렇습니다.

이러한 성화의 과정을 통과해야만 거듭난 삶을 살 수 있고 광야의 길은 우리가 구원받을 수 있는 유일한 믿음의 훈련장이기에 우리가 이를 선택해야만 영원한 구원을 받을 수 있는 것입니다. 그리고 이러한 성화의 과정은 마지막 끝 날에 영화(glorification)를 얻을 수 있는 유일한 길이기 때문에 이 원리를 우리가 반드시 알아야 하고, 이를 거쳐야만 구원받을 수 있는 구원의 원리라 하겠습니다.

광야의 길은 우리를 거듭나게 만들어 줄 뿐 아니라 영원한 생명을 얻을 수 있는 유일한 생명의 길이기 때문에 우리가 광야의 길을 걸어야 하는 것입니다. 그리고 또한 이러한 믿음의 원리와 원칙을 체험적으로 이해하여 알게 될 때 하나님을 더욱 경외하게 되며 살아계신 하나님을 온전히 기억하게 될 것입니다.

2장

성령 추구한다는 것

　니고데모가 예수님을 찾아와 성령으로 거듭나야 한다는 말씀을 들었습니다. "그런데 바리새인 중에 니고데모라 하는 사람이 있으니 유대인의 지도자라, 그가 밤에 예수께 와서 이르되 랍비여 우리가 당신은 하나님께로부터 오신 선생인 줄 아나이다 하나님이 함께 하시지 아니하시면 당신이 행하시는 이 표적을 아무도 할 수 없음이니이다, 예수께서 대답하여 이르시되 진실로 진실로 네게 이르노니 사람이 거듭나지 아니하면 하나님의 나라를 볼 수 없느니라, 니고데모가 이르되 사람이 늙으면 어떻게 날 수 있사옵나이까 두 번째 모태에 들어갔다가 날 수 있사옵나이까, 예수께서 대답하시되 진실로 진실로 네게 이르노니 사람이 물과 성령으로 나지 아니하면 하나님의 나라에 들어갈 수 없느니라, 육으로 난 것은 육이요 영으로 난 것은 영이니, 내가 네게 거듭나야 하겠다 하는 말을 놀랍게 여기지 말라

(요 3:1~7)." 한편 사도 바울도 "만일 너희 속에 하나님의 영이 거하시면 너희가 육신에 있지 아니하고 영에 있나니 누구든지 그리스도의 영이 없으면 그리스도의 사람이 아니라(롬 8:9)." 말씀하셨는데 그 연유를 우리가 살펴야 성령을 올바로 알고 추구하게 될 것입니다.

1. 성령 추구는 은사 추구가 아닙니다

우리가 성령을 추구하려는 근원적인 목적에 관하여 살펴보기 위해 베드로 사도와 사도 바울의 말씀을 보겠습니다. "갓난 아기들 같이 순전하고 신령한 젖을 사모하라 이는 그로 말미암아 너희로 구원에 이르도록 자라게 하려 함이라(벧전 2:2).", "사랑을 추구하며 신령한 것들을 사모하되 특별히 예언을 하려고 하라(고전 14:1)." 두 사도의 말씀은 곧 성령을 추구하는 궁극적인 목적이 우리가 구원받기 위함이라 할 수 있습니다. 그런데 베드로 사도의 말씀과 사도 바울의 말씀에서 구원이라는 목표점은 같을지라도 포인트가 약간 다르게 나타나 있음을 볼 수 있습니다.

베드로 사도께서 '신령한 것을 사모하는 것'은 구원에 이르기 위함이라고 직설적으로 말씀하시는 반면 사도 바울께서는 '신령한 것을 사모하되 특별히 예언하려고 하라.' 말씀하셨던 것은 우리를 구원받게 하시려는 방법적인 차원에서 구원의 원리를 말씀하신 것이라 할 수 있을 것입니다.

사도 바울께서 "신령한 것들을 사모하되 특별히 예언을 하려고 하라(고전 14:1)." 말씀하셨던 것은 우리의 주님께서 "진리의 성령이 오시면 그가 너희를 모든 진리 가운데로 인도하시리니 그가 스스로 말하지 않고 오직 들은 것을 말하며 장래 일을 너희에게 알리시리라(요 16:13)." 하신 말씀에서 그 답을 찾을 수 있을 것입니다(요 14:26). 이는 우리가 먼저 성령 하나님의 음성을 들을 수 있어야 성령 하나님의 인도하심을 받을 수 있기 때문입니다. 그리고 성령 하나님의 음성을 들을 때 우리가 비로소 예언도 할 수 있기에 사도 바울께서 "신령한 것들을 사모하되 특별히 예언을 하려고 하라." 말씀하셨던 것입니다. 이를 체험하여 알게 된 사도 바울께서 방법적인 차원에서 "예언을 하려고 하라." 말씀하셨던 것입니다.

그런데 문제는 우리가 하나님의 음성을 어떻게 들을 수 있겠느냐는 것입니다. 우리가 하나님의 음성을 듣지 못하면서 어떻게 하나님의 말씀을 들을 수 있을 것이며, 또 예언과 신령한 젖을 어떻게 맛볼 수 있겠느냐는 것입니다. 따라서 우리가 하나님의 음성을 반드시 들어야 한다는 가르침은 알겠지만 이를 어떻게 들을 수 있겠느냐는 것이, 오늘 우리가 처해 있는 문제의 핵심일 것입니다. 사람들이 하나님의 음성을 듣지 못한다는 육신의 잘못된 생각을 빌미로 신천지 이만희 교주가 자기 자신을 보혜사 성령이라[39] 말하고 있습니다. 따라서 예수님의 말씀과 사도 바울에게 계시된 말씀에서 하나님의 음성을 어떻게 들으실 수 있었는지를 유추해 볼 수 있기에 이를 살피려는 것입니다.

"그 때에 예수께서 대답하여 이르시되 천지의 주재이신 아버지여 이것을 지혜롭고 슬기 있는 자들에게는 숨기시고 어린 아이들에게는 나타내심을 감사하나이다, 옳소이다 이렇게 된 것이 아버지의 뜻이니이다, 내 아버지께서 모든 것을 내게 주셨으니 아버지 외에는 아들을 아는 자가 없고 아들과 또 아들의 소원대로 계시를 받는 자 외에는 아버지를 아는 자가 없느니라(마 11:25~27)."는 예수님의 말씀과, "우리 주 예수 그리스도의 하나님, 영광의 아버지께서 지혜와 계시의 영을 너희에게 주사 하나님을 알게 하시고, 너희 마음의 눈을 밝히사 그의 부르심의 소망이 무엇이며 성도 안에서 그 기업의 영광의 풍성함이 무엇이며, 그의 힘의 위력으로 역사하심을 따라 믿는 우리에게 베푸신 능력의 지극히 크심이 어떠한 것을 너희로 알게 하시기를 구하노라(엡 1:17~19)."는 사도 바울의 말씀에서 같은 맥락의 것을 발견할 수 있습니다.

---

39) "예수님께서 보내주마 약속하신 보혜사가 오셨네! 보혜사 이만희 총회장님", 〈아름다운 신천지와의 동행〉, 인터넷 다음, 2020. 2. 24 접속.

"계시를 받는 자 외에는 아버지를 아는 자가 없느니라(마 11:27)."는 예수님의 말씀과 "지혜와 계시의 영을 너희에게 주사 하나님을 알게 하시고(엡 1:17)"라는 사도 바울의 말씀은 같은 맥락일 것입니다. 두 분의 말씀과 같이 '계시'와 '지혜와 계시의 영'을 받으면 하나님의 음성을 듣게 되어 하나님을 알게 된다는 같은 맥락의 말씀이라 할 수 있습니다. 그리고 이를 설명해 주기 위해 "우리가 세상의 영을 받지 아니하고 오직 하나님으로부터 온 영을 받았으니 이는 우리로 하여금 하나님께서 우리에게 은혜로 주신 것들을 알게 하려 하심이라. 우리가 이것을 말하거니와 사람의 지혜가 가르친 말로 아니하고 오직 성령께서 가르치신 것으로 하니 영적인 일은 영적인 것으로 분별하느니라. 육에 속한 사람은 하나님의 성령의 일들을 받지 아니하나니 이는 그것들이 그에게는 어리석게 보임이요, 또 그는 그것들을 알 수도 없나니 그러한 일은 영적으로 분별되기 때문이라(고전 2:12~14)." 말씀하셨던 것입니다.

따라서 우리가 성령 추구하는 것은 "오직 성령께서 가르치신 것으로 하니 영적인 일은 영적인 것으로 분별하느니라(고전 2:13)." 말씀대로 영적인 일을 영적으로 분별할 수 있기에 우리가 성령을 추구하는 것입니다. 그리고 수고하고 무거운 짐 진 자들을 돕기 위해서 성령을 추구하는 것이라 말할 수 있겠습니다(마 11:28~30).

그러나 만일 우리가 은사 추구에만 목을 매고 있다면 은사에 대한 이기적인 욕망과 욕심으로 가득찬 나머지 하나님이 보이지 않게 되어 결국 구원받을 수 없는 불쌍한 처지에 놓이게 된다는 사실을 우리가 알아야 할 것입니다(행 13:41). 이러한 점에서 은사 추구가 우리에게 유익이 아니라 오히려 독(毒)이 될 수도 있다는 사실 또한 우리가 알아야 할 것입니다. 왜냐하면 마지막 심판이 가까이 닥쳐오고 있을 뿐 아니라 심판이 우리를 기다리고 있기 때문입니다. 이렇게 말할 수 있는 것은, 우리가 사는 이 시대와 사회가 마지막 심판의 시대임을 말해 주고 있기에 그렇습니다.

그러므로 우리가 신령한 것을 사모한다고 하는 것은, 은사 추구가 아니라 영원한 생명을 얻기 위해서 성령을 추구하는 것이라 말할 수 있겠습니다(롬 8:2). 이것이 믿음의 원리이자 원칙이기에 이를 "생명의 성령의 법(롬 8:2)"이라 말하는 것입니다.

2. 성령 추구는 고정관념을 없애는 것입니다

우리가 성령을 추구하는 것은, 우리의 고정관념을 없애기 위해서입니다. 왜냐하면 내가 영적인 지식과 체험이 있다 하여 나의 영적인 지식과 체험만을 붙들어서는 안 되기 때문입니다. 그러나 나의 영적인 지식과 체험 자체는 참으로 중요합니다. 왜냐하면 나의 영적인 지식과 체험이 있어야, 내 믿음 또한 성장할 수 있기 때문입니다. 그렇지만 우리가 붙들어야 할 것은 오직 하나님뿐이지 다른 어떤 능력이나 은사 또는 체험이 아니라는 말입니다.

영적인 지식과 체험은 단지 우리가 살아계신 하나님을 체험할 수 있는 유일한 통로이자 하나님을 알아 가기 위한 도구일 뿐입니다. 그래서 호세아 선지자는 "그러므로 우리가 여호와를 알자 힘써 여호와를 알자 그의 나타나심은 새벽 빛 같이 어김없나니 비와 같이, 땅을 적시는 늦은 비와 같이 우리에게 임하시리라 하니라(호 6:3)." 말씀하셨던 것입니다. 호세아 선지자의 말씀과 같이 우리는 하나님만 아는 일에 집중하기 위해서 성령을 추구하는 것이라 말할 수 있는 것입니다.

우리가 알고 있는 영적인 지식으로 또는 체험한 것만 붙들고 있다면 나도 모르게 고정관념이 생겨 다른 사람의 은사를 인정하지 않거나 무시하는 경향이 생기게 됩니다. 때론 성경에 없다 하여 인정하지 않으려는 분들도 있습니다. 이러한 고정관념 자체를 우리가 없애야 한다는 것입니다. 왜냐하면 판단의 기준이 사람에게 있지 않고 하나님께 있기 때문입니다.

우리가 믿는 성 삼위일체 하나님은 역사의 주권자이시기 때문에 우리가 믿고 따르는 것입니다. 그래서 예수님께서 "내가 진실로 진실로 너희에게 이르노니 나를 믿는 자는 내가 하는 일을 그도 할 것이요 또한 그보다 큰 일도 하리니 이는 내가 아버지께로 감이라(요 14:12)." 말씀하셨기에 우리가 이를 알 수 있는 것입니다.

예를 들자면 베드로 사도의 경우 기도하려고 지붕에 올라갔더니 "그가 시장하여 먹고자 하매 사람들이 준비할 때에 황홀한 중에, 하늘이 열리며 한 그릇이 내려오는 것을 보니 큰 보자기 같고 네 귀를 매어 땅에 드리웠더라, 그 안에는 땅에 있는 각종 네 발 가진 짐승과 기는 것과 공중에 나는 것들이 있더라, 또 소리가 있으되 베드로야 일어나 잡아 먹어라 하거늘, 베드로가 이르되 주여 그럴 수 없나이다 속되고 깨끗하지 아니한 것을 내가 결코 먹지 아니하였나이다 한 대, 또 두 번째 소리가 있으되 하나님께서 깨끗하게 하신 것을 네가 속되다 하지 말라 하더라, 이런 일이 세 번 있은 후 그 그릇이 곧 하늘로 올려져 가니라(행 10:10~16)."고 말씀하셨습니다.

베드로 사도께서 하나님의 말씀을 거부한 까닭은 하나님의 말씀을 거부하려는 의도에서가 아니라 지난날 자신이 듣고 알고 있는 율법을 곧 하나님의 법으로 생각했기 때문입니다. 하나님의 법을 지키고자 하는 마음에서 거부하였던 것이지만 결과적으로 볼 때 하나님의 말씀을 거부하게 된 것입니다. 이를 판단하는 기준이 베드로 사도 자신과 율법을 따랐기에 베드로 사도의 고정관념이 곧 하나님의 말씀을 거절하게 된 사례라 하겠습니다. 따라서 '육신의 생각'은 '고정관념'을 낳고, '고정관념'은 '불순종'을 낳게 되는 결과가 주어진 것이라 말할 수 있겠습니다.

고정관념의 또 다른 예를 들자면 성령 받기를 원하면서도 방언 말하기를 싫어하시는 분들이 계십니다. 이는 일반적으로 기도는 엄숙하고 조용히 하는 것이라 생각하기 때문이기도 하겠지만 무엇보다 방언 기도는 무슨 뜻으로 기도하는지를 우리가 모르기 때문에 그렇습니다. 그리고 방언 기도는 너무 큰 소리로 기도하는 것이 뭔가 잘못된 것이 아닌가 생각하시는 분들이 계실 뿐 아니라 하나님의 선물인 성령세례(방언)를 마음속 깊이 묻어만 두는 경우가 많기 때문입니다. 그런데 바로 이런 경우가 우리의 고정관념이 될 수 있기에 이를 살피려는 것입니다.

예수님의 제자 120명이 마가의 다락방에 들어가(행 1:13~14 → 2:4~8) "마음을 같이하여 오로지 기도에 힘쓰더라." 하셨는데 "힘쓰더라."는 집중하여 부르짖어 기도할 때 생기는 현상을 말합니다. 하나님을 믿는 사람들에게는 부르짖어 기도하는 것이 익숙하고, 또 성경에도 "부르짖어 기도하라."는 말씀들이 많이 나옵니다.

예를 들자면 구약의 예레미야 29장에 "너희가 내게 부르짖으며 내게 와서 기도하면 내가 너희들의 기도를 들을 것이요, 너희가 온 마음으로 나를 구하면 나를 찾을 것이요 나를 만나리라(렘

29:12~13).”는 말씀이 있습니다.

신약의 사도행전 2장을 보면 "오순절 날이 이미 이르매 그들이 다같이 한 곳에 모였더니, 홀연히 하늘로부터 급하고 강한 바람 같은 소리가 있어 그들이 앉은 온 집에 가득하며, 마치 불의 혀처럼 갈라지는 것들이 그들에게 보여 각 사람 위에 하나씩 임하여 있더니, 그들이 다 성령의 충만함을 받고 성령이 말하게 하심을 따라 다른 언어들로 말하기를 시작하니라, 그 때에 경건한 유대인들이 천하 각국으로부터 와서 예루살렘에 머물러 있더니, 이 소리가 나매 큰 무리가 모여 각각 자기의 방언으로 제자들이 말하는 것을 듣고 소동하여, 다 놀라 신기하게 여겨 이르되 보라 이 말하는 사람들이 다 갈릴리 사람이 아니냐, 우리가 우리 각 사람이 난 곳 방언으로 듣게 되는 것이 어찌 됨이냐(행 2:1~8)." 하셨는데 경건한 유대인들은 기도하는 사람들이 다 갈릴리 사람들이기 때문에 더욱 놀란 것입니다. 유대인들이 볼 때 갈릴리 사람들은 배우지 못해서 뛰어난 언어 구사력(驅使力)이 없는 무식한 자들인데 갑자기 방언으로 기도하였기 때문입니다. 그것도 자기들이 살고 있는 각 나라의 말로 듣게 되자 더욱 놀랄 수밖에 없어 소동하였다는 것 아닙니까(행 2:6). 따라서 조용하고 경건한 어떤 기도만을 생각하였다면 이런 고정관념을 깨뜨리시기를 바랍니다. 그리고 방언 기도를 처음 말하게 되면 자기 자신도 모르게 큰 소리로 말할 수밖에 없을 것입니다. 이는 영적인 싸움이기 때문에 큰 소리로 기도하는 것입니다.

　방언 기도만이 아닙니다. **감리교 창시자 존 웨슬리 목사님이 일기**를 통해서 말한 바와 같이 성령은 성령의 나타나심과 능력을 우리 눈으로, 귀로, 몸으로 알 수 있도록 나타내 주셨기에 우리가 체험적으로 알게 되는 것입니다. 상상할 수 없는 놀라운 일들이 많이 일어나기 때문에 그렇습니다. 그리고 웨슬리 목사님의 일기에서 본 것도 있겠지만 때론 온몸에 전기가 온 것처럼 찌릿찌릿하거나 진동이 와, 쓰러져 떨고 있거나, 떼굴떼굴 구르거나, 울부짖거나, 웃거나, 입신하는 등의 여러 현상이 나타납니다. 그리고 예상하지 못한 일들이 많이 나타날 때도 있기에 여기에는 어떠한 고정관념을 우리가 가져서는 안 된다는 것입니다.

　이러한 점에서 **제가 고등학교 때 목격한 것을 잠시 소개하려 합니다.** 다른 사람의 입신 장면을 봄으로 하나님에 대한 확실한 믿음을 갖게 되었기에 이를 소개하려는 것입니다. 세상에선 불가능하고, 놀랍고, 신비롭고, 기이한 하나님의 능력을 저의 두 눈으로 목격함으로써 살아계신 하나님과 하나님의 능력을 믿게 되었음을 말하려는 것입니다.

　고등학교 여름방학 때 어머니께서 부흥회에 갔다 오셔서 "장로님 댁에서 일하는 자매가 입신하여 천국에 갔다 왔다."며 여러 신비한 일들에 관하여 말씀하여 주셨지만 제 귀에 들어오지 않았습니다. 부흥회에 참석해 보라는 취지의 말씀이 있어서 마지못해 넷째 외삼촌이신 이호춘 목사님(고인)과 함께 서울에 있는 용산제일교회(장로회)로 가서 부흥회에 참석하였습니다. 예배가 끝나자마자 어머니께서 오셔서 "그 자매가 입신했으니 앞으로 나오라." 말씀하셔서 따라갔는데 그 자매 주위를 많은 분이 둘러싸고 있었고 그 자매는 청순하고 성결한 모습으로 드러누워 있었습니다.

자매는 여러 가지 예언하는 중에 "받아 적으라." 말하면서 "대한민국에 무지개가 떠 있다. 앞으로 일본이 대한민국을 부러워할 것이다." 예언했습니다. 당시는 우리나라의 경제 사정이 매우 어려웠던 1960~70년대였습니다. 그런데 신비한 장면을 보게 되었습니다. 그 자매는 드러누워 눈을 감은 상태였고 메모하시는 분들은 그 자매의 눈높이보다 높거나 낮은 위치 또는 같은 위치에서 받아쓰고 있었습니다. 설령 앞뒤에서 쓴다 하더라도 글을 볼 수 없는 상태였고 더구나 눈을 뜨고 본다 하더라도 불가능한 상태였습니다.

그런데 말입니다. 잘못 받아쓰는 분이 계시면 틀린 부분을 정확히 지적하였고, 미처 받아쓰지 못하는 분들이 있으면 쓸 수 있도록 다시 천천히 불러주는 것이었습니다. 그것도 한 사람이 아니라 여러 사람이 받아썼는데 틀린 것을 일일이 말하여 주는 것입니다. 주위에 있던 모든 사람이 서로의 얼굴을 바라보면서 놀라워했습니다. 마치

위에서 내려다보는 것같이 일일이 다 말해 주었으니 이러한 일이 있을 수 있다고 생각하십니까? 그런데 있었습니다.

 그리고 또 이런 일이 있었습니다. 입신이 끝날 때 방언하는 사람을 찾더군요. 마침 그 자리에 권사님으로 생각되는 분이 계셨습니다. 권사님과 서로 방언으로 대화 나누는 장면을 생전 처음 보고 또 한번 놀랐습니다. 세상에 이렇게 아름답고 부드러운 말을 처음 듣게 되었기 때문입니다. 제가 들어본 말들 중 제일 아름다운 말이었고 대화였습니다.

 방언 기도하는 것을 보고 그 당시 '방언'이란 단어를 몰라 "하나님, 나도 저거 주세요."라고 기도하여 방언을 받았습니다. 그런데 제가 미련하고 멍청하여 방언을 받자마자 버렸습니다. 어린애 장난 같기도 하였지만, 도대체 무슨 말을 내가 하고 있는지를 몰라 그만 버리고 말았습니다. 그런데 꿈속에서만큼은 방언을 버리지 않고 계속 방언 기도 하게 하여 주셨습니다. 그때 방언을 버리지 말았어야 했는데 가르쳐 주시는 분이 없기도 했지만 묻지도 않아 몇 십 년 동안 방언하지 않았습니다.

 그리고 방언 기도가 끝나고 안수기도해 주더군요. 그래서 저도 기도를 받으려고 줄을 서서 기다리다가 제 차례가 되어서 손을 얹을 수 있도록 머리를 앞으로 쑥 내밀었습니다. 그런데 갑자기 손으로 저의 머리를 탁 치면서 "그것 회개해!"라고 말하더군요. 그때 6살 때 일이 퍼뜩 생각났습니다. 침례교회에서 운영하는 인천 '성애원' 이라는 고아원에 어머니께서 보육교사로(이화전문대학 보육과 졸업) 근무하시느라 고아원에서 살게 되었습니다. 고아원 2층에 예배당이 있었는데 예배가 끝났음에도 어머니께서 오시지 않아 혹시 어머니가 피아노 치고 계신가 하여 올라가 보았습니다. 하지만 아무도 없고 강대상 바로 밑 책상에 헌금이 수북이 쌓여 있었습니다. 그 중에 붉은색 조그마한 종이돈 1원짜리 한 장을 훔쳐 긴 풍선 한 개를 산 것이 생각나 회개하였습니다.

이는 하나님의 성물을 훔쳤기 때문입니다. 회개하고 나자 자매가 제 머리를 붙들고 향취가 난다면서 감탄의 소리를 크게 연발하길래 저도 맡아 보았습니다. 세상에 그런 향취는 난생처음 맡아 보는 것이었습니다. 코로 호흡을 길게 하여 향취를 흠뻑흠뻑 들이마셨습니다. 이렇게 향취를 맡는 체험은 오래 지속되어 목회자가 된 뒤에도 향취를 맡았습니다.

이처럼 제가 직접 목격하고, 향취를 맡았던 것을 수십 년 지난 뒤에도 하나님께서 저에게 기억하고 있는지 물어 확인하기도 하셨습니다. 여러분은 믿기지 않을 것입니다. 그러나 저는 있을 수 없는 불가능한 현상을 제가 체험하였기에 여러분에게 소개하였습니다. 하나님 앞에서 거짓이 있을 수 없기 때문입니다. 여기서 중요한 것은 제가 입신하여 나타난 현상이 아니라 입신한 사람의 현상을 저의 눈으로 목격함으로 성령 하나님의 나타나심과 그 능력을 알게 된 것입니다. 그래서 오늘날까지 나의 믿음이 확고하게 설 수 있을 뿐만 아니라 목회자가 될 수 있었던 것입니다.

이를 믿고 안 믿고 하는 것은 여러분이 판단할 일이겠지만 여러분들의 고정관념이 문제일 수도 있겠습니다. 왜냐하면 하나님께서 행하신 일을 우리가 판단할 수 있는 일이 아니기 때문입니다. 더구나 예수님께서 "내가 아버지 안에 거하고 아버지께서 내 안에 계심을 믿으라 그렇지 못하겠거든 행하는 그 일로 말미암아 나를 믿으라, 내가 진실로 진실로 너희에게 이르노니 나를 믿는 자는 내가 하는 일을 그도 할 것이요 또한 그보다 큰 일도 하리니 이는 내가 아버지께로 감이라, 너희가 내 이름으로 무엇을 구하든지 내가 행하리니 이는 아버지로 하여금 아들로 말미암아 영광을 받으시게 하려 함이라(요 14:11~13)." 말씀하셨기 때문입니다.

그런데 이를 신비주의자 또는 뒤틀린 성령 체험이라는 등 사기꾼으로 몰아가는 분이 계시기 때문에 문제가 아닐 수 없습니다.[40] 신비주의자나, 뒤틀린 성령 체험이라거나, 혼돈의 영으로 몰아가는 분들은 성령의 나타나심과 권능을 체험한 일이 없기에 영적인 세계를 몰

---

40) 박형택, "뒤틀려진 성령운동과 한국교회", 〈바른믿음〉, 2014. 9. 23. www.good-faith.net〉news 2020. 12 접속.

라서 그렇습니다. 더구나 목회자들 중에도 이렇게 생각하시는 분들이 있기에 안타까울 뿐입니다. 육신의 생각으로만 교육받고 믿고 있었기 때문에 이러한 현상이 생기는 것입니다. 그리고 성경의 모든 말씀이 이를 증명하는데 예수 그리스도를 믿는다고 말하면서 이를 믿지 않거나 방해한다면 심판받게 될 것입니다. 해서 이러한 자들에 관하여 사도행전 5장의 말씀을 권면해 봅니다.

"그들이 듣고 크게 노하여 사도들을 없이하고자 할새, 바리새인 가말리엘은 율법교사로 모든 백성에게 존경을 받는 자라 공회 중에 일어나 명하여 사도들을 잠깐 밖에 나가게 하고, 말하되 이스라엘 사람들아 너희가 이 사람들에게 대하여 어떻게 하려는지 조심하라, 이 전에 드다가 일어나 스스로 선전하매 사람이 약 사백 명이나 따르더니 그가 죽임을 당하매 따르던 모든 사람들이 흩어져 없어졌고, 그 후 호적할 때에 갈릴리의 유다가 일어나 백성을 꾀어 따르게 하다가 그도 망한즉 따르던 모든 사람들이 흩어졌느니라, 이제 내가 너희에게 말하노니 이 사람들을 상관하지 말고 버려 두라 이 사상과 이 소행이 사람으로부터 났으면 무너질 것이요, **만일 하나님께로부터 났으면 너희가 그들을 무너뜨릴 수 없겠고 도리어 하나님을 대적하는 자가 될까 하노라**(행 5:33~39)."는 말씀과 같이 바리새파 출신인 교법사 가말리엘의 변호를 그들이 옳게 여겨 사도들을 채찍질하여 석방하였습니다. 이와 같이 그들이 사도들을 석방한 것은 하나님을 대적하는 자가 될까 두려워 풀어준 것입니다.

 맞습니다. 나의 잘못된 육신의 생각으로 하나님의 일을 그르치거나 방해가 되면 안 되기 때문입니다. 마찬가지로 우리도 나의 잘못된 고정관념으로 하나님의 일을 반대하거나 적대시하는 또는 위험한 생각으로 몰아가서는 안 될 것입니다. 다만 다른 사람에게 나타났던 하나님의 일을 내 생각으로 판단할 것이 아니라 성령 하나님께서 오늘 나에게 어떻게 임하여 오실지를 기대하면서 내 마음을 그분께 온전히 맡겨드리는 마음의 준비를 함이 옳을 것입니다.

 이는 우리의 고정관념을 소멸시키기 위해 "주님, 이러한 현상은 성경 말씀에서도 없는 현상일 뿐만 아니라 제가 처음 보는 현상입니다. 이를 어떻게 받아들여야 할지 몰라 당황스럽습니다. 만일 주님의 일이 아니라면 막아 주옵소서. 그러나 저의 잘못된 고정관념이라면 주님의 일을 방해하지 않고 받아들일 수 있도록 도와주옵소서! 그리고 저의 잘못된 고정관념이 있다면 소멸시켜 주시기를 간절히 원합니다."라고 예수님의 이름으로 기도해야 할 것을 권면해 봅니다.

3. 성령 추구는 참되게 예배드리기 위해서입니다.

우리가 성령을 추구하는 것은 하나님께 참되게 예배드리기 위해서입니다. 예수님께서 갈릴리로 가시기 위하여 사마리아를 통과하여 수가라 하는 동네에 이르러 '야곱의 우물가'에서 잠시 쉬시는 중에 사마리아 여인이 물을 길러 왔습니다. 예수님께서 사마리아 여인에게 "물을 좀 달라." 말씀하시자 사마리아 여인은 "당신은 유대인으로서 어찌하여 사마리아 여자인 나에게 물을 달라 하나이까." 약간의 지역감정이 섞인 말투로 퉁명스럽게 말하였습니다. "예수께서 대답하여 이르시되 네가 만일 하나님의 선물과 또 네게 물 좀 달라 하는 이가 누구인 줄 알았더라면 네가 그에게 구하였을 것이요 그가 생수를 네게 주었으리라(요 4:10)." 말씀에 여인은 어이없어하며 아까보다 좀 더 화가 나서 말했습니다. 왜냐하면 방금 "물을 좀 달라." 하던 이가 지금은 "내가 누구인 줄 알았으면 그에게 구하였을 것이고, 생수를 네게 주었으리라." 말씀하셨기 때문입니다.

"여자가 이르되 주여 물 길을 그릇도 없고 이 우물은 깊은데 어디서 당신이 그 생수를 얻겠사옵나이까, 우리 조상 야곱이 이 우물을 우리에게 주셨고 또 여기서 자기와 자기 아들들과 짐승이 다 마셨는데 당신이 야곱보다 더 크니이까, 예수께서 대답하여 이르시되 이

물을 마시는 자마다 다시 목마르려니와, 내가 주는 물을 마시는 자는 영원히 목마르지 아니하리니 내가 주는 물은 그 속에서 영생하도록 솟아나는 샘물이 되리라(요 4:11~14)."

여인은 육신의 생각으로 생각할 때 기막히고 어처구니없었습니다. "여자가 이르되 주여 그런 물을 내게 주사 목마르지도 않고 또 여기 물 길으러 오지도 않게 하옵소서(요 4:15)." 비꼬듯이 말했습니다. 예수님께서 "내가 주는 물"이 과연 무엇을 말하는지를 사마리아 여인에게 가르쳐 주시기 위해 단도직입적으로 "가서 네 남편을 불러 오라." 말씀하시자 여인은 아까보다 더 화가 난 표정으로 "나는 남편이 없나이다." 퉁명스럽게 톡 쏘듯이 대답하였습니다.

그러나 오히려 예수님께서 이를 통쾌하게 받아들이시며 "네가 남편이 없다 하는 말이 옳도다. 너에게 남편 다섯이 있었고 지금 있는 자도 네 남편이 아니니 네 말이 참되도다(요 4:17~18)."고 구체적으로 여인의 말에 동의하시자 여인은 놀랍고 당황스러우면서도 신기하게 마음의 위로가 되었습니다. 그 말씀에 사마리아 여인은 감격스러우면서도 놀랐을 것입니다.

사마리아 여인이 예수님께 자기 자신에 대해 아무런 정보도 말하지 않았음에도 불구하고 예수님께서 사마리아 여인에 대하여 소상하게 잘 알고 계셨고 동시에 여인의 기구한 삶을 인정해 주시자 사마리아 여인은 오히려 마음의 위로와 치유함을 받았습니다. 그래서 "주여 내가 보니 선지자로소이다." 말하며 "우리 조상들은 이 산에서 예배하였는데 당신들의 말은 예배할 곳이 예루살렘에 있다 하더이다(요 4:20)."며 대화를 '예배 처소 논쟁'으로 옮겨 갑니다.

이에 "예수께서 이르시되 여자여 내 말을 믿으라 이 산에서도 말고 예루살렘에서도 말고 너희가 아버지께 예배할 때가 이르리라. 너희는 알지 못하는 것을 예배하고 우리는 아는 것을 예배하노니 이는 구원이 유대인에게서 남이라(요 4:21~22)." 말씀하셨던 것입니다.

예수님의 말씀은 예배 장소의 문제가 아니라 '하나님께 어떻게 예배를 드리느냐'라는 것을 말씀하여 주심으로써 '예배 처소'에 대한 사마리아인들의 문제를 먼저 해소하여 주시고 "너희는 알지 못하는 것을 예배하고 우리는 아는 것을 예배하노니"라고 말씀하여 주셨습니다. 이렇게 말씀하여 주셨던 까닭은 사마리아인들은 육신의 생각으로 하나님을 표면적으로만 믿고 있기에 "너희는 알지 못하는 것을 예배한다." 말씀하신 것입니다. "아버지께 참되게 예배하는 자들은 영과 진리로 예배할 때가 오나니 곧 이 때라 아버지께서는 자기에게 이렇게 예배하는 자들을 찾으시느니라, 하나님은 영이시니 예배하는 자가 영과 진리로 예배할지니라(요 4:23~24)." 말씀하여 주셨던 것입니다.

말씀인즉 하나님께 드려지는 예배는 장소의 문제가 아니라 하나님은 '영'이시기 때문에 '영'과 '진리'로 예배하는 자들을 찾으신다는 말씀이었습니다(요 4:23). 왜냐하면 영(靈)과 진리로 예배드리는 자들만이 하나님께 참되게 예배드리는 것이 무엇인지를 알기 때문에 예수님께서 "우리는 아는 것을 예배하노니"라고 말씀하셨던 것입니다(요 4:22). 그리고 "하나님께서 영과 진리로 예배드리는 자를 찾으신다." 말씀하셨는데 왜 하나님께 영과 진리로 예배를 드려야 하고, 예수님은 **무엇을 말씀하시고자 하시는 걸까요?**

"육으로 난 것은 육이요 영으로 난 것은 영이니, **내가 네게 거듭나야 하겠다 하는 말을 놀랍게 여기지 말라**(요 3:6~7)."는 예수님의 말씀과 사도 바울의 "육신을 따르는 자는 육신의 일을, 영을 따르는 자는 영의 일을 생각하나니, 육신의 생각은 사망이요 영의 생각은 생명과 평안이니라. 육신의 생각은 하나님과 원수가 되나니 이는 하나님의 법에 굴복하지 아니할 뿐 아니라 할 수도 없음이라. 육신에 있는 자들은 하나님을 기쁘시게 할 수 없느니라. 만일 너희 속에 하나님의 영이 거하시면 너희가 육신에 있지 아니하고 영에 있나니 누구든지 그리스도의 영이 없으면 그리스도의 사람이 아니라(롬 8:5~9)."는 말씀에서 알 수 있습니다.

예수님의 말씀과 사도 바울의 말씀과 같이 '육(肉)'과 '영(靈)'은 하나가 될 수 없는 대조 관계이기 때문에 육신의 생각으로 영적인 예배를 드릴 수 없다는 것입니다. 하나님께서 '영과 진리'로 예배드리는 자들을 찾으시는 이유가 바로 여기에 있기에 예수님께서 "아버지께 참되게 예배하는 자들은 영과 진리로 예배할 때가 오나니 곧 이 때라 아버지께서는 자기에게 이렇게 예배하는 자들을 찾으시느니라." 말씀하시고, "하나님은 영이시니 예배하는 자가 영과 진리로 예배할지니라." 말씀하셨던 것입니다.

이에 "여자가 이르되 메시야 곧 그리스도라 하는 이가 오실 줄을 내가 아노니 그가 오시면 모든 것을 우리에게 알려 주시리이다."라고 말하였습니다. 그런데 사마리아 여인의 말에서 '메시아'이신 그리스도를 대망하고 있음과 그의 가르침을 소망하고 있음을 알 수 있습니다. 그러나 사마리아 여인은 예수님이 메시아이시고 그리스도시라는 사실을 모르고 있기에 "예수께서 이르시되 네게 말하는 내가 그라 하시니라." 말씀하여 주셨습니다(요 4:23~26).

이러한 주님의 말씀에 즉각적인 깨달음을 받은 사마리아 여인은 너무 감격한 나머지 동네사람들에게 달려갑니다. "여자가 물동이를 버려 두고 동네로 들어가서 사람들에게 이르되, 내가 행한 모든 일을 내게 말한 사람을 와서 보라 이는 그리스도가 아니냐 하니, 그들이 동네에서 나와 예수께로 오더라(요 4:28~30)."

사마리아 여인 자신이 예수님을 그리스도이신 것과 그의 권능을 체험하여 알게 되었기 때문에 감격에 젖어 "여자의 말이 내가 행한 모든 것을 그가 내게 말하였다 증언하므로 그 동네 중에 많은 사마리아인이 예수를 믿는지라, 사마리아인들이 예수께 와서 자기들과 함께 유하시기를 청하니 거기서 이틀을 유하시매, 예수의 말씀으로 말미암아 믿는 자가 더욱 많아, 그 여자에게 말하되 이제 우리가 믿는 것은 네 말로 인함이 아니니 이는 우리가 친히 듣고 그가 참으로 세상의 구주신 줄 앎이라 하였더라(요 4:39~42)." 고백하였던 것입니다.

사마리아 여인은 물론 사마리아 사람들도 예수님의 말씀을 직접 듣고 예수님이야말로 세상의 참 구세주신 줄 비로소 알게 되었습니다. 그리고 참되게 예배드린다는 것은 예배를 어디에서 드려야 하느냐는 장소의 문제가 아니라 하나님은 영이시기 때문에 영과 진리로 예배드려야 한다는 것을 깨달음으로써 사마리아인들이 겪는 '예배 처소'에 대한 근본적인 문제가 해결되었습니다.

그리고 진리의 말씀을 전하여 주신 예수님의 초자연적 지식을 체험하여 깨달은 사마리아인들이 유대인들로 인한 마음의 깊은 상처를 치유 받고 믿음에 대한 참 자유를 누리게 되어(롬 8:2) 예수님을 그리스도로 믿게 되었습니다. 이 사실을 우리가 알게 되었기 때문에 성령을 추구하는 것이 곧 은사 추구가 아니라 참되게 예배드리기 위해서였음을 알 수 있었습니다.

따라서 "아버지께 참되게 예배하는 자들은 영과 진리로 예배할 때가 오나니 곧 이 때라 아버지께서는 자기에게 이렇게 예배하는 자들을 찾으시느니라(요 4:23)."는 말씀에 있기에 우리가 성령을 추구하는 것입니다. 그런데 말씀에서의 영이란 성령을 받은 자들을 가리키는 말씀입니다. 왜냐하면 다음 구절에 "하나님은 영이시니 예배하는 자가 영과 진리로 예배할지니라(요 4:24)." 말씀하셨기 때문입니다. 그런데 "영과 진리로 예배할 때가 오나니 곧 이 때라(요 4:23)."는 예수님의 말씀은 지금은 '성령 시대'가 도래하였음을 알리는 말씀으로 우리가 영의 인도하심에 따라 그때 그 시(時)에 계시된 말씀(진리)으로 예배를 드려야 한다는 것입니다. 말씀인즉 우리가 "마땅히 할 말을 성령이 곧 그 때에 너희에게 가르치시리라(눅 12:12; 요 16:13, 14:26)." 말씀대로 예배드리는 것을 말씀하시는 것입니다. 왜냐하면 지금은 우리가 성령 시대에 살고 있기에 영과 진리로 예배드려야 하기 때문입니다.

그러므로 우리가 영과 진리로 예배드린다는 것은 곧 하나님께 참되게 예배를 드리기 위해서 우리가 성령(聖靈)을 추구하는 것이라 말할 수 있겠습니다. 하나님은 영이시기 때문에 그렇습니다(요 4:24; 고전 14:2). 아멘!

3장

성령 하나님의 사역

우리가 성령 하나님의 사역을 알려고 한다면 예수님이 어떤 분이신지를 먼저 살피는 것이 옳을 것입니다. 누가복음 4장 말씀을 보면 예수님께서 나사렛에 있는 회당에서 이사야 선지자에게 계시되었던 말씀을 읽으시며(사 61:1~2) 이를 인용하여 예수님 자신이 '메시아'로 오셨음을 밝히시는 말씀임을 볼 수 있습니다.

"주의 성령이 내게 임하셨으니 이는 가난한 자에게 복음을 전하게 하시려고 내게 기름을 부으시고 나를 보내사 포로 된 자에게 자유를, 눈 먼 자에게 다시 보게 함을 전파하며 눌린 자를 자유롭게 하고, 주의 은혜의 해를 전파하게 하려 하심이라 하였더라(눅 4:18~19)."는 말씀은 로마서 8장 말씀으로 귀결됩니다. "그러므로 이제 그리스도 예수 안에 있는 자에게는 결코 정죄함이 없나니, 이는 그리스도 예수 안에 있는 생명의 성령의 법이 죄와 사망의 법에서 너를 해방하였음이라(롬 8:1~2)."

이렇게 주의 성령이 예수님께 임하심은 예수님의 제자들과 오늘을 사는 주의 백성인 우리에게도 주의 성령이 임하여 권능을 받아 주의 복음을 전파할 수 있어야 한다는 말씀입니다. 왜냐하면 예수님께서 하나님의 아들이시지만 성령의 능력을 기름 붓듯 하셨는데 하물며 우리가 성령의 기름 부으심을 받지 않고 주의 일을 어떻게 감당할 수 있겠느냐는 것입니다. 그래서 우리의 주님께서 "사도와 함께 모이사 그들에게 분부하여 이르시되 예루살렘을 떠나지 말고 내게서 들은 바 아버지께서 약속하신 것을 기다리라, 요한은 물로 세례를 베풀었으나 너희는 몇 날이 못되어 성령으로 세례를 받으리라 하셨느니라(행 1:4~5)." 말씀하셨던 것입니다.

성령을 받아본 일이 없는 제자들에게 "너희는 몇 날이 못되어 성령으로 세례를 받으리라." 말씀하여 주셨어도, 성령이 도대체 무엇을 말씀하시는지를 몰라 마치 뜬구름 잡듯 막연하여 답답한 심정이었을 것입니다. 그러나 성령에 관하여 잘은 모르지만 막연하게 기대하는 마음을 갖고 있었을 것입니다.

저 역시 지난날에 성령을 체험하였지만, 육신의 지배를 받고 있었기에 성령에 대하여 막연한 마음으로 목회하였습니다. 제가 체험한 것을 잠시 말씀드리겠습니다. 전라남도 광양의 태인수표교회에 처음 부임하여 교회 내의 문제로 제가 산송장으로 살고 있을 때 〈국민일보〉 신문을 보니 인천순복음교회(최성규 목사 시무)에서 목회자를 위한 세미나가 있었습니다(1998년경). 미국 펜사콜라 브라운스빌 교회의 Fire School 학장 마이클 브라운(Michael Brown) 목사의 집회에 참석하였는데, 예배 후 목회자와 성도들을 위한 임파테이션(impartation, 능력전이)이 있었습니다. 그래서 앞에 나가 줄을 섰다가 앞에 계신 분들이 넘어지시기에 '왜 넘어지지?' 심히 놀라 충격의 눈으로 바라보았습니다. 이는 왜 넘어지는지를 몰랐기 때문입니다.

내 차례가 왔습니다. 목사님이 제 몸에 손을 대지 않고 툭 치시듯 손짓만 하는데 다른 분들은 넘어져도 저는 넘어지지 않았습니다. 다시 나가서 받았지만 역시 넘어지지 않아 속으로 회개하면서 '내가 뭔가 잘못되었나? 아니면 넘어지는 사람들이 잘못된 것인가?' 생각하였습니다. 다음날도 나갔지만 역시 넘어지지 않자 마음속으로 '참, 성의 없이 한다.' 생각했습니다. 제 머리에 손을 얹고 간절한 마음으로 기도해 주지 않아 그렇게 생각했던 것입니다.

그래서 구약의 나병에 걸렸던 나아만 장군과 같이 속으로 불만을 토로하였습니다(왕하 5:11). 한마디로 제가 성령에 대하여 무식했고 건방졌기 때문입니다. 온전히 하나님 앞에 겸손한 마음으로 은혜를 입고자 하는 마음으로 서야 했지만 쓰러지는 데만 관심이 있고 겸손하지 못하였던 것입니다. 그런데 이를 아시는 하나님께서 겸손하게 하고자 하는 마음과 확신 있는 믿음의 사람으로 만들어 주시기 위해서 쓰러지지 않게 하셨음을 나중에야 깨달았습니다. 이는 저의 오만함과 교만함을 깨우쳐 주시기 위해서였습니다.

오후 시간에 마이클 브라운 목사의 조교가 목회자들을 위한 강의를 하였습니다. 강의 중 제 마음에 나에게 안수하면 어떤 현상이 일어날 것이라는 감동이 있었습니다. 그런데 강의가 그냥 끝나더라고요. 실망하였습니다. 그래서 화장실 갔다 오니 강의실에서 안수하고 있었습니다. 저도 줄을 서서 안수받는데 두 손으로 제 머리에 얹고 정성껏 임파테이션 하여 주었습니다. 난생처음으로 무릎이 꺾이면서 넘어지는 체험을 하였습니다. 자신도 모르게 눈물이 나오면서 하나님께 감사드렸습니다. 왜냐하면 하나님의 강한 능력으로 넘어지는 체험을 처음 경험했기 때문입니다.

저녁 예배가 집회의 마지막 시간이라 주 강사인 브라운 목사의 임파테이션을 놓칠 수 없었기에 또 올라갔습니다. 올라갔지만 역시 변화가 없었습니다. 임파테이션 끝나갈 때 맨 마지막 순간에 또 뛰어 올라갔지요. 이번에도 목사님이 성의 없이 툭 치시는 듯 건드리지 않고 몸짓만 취하시길래 또 속으로 '참, 성의 없이 하는구나.' 생각했습니다. 그런데 말입니다. 저를 건드리지도, 밀지도 않았는데 제가 쓰러지는 겁니다.

　제가 넘어지지 않으려고 기를 썼지만, 강력한 힘에 밀려서 넘어졌습니다. 제가 일어서려고 했지만 일어설 수가 없었습니다. 그래서 평안히 눈을 감고 감사하는 마음으로 오랫동안 누워 기도하였습니다. 중간에 일어서려고 했지만 여전히 일어설 수가 없었습니다. 주님이 만져주셨음을 완전히 실감하면서 성령의 충만함이란 이런 것이구나 생각했습니다. 참 평안과 기쁨이 밀려오는 감격의 눈물이었습니다. 그리고 '성령을 체험해 보지 않은 사람은 그 감격과 느낌을 모를 수밖에 없겠다.' 생각했습니다. 왜냐하면 자기 자신이 직접 체험하지 못하였다면 모를 수밖에 없는 것이 성령의 나타나심과 능력이기 때문에 그렇습니다. 체험한 당사자에게는 경이롭고 감격적이기에 큰 충격일 수밖에 없을 것입니다.

　그런데 이러한 현상을 이상한 눈으로 바라보거나 위험하게 여기시는 분들이 "신비를 좇지 말라." 말씀하시는 것도 사실입니다. 그러나 존 웨슬리 목사님이 일기에 기록하셨듯이 현상은 현상일 뿐입니다. 성령 받는 초기에는 저와 똑같은 현상이 일어날 것입니다. 단지 이러한 현상을 통하여 살아계신 하나님의 능력을 내가 처음으로 체험하게 되었다는 것과 그 체험을 통해 산송장 같았던 나를 치료하여 주셨고 위로함을 받게 되어 능력의 하나님을 알게 되었다는 사실이 감사할 뿐입니다.

우리가 이러한 현상으로 인하여 확고한 믿음을 갖게 되었다는 점이 무엇보다도 가장 소중하고 중요한 사건이라 하겠습니다. 하나님이 나에게 임하여 주신 체험이 기쁠 뿐입니다. 받아 본 사람들은 성령의 충만하게 하여 주시는 이 감정을 알게 되었기에 이러한 체험을 귀하게 생각할 것입니다. 바로 이 부분이 저의 믿음의 시작점이라 말할 수 있습니다.

그러므로 이번 장에서는 예수님께서 성령에 관하여 제자들에게 주셨던 말씀을 토대로 성령이 내게 임하시면 성령이 우리에게 어떻게 유익이 되는지 그리고 우리가 어떻게 해야 성령을 충만하게 받을 수 있는지를 방법적으로 살펴보려 합니다.

1. 내가 떠나가는 것이 너희에게 유익이라

하나님의 뜻에 따라 이 땅에 오신 예수 그리스도께서 복음 사역을 모두 마치시고 하나님께로 가실 시간이 임박해짐에 따라 제자들에게 이렇게 당부하셨습니다.

"지금 내가 나를 보내신 이에게로 가는데 너희 중에서 나더러 어디로 가는지 묻는 자가 없고, 도리어 내가 이 말을 하므로 너희 마음에 근심이 가득하였도다. 그러나 내가 너희에게 실상을 말하노니 내가 떠나가는 것이 너희에게 유익이라 내가 떠나가지 아니하면 보혜사가 너희에게로 오시지 아니할 것이요 가면 내가 그를 너희에게로 보내리니, 그가 와서 죄에 대하여, 의에 대하여, 심판에 대하여 세상을 책망하시리라(요 16:5~8)."

이는 약속된 성령 사역의 삼대 요소를 가리키는 말씀으로 주님께서 십자가의 죽음을 앞둔 절박감에서 그리스도를 믿고자 하는 이들에게 성령의 중요성과 필요성을 알려 주시는 것입니다. 보혜사 성령께서 오시는 것은 죄에 대하여, 의에 대하여, 심판에 대하여, 세상의 그릇된 생각들을 바로잡아 진리를 올바로 깨닫게 하여 천국 백성으로 삼기 위함이었습니다. 그리고 성령 사역을 통해서 잘못된 육신의 생각을 소멸시키는 것과 성령의 인도함을 받아 우리로 구원에 이르게 하시려는 게 목적이라 이를 살피려는 것입니다(요 16:13).

예수님께서 "내가 떠나가는 것이 너희에게 유익이라."고 하신 말씀을 이해할 수 없었습니다(요 16:7). 왜냐하면 제자들은 우리와 같이 '육신의 생각'으로 주님의 말씀을 생각할 때 하나님의 아들이신 메시아께서 왜 죽으셔야 하는지, 그 이유를 알지 못했기 때문에 난감하거나 당황스러웠을 것입니다. 더구나 예수님께서 "내가 아직도 너희에게 이를 것이 많으나 지금은 너희가 감당하지 못하리라(요

16:12)." 하신 말씀을 우리가 어떻게 이해할 수 있겠으며 이를 어떻게 받아들일 수 있겠습니까? 제자들의 영적인 수준이 높거나 낮아서가 아니라 영적인 말씀을 가르쳐 주어도 육신의 생각으로 말씀 자체를 이해할 수 없기 때문에 이를 아신 예수님께서 "지금은 너희가 감당하지 못하리라." 말씀하셨던 것입니다.

이는 요한복음 3장에서 니고데모에게 "사람이 거듭나지 아니하면 하나님의 나라를 볼 수 없느니라(요 3:3).고 말씀하시자 니고데모가 "사람이 늙으면 어떻게 날 수 있사옵나이까 두 번째 모태에 들어갔다가 날 수 있사옵나이까(요 3:4)."라고 질문했던 것과 같습니다. 제자들도 육신의 생각으로 영(靈)의 일을 이해하려 해도 이해할 수 없기에 예수님께서 "육으로 난 것은 육이요 영으로 난 것은 영이니, 내가 네게 거듭나야 하겠다 하는 말을 놀랍게 여기지 말라(요 3:6~7)." 말씀하셨던 것입니다. 이는 육신의 생각과 영(靈)의 생각이 서로 대조 관계에 있기에 예수님께서 제자들이 말씀을 이해할 수 없음을 아셨기에 "내가 네게 거듭나야 하겠다 하는 말을 놀랍게 여기지 말라." 말씀하시게 된 것입니다. 그리고 요한복음 16장에서 예수님께서 이렇게 말씀하셨습니다.

"그러나 진리의 성령이 오시면 그가 너희를 모든 진리 가운데로 인도하시리니 그가 스스로 말하지 않고 오직 들은 것을 말하며 장래 일을 너희에게 알리시리라. 그가 내 영광을 나타내리니 내 것을 가지고 너희에게 알리시겠음이라. 무릇 아버지께 있는 것은 다 내 것이라 그러므로 내가 말하기를 그가 내 것을 가지고 너희에게 알리시리라 하였노라. 조금 있으면 너희가 나를 보지 못하겠고 또 조금 있으면 나를 보리라 하시니(요 16:13~16)."

제자들은 육신의 생각으로 생각할 때 성령이 오시면 도대체 어떻게 인도하여 주실 것인지를 모르기 때문에 예수님의 말씀을 도통 이해할 수 없었습니다.

"제자 중에서 서로 말하되 우리에게 말씀하신 바 조금 있으면 나를 보지 못하겠고 또 조금 있으면 나를 보리라 하시며 또 내가 아버지께로 감이라 하신 것이 무슨 말씀이냐 하고, 또 말하되 조금 있으면이라 하신 말씀이 무슨 말씀이냐 무엇을 말씀하시는지 알지 못하노라 하거늘, 예수께서 그 묻고자 함을 아시고 이르시되 내 말이 조금 있으면 나를 보지 못하겠고 또 조금 있으면 나를 보리라 하므로 서로 문의하느냐, 내가 진실로 진실로 너희에게 이르노니 너희는 곡하고 애통하겠으나 세상은 기뻐하리라 너희는 근심하겠으나 너희 근심이 도리어 기쁨이 되리라. 여자가 해산하게 되면 그 때가 이르렀으므로 근심하나 아기를 낳으면 세상에 사람 난 기쁨으로 말미암아 그 고통을 다시 기억하지 아니하느니라. 지금은 너희가 근심하나 내가 다시 너희를 보리니 너희 마음이 기쁠 것이요 너희 기쁨을 빼앗을 자가 없으리라. 그 날에는 너희가 아무 것도 내게 묻지 아니하리라 내가 진실로 진실로 너희에게 이르노니 너희가 무엇이든지 아버지께 구하는 것을 내 이름으로 주시리라, 지금까지는 너희가 내 이름으로 아무 것도 구하지 아니하였으나 구하라 그리하면 받으리니 너희 기쁨이 충만하리라(요 16:17~24)."

그러나 제자들은 육신의 생각으로 생각할 때 "조금 있으면"이 무엇을 말씀하시는지를 모르기 때문에 근심할 수밖에 없었습니다. 더구나 예수님께서 성령 사역에 관하여 말씀하여 주셨지만, 그 내용이 너무 막연하여 무척 당황스러웠을 것입니다. 왜냐하면 성령을 받아 본 일이 없기에 상상할 수도 없어 막막할 뿐입니다. 물론 예수님 말씀 자체는 알아들었을지 모르겠지만 이해할 수 없었을 것입니다. 이는 육신의 생각으로만 판단하여 믿어 왔기 때문에 말씀 자체를 이해할 수 없는 것입니다.

이런 관점에서 제자들을 볼 때 요한복음 3장의 니고데모와 똑같은 상황이라 말할 수 있겠습니다. "육으로 난 것은 육이요 영으로 난 것은 영이니"라는 말씀 자체는 알아들었을지라도 육과 영의 대조 관계를 이해하려고 해도 이해할 수 없는 것이, 육(肉)과 영(靈)의 대조 관계이기 때문에 이를 알 수가 없었던 것입니다.

왜냐하면 예수님의 제자들은 육신의 생각으로 하나님을 믿는 것이 곧 영적인 것이라고 생각했기 때문에 말씀을 이해할 수 없었던 것입니다. 따라서 모든 진리의 말씀은 성령을 통해서만 깨달을 수 있기에 이를 아시는 예수님께서 "그러나 내가 너희에게 실상을 말하노니 내가 떠나가는 것이 너희에게 유익이라 내가 떠나가지 아니하면 보혜사가 너희에게로 오시지 아니할 것이요 가면 내가 그를 너희에게로 보내리니(요 16:7)."라고 말씀하셨지만, 이 말씀 역시 제자들은 이해할 수 없었던 것입니다.

이러한 상황임에도 불구하고 우리 주님께서 성령이 오셔야 할, 보다 중요한 말씀을 "내가 아버지께로부터 너희에게 보낼 보혜사 곧 아버지께로부터 나오시는 진리의 성령이 오실 때에 그가 나를 증언하실 것이요(요 15:26)."라고 말씀하여 주셨지만, 제자들은 이를 이해할 수가 없었던 것입니다. 이를 설명하자면 이렇습니다. **성령이 오시지 않으면** 예수님 자체를 증언할 길이 없을 뿐만 아니라 예수 그리스도의 십자가 사건은 비극적인 사건으로 끝날 수밖에 없기에 십자가 사건은 모든 사람으로부터 잊혀졌을 것입니다.

그러나 성령님이 우리 안에 오심으로 인하여 예수님의 십자가 사건을 인류 구원 사건으로 증언해 주시기 때문에 우리 주님께서 "내가 떠나가는 것이 너희에게 유익이라." 말씀하셨던 것입니다. 그리고 성령께서 세상을 책망하실 것이란 말씀은, 책망 자체에 의미가 있는 것이 아니고 책망은 성령의 주요 사역입니다(계 2:4, 14, 20). 성령께서 죄에 대하여, 의에 대하여, 심판에 대하여 잘못된 행위들을 드러내어 우리로 죄가 무엇이고, 의와 불의가 무엇인지를 그리고 심판에 대하여 구체적으로 가르쳐 깨달아 알게 하시려는 것입니다.

이런 관점에서 성령의 삼대 사역인 죄와 의와 심판에 대하여 좀 더 구체적으로 살펴보려 합니다.

1) 죄에 대하여

"내가 이것을 너희에게 이름은 너희로 실족하지 않게 하려 함이니, 사람들이 너희를 출교할 뿐 아니라 때가 이르면 무릇 너희를 죽이는 자가 생각하기를 이것이 하나님을 섬기는 일이라 하리라, 그들이 이런 일을 할 것은 아버지와 나를 알지 못함이라, 오직 너희에게 이 말을 한 것은 너희로 그 때를 당하면 내가 너희에게 말한 이것을 기억나게 하려 함이요 처음부터 이 말을 하지 아니한 것은 내가 너희와 함께 있었음이라, 지금 내가 나를 보내신 이에게로 가는데 너희 중에서 나더러 어디로 가는지 묻는 자가 없고, 도리어 내가 이 말을 하므로 너희 마음에 근심이 가득하였도다, 그러나 내가 너희에게 실상을 말하노니 내가 떠나가는 것이 너희에게 유익이라 내가 떠나가지 아니하면 보혜사가 너희에게로 오시지 아니할 것이요 가면 내가 그를 너희에게로 보내리니, 그가 와서 죄에 대하여, 의에 대하여, 심판에 대하여 세상을 책망하시리라(요 16:1~8)."

말씀과 같이 예수님께서 하나님 아버지께로 가시는 목적은 보혜사 성령님이 이 땅에 오셔야 우리에게 유익이 되기 때문이었습니다. 왜냐하면 예수 그리스도께서 가셔야 성령 하나님께서 이 세상에 오실 수 있기 때문이었습니다(요 15:26). 그리고 성령님께서 이 땅에 오셔야만 하는 이유는 예수 그리스도를 우리에게 증언하여 주시기 위해서입니다. 뿐만 아니라 우리가 이를 더욱 믿게 되기 때문에, 성령께서 오셔야 하는 것입니다.

이는 성령님의 3대 사역 중 하나로 우리의 그릇된 육신의 생각들을 바로잡아 깨닫게 하시고 죄를 회개시켜 천국 백성으로 삼으시려는 데 그 목적이 있기 때문입니다. 이를 살펴보겠습니다.

(1) 믿었지만 믿지 못하는 행태가 죄

성령 받았지만 구원받지 못하는 사람들이 있었던 것은 "그들이 하나님을 시인하나 행위로는 부인하니 가증한 자요 복종하지 아니하는 자요 모든 선한 일을 버리는 자니라(딛 1:16)."는 말씀과 같이 그들은 믿고 성령까지 받았지만, 행위로는 부인하였기 때문에 죄가 되는 것입니다.

이처럼 유대인 거짓 교사들과 오늘을 사는 우리도 하나님을 체험해서 잘 안다고 말하지만, 실제 행위에서 나타나는 행태가 하나님을 부인하는 삶을 살고 있기에 이에 대하여 사도 바울께서 말씀하셨습니다. 또한 야고보 사도의 "영혼 없는 몸이 죽은 것 같이 행함이 없는 믿음은 죽은 것이니라(약 2:26)."라는 말씀과 같이, 믿었지만 행함이 없기에 죽은 믿음이라 말할 수 있는 것입니다.

이같이 많은 믿음의 사람들이 "나는 예수님을 믿는다." 말하면서도 실제 삶에서는 불신앙적인 행태를 나타내기 때문에 죄가 되는 것입니다. 그리고 이러한 믿음의 태도는 표면적 믿음 또는 어린아이의 믿음이기 때문에 이를 가리켜 초보라 말하기도 합니다(고전 13:11; 히 5:12~13). 이는 육신의 생각으로 예수 그리스도를 믿고 있기에 초보적인 현상이 나타나는 것입니다(골 2:18). 그런데 여기서 우리가 생각해야 할 것이 있습니다. 왜냐하면 이들이 하나님을 믿었을지라도 믿지 못하는 현상이 생기는 것은 성령을 받았을지라도 성령의 인도함을 받지 못하였기 때문입니다. 이는 '육신의 생각'의 지배를 받고 있어서 말씀에 순종할 수 없었던 것입니다.

우리가 사는 이 세상은 육신의 생각으로 사는 곳이기에 우리가 성령을 받았을지라도 육신의 생각으로 살 수밖에 없는 곳이 또한 이 세상입니다. 그래서 요한 사도는 "이 세상이나 세상에 있는 것들을 사랑하지 말라 누구든지 세상을 사랑하면 아버지의 사랑이 그 안에 있지 아니하니(요일 2:15)."라고 말씀하셨던 것입니다. 따라서 우리의 구세주이신 예수님께서 "진리의 성령이 오시면 그가 너희를 모든 진리 가운데로 인도하시리니 그가 스스로 말하지 않고 오직 들은 것을 말하며 장래 일을 너희에게 알리시리라(요 16:13)." 말씀하셨던 것입니다.

말씀과 같이 성령의 인도함을 받아 체험하여 알게 된 사도 바울이 "무릇 하나님의 영으로 인도함을 받는 사람은 곧 하나님의 아들이라(롬 8:14)." 말씀하셨던 것도 이 원리였습니다. 이를 체험하여 거듭난 사람들을 우리가 '칭의'라 말하며, 이를 다시 말하면 '하나님의 은혜로 죄인이 구원함을 받은 자'라 말합니다. 그리고 이러한 거듭남의 과정을 '성화의 과정'이라 말하고 바로 이것이 믿음의 원리이기 때문에 이스라엘 백성의 광야 생활이 40년씩이나 걸렸던 것입니다.

그래서 선지자 모세는 "네 하나님 여호와께서 이 사십 년 동안에 네게 광야 길을 걷게 하신 것을 기억하라 이는 너를 낮추시며 너를 시험하사 네 마음이 어떠한지 그 명령을 지키는지 지키지 않는지 알려 하심이라(신 8:2)." 말씀하셨던 것입니다. 이러한 광야의 길이야말로 믿음의 시작점이라 말하는 것입니다. 이를 우리가 '성화의 과정' 또는 '거듭남의 과정'이라 말합니다.

그런데 예수 그리스도를 믿는 사람 중 "나는 성령을 받은 사람이야."라고 말할지라도 성령의 인도함을 받지 못하였다면 그 사람은 성령에 관하여 모르는 사람에 불과할 뿐입니다. 왜냐하면 그는 육신의 생각으로 믿음 생활을 하였기 때문입니다. 그래서 예수님께서 "육으로 난 것은 육이요 영으로 난 것은 영이니, 내가 네게 거듭나야 하겠다 하는 말을 놀랍게 여기지 말라(요 3:6~7)." 말씀하셨던 것입니다.

따라서 "내가 그리스도의 영(성령)을 받은 사람으로 성령의 인도함을 받고 있느냐, 아니냐?"가 중요합니다. 그 증거가 예수님의 제자들을 보면 알 수 있습니다. 왜냐하면 예수님의 제자들은 성령 받기 전에 예수님을 잘 믿고 따르고 순종하는 것같이 보였지만 예수님이 붙잡히시던 날 밤에 그들이 어떤 모습을 보여주었습니까? "제자들이 다 예수를 버리고 도망하니라(막 14:50)." 했습니다. 그리고 "마리아가 가서 예수와 함께 하던 사람들이 슬퍼하며 울고 있는 중에 이 일을 알리매, 그들은 예수께서 살아나셨다는 것과 마리아에게 보이셨다는 것을 듣고도 믿지 아니하니라(막 16:10~11)." 하였습니다.

제자들은 예수님을 따르면서 진리의 말씀을 직접 가르침 받았고 여러 이적을 자신들의 눈으로 목격하고 체험하였지만, 주님이 붙잡히시던 날 밤에 그들은 생명의 위협을 느껴 붙잡히지 않으려고 도망쳤던 사람들이었습니다. 그들은 예수님의 부활 소식까지 들었지만 믿지 않고(막 16:11; 눅 24:10~12) 자신들의 살길을 찾아 주님을 떠났음을 말씀에서 확인할 수 있었습니다.

그런데 여기서 **우리가 꼭 확인해야 할 부분이 있습니다.** 성령 받기 이전의 예수님의 제자들과 예수님을 믿고 있지만 성령 받지 못한 오늘의 우리와 어떤 차이가 있는지 아십니까? 이는 육신의 생각으로 믿는다는 점에서 다를 바 없기에 이를 질문하는 것입니다. 이는 시대를 초월하여 '육신의 생각'으로 예수 그리스도를 믿고 있는 한 다 똑같은 존재라는 말입니다. 이같이 우리가 육신의 생각으로 예수 그리스도를 믿고 있는 한 사도 바울로부터 "형제들아 내가 신령한 자들을 대함과 같이 너희에게 말할 수 없어서 육신에 속한 자 곧 그리스도 안에서 어린 아이들을 대함과 같이 하노라, 내가 너희를 젖으로 먹이고 밥으로 아니하였노니 이는 너희가 감당하지 못하였음이거니와 지금도 못하리라(고전 3:1~2)."는 말씀을 들을 수밖에 없을 것입니다.

왜냐하면 그가 예수님을 믿어 그리스도의 영을 받았을지라도 성령의 인도하심을 받지 못하였다면(요 16:13) 그는 육신의 생각에 사로잡혀 있기에 어린아이들을 대함같이 대할 수밖에 없는 것입니다. 믿었지만 믿지 못하는 초보의 행태로 나타났기에(히 5:12) 안타깝게도 구원받지 못하는 것입니다. 따라서 그가 성령을 받았을지라도 성령 받은 시작점에 머물러 있기에 그는 성령의 인도함을 받아야만 한다는 말씀입니다. 그러므로 예수 그리스도를 믿음에 있어서 성령의 인도하심을 받을 때만이 구원함을 받을 수 있다는 사실을 우리가 알아야 할 것입니다.

그러나 우리가 육신의 생각으로 인하여 성령의 인도하심을 받지 못하였다면 믿었지만 믿지 못하는 행태로 나타났기에 죄가 되는 것입니다. 그리고 이것이 믿음의 원리이자 "생명의 성령의 법(롬 8:2)"으로 규정되었기 때문에 구원받지 못하는 것입니다.

(2) 예수 그리스도를 믿지 않는 것이 죄

사람들이 예수 그리스도를 믿는다고 말하면서도 실제 상황에 들어가면 의심하여 믿지 못하는 행태로 나타날 때 바로 이것이 죄가 되기 때문에(딛 1:16) 이를 우리가 잘 살펴야 할 것입니다. 예수 그리스도를 믿지 않으면 우리가 구원받을 수 없기 때문입니다. 그런데 세상 사람들은 '예수 그리스도를 믿지 않는 것이 왜 죄가 되느냐? 그리고 예수 그리스도만 믿어야 구원받을 수 있다는 것은 기독교의 독선 아니냐?'라고 항변의 질문을 하게 될 것이기 때문에 이를 살피지 않을 수 없을 것입니다.

"이성철 종정 석탄절 법어"에서 이미 보았듯이 예수 그리스도를 믿어야만 구원받을 수 있다는 말은 기독교의 독선이 아닙니다. 왜냐하면 구원받을 수 있는 유일한 길이자 통로이기 때문에 독선이 아닙니다. 그리고 당신은 그 길을 모르고 있을 뿐입니다. 기독교가 독선이라고 말하는 것 자체가 오히려 독선이라 생각하지 않습니까? 예수 그리스도를 믿는 것이 지구상에 살아 있는 모든 사람이 구원받을 수 있는 유일한 길이기에 이를 살피려는 것입니다. 선택은 여러분의 것입니다. 확인해 보겠습니다.

첫째, 천지 만물을 창조하신 하나님께서 독생자 예수 그리스도를 이 세상에 보내주신 이유는 세상을 구원하시기 위함이었습니다.

요한복음 3장에 "하나님이 세상을 이처럼 사랑하사 독생자를 주셨으니 이는 그를 믿는 자마다 멸망하지 않고 영생을 얻게 하려 하심이라, 하나님이 그 아들을 세상에 보내신 것은 세상을 심판하려 하심이 아니요 그로 말미암아 세상이 구원을 받게 하려 하심이라, 그를 믿는 자는 심판을 받지 아니하는 것이요 믿지 아니하는 자는 하나님의 독생자의 이름을 믿지 아니하므로 벌써 심판을 받은 것이니라, 그 정죄는 이것이니 곧 빛이 세상에 왔으되 사람들이 자기 행위가 악하므로 빛보다 어둠을 더 사랑한 것이니라, 악을 행하는 자마다 빛을 미워하여 빛으로 오지 아니하나니 이는 그 행위가 드러날까 함이요, 진리를 따르는 자는 빛으로 오나니 이는 그 행위가 하나님 안에서 행한 것임을 나타내려 함이라 하시니라(요 3:16~21)."라는 말씀이 기록되어 있고, 사도행전에 "이르되 주 예수를 믿으라 그리하면 너와 네 집이 구원을 받으리라 하고(행 16:31)."는 말씀이 기록되어 있습니다.

하나님께서 독생자를 이 세상에 보내주신 것은 세상을 심판하려 하심이 아닙니다. 오히려 세상을 구원하시려고 독생자 예수 그리스도를 이 지구상에 보내주셨음을 우리가 믿기 때문에 독선이 아닙니다. 그리고 예수 그리스도를 믿어야만 구원받을 수 있는 또 다른 증명의 길이 있기에 소개하려 합니다. 하나님께서 이 땅의 모든 인류를 구원해 주실 이를 보내시겠다고 수천 년 동안 이스라엘 역사를 통해서 계시하셨는데, 그런 분이 이 세상 어디에 있었느냐는 것입니다. 역사적으로 예언되신 분만이 진정한 구원자일 것입니다. 그리고 그리스도께서 이 땅에 오셔서 우리 죄를 담당키 위하여 십자가에서 질고를 당하시고 속건 제물로 드려졌는데, 이에 대하여 구체적으로 예언된 말씀이 700년 전에 기록되었기에 이를 소개하는 것입니다. 이사야 53장입니다.

"우리가 전한 것을 누가 믿었느냐 여호와의 팔이 누구에게 나타났느냐, 그는 주 앞에서 자라나기를 연한 순 같고 마른 땅에서 나온 뿌리 같아서 고운 모양도 없고 풍채도 없은즉 우리가 보기에 흠모할 만한 아름다운 것이 없도다, 그는 멸시를 받아 사람들에게 버림 받았으며 간고를 많이 겪었으며 질고를 아는 자라 마치 사람들이 그에게서 얼굴을 가리는 것 같이 멸시를 당하였고 우리도 그를 귀히 여기지 아니하였도다, 그는 실로 우리의 질고를 지고 우리의 슬픔을 당하였거늘 우리는 생각하기를 그는 징벌을 받아 하나님께 맞으며 고난을 당한다 하였노라, 그가 찔림은 우리의 허물 때문이요 그가 상함은 우리의 죄악 때문이라 그가 징계를 받으므로 우리는 평화를 누리고 그가 채찍에 맞으므로 우리는 나음을 받았도다. 우리는 다 양 같아서 그릇 행하여 각기 제 길로 갔거늘 여호와께서는 우리 모두의 죄악을 그에게 담당시키셨도다. 그가 곤욕을 당하여 괴로울 때에도 그의 입을 열지 아니하였음이여 마치 도수장으로 끌려 가는 어린 양과 털 깎는 자 앞에서 잠잠한 양 같이 그의 입을 열지 아니하였도다. 그는 곤욕과 심문을 당하고 끌려 갔으나 그 세대 중에 누가 생각하기를 그가 살아 있는 자들의 땅에서 끊어짐은 마땅히 형벌 받을 내 백성의 허물 때문이라 하였으리요. 그는 강포를 행하지 아니하였고 그의 입에 거짓이 없었으나 그의 무덤이 악인들과 함께 있었으며 그가 죽은 후에 부자와 함께 있었도다. 여호와께서 그에게 상함을 받게 하시기를 원하사 질고를 당하게 하셨은즉 그의 영혼을 속건제물로 드리기에 이르면 그가 씨를 보게 되며 그의 날은 길 것이요 또 그의 손으로 여호와께서 기뻐하시는 뜻을 성취하리로다. 그가 자기 영혼의 수고한 것을 보고 만족하게 여길 것이라 나의 의로운 종이 자기 지식으로 많은 사람을 의롭게 하며 또 그들의 죄악을 친히 담당하리로다. 그러므로 내가 그에게 존귀한 자와 함께 몫을 받게 하며 강한 자와 함께 탈취한 것을 나누게 하리니 이는 그가 자기 영혼을 버려 사망에 이르게 하며 범죄자 중 하나로 헤아림을 받았음이니라 그러나 그가 많은 사람의 죄를 담당하며 범죄자를 위하여 기도하였느니라(사 53:1~12)."

예수님께서 이 땅에 태어나시기 700여 년 전에 이미 예언된 예언서가 있었고, 말씀에 기록된 대로 태어나셨고 또한 사셨습니다. 그리고 우리의 죄악을 친히 담당키 위하여 사람들로부터 외면당하시고 또 멸시와 천대를 받으시면서 십자가의 수난과 고통 그리고 죽음까지 당하시며 부활 승천하신 예수 그리스도를 우리는 우리의 구세주로 믿고 있는 것입니다. 이러한 말씀이 이스라엘 예언서에 예언된 분이야말로 하나님의 아들이시기에 우리가 이를 믿고 전하는 것입니다.

둘째, 예언된 말씀대로 이 땅에 오신 예수님께서 우리를 구원하시며 생명의 길과 진리의 말씀을 우리에게 가르쳐 주셨습니다. 뿐만 아니라 우리를 이 땅에서 거듭난 천국 백성으로 살 수 있도록 성령을 보내주셨고 또한 성령의 인도하심에 따라 성령의 도우심을 받을 수 있게 하여(요 16:13) 우리로 승리의 삶을 살 수 있게 하셨는데 이런 분이 또 있었느냐는 것입니다. "내가 아버지께로부터 너희에게 보낼 보혜사 곧 아버지께로부터 나오시는 진리의 성령이 오실 때에 그가 나를 증언하실 것이요(요 15:26)."라는 말씀대로 예수님은 진리의 성령을 우리에게 보내주셨습니다. 성령님은 예수님이 하나님의 아들이시며 그리스도가 우리의 구원자시라는 진리를 가르치시고 생각나게 하여 주셨습니다. 이렇게 성령 하나님께서 성령 받은 각 사람에게 가르쳐 주시거나 생각나게 하여 증언하여 주셨기에 우리가 예수 그리스도를 믿는 것이, 독선이 아니라고 말할 수 있는 것입니다.

예를 들자면 예수님을 믿는 사람들에게 있어서 **사울은 원수 같은 존재**였습니다. 사울은 믿는 사람들을 핍박하고 죽이는 일에 앞장섰던 사람이지만 성령 하나님께서 사울에게 직접 나타나셔서 예수 그리스도를 증언하도록 사울을 사도로 삼으셨습니다(행 9:1~18), 그리고 성령의 나타나심과 능력으로 사도로 변화시켜 진리의 길로 인도하시어 신약성경 27권 중 13권을 쓰게 하셨습니다. 그 예수 그리스도를 우리가 믿는 것입니다. 아멘!

셋째, "그가 찔림은 우리의 허물 때문이요 그가 상함은 우리의 죄악 때문이라 그가 징계를 받으므로 우리는 평화를 누리고 그가 채찍에 맞으므로 우리는 나음을 받았도다(사 53:5)." "그가 상함은 우리의 죄악 때문이라."는 말씀대로 우리를 죄와 사망의 법에서 해방하여 주신 분이 계셨느냐는 것입니다(롬 8:2). "그가 징계를 받으므로" 우리는 마음과 영혼이 평화를 누리게 되었고, 또한 "채찍에 맞으므로" 온갖 질병으로부터 고통 받는 자들을 예수의 이름으로 치료하여 주시고, 위로하여 주셨습니다. 오늘날에도 개인적으로 또는 집단적으로 많은 사람의 치유함이 이루어지고 있기에 우리가 예수 그리스도를 믿고 의지하여 자유함을 받는 것입니다. 유튜브에서 검색하면 이를 확인할 수 있습니다.

넷째, 예수님께서 예수 그리스도를 믿는 자들에게 천국 복음의 비밀을 알려 주시면서 "대답하여 이르시되 천국의 비밀을 아는 것이 너희에게는 허락되었으나 그들에게는 아니되었나니(마 13:11)." 말씀하셨습니다. 또한 요한계시록에서 요한 사도는 "또 내가 새 하늘과 새 땅을 보니 처음 하늘과 처음 땅이 없어졌고 바다도 다시 있지 않더라. 또 내가 보매 거룩한 성 새 예루살렘이 하나님께로부터 하늘에서 내려오니 그 준비한 것이 신부가 남편을 위하여 단장한 것 같더라. 내가 들으니 보좌에서 큰 음성이 나서 이르되 보라 하나님의 장막이 사람들과 함께 있으매 하나님이 그들과 함께 계시리니 그들은 하나님의 백성이 되고 하나님은 친히 그들과 함께 계셔서, 모든 눈물을 그 눈에서 닦아 주시니 다시는 사망이 없고 애통하는 것이나 곡하는 것이나 아픈 것이 다시 있지 아니하리니 처음 것들이 다 지나갔음이러라. 보좌에 앉으신 이가 이르시되 보라 내가 만물을 새롭게 하노라 하시고 또 이르시되 이 말은 신실하고 참되니 기록하라 하시고, 또 내게 말씀하시되 이루었도다 나는 알파와 오메가요 처음과 마지막이라 내가 생명수 샘물을 목마른 자에게 값없이 주리니, 이기는 자는 이것들을 상속으로 받으리라 나는 그의 하나님이 되고 그는 내 아들이 되리라. 그러나 두려워하는 자들과 믿지 아니하는 자들과 흉악한 자들과 살인자들과 음행하는 자들과 점술가들과 우상 숭배자들과 거짓말하는 모든 자들은 불과 유황으로 타는 못에 던져지리니 이것이 둘째 사망이라(계 21:1~8)."는 말씀과 같이 천국을 구체적으로 예시하셨는데 천국과 지옥을 대비시켜 계시된 말씀을 보면서 당신은 아직도 예수 그리스도를 믿는 것이 독선이라고 생각하십니까? 이러한 분을 마땅히 믿어야 함에도 불구하고 아직도 믿지 못하였다면 바로 이것이 독선이고 교만이기 때문에 죄가 되는 것입니다. 그리고 이성철 종정님의 마지막 열반송을 잘 생각해 보시기를 바랍니다.

더구나 로마서 1장에 보면 이런 말씀이 있습니다. "하나님의 진노가 불의로 진리를 막는 사람들의 모든 경건하지 않음과 불의에 대하여 하늘로부터 나타나나니, 이는 하나님을 알 만한 것이 그들 속에 보임이라 하나님께서 이를 그들에게 보이셨느니라, 창세로부터 그의 보이지 아니하는 것들 곧 그의 영원하신 능력과 신성이 그가 만드신 만물에 분명히 보여 알려졌나니 그러므로 그들이 핑계하지 못할지니라, 하나님을 알되 하나님을 영화롭게도 아니하며 감사하지도 아니하고 오히려 그 생각이 허망하여지며 미련한 마음이 어두워졌나니, 스스로 지혜 있다 하나 어리석게 되어, 썩어지지 아니하는 하나님의 영광을 썩어질 사람과 새와 짐승과 기어다니는 동물 모양의 우상으로 바꾸었느니라, 그러므로 하나님께서 그들을 마음의 정욕대로 더러움에 내버려 두사 그들의 몸을 서로 욕되게 하게 하셨으니, 이는 그들이 하나님의 진리를 거짓 것으로 바꾸어 피조물을 조물주보다 더 경배하고 섬김이라 주는 곧 영원히 찬송할 이시로다 아멘, 이 때문에 하나님께서 그들을 부끄러운 욕심에 내버려 두셨으니 곧 그들의 여자들도 순리대로 쓸 것을 바꾸어 역리로 쓰며, 그와 같이 남자들도 순리대로 여자 쓰기를 버리고 서로 향하여 음욕이 불일듯 하매 남자가 남자와 더불어 부끄러운 일을 행하여 그들의 그

룻됨에 상당한 보응을 그들 자신이 받았느니라, 또한 그들이 마음에 하나님 두기를 싫어하매 하나님께서 그들을 그 상실한 마음대로 내버려 두사 합당하지 못한 일을 하게 하셨으니, 곧 모든 불의, 추악, 탐욕, 악의가 가득한 자요 시기, 살인, 분쟁, 사기, 악독이 가득한 자요 수군수군하는 자요, 비방하는 자요 하나님께서 미워하시는 자요 능욕하는 자요 교만한 자요 자랑하는 자요 악을 도모하는 자요 부모를 거역하는 자요, 우매한 자요 배약하는 자요 무정한 자요 무자비한 자라, 그들이 이같은 일을 행하는 자는 사형에 해당한다고 하나님께서 정하심을 알고도 자기들만 행할 뿐 아니라 또한 그런 일을 행하는 자들을 옳다 하느니라(롬 1:18~32)."

이러한 말씀들을 통해서 예수 그리스도를 믿지 않는 것이 오히려 죄가 된다는 사실을 우리 모두 알아야 할 것입니다. 왜냐하면 하나님이신 성부 하나님과 성자 하나님이신 예수 그리스도와 성령 하나님이신 성령의 나타나심과 능력으로 이루어진 만물(창조물)을 통하여 우리가 창조주이신 삼위일체 하나님을 알 수 있었지만(롬 1:20) 이를 믿지 않는 육신의 마음(생각)이 있었기에 죄가 되는 것입니다.

이를 아시는 예수님께서 "너희가 만일 내가 그인 줄 믿지 아니하면 너희 죄 가운데서 죽으리라(요 8:24, 1:1~3)."말씀하셨던 것도 이 때문이라 말할 수 있겠습니다. 이는 저들이 육신의 생각으로 인하여 하나님께서 보내신 성자 하나님을 믿지 않았기 때문이라 말할 수 있겠습니다. 따라서 성령을 통하여 예수 그리스도께서 인류의 구세주이심을 증언하여 주셨기에 우리가 체험적으로 믿을 수 있게 된 것이고, 또한 성령 하나님께서 우리를 천국 백성으로 인도해 주셨기에 예수 그리스도를 믿는 것이 독선이 아니라 말할 수 있는 것입니다.

그러므로 위에서 살폈듯이 예수 그리스도께서 인류를 구원키 위해 이 땅에 오셨지만 이를 믿지 않으므로 죄가 된다 하겠습니다.

(3) 죄에 대하여 세상을 책망하심

"그가 와서 죄에 대하여, 의에 대하여, 심판에 대하여 세상을 책망하시리라(요 16:8)."

하나님께서 일찍이 이 세상을 창조하실 때 인간에게 세상(악)을 정복하며 지배하도록 하셨습니다. 그러나 아담의 원죄와 하나님의 아들들인 셋 계열의 죄악으로 인하여 세상의 모든 인간이 하나님의 영(靈)이 없는 육신이 되어(창 6:3) 육신의 생각으로만 살게 되었습니다. 뿐만 아니라 하나님을 믿는 것까지도 육신의 생각으로 믿게 됨에 따라 죄를 지을 수밖에 없는 존재가 되었습니다. 왜냐하면 우리가 예수 그리스도를 믿는 사람이라 말할지라도 육신의 생각으로 믿고 있는 한 불순종의 사람으로 살 수밖에 없어 하나님을 기쁘시게 할 수 없기 때문입니다(롬 8:6~8). 그래서 예수님께서 "아버지께 참되게 예배하는 자들은 영과 진리로 예배할 때가 오나니 곧 이 때라 아버지께서는 자기에게 이렇게 예배하는 자들을 찾으시느니라, 하나님은 영이시니 예배하는 자가 영과 진리로 예배할지니라(요 4:23~24)." 말씀하셨던 것입니다.

그리고 요한 사도는 "이 세상이나 세상에 있는 것들을 사랑하지 말라 누구든지 세상을 사랑하면 아버지의 사랑이 그 안에 있지 아니하니, 이는 세상에 있는 모든 것이 육신의 정욕과 안목의 정욕과 이생의 자랑이니 다 아버지께로부터 온 것이 아니요 세상으로부터 온 것이라, 이 세상도, 그 정욕도 지나가되 오직 하나님의 뜻을 행하는 자는 영원히 거하느니라(요일 2:15~17)." 말씀하셨던 것입니다.

우리가 지금까지 죄에 대하여 살폈던 것은, 그 **첫째가** 예수님을 믿지 않는 것에 대한 죄와 **둘째로** 믿고는 있지만 육신의 생각으로 믿지 못한 상태로 나타난 것에 대한 죄를 살폈습니다. 이번에 살피고자 하는 **세 번째 죄는** 성령의 나타나심과 그 능력으로 살게 되면서 그동안 우리 속에 꼭꼭 숨어 있던 옛사람의 쓴 뿌리에 대하여 살피고자 합니다.

옛사람의 쓴 뿌리란 지난날 우리가 육신의 생각으로 살면서 알게 모르게 지은 죄와 이 모양 저 모양으로 지은 모든 죄로 인하여 자신뿐 아니라 다른 사람에게까지 악을 행하거나 상처를 주었음에도 진정한 회개 없이 그냥 넘어간 일들을 말하는 것입니다. 이는 육신의 생각으로 생각할 때 표면적으로 드러나지 않으면 죄를 죄로 여기지 않거나, 또는 이를 본능으로 생각하였기에 죄로 여기지 않던 숨어 있는 죄를 말하는 것입니다.

그러나 쓴 뿌리가 "생명의 성령의 법"을 따르다 보면 죄가 죄로 보이게 되어 회개하게 됩니다. 우리가 육신의 생각으로 지은 죄가 눈으로, 입으로, 마음으로 얼마나 많이 있겠습니까? 음욕은 보이지 않고, 행하지 않는 죄일지라도 죄가 되기에 예수님께서 "또 간음하지 말라 하였다는 것을 너희가 들었으나, 나는 너희에게 이르노니 음욕을 품고 여자를 보는 자마다 마음에 이미 간음하였느니라, 만일 네 오른 눈이 너로 실족하게 하거든 빼어 내버리라 네 백체 중 하나가 없어지고 온 몸이 지옥에 던져지지 않는 것이 유익하며, 또한 만일 네 오른손이 너로 실족하게 하거든 찍어 내버리라 네 백체 중 하나가 없어지고 온 몸이 지옥에 던져지지 않는 것이 유익하니라(마 5:27~30)."고 하신 말씀을 기억할 것입니다.

비록 내가 기억하거나 기억하지 못하고 지은 죄가 숨어 있을지라도 내 양심을 건드려 책망하여 회개할 수 있도록 인도(책망)해 주시는 분이 성령 하나님이십니다(요 16:8). 또한 이를 행하도록 규정해 놓은 법이 바로 "생명의 성령의 법(롬 8:2)"이라 말합니다.

  그런데 지난날 저는 말씀에 의하면 '예수님께서 나를 대신하여 십자가에서 죽으셨다.' 하셨는데 과연 내가 십자가에 달려 사형당할 만큼의 큰 죄인인가?를 생각해 보았습니다. 여러분도 함께 생각하여 보시길 바랍니다(롬 1:32). 나는 죄인이긴 하지만 사형당할 만한 큰 죄인은 아니라 생각했습니다. 바로 이 점을 성령 하나님께서 다루어 주셨습니다. 제가 얼마나 잘못하고 있는지 그리고 얼마나 못돼먹은 짐승 같은 놈인지를 다루어 주셨습니다. 시편 49편에 보면 "사람은 존귀하나 장구하지 못함이여 멸망하는 짐승 같도다(시 49:12)." "존귀하나 깨닫지 못하는 사람은 멸망하는 짐승 같도다(시 49:20)." 말씀하셨는데 모든 인간은 여자나 남자나 모두 짐승일 뿐입니다.

  그래서 사람들이 '남자는 늑대, 여자는 여우'라 말하지 않습니까? 저 역시 짐승이라 그 본성이 어디 가겠습니까? 요즘 같은 현대 과학 문명사회에서, 그것도 스마트폰으로 모든 정보가 판을 치고 있는 이때, 저는 30여 년 전의 알뜰폰을 겨우 구하여 전화하거나 받는 정도일 뿐 문자도 보내지 못하는 형편입니다. 물론 제가 관심을 두지 않기 때문입니다. 그러나 컴퓨터는 겨우 하는 편입니다. 컴퓨터를 다룰 줄 알면 핸드폰 문자를 잘할 수 있다는데, 저는 못하기도 하지만, 애초에 하려고도 하지 않았습니다. 많은 시간을 빼앗기기 때문입니다.

그런데 인터넷이 활성화되기 전 어느 날 난생 처음으로 이메일을 열어 보았습니다. 제가 알지 못하는 사이트가 들어와 있길래 어떤 것이 있나 알기 위해서 하나씩 확인 차원에서 열어보았습니다. 음란물이 있기에 호기심이 생겨 그만 보게 되었습니다. 이는 음란물인 줄 알고 호기심이 생겨 그것을 보려는 육신의 생각이 저의 마음에 들어왔고, 그런 틈을 사탄에게 내어준 것 자체가 죄의 길로 가는 것이기 때문에 하나님께서 내버려두셨던 것입니다.

위에서 본 마태복음 5장에서 "음욕을 품지 말라."는 말씀이 분명히 있었고 "마귀에게 틈을 주지 말라(엡 4:27)."는 말씀도 있었지만 내가 말씀에 불순종하였기에 죄에 빠지도록 내버려두셨던 것입니다. "또한 그들이 마음에 하나님 두기를 싫어하매 하나님께서 그들을 그 상실한 마음대로 내버려 두사 합당하지 못한 일을 하게 하셨으니(롬 1:28)."라는 말씀과 같이 내 마음에 하나님 두기를 그 순간 싫어했었기에 하나님께서 나의 믿음이 밑바닥까지 떨어지도록 내버려두셨던 것입니다. 결국 저는 인간의 본능이라는 생각과 호기심이란 유혹에 넘어가 눈으로 보는 죄를 범했던 것입니다.

'목회자가 죄인 줄 알면서 음욕이라는 유혹에 왜 넘어간 것입니까?'라고 생각할 것입니다. 이는 목회자인 저도 육신의 생각에 의

한 지배를 받고 있었기 때문에 죄에서 벗어날 수 없었던 것입니다. 그리고 "너희가 죄와 싸우되 아직 피 흘리기까지는 대항하지 아니하고(히 12:4)." 있었기 때문입니다. 그런데 목회자로서 다른 사람의 죄를 볼 뿐만 아니라 가르친다는 데 더 큰 문제가 아닐 수 없었습니다.

이는 "비판을 받지 아니하려거든 비판하지 말라, 너희가 비판하는 그 비판으로 너희가 비판을 받을 것이요 너희가 헤아리는 그 헤아림으로 너희가 헤아림을 받을 것이니라, 어찌하여 형제의 눈 속에 있는 티는 보고 네 눈 속에 있는 들보는 깨닫지 못하느냐, 보라 네 눈 속에 들보가 있는데 어찌하여 형제에게 말하기를 나로 네 눈 속에 있는 티를 빼게 하라 하겠느냐, 외식하는 자여 먼저 네 눈 속에서 들보를 빼어라 그 후에야 밝히 보고 형제의 눈 속에서 티를 빼리라(마 7:1~5)."는 말씀과 같이 내 눈 속에 들보가 있는데도 다른 사람을 가르치기 때문에 문제가 되는 것입니다.

이렇게 제가 악하고 교만한 사람이었습니다. 이러한 상태에 있으면서 마음으로 죄를 짓지 않으려고 노력했지만 허사였습니다. 괴로워했습니다. 물론 회개는 매 순간 합니다. 그런데 오히려 더 깊은 수렁에 빠질 때가 있었습니다. 여기서 깨달은 것은 나의 의지와 노력으로 죄를 끊을 수 없다는 것과 더 나아가 내가 이 세상에서 육신의 생각으로 목회를 하는 한 죄에서 벗어날 수 없다는 사실이었습니다.

그동안 저는 내 의지와 결심과 결단으로 얼마든지 죄를 끊을 수 있다고 생각했습니다.

그러나 결론은 내가 육신의 생각으로 이 세상에 살고 있는 한 목회자라 할지라도 할 수 있는 것이 아무것도 없다는 것과 '나'라고 하는 존재가 정말 추악하고 무능한 존재라는 사실을 뼈저리게 알게 하여 주셨습니다. 이럴 즈음 하나님의 깊으신 뜻과 목적이 저를 향하고 계시다는 것도 알게 하여 주셨습니다. 하나님께서 '나'라고 하는 존재가 못돼먹고 짐승 같은 무능한 존재라는 것과 또 사형당할 만큼의 큰 죄인임을 알게 하여 주셨습니다.

그리고 나의 죄로 인하여 예수님께서 십자가에서 흘리신 보혈의 피가 얼마나 고귀한지, 또 얼마나 값비싼 대가를 치르셔야 했는지를 깨닫게 하여 주셨습니다. 또한 한번 죄에 빠지면 죄에서 벗어나는 것이 얼마나 힘들고 어려운지와 죄에 대한 실전(實戰)을 알게 하시려는 목적에서 그동안 죄악 가운데 내버려두셨던 것입니다(롬 1:28). "이는 힘으로 되지 아니하며 능력으로 되지 아니하고 오직 나의 영으로 되느니라(슥 4:6)." 말씀과 "우리는 우리 자신이 사형선고를 받은 줄 알았으니 이는 우리로 자기를 의지하지 말고 오직 죽은 자를 다시 살리시는 하나님만 의지하게 하심이라(고후 1:9)." 말씀처럼 오직 하나님만 의지해야 함을 알게 하여 주셨습니다.

그리고 요한 사도께서 "이 세상도, 그 정욕도 지나가되 오직 하나님의 뜻을 행하는 자는 영원히 거하느니라(요일 2:17)." 말씀하여 주시면서 로마서 7장을 보게 하여 주셨습니다.

"우리가 율법은 신령한 줄 알거니와 나는 육신에 속하여 죄 아래에 팔렸도다, 내가 행하는 것을 내가 알지 못하노니 곧 내가 원하는 것은 행하지 아니하고 도리어 미워하는 것을 행함이라, 만일 내가 원하지 아니하는 그것을 행하면 내가 이로써 율법이 선한 것을 시인하노니, 이제는 그것을 행하는 자가 내가 아니요 내 속에 거하는 죄니라, 내 속 곧 내 육신에 선한 것이 거하지 아니하는 줄을 아노니 원함은 내게 있으나 선을 행하는 것은 없노라, 내가 원하는 바 선은 행하지 아니하고 도리어 원하지 아니하는 바 악을 행하는도다, 만일 내가 원하지 아니하는 그것을 하면 이를 행하는 자는 내가 아니요 내 속에 거하는 죄니라, 그러므로 내가 한 법을 깨달았노니 곧 선을 행하기 원하는 나에게 악이 함께 있는 것이로다, 내 속사람으로는 하나님의 법을 즐거워하되, 내 지체 속에서 한 다른 법이 내 마음의 법과 싸워 내 지체 속에 있는 죄의 법으로 나를 사로잡는 것을 보는도다, 오호라 나는 곤고한 사람이로다 이 사망의 몸에서 누가 나를 건져내랴(롬 7:14~24)."는 말씀이 이래서 있는 것이구나 깨닫게 되었습니다.

특히 24절의 "오호라 나는 곤고한 사람이로다." 말씀에 깊게 공감

할 수 있게 되었습니다. 그리고 25절에서 "우리 주 예수 그리스도로 말미암아 하나님께 감사하리로다 그런즉 내 자신이 마음으로는 하나님의 법을 육신으로는 죄의 법을 섬기노라(롬 7:25)." 말씀하셨는데 이는 사도 바울의 감사 고백과 함께 "마음으로는 하나님의 법을, 육신으로는 죄의 법을 섬기노라."는 원리를 깨닫게 되었다는 것에 대한 깊은 감사였습니다.

따라서 이 감사는 사도 바울만의 감사가 아니라 저의 감사가 되었습니다. 그리고 이스라엘 백성이 1주일이면 갈 수 있었던 광야 길을 40년이 걸린 것도 이 때문이었음을 알게 되었습니다. 이에 사도 바울께서 갈라디아서 5장에 "내가 이르노니 너희는 성령을 따라 행하라 그리하면 육체의 욕심을 이루지 아니하리라, 육체의 소욕은 성령을 거스르고 성령은 육체를 거스르나니 이 둘이 서로 대적함으로 너희가 원하는 것을 하지 못하게 하려 함이니라(갈 5:16~17)." 말씀도 이 때문이었음을 비로소 알게 되었습니다.

이는 우리가 육체의 소욕을 따르다 보면 성령을 거스르게 되기 때문에 이러한 말씀을 하셨던 것입니다. **이는 우리가 육신의 생각으로 지배받고 있기 때문입니다.** 그런데 사도 바울께서 이 진리를 체험적으로 깨닫게 된 것도 성령의 인도하심을 받았기 때문이라는 사실을 우리가 알아야 할 것입니다. 왜냐하면 우리는 성령의 인도함이 없이는 구원받을 수 없기 때문입니다. 그리고 성령 하나님께서 고린도전서 2장을 또 보게 하여 주셨습니다.

"오직 하나님이 성령으로 이것을 우리에게 보이셨으니 성령은 모든 것 곧 하나님의 깊은 것까지도 통달하시느니라, 사람의 일을 사람의 속에 있는 영 외에 누가 알리요 이와 같이 하나님의 일도 하나님의 영 외에는 아무도 알지 못하느니라, 우리가 세상의 영을 받지 아니하고 오직 하나님으로부터 온 영을 받았으니 이는 우리로 하여금 하나님께서 우리에게 은혜로 주신 것들을 알게 하려 하심이라, 우리가 이것을 말하거니와 사람의 지혜가 가르친 말로 아니하고 오직 성령께서 가르치신 것으로 하니 영적인 일은 영적인 것으로 분별하느니라, 육에 속한 사람은 하나님의 성령의 일들을 받지 아니하나니 이는 그것들이 그에게는 어리석게 보임이요, 또 그는 그것들을 알 수도 없나니 그러한 일은 영적으로 분별되기 때문이라(고전 2:10~14)."는 말씀을 통하여 영적인 진리를 조금씩 깨닫게 하여 주셨습니다.

그러나 만약 저를 비롯하여 모든 그리스도인이 그리스도의 영(성령)의 도우심을 받지 못하였다면 우리는 육신에 속한 존재일 수밖에 없다는 원리를 알게 되었습니다. 따라서 육신에 속한 사람들이 성령을 받았을지라도 육신의 지배를 받는 한 주님의 말씀을 들을 때 자기의 주관적인 생각으로만 받아들일 수밖에 없어 결국 주님의 말씀에 불순종하게 되어 죄가 된다는 것을 알게 되었습니다.

그러므로 진리의 성령님이 오시면 우리를 모든 진리 가운데로 인도하여(요 16:13; 갈 5:16) '죄에 대하여' 책망하고 바로잡아 구원의 길로 인도하여 주시겠다는 약속의 말씀이 요한복음 16장의 말씀이라 하겠습니다(요 16:13). 아멘!

2) 의에 대하여

"의에 대하여라 함은 내가 아버지께로 가니 너희가 다시 나를 보지 못함이요(요 16:10)"라는 말씀을 보면서 예수님께서 '의에 대하여'라 하신 것이 이해가 안 되어 영어 성경(CEV)을 살펴보았습니다.

"They are wrong about God's justice, because I am going to the Father, and you won't see me again."라고 되어 있더군요.

이를 직역하면 "그들이 '하나님의 의'에 대하여 잘못하고 있다. 왜냐하면 나는 아버지에게 가기 때문에 너희가 나를 다시 볼 수 없을 것이다."인데, 그래도 이해되지 않는 부분이 있었습니다. 바로 이 부분을 설명하려 합니다.

"그들이 '하나님의 의'에 대하여 잘못하고 있다." 이 말씀을 역으로 바꾸어 설명하면, 유대인들은 예수님을 죄인으로 심판하여 죽이는 것만이 '하나님의 의'라고 잘못 생각하고 있었습니다. 그러나 오히려 예수님께서 십자가에 달려 죽으시는 일이 '하나님의 의'를 이루시는 것이기에 예수님께서 "내가 너희에게 실상을 말하노니 내가 떠나가는 것이 너희에게 유익이라 내가 떠나가지 아니하면 보혜사가 너희에게로 오시지 아니할 것이요 가면 내가 그를 너희에게로 보내리니(요 16:7)."라고 말씀하셨던 것입니다.

보혜사 성령(聖靈)께서 이 땅에 오셔야 할 보다 중요한 목적이 "내가 아버지께로부터 너희에게 보낼 보혜사 곧 아버지께로부터 나오시는 진리의 성령이 오실 때에 그가 나를 증언하실 것이요(요 15:26)."라는 말씀대로 진리의 성령께서 이 땅에 오셔서 예수 그리스도를 증언하여 주시는 것입니다. 그것만이 '하나님의 의'를 이루는 일이기에, "내가 떠나가는 것(죽는 것)이 너희에게 유익이라." 말씀하셨던 것입니다. 예수님께서 십자가에서 죽는 일이 곧 '하나님의 의'가 온전히 이루어지는 것입니다.

일반적으로 사람들이 말하는 의(義)와 성경이 말씀하시는 의(義)가 본질적으로 다르다고 말할 수 있습니다. 말하자면 '사람의 의'는 육신의 주관적인 생각으로 '옳고', '그르다' 판단합니다. 그 판단 기준이 사람에 따라 다 다르기에 믿을 수 없을 뿐 아니라 상황에 따라 판단 기준이 바뀌기 때문에 진정한 '의(義)'라 말할 수 없는 것입니다. 이는 한마디로 육신의 생각인 자기 자신의 편의주의적인 판단을 따르기 때문입니다.

이렇게 편의주의적인 판단을 하는 사람들은 대체로 "하나님의 의를 모르고 자기 의를 세우려고 힘써 하나님의 의에 복종하지 아니하였느니라(롬 10:3)."는 말씀에 속하는 사람일 것입니다. 이처럼 '자기 의'를 세우려는 사람들은 하나님을 믿는다고 말할지라도 육신의 생각으로 하나님을 믿기(창 6:3) 때문에 하나님을 자기 기준에 맞추어 믿을 뿐만 아니라 오히려 자기 자신만 믿는 '이기적인 믿음의 사람들'이라 말할 수 있겠습니다.

로마서 8장에서 "육신의 생각은 사망이요 영의 생각은 생명과 평안이니라, 육신의 생각은 하나님과 원수가 되나니 이는 하나님의 법에 굴복하지 아니할 뿐 아니라 할 수도 없음이라, 육신에 있는 자들은 하나님을 기쁘시게 할 수 없느니라(롬 8:6~8)." 말씀하셨기 때문에 '자기 의'는 진정한 '의'라 말할 수 없습니다. 이는 육신의 생각으로 판단했기에 그렇습니다.

그러나 '하나님의 의(義)'는 육신의 생각으로 이루어진 '옳고', '그르다'라는 개념이 아니라 그 판단 기준이 전적으로 하나님께 있을 뿐 아니라 모든 기준을 하나님께 맞추기 때문에 이를 '하나님의 의'라 말하는 것입니다(사 5:16). 왜냐하면 하나님 자체가 의로우신 본질과 거룩한 속성을 갖고 계신 분이기 때문에 '하나님의 의(義)'는 변할 수 없는 '절대 의(絕對義)' 또는 '절대 진리(絕對眞理)'라 말하는 것입니다.

그러므로 '하나님의 의'는 심판과 책망에 있어서 판단 기준이 되고 차별이 없기에 사도 바울이 "곧 예수 그리스도를 믿음으로 말미암아 모든 믿는 자에게 미치는 하나님의 의니 차별이 없느니라(롬 3:22)." 말씀하셨던 것도 이 때문이었습니다. 그리고 "복음에는 하나님의 의가 나타나서 믿음으로 믿음에 이르게 하나니 기록된 바 오직 의인은 믿음으로 말미암아 살리라 함과 같으니라(롬 1:17)." 말씀하셨던 것도 바로 이 때문이라 하겠습니다.

그런데 바로 여기에 우리가 짚고 넘어야 할 부분이 있습니다. "기록된 바 오직 의인은 믿음으로 말미암아 살리라 함과 같으니라(롬 1:17)." 말씀을 우리가 어떻게 설명할 수 있을까요? "의인은 믿음으로 말미암아 살리라" 말씀은 곧 예수 그리스도를 믿음으로 말미암아 우리가 의인으로 살 수 있다는 말씀입니다. 이와 같이 우리가 의인으로 살 수 있다는 것은 곧 '하나님의 의'가 우리에게 이루어졌다는 사실임을 우리 모두가 알고 있습니다. 그러나 '의인'이란 정확하게 말하면 성령 받은 거듭난 사람을 가리키는 말씀입니다. 예수님께서 니고데모에게 "진실로 진실로 네게 이르노니 사람이 물과 성령으로 나지 아니하면 하나님의 나라에 들어갈 수 없느니라, 육으로 난 것은 육이요 영으로 난 것은 영이니, 내가 네게 거듭나야 하겠다 하는 말을 놀랍게 여기지 말라(요 3:5~7)." 말씀하셨던 것도 바로 이 때문이었습니다.

말씀과 같이 물과 성령으로 거듭난 사람만이 '의인'이라 말할 수 있는 것입니다. 또한 "무릇 하나님의 영으로 인도함을 받는 사람은 곧 하나님의 아들이라(롬 8:14)." 사도 바울의 말씀과 같이 하나님의 영으로 인도함을 받은 사람만이 '하나님의 의'가 이루어지기 때문에 "하나님의 아들이라" 말씀하셨던 것입니다. 따라서 우리가 성령의 인도함을 받아 '거듭난 사람'을 '의인'이라 말할 수 있기에 사도 바울께서 "만일 너희 속에 하나님의 영이 거하시면 너희가 육신에 있지 아니하고 영에 있나니 누구든지 그리스도의 영이 없으면 그리스도의 사람이 아니라(롬 8:9)." 말씀하셨던 것입니다.

그리고 구약의 에스겔 선지자가 받은 "또 새 영을 너희 속에 두고 새 마음을 너희에게 주되 너희 육신에서 굳은 마음을 제거하고 부드러운 마음을 줄 것이며(겔 36:26)."라는 계시의 말씀 역시 육신의 굳은 마음을 제거하고 부드러운 마음을 받아 거듭난 사람이 되는 것이 '하나님의 의'가 이루어지는 것을 말합니다. 마치 예수 믿는 사람에게 있어서 원수 같았던 사울이 성령을 받음으로 말미암아 사도 바울이라는 새로운 사람으로 바뀌는 것 같은 현상을 말하는 것입니다(행 9:3~9).

예수 믿는 사람에게 사울은 원수였지만 그 사울이 그리스도의 영(성령)을 받았을 뿐만 아니라, 성령의 인도하심을 받고 성령의 도우심으로 거듭났기 때문에 '하나님의 의'가 이루어진 '의인'이라 말할 수 있는 것입니다. 의에 대하여 좀 더 설명하자면 이렇습니다.

"이제는 율법 외에 하나님의 한 의가 나타났으니 율법과 선지자들에게 증거를 받은 것이라, 곧 예수 그리스도를 믿음으로 말미암아 모든 믿는 자에게 미치는 하나님의 의니 차별이 없느니라, 모든 사람이 죄를 범하였으매 하나님의 영광에 이르지 못하더니, 그리스도 예수 안에 있는 속량으로 말미암아 하나님의 은혜로 값 없이 의롭다 하심을 얻은 자 되었느니라, 이 예수를 하나님이 그의 피로써 믿음으로 말미암는 화목제물로 세우셨으니 이는 하나님께서 길이 참으시는 중에 전에 지은 죄를 간과하심으로 자기의 의로우심을 나타내려 하심이니, 곧 이 때에 자기의 의로우심을 나타내사 자기도 의로우시며 또한 예수 믿는 자를 의롭다 하려 하심이라(롬 3:21~26)."

또한 로마서 1장에 "내가 복음을 부끄러워하지 아니하노니 이 복음은 모든 믿는 자에게 구원을 주시는 하나님의 능력이 됨이라 먼저는 유대인에게요 그리고 헬라인에게로다, 복음에는 하나님의 의가 나타나서 믿음으로 믿음에 이르게 하나니 기록된 바 오직 의인은 믿음으로 말미암아 살리라 함과 같으니라(롬 1:16~17)."는 사도 바울의 고백적인 말씀을 의인이라 말할 수 있는 것입니다.

특히 17절 하단 말씀은 하박국 2장 4절을 인용한 말씀입니다. 복음은 율법이나 선행, 그리고 세상 지식과 같은 이성적인 육신의 생각이 아니라, 영(靈)을 통해서 하나님의 의에 대하여 체험적으로 알게 되는 것으로 거듭난 생활을 할 수 있습니다. 그래서 사도 바울께서 "형제들아 내 마음에 원하는 바와 하나님께 구하는 바는 이스라엘을 위함이니 곧 그들로 구원을 받게 함이라, 내가 증언하노니 그들이 하나님께 열심이 있으나 올바른 지식을 따른 것이 아니니라, 하나님의 의를 모르고 자기 의를 세우려고 힘써 하나님의 의에 복종하지 아니하였느니라, 그리스도는 모든 믿는 자에게 의를 이루기 위하여 율법의 마침이 되시니라(롬 10:1~4)." 말씀하시게 된 것입니다.

따라서 성령의 나타나심과 하나님의 의로우심을 근거로 화목제물로 삼으신 예수 그리스도를 우리가 믿음으로 말미암아 죄로 죽었던 우리를 새롭게 소생케 하여 주실 뿐 아니라 그리스도 안에서 거룩한(거듭난) 삶을 살 수 있도록 성령의 인도하심에 따라 사는 것을(롬 8:14; 요 16:13) '하나님의 의'라 말할 수 있는 것입니다(롬 1:17, 3:22~26; 고후 5:21).

육신의 생각으로 인하여 마음이 굳고 고집스럽던 사람이 새 영(성령)을 받고 부드러운 하나님의 사람으로 바뀌게 됨에 따라 '거듭난 삶'을 살 수 있게 되므로(겔 36:26), 사도 바울께서 "만일 우리가 성령으로 살면 또한 성령으로 행할지니(갈 5:25)."라 말씀하셨던 것입니다.

"성령으로 행할지니"라는 말씀은 곧 성령의 인도함을 받으라는 말씀입니다(요 16:13). 왜냐하면 우리가 성령의 인도함을 받아야만 거듭난 삶을 살 수 있기 때문입니다. 그런데 우리가 성령을 받았을지라도 육신의 생각에 사로잡혀 있다면 영(靈)에 대한 가르침을 받아도 깨닫거나 받아들이지 못하기 때문에 '자기의 의'만을 주장하려 할 것입니다.

그리고 종내(終乃)에는 주님 말씀까지도 배격하게 됨에 따라 하나님의 의에 복종할 수 없게 되는데, 그 근본 원인 역시 '육신의 생각'에 머물렀기 때문이었습니다(롬 8:7~9). 왜냐하면 그들은 육신의 생각으로 하나님을 믿었기 때문에 '하나님의 의'가 아닌 '자기의 의'로 말할 수밖에 없었을 것입니다. 그들에게 육하원칙에 맞춰 아무리 논리적으로 잘 설명한다 하더라도 말씀을 이해하지 못하고 결국 믿음에서 이탈하여 이상한 신학을 만들거나 진리를 믿지 않게 되어 이단과 사이비 종교를 만들거나 빠지는 것을 우리가 "제1부 2장 육신의 생각들"에서 살펴보았습니다.

사도 바울께서 자신이 지난 과거에 열성적인 바리새인으로서 복음에 대한 훼방을 일삼고 교회를 핍박하며 예수 믿는 사람들을 잡아 죽이는 일들이 '하나님을 잘 섬기는 일'이라 생각하였고, 또한 '하나님의 의'를 세우는 것이라 생각하였습니다. 하지만 그리스도의 영을 체험한 후에는 그것이 '하나님의 의'에 대한 무지였음을 비로소 알게 되었기에 동일한 잘못을 범하고 있는 동족에 대하여 안타까운 마음을 금할 수 없어 "형제들아 내 마음에 원하는 바와 하나님께 구하는 바는 이스라엘을 위함이니 곧 그들로 구원을 받게 함이라, 내가 증언하노니 그들이 하나님께 열심이 있으나 올바른 지식을 따른 것이 아니니라, 하나님의 의를 모르고 자기 의를 세우려고 힘써 하나님의 의에 복종하지 아니하였느니라(롬 10:1~3)." 고백하였던 것입니다. 이는 지난날 사도 바울 자신이 '하나님의 의'에 복종하지 않았음을 스스로 인정하는 고백이라 하겠습니다.

또한 사도 바울은 빌립보 교회 성도들에게 "끝으로 나의 형제들아 주 안에서 기뻐하라 너희에게 같은 말을 쓰는 것이 내게는 수고로움이 없고 너희에게는 안전하니라, 개들을 삼가고 행악하는 자들을 삼가고 몸을 상해하는 일을 삼가라, 하나님의 성령으로 봉사하며 그리스도 예수로 자랑하고 육체를 신뢰하지 아니하는 우리가 곧 할례파라, 그러나 나도 육체를 신뢰할 만하며 만일 누구든지 다른 이가 육체를 신뢰할 것이 있는 줄로 생각하면 나는 더욱 그러하리니, 나는 팔일 만에 할례를 받고 이스라엘 족속이요 베냐민 지파요 히브리인 중의 히브리인이요 율법으로는 바리새인이요, 열심으로는 교회를 박해하고 율법의 의로는 흠이 없는 자라, 그러나 무엇이든지 내게 유익하던 것을 내가 그리스도를 위하여 다 해로 여길뿐더러, 또한 모든 것을 해로 여김은 내 주 그리스도 예수를 아는 지식이 가장 고상하기 때문이라 내가 그를 위하여 모든 것을 잃어버리고 배설물로 여김은 그리스도를 얻고, 그 안에서 발견되려 함이니 내가 가진 의는 율법에서 난 것이 아니요 오직 그리스도를 믿음으로 말미암은 것이니 곧 믿음으로 하나님께로부터 난 의라(빌 3:1~9)." 고백하셨던 것입니다

특히 "하나님의 성령으로 봉사하며 그리스도 예수로 자랑하고 육체를 신뢰하지 아니하는 우리가 곧 할례파라(빌 3:3)."에서 "하나님의 성령으로"라는 말씀이 빌립보서 3장 전체의 키포인트라 말할 수 있습니다. 왜냐하면 성령이 없으면 '하나님의 의'가 이루어질 수 없기에 그렇습니다.

따라서 '하나님의 성령'은 빌립보서 3장뿐만 아니리 성경 전체에 있어서 원동력이라 말할 수 있는 것입니다. 성령은 능력의 하나님이시기에 그렇습니다. 그리고 "육체를 신뢰하지 아니하는(빌 3:3)" 말씀에 관심을 가질 필요가 있습니다. 왜냐하면 우리가 육체를 신뢰하지 않는 것은 육신의 생각에서(롬 8:6~9) 나왔기 때문에 신뢰하지 않는 것입니다.

그래서 잠언 3장에 "너는 마음을 다하여 여호와를 신뢰하고 네 명철을 의지하지 말라, 너는 범사에 그를 인정하라 그리하면 네 길을

지도하시리라, 스스로 지혜롭게 여기지 말지어다 여호와를 경외하며 악을 떠날지어다(잠 3:5~7)."라는 말씀이 있는 것입니다.

이를 좀 더 리얼하게 표현한 공동 번역 성경을 보면 "마음을 다하여 야훼를 믿어라. 잘난 체하지 말고, 무슨 일을 하든지 야훼께 여쭈어라. 그가 네 앞길을 곧바로 열어 주시리라. 스스로 지혜로운 체하지 말고, 야훼를 두려워하여 섬기고 악을 멀리하여라."고 번역하였습니다.

따라서 우리가 육신의 생각에 머물러 있는 한 하나님의 의(義)에 반(反)할 수밖에 없기에 "육신을 따르는 자는 육신의 일을, 영을 따르는 자는 영의 일을 생각하나니, 육신의 생각은 사망이요 영의 생각은 생명과 평안이니라, 육신의 생각은 하나님과 원수가 되나니 이는 하나님의 법에 굴복하지 아니할 뿐 아니라 할 수도 없음이라, 육신에 있는 자들은 하나님을 기쁘시게 할 수 없느니라, 만일 너희 속에 하나님의 영이 거하시면 너희가 육신에 있지 아니하고 영에 있나니 누구든지 그리스도의 영이 없으면 그리스도의 사람이 아니라(롬 8:5~9)." 말씀하셨던 것입니다. 그리고 이어서 "또 그리스도께서 너희 안에 계시면 몸은 죄로 말미암아 죽은 것이나 영은 의로 말미암아 살아 있는 것이니라, 예수를 죽은 자 가운데서 살리신 이의 영이 너희 안에 거하시면 그리스도 예수를 죽은 자 가운데서 살리신 이가 너희 안에 거하시는 그의 영으로 말미암아 너희 죽을 몸도 살리시리라(롬 8:10~11)." 말씀하시게 된 것입니다.

따라서 우리에게 '하나님의 의'가 이루어지기 위해선 예수님께서 "내가 너희에게 실상을 말하노니 내가 떠나가는 것이 너희에게 유익이라 내가 떠나가지 아니하면 보혜사가 너희에게로 오시지 아니할 것이요 가면 내가 그를 너희에게로 보내리니(요 16:7)."라 말씀하셨던 것입니다.

그러므로 "하나님이 죄를 알지도 못하신 이를 우리를 대신하여 죄로 삼으신 것은 우리로 하여금 그 안에서 하나님의 의가 되게 하려 하심이라(고후 5:21)." 하셨기에 우리가 예수 그리스도를 믿는 것입니다. 성령의 인도하심과 성령의 도우심으로 우리가 거듭나게 되어 '칭의'라는 말을 비로소 듣게 되었는데, 이러한 과정을 '성화의 과정'이라 말하는 것입니다.

이러한 '성화의 과정(거듭남의 과정)'을 거쳐 우리가 끝 날에 영화(榮化)를 얻어 영원한 천국 백성으로 구원함을 받을 수 있다는 원리를 우리가 알게 된 것을 '하나님의 의'라 말하는 것입니다. 그리고 이를 총체적으로 이루어지게 하는 법을 "생명의 성령의 법(롬 8:2)"이라 말하는 것입니다. 이러한 구원의 원리를 깨달으신 사도 바울께서 "깊도다 하나님의 지혜와 지식의 풍성함이여, 그의 판단은 헤아리지 못할 것이며 그의 길은 찾지 못할 것이로다, 누가 주의 마음을 알았느냐 누가 그의 모사가 되었느냐, 누가 주께 먼저 드려서 갚으심을 받겠느냐, 이는 만물이 주에게서 나오고 주로 말미암고 주에게로 돌아감이라 그에게 영광이 세세에 있을지어다 아멘(롬 11:33~36)." 고백의 말씀을 하시게 된 것입니다.

3) 심판에 대하여

"심판에 대하여라 함은 이 세상 임금이 심판을 받았음이라(요 16:11)."

"And they are wrong about the judgment, because God has already judged the ruler of this world(CEV)."

이를 직역하면 "그리고 그들은 심판에 대하여 잘못하고 있다. 왜냐하면 하나님은 이 세상의 통치자를 이미 심판하셨기 때문이다."입니다.

말씀대로 유대인들이 예수 그리스도에 대한 심판을 잘못하고 있었습니다. 왜냐하면 그들은 '예수 그리스도를 죄인으로 심판하여 십자가에서 죽이는 것만이 하나님의 의'라 잘못 생각하였기 때문입니다. 그러나 실상은 오히려 이 세상 임금인 사탄이 심판받은 것으로 나타났기 때문에(요 16:11), 이를 성령 하나님께서 세상을 책망하여 잘못된 심판이라는 사실을 우리에게 바로 잡아주실 것이라 말씀하여 주셨기 때문입니다(요 16:8).

사실 이 심판은 사탄이 이 세상 임금으로 군림하면서 아무 죄도 없으신 하나님의 아들 예수 그리스도를 심판하여 십자가에 못 박아 죽이는 일을 하였지만 실제로 심판받은 존재는 사탄 자신이었습니다. "예수께서 이르시되 내가 심판하러 이 세상에 왔으니 보지 못하는 자들은 보게 하고 보는 자들은 맹인이 되게 하려 함이라 하시니(요 9:39)." 말씀에서와 같이 예수님께서 이 땅에 오신 목적은 '심판자'로 오셨음을 공표하시는 말씀이라 하겠습니다. 이는 심판자로 오신 예수님께서 십자가에서 죽으시고 부활하심으로 더 이상 사탄이 이 세상의 왕 노릇 하지 못하게 심판 주로 오셨음을 알려 주셨습니다.

심판에 있어서 요한복음 12장의 말씀과 16장의 말씀을 비교하여 설명하자면 예수님께서 요한복음 12장 31절 "이제 이 세상에 대한 심판이 이르렀으니 이 세상의 임금이 쫓겨나리라." 말씀하셨던 것은 이 세상 임금인 사탄에 관하여 앞으로 있을 계시의 심판이라면, 요한복음 16장 11절에서는 "심판에 대하여라 함은 이 세상 임금이 심판을 받았음이라." 말씀과 같이 세상 임금인 사탄에 관한 심판이 이미 확정 선고가 내려졌음을 알 수 있습니다.

그러므로 요한복음 16장 11절 말씀은 사탄에 대한 송결된 심판의 말씀이라 하겠습니다. 이러한 점에서 요한복음 16장 8절 말씀은 보혜사 성령님이 오시면 죄에 대하여, 의에 대하여, 심판에 대하여 세상의 그릇된 생각들을 책망하여(바로잡아) 예수 그리스도의 '무죄'와, 하나님의 의를 세상으로 깨닫게 하는 것이라면, 심판은 예수 그리스도께서 십자가에서 죽으시고 부활하심으로 세상의 임금인 사탄의 세력이 이미 심판받았음을 확증(確證)하시는 확정 선고라 하겠습니다.

"아버지께서 자기 속에 생명이 있음 같이 아들에게도 생명을 주어 그 속에 있게 하셨고, 또 인자됨으로 말미암아 심판하는 권한을 주셨느니라(요 5:26~27).”는 예수님의 말씀대로 심판의 권한을 하나님께서 예수님에게 주셨기 때문에 확정 선고를 내리실 수 있었던 것입니다. 그런데 요한복음 3장 말씀에서 예수님의 심판에 대한 진정한 의미를 찾아보면 이렇습니다. "하나님이 그 아들을 세상에 보내신 것은 세상을 심판하려 하심이 아니요 그로 말미암아 세상이 구원을 받게 하려 하심이라(요 3:17).”는 말씀과 요한복음 5장 24절의 "내가 진실로 진실로 너희에게 이르노니 내 말을 듣고 또 나 보내신 이를 믿는 자는 영생을 얻었고 심판에 이르지 아니하나니 사망에서 생명으로 옮겼느니라(요 5:24).” 말씀과 같이 하나님의 진정한 심판은 '사망에서 생명으로' 옮기는 데 있습니다.

"이는 하나님의 공의로운 심판의 표요 너희로 하여금 하나님의 나라에 합당한 자로 여김을 받게 하려 함이니 그 나라를 위하여 너희가 또한 고난을 받느니라(살후 1:5)."라고 사도 바울께서 말씀하셨던 것도 하나님의 공의로운 심판에 있기에 우리가 이 땅에서 고난을 받는 것이라 말할 수 있는 것입니다.

그러므로 예수 그리스도께서 요한복음 16장에서 "그러나 내가 너희에게 실상을 말하노니 내가 떠나가는 것이 너희에게 유익이라 내가 떠나가지 아니하면 보혜사가 너희에게로 오시지 아니할 것이요 가면 내가 그를 너희에게로 보내리니, 그가 와서 죄에 대하여, 의에 대하여, 심판에 대하여 세상을 책망하시리라, 죄에 대하여라 함은 그들이 나를 믿지 아니함이요, 의에 대하여라 함은 내가 아버지께로 가니 너희가 다시 나를 보지 못함이요, 심판에 대하여라 함은 이 세상 임금이 심판을 받았음이라, 내가 아직도 너희에게 이를 것이 많으나 지금은 너희가 감당하지 못하리라, 그러나 진리의 성령이 오시면 그가 너희를 모든 진리 가운데로 인도하시리니 그가 스스로 말하지 않고 오직 들은 것을 말하며 장래 일을 너희에게 알리시리라, 그가 내 영광을 나타내리니 내 것을 가지고 너희에게 알리시겠음이라(요 16:7~14)." 말씀하셨던 것입니다.

이처럼 예수님께서 **성령의 3대 사역에 대하여 말씀하여 주셨던 까닭**은 예수님이 제자들에게 가르쳐 주어도 우리가 육신의 생각으로 듣기 때문입니다. 이를 듣기는 들어도 감당하지 못하기에 신리의 성령이 오셔야만 우리에게 진리 가운데로 인도하여 진리를 알려 주시기 때문에 "너희에게 유익이라" 말씀하셨던 것입니다.

4장

구원받기 위하여

　우리는 예수 그리스도를 구주로 믿고 성령 충만하기를 기대할 때 구원받을 수 있습니다. 그런데 성령 충만(聖靈 充滿, fullness of the Holy Spirit)이란 내 마음이 온통 '그리스도의 영(성령)'으로 가득 채워진 상태를 말하는 것으로, '나'라고 하는 존재 자체가 있을 수 없고 오직 내 안에 예수 그리스도만 계시는 영적인 상태를 말하는 것입니다. 따라서 어떻게 해야 구원받을 수 있으며, 성령을 충만하게 받을 수 있는가, 또한 성령의 인도함을 받을 수 있는가를 방법적인 차원에서 안내하려 합니다.

　이를 성경적으로 표현하자면 "내가 그리스도와 함께 십자가에 못 박혔나니 그런즉 이제는 내가 사는 것이 아니요 오직 내 안에 그리스도께서 사시는 것이라 이제 내가 육체 가운데 사는 것은 나를 사랑하사 나를 위하여 자기 자신을 버리신 하나님의 아들을 믿는 믿음 안에서 사는 것이라(갈 2:20)."는 말씀일 것입니다. 이를 또 다른 말씀으로 표현하자면 "누구든지 나를 따라오려거든 자기를 부인하고 자기 십자가를 지고 나를 따를 것이니라(마 16:24)."는 예수님의 말씀에 우리가 올인(all in)할 수 있는 믿음의 상태를 성령 충만이라 말할 수 있는 것입니다.

그렇다면 우리가 믿고 따르는 예수 그리스도께서 '공생애를 어떻게 감당하셨느냐?'는 질문을 하지 않을 수 없을 것입니다. 왜냐하면 예수님은 신이시지만 이 땅에 육신으로 오셨기 때문에 질문하는 것입니다. 그리고 이를 통하여 우리가 믿음에 대한 지향점을 어떻게 잡을 것인지를 알게 되겠기에 이에 대하여 살피려는 것입니다.

"하나님이 나사렛 예수에게 성령과 능력을 기름 붓듯 하셨으매 그가 두루 다니시며 **선한 일을 행하시고** 마귀에 눌린 모든 사람을 고치셨으니 이는 하나님이 함께 하셨음이라(행 10:38)."는 말씀에서 우리가 확인할 수 있는 것은 예수님께서 신이시지만 이 땅에 육신으로 오셨기 때문에 성령 충만함을 받으셨던(기름 붓듯) 일이 질문에 대한 답이자 우리가 찾는 믿음에 대한 지향점일 것입니다.

왜냐하면 "예수님께서 성령의 충만함을 받으시고 주의 일을 행하셨는데 예수님을 믿고 따르는 우리가 육신의 생각으로 사는 이 세상에서 어떻게 예수님과 같이 성령 충만함을 받지 않고 성령 사역과 우리의 믿음 생활을 유지하며 감당할 수 있겠느냐?"는 것입니다. 이에 우리는 예수님께서 부활 후 제자들에게 어떻게 말씀하셨으며 제자들은 어떻게 반응하였는지 기록된 말씀을 살피지 않을 수 없을 것입니다. 영적 성장을 이루고자 이를 살피려는 것입니다.

"그가 택하신 사도들에게 성령으로 명하시고 승천하신 날까지의 일을 기록하였노라, 그가 고난 받으신 후에 또한 그들에게 확실한 많은 증거로 친히 살아 계심을 나타내사 사십 일 동안 그들에게 보이시며 하나님 나라의 일을 말씀하시니라, 사도와 함께 모이사 그들에게 분부하여 이르시되 예루살렘을 떠나지 말고 내게서 들은 바 아버지께서 약속하신 것을 기다리라, 요한은 물로 세례를 베풀었으나 너희는 몇 날이 못되어 성령으로 세례를 받으리라 하셨느니라, 그들이 모였을 때에 예수께 여쭈어 이르되 주께서 이스라엘 나라를 회복하심이 이 때니이까 하니, 이르시되 때와 시기는 아버지께서 자기의 권한에 두셨으니 너희가 알 바 아니요, 오직 성령이 너희에게 임하시면 너희가 권능을 받고 예루살렘과 온 유대와 사마리아와 땅 끝까지 이르러 내 증인이 되리라 하시니라, 이 말씀을 마치시고 그들이 보는데 올려져 가시니 구름이 그를 가리어 보이지 않게 하더라, 올라가실 때에 제자들이 자세히 하늘을 쳐다보고 있는데 흰 옷 입은 두 사람이 그들 곁에 서서, 이르되 갈릴리 사람들아 어찌하여 서서 하늘을 쳐다보느냐 너희 가운데서 하늘로 올려지신 이 예수는 하늘로 가심을 본 그대로 오시리라 하였느니라. 제자들이 감람원이라 하는 산으로부터 예루살렘에 돌아오니 이 산은 예루살렘에서 가까워 안식일에 가기 알맞은 길이라. 들어가 그들이 유하는 다락방으로 올라가니 베드로, 요한, 야고보, 안드레와 빌립, 도마와 바돌로매, 마태와 및 알패오의 아들 야고보, 셀롯인 시몬, 야고보의 아들 유다가 다 거기 있어, 여자들과 예수의 어머니 마리아와 예수의 아우들과 더불어 마음을 같이하여 오로지 기도에 힘쓰더라(행 1:2~14)." 말씀과 같이 예수님의 제자들은 기도에 힘썼습니다. 그렇게 기도한 결과 "오순절 날이 이미 이르매 그들이 다같이 한 곳에 모였더니, 홀연히 하늘로부터 급하고 강한 바람 같은 소리가 있어 그들이 앉은 온 집에 가득하며, 마치 불의 혀처럼 갈라지는 것들이 그들에게 보여 각 사람 위에 하나씩 임하여 있더니, 그들이 다 성령의 충만함을 받고 성령이 말하게 하심을 따라 다른 언어들로 말하기를 시작하니라(행 2:1~4)." 말씀과 같이 응답받았습니다.

이처럼 120 문도가(행 1:15) 성령의 충만함을 받았고, 사도행전 4장에서도 "빌기를 다하매 모인 곳이 진동하더니 무리가 다 성령이 충만하여 담대히 하나님의 말씀을 전하니라(행 4:31)."와 같이 제자들은 성령이 충만하여 담대히 하나님의 말씀을 전했다 했습니다.

그리고 사도 바울께서도 "오직 성령으로 충만함을 받으라(엡 5:18b)." 권면의 말씀을 하셨던 것은 주님의 임재를 체험한 후 기도에 힘썼기 때문이라 말할 수 있을 것입니다. 이러한 말씀을 통해서 우리가 알 수 있는 믿음에 대한 지향점(志向點)은 "오직 성령이 너희에게 임하시면 너희가 권능을 받고 예루살렘과 온 유대와 사마리아와 땅 끝까지 이르러 내 증인이 되리라 하시니라(행 1:8)."는 말씀일 것입니다. 그리고 성령 받은 후에는 "모든 기도와 간구를 하되 항상 성령 안에서 기도하고 이를 위하여 깨어 구하기를 항상 힘쓰며 여러 성도를 위하여 구하라(엡 6:18)."는 예수님의 말씀이야말로 우리가 구해야 하는 목표이자 지향점이라 생각합니다.

성령을 체험하신 분들이 많이 계시겠지만 하나님의 놀라운 체험을 한두 번으로 끝났다고 생각하시는 분들이 계시기에 문제가 아닐 수 없습니다. 왜냐하면 성령의 임재와 엄청난 체험을 했다는 것은 우리 모두 함께 기뻐하고 축하해 주어야 마땅하지만 성령은 단 한 번으로 끝나는 것이 아니라 성령의 인도함을 계속 받아야 하기 때문입니다(요 16:13).

그러나 많은 분이 성령 체험을 기억의 한 페이지에 접어 두고 "나 옛날에 성령 체험한 사람이야!" 말하면서 자랑으로 늘어놓고 있으니 안타까움을 금할 수 없습니다. 왜냐하면 성령은 우리가 거듭난 삶을 살 수 있도록 인도해 주실 뿐만 아니라 하나님 나라에 들어갈 수 있도록 우리를 이끌어 주시기 때문에 성령의 인도함을 계속 받아야 하는 것입니다(요 16:13). 그러나 마태복음 25장의 '열 처녀 비유'에서

'기름을 준비하지 못한 미련한 다섯 처녀(마 25:1~13)'와 같이 우리가 성령의 기름 부음을 계속 준비하지 못한다면 주님으로부터 "내가 너희를 알지 못하노라(마 25:12)." 말씀을 듣는 안타까운 상황이 발생할 수밖에 없을 것입니다.

그러므로 우리가 매일매일의 삶 속에서 성령의 인도함을 받아야 한다는 말씀은 곧 "모든 기도와 간구를 하되 항상 성령 안에서 기도하고 이를 위하여 깨어 구하기를 항상 힘쓰며 여러 성도를 위하여 구하라(엡 6:18)."는 말씀일 것입니다. 그리고 이를 이루기 위해서 기도해야 할 말씀이 있다면 "그런즉 너희는 먼저 그의 나라와 그의 의를 구하라 그리하면 이 모든 것을 너희에게 더하시리라(마 6:33)."는 말씀에 초점을 맞추어야 할 것입니다. 말씀과 같이 우리는 오직 "그의 나라와 그의 의를 구하라."는 말씀에 집중하여 기도하노라면 자기 자신도 모르게 성령의 인도하심을 따라 성령 충만함을 받게 될 것입니다. 이러한 점에서 에스겔 47장 말씀을 통해 성령에 대한 이해의 폭과 자세에 대하여 알아보고자 합니다.

▶ 영적 성장의 원리

"그가 나를 데리고 성전 문에 이르시니 성전의 앞면이 동쪽을 향하였는데 그 문지방 밑에서 물이 나와 동쪽으로 흐르다가 성전 오른쪽 제단 남쪽으로 흘러 내리더라. 그가 또 나를 데리고 북문으로 나가서 바깥 길로 꺾여 동쪽을 향한 바깥 문에 이르시기로 본즉 물이 그 오른쪽에서 스며 나오더라, 그 사람이 손에 줄을 잡고 동쪽으로 나아가며 천 척을 측량한 후에 내게 그 물을 건너게 하시니 물이 발목에 오르더니, 다시 천 척을 측량하고 내게 물을 건너게 하시니 물이 무릎에 오르고 다시 천 척을 측량하고 내게 물을 건너게 하시니 물이 허리에 오르고, 다시 천 척을 측량하시니 물이 내가 건너지 못할 강이 된지라 그 물이 가득하여 헤엄칠 만한 물이요 사람이 능히 건너지 못할 강이더라(겔 47:1~5)."는 말씀은 곧 성령의 인도하심에 따라 우리의 영적인 성장과 영적인 범위가 점점 더욱 넓어져 감에 따라 여러 현상이 나타난다는 것이기에 이를 소개하였던 것입니다.

"그가 내게 이르시되 인자야 네가 이것을 보았느냐 하시고 나를 인도하여 강 가로 돌아가게 하시기로, 내가 돌아가니 강 좌우편에 나무가 심히 많더라, 그가 내게 이르시되 이 물이 동쪽으로 향하여 흘러 아라바로 내려가서 바다에 이르리니 이 흘러 내리는 물로 그 바닷물이 되살아나리라, 이 강물이 이르는 곳마다 번성하는 모든 생물이 살고 또 고기가 심히 많으리니 이 물이 흘러 들어가므로 바닷물이 되살아나겠고 이 강이 이르는 각처에 모든 것이 살 것이며, 또 이 강 가에 어부가 설 것이니 엔게디에서부터 에네글라임까지 그물 치는 곳이 될 것이라 그 고기가 각기 종류를 따라 큰 바다의 고기 같이 심히 많으려니와, 그 진펄과 개펄은 되살아나지 못하고 소금

땅이 될 것이며, 강 좌우 가에는 각종 먹을 과실나무가 자라서 그 잎이 시들지 아니하며 열매가 끊이지 아니하고 달마다 새 열매를 맺으리니 그 물이 성소를 통하여 나옴이라 그 열매는 먹을 만하고 그 잎사귀는 약 재료가 되리라(겔 47:6~12)." 이 말씀은 우리가 성령의 인도하심을 받아 따르노라면 성령의 물 수위가 자연적으로 높아지는 것과 같이 우리 자신도 모르는 사이 어느 순간에 영적인 높이와 깊이 그리고 그 범위가 넓어짐에 따라 다른 사람에게 영향력을 끼치고 나도 모르게 성령의 능력이 나를 통하여 나타나게 된다는 말씀이고, 이것이 성령의 원리라 하겠습니다. 여기에는 육신의 어떠한 의도적인 생각이 있을 수 없어 오직 성령의 인도하심에 따라 행하기만 하면 된다는 원리였습니다.

그리고 여기서 **우리가 생각해야 할 중요한 말씀은** "그의 나라와 그의 의를 구하라 그리하면 이 모든 것을 너희에게 더하시리라(마 6:33)."는 말씀입니다. 우리가 예수님의 이 말씀만을 기억해야 할 것이며 또한 생각의 기준점으로 삼아야 할 것입니다. 왜냐하면 우리의 하나님이 예수님과 함께하셨듯이 우리와 함께하여 주셨기 때문입니다(요 15:1~11; 행 10:38).

이를 체험하여 알게 된 사도 바울께서 "우리가 성령으로 믿음을 따라 의의 소망을 기다리노니, 그리스도 예수 안에서는 할례나 무할례나 효력이 없으되 사랑으로써 역사하는 믿음뿐이니라(갈

5:5~6)."말씀하셨듯이 성령을 따라 의의 소망을 기다리노라면 그리스도의 사랑으로써 역사하는 믿음만 있을 뿐입니다. 따라서 어느 날 자기 자신도 모르게 여러분의 영적 성장으로 이어져 에스겔 47장 6~12절 말씀과 같이 다른 사람에게까지 영향이 미치는 현상을 체험하게 될 것입니다. "그의 나라와 그의 의를 구하라 그리하면 이 모든 것을 너희에게 더하시리라(마 6:33)." 예수님의 말씀대로 하나님의 나라와 의(義)가 당신을 통해 이루어질 것입니다.

이렇게 성령의 나타나심과 능력이 여러 사람에게까지 파급력 있게 전하여지는 것을 임파테이션(impartation, 능력전이)이라 말합니다. 임파테이션은 하나님의 능력이 나를 통해서 다른 사람들에게까지 전이(轉移)되어 나타나는 현상을 말합니다.

이와 관련하여 "모세가 눈의 아들 여호수아에게 안수하였으므로 그에게 지혜의 영이 충만하니 이스라엘 자손이 여호와께서 모세에게 명령하신 대로 여호수아의 말을 순종하였더라(신 34:9)." "이에 두 사도가 그들에게 안수하매 성령을 받는지라(행 8:17)." "바울이 그들에게 안수하매 성령이 그들에게 임하시므로 방언도 하고 예언도 하니(행19:6)." "그러므로 내가 나의 안수함으로 네 속에 있는 하나님의 은사를 다시 불일듯 하게 하기 위하여 너로 생각하게 하노니(딤후 1:6)."라는 말씀들이 기록되어 있습니다.

그리고 사역자가 안수하지 않더라도 성령 하나님께서 주권적으로 성령의 나타나심과 능력을 나타내는 경우가 있습니다(행 2:2~4). 그리고 "1부 4장 2. (2) 성령의 역사는 초대교회 때만 있었다"에서 설명한 것처럼 세계 기독교사에 일어났던 성령의 역사가 오늘 우리가 알지 못하는 여러 형태로 나타났었고, 은혜출판사에서 나온 『치유사역의 거장들』을 참고하시면 이를 확인할 수 있을 것입니다. 그리고 오늘날에도 우리가 알지 못하는 성령의 나타나심과 능력이 실재함을 YouTube에서 검색하면 확인할 수 있습니다. 막연하게 믿지 마시고 눈으로 확인하여 보시길 바랍니다.

그러나 **우리기 조심해야 할 부분이 있습니다.** 성령의 나타나심과 능력에 있어서 나의 이기적인 욕망과 욕심이 나의 마음 깊은 곳에 숨어 있다면 예수님은 온데간데없어지고 능력에만 초점을 맞추게 되기 때문에 불의 심판을 받게 될 것입니다(히 6:8). 이 점이 우리가 조심해야 할 부분입니다. 따라서 하나님의 능력이 나에게 유익이 되는 것이 아니라 오히려 그 능력이 나에게 화(禍)가 될 수 있기에 항상 기억하고, 조심해야 합니다. 정말 그렇습니다.

이는 육신의 생각인 이기적인 욕망과 욕심으로 은사를 구하기 때문에, 이 틈을 탄 사탄이 우리 안에 들어오는 경우가 있기 때문입니다(엡 4:27). 따라서 우리가 하나님의 뜻을 온전히 이루기 위해 육신의 생각인 이기적인 욕망과 욕심을 버릴 수 있는 희생의 대가(代

價)를 치러야 할 것입니다. 성령 사역은 희생의 대가 없이 이룰 수 없기에 그렇습니다. 때로는 한 사람의 이기적인 욕망과 욕심으로 인하여 자신의 가정을 파탄시키거나 혼란에 빠뜨리는 경우가 생기기 때문에 이기적인 욕망과 욕심을 버리려는 희생의 대가를 치러야 한다는 말입니다.

"이에 예수께서 제자들에게 이르시되 누구든지 나를 따라오려거든 자기를 부인하고 자기 십자가를 지고 나를 따를 것이니라(마 16:24)." 말씀하셨던 것도 이 때문이었습니다. 말씀과 같이 자기를 부인(부정)하려는 희생의 대가(代價)를 철저히 치를 때 성령 충만한 삶을 누리게 될 것입니다. 그러나 우리가 희생의 대가를 치르지 않으면 예수님으로부터 "그 때에 내가 그들에게 밝히 말하되 내가 너희를 도무지 알지 못하니 불법을 행하는 자들아 내게서 떠나가라(마 7:23)."는 엄중한 말씀을 듣게 될 것이며, 그 마지막은 사망(심판)입니다(롬 8:6; 히 6:8).

에스겔서 47장에 나오는 물은, 성소에서 흐르는 물이 생수의 강이고, 생수의 강이 곧 '그리스도의 영(성령)'이십니다(요 7:37~39; 롬 8:9). 이처럼 성전에서 흐르는 물의 수위가 깊고 높아짐에 따라 강물이 확장되어 넘쳐흘러 가듯 성령 체험의 수위가 높아져 감에 따라 내 속에 임재하신 성령 하나님께서 나를 강력하게 만져주시고 역사하심으로 내 영이 살고, 내 양심이 살아 완전한 영의 사람으로 거듭나게 됩니다. 뿐만 아니라 하나님을 온전히 섬기게 될 것이기에 히브리서 기자는 "하물며 영원하신 성령으로 말미암아 흠 없는 자기를 하나님께 드린 그리스도의 피가 어찌 너희 양심을 죽은 행실에서 깨끗하게 하고 살아 계신 하나님을 섬기게 하지 못하겠느냐(히 9:14)." 말씀하셨던 것입니다.

따라서 우리가 성령 충만하려 한다면 육신의 생각을 자기 자신이 소멸해야 할 것입니다. 왜냐하면 모든 인간은 나면서부터 '육신의 생각'을 갖고 태어났을 뿐 아니라 육신의 생각을 곧 영의 생각이라고 착각하며 살아왔기 때문에 그렇습니다. 그래서 예수님께서 "누구든지 나를 따라오려거든 자기를 부인하고 자기 십자가를 지고 나를 따를 것이니라(마 16:24)." 말씀하셨던 것입니다.

그러므로 에스겔서 47장의 표현대로 생수의 강물이 흘러가듯 우리가 성령의 인도하심에 따라가기만 하면 성령을 충만하게 받게 된다는 원리이자 이치라 하겠습니다. 이는 "생명의 성령의 법(롬 8:2)"으로 정해졌기 때문에 그렇습니다. 그리고 이를 위해 사도 바울은 "모든 기도와 간구를 하되 항상 성령 안에서 기도하고 이를 위하여 깨어 구하기를 항상 힘쓰며 여러 성도를 위하여 구하라(엡 6:18)." 말씀하셨던 것입니다.

1. 회개해야 합니다

주님께서 공생애 사역 때부터 "회개하라 천국이 가까이 왔느니라(마 3:2, 4:17)." 말씀하셨고, 성경의 주요 내용 중 하나가 바로 회개이기 때문에 주님께서 열두 제자를 불러 둘씩 둘씩 보내시며 더러운 귀신을 제어하는 권능을 주시면서(막 6:7) 제자들에게 "회개하라" 전파하게 하셨습니다(막 6:12). 이처럼 회개란 예수 믿는 사람들에게 매우 필수적인 내용입니다.

'회개'란 일반적으로 죄나 잘못을 뉘우치고 마음을 고쳐먹는 것을 말하지만 여기서 말씀하는 죄는 예수 그리스도를 믿지 않은 것이라 볼 수 있습니다. "죄에 대하여라 함은 **그들이 나를 믿지 아니함이요**(요 16:9)."라는 예수님의 말씀과 "베드로가 이르되 **너희가 회개하여** 각각 예수 그리스도의 이름으로 **세례를 받고 죄 사함을 받으라** 그리하면 **성령의 선물을 받으리니**(행 2:38)"라는 말씀에서 보듯 예수 그리스도를 믿지 않은 것에 대한 회개를 말하는 것입니다(요 3:18).

그리고 "하나님이 세상을 이처럼 사랑하사 독생자를 주셨으니 이는 그를 믿는 자마다 멸망하지 않고 영생을 얻게 하려 하심이라, 하나님이 그 아들을 세상에 보내신 것은 세상을 심판하려 하심이 아니요 그로 말미암아 세상이 구원을 받게 하려 하심이라. 그를 믿는 자는 심판을 받지 아니하는 것이요 믿지 아니하는 자는 하나님의 독생자의 이름을 믿지 아니하므로 벌써 심판을 받은 것이니라. 그 정죄는 이것이니 곧 빛이 세상에 왔으되 사람들이 자기 행위가 악하므로 빛보다 어둠을 더 사랑한 것이니라. 악을 행하는 자마다 빛을 미워하여 빛으로 오지 아니하나니 이는 그 행위가 드러날까 함이요, 진리를 따르는 자는 빛으로 오나니 이는 그 행위가 하나님 안에서 행한 것임을 나타내려 함이라 하시니라(요 3:16~20)." 말씀하셨기 때문입니다.

하나님께서 외아들 예수 그리스도를 이 세상에 보내주신 것은, 우리를 이 악한 세상에서 구원하시기 위해서입니다. 그러나 이스라엘 백성들은 하나님께서 이스라엘 백성들을 선민으로 세우셨음에도 불구하고 예수님을 영접하지 아니하였을 뿐 아니라(요 1:11) 예수 그리스도를 아무런 이유 없이 미워하고(요 15:25) 핍박하여 십자가에 달려 죽게 하였습니다. 이 때문에 "베드로가 이르되 너희가 회개하여 각각 예수 그리스도의 이름으로 세례를 받고 죄 사함을 받으라 그리하면 성령의 선물을 받으리니(행 2:38)" 말씀하셨던 것입니다.

이와 같이 우리가 예수 그리스도를 믿고 회개한다면 성령을 선물로 받을 수 있기에 '회개에 관하여' 말씀을 나누려 합니다. 왜냐하면 회개란 예수 그리스도를 믿지 않은 것에 대한 회개도 있겠지만 우리가 성령을 받으면 비로소 성령 하나님께서 회개를 회개 되게 만들어 주시기 때문에, 이를 진정한 회개라 말할 수 있는 것입니다.

일반적으로 사람들이 '육신의 생각'으로 생각할 때 회개를 잘하였음에도 불구하고 우리 마음에 무언가 개운치 않거나 회개가 제대로 이루어졌는지 아닌지를 몰라 답답할 때가 있습니다. 바로 이와 같이 내 마음 한구석에 여전히 꺼림칙하거나 개운치 않은 감정이 남아 있다면 바로 이 점을 우리가 주의해야 한다는 것입니다. 왜냐하면 내 안에 내가 알지 못하는 또 다른 근원적인 죄가 숨어 있기에 꺼림칙한 현상이 생기는 것입니다. 이러한 현상은 '나'라는 속사람(양심)이 자극받아 성령의 도우심을 받기 위한 반응이라 말하겠습니다. 그런데 이는 육신의 생각으로 표면적인 죄만을 살폈기 때문에 나타나는 현상으로서 우리 자신이 모르고 있기에 이를 성령 하나님께서 내 마음의 양심을 건드려 회개할 수 있도록 나타나는 현상으로 보면 될 것입니다. 이를 우리가 쓴 뿌리라 말합니다(히 12:15).

'쓴 뿌리는 용서 받을 수 없다는 말입니까?'라고 불안한 마음에 질문할 수 있지만 원칙적으로 용서받을 수 없습니다. 왜 그런 줄 아십니까? 회개해야 하는데 회개하지 않았기 때문에 그렇습니다. 일반적으로 우리가 '예수 그리스도의 이름'으로 회개한 모든 기도는 예수님의 십자가의 공로로 용서함 받는 것이 틀림없습니다. 예수 그리스도께서 잃은 자를 찾으시고 죄인을 용서하시기 위해 이 땅에 오셨기 때문에, 예수 그리스도의 이름으로 회개하면 용서받는 것이 맞습니다.

육신의 생각으로 하는 회개는 표면적으로 나타나는 죄만을 회개하기 때문에 내 속의 내가 알지 못하는 쓴 뿌리(죄)는 깊숙이 숨어 있어 용서함을 받을 수 없다는 말입니다. 그러나 성령 하나님께서 나에게 임하여 주신다면 성령 하나님은 '영'이시기 때문에 성령께서 내 양심을 건드려 나도 모르게 숨어 있는 쓴 뿌리를 깨닫게 하여 회개할 수 있도록 도와주시기 때문에 이를 진정한 회개라 말하는 것입니다.

구약성경 욥기를 보면 이해될 것이기에 소개합니다. 욥기 1장에서 욥은 온전하고 정직하여 하나님을 경외하며 악에서 떠난 자로 동방 사람 중에 가장 훌륭한 자입니다. 그런 욥이 아들 일곱과 딸 셋을 불러 성결하게 하되 번제를 드렸으니 이는 "혹시 내 아들들이 죄를 범하여 마음으로 하나님을 욕되게 하였을까 함이라." 한 것처럼 욥은 항상 이러한 사람이었습니다(욥 1:1~5).

"하루는 하나님의 아들들이 와서 여호와 앞에 섰고 사탄도 그들 가운데에 온지라, 여호와께서 사탄에게 이르시되 네가 어디서 왔느냐 사탄이 여호와께 대답하여 이르되 땅을 두루 돌아 여기저기 다녀왔나이다, 여호와께서 사탄에게 이르시되 네가 내 종 욥을 주의하여 보았느냐 그와 같이 온전하고 정직하여 하나님을 경외하며 악에서 떠난 자는 세상에 없느니라, 사탄이 여호와께 대답하여 이르되 욥이 어찌 까닭 없이 하나님을 경외하리이까, 주께서 그와 그의 집과 그의 모든 소유물을 울타리로 두르심 때문이 아니니이까 주께서 그의 손으로 하는 바를 복되게 하사 그의 소유물이 땅에 넘치게 하셨음이 니이다, 이제 주의 손을 펴서 그의 모든 소유물을 치소서 그리하시면 틀림없이 주를 향하여 욕하지 않겠나이까, 여호와께서 사탄에게 이르시되 내가 그의 소유물을 다 네 손에 맡기노라 다만 그의 몸에는 네 손을 대지 말지니라 사탄이 곧 여호와 앞에서 물러가니라(욥 1:6~12)."

하나님의 허락으로 사탄에게 아들 일곱과 딸 셋이 한꺼번에 죽게 되었을 뿐만 아니라 재산까지 잃어버리는 엄청난 일을 겪었습니다. 게다가 육체에 심한 종기가 나서 고통 속에 있을 때 아내까지 욥을 멸시하였지만 욥은 하나님에 대한 신앙만큼은 여전히 지켰습니다(욥 2:8~10). 욥은 고통의 강도가 더욱 심해지자 자신이 태어난 날을 원망하고 탄식하였을지언정 생명을 주신 하나님을 원망하는 불신앙적인 태도는 보이지 않았습니다. 그러나 세 친구가 방문하여 칠일 칠야를 함께하며 욥의 심한 곤고함을 곁에서 지켜본 결과 '욥의 고난은 죄 때문에 왔다.'고 하자 마침내 욥은 자기 자신의 연민에 빠진 나머지 하나님께 불평하고 맙니다(욥 34:5).

이때 폭풍우 가운데 하나님께서 나타나셔서 욥에게 말씀하십니다. "무지한 말로 생각을 어둡게 하는 자가 누구냐, 너는 대장부처럼 허리를 묶고 내가 네게 묻는 것을 대답할지니라(욥 38:2~3)." 하나님의 책망 섞인 말씀과 질문에 "욥이 여호와께 대답하여 이르되, 주께서는 못 하실 일이 없사오며 무슨 계획이든지 못 이루실 것이 없는 줄 아오니, 무지한 말로 이치를 가리는 자가 누구니이까 나는 깨닫지도 못한 일을 말하였고 스스로 알 수도 없고 헤아리기도 어려운 일을 말하였나이다, 내가 말하겠사오니 주는 들으시고 내가 주께 묻겠사오니 주여 내게 알게 하옵소서, 내가 주께 대하여 귀로 듣기만 하였사오나 이제는 눈으로 주를 뵈옵나이다, 그러므로 내가 스스로 거두어들이고 티끌과 재 가운데에서 회개하나이다(욥 42:1~6)." 라고 고백하였던 것입니다.

이러한 욥의 회개 기도와 같이, 욥이 지난날에 육신의 생각으로 조상들로부터 구전(口傳)으로만 전해 듣고 하나님을 믿어왔기 때문에, 그동안 하나님은 보이지 않았고 세 친구로 인하여 하나님께 일순간 무지한 태도로 행한 것입니다. 그런데 이제 욥 자신이 하나님을 직접 체험하여 알게 되었습니다. 영안(靈眼)이 열려 하나님을 보게 되었고 또한 하나님의 음성을 듣는 체험을 통하여 하나님을 알게 된 욥은(엡 1:17~19) 그동안 자신의 마음에 숨겨져 있던 응어리가 풀리면서 회개하기에 이르렀으니 쓴 뿌리라 말할 수 있겠습니다.

하나님을 체험함으로써 하나님의 주권적 섭리를 깨닫게 된 욥은 "무지한 말로 이치를 가리는 자가 누구니이까 나는 깨닫지도 못한 일을 말하였고 스스로 알 수도 없고 헤아리기도 어려운 일을 말하였나이다(욥 42:3)."라고 회개하기에 이른 것입니다. 이처럼 욥이 육신의 생각으로만 하나님을 믿을 때는 자신도 모르게 '불평'과 함께 자기 의를 나타내었지만(욥 31장), 하나님의 절대적인 주권을 직접 체험하고 난 후 "내가 주께 대하여 귀로 듣기만 하였사오나 이제는 눈으로 주를 뵈옵나이다, 그러므로 내가 스스로 거두어들이고 티끌과 재 가운데에서 회개하나이다(욥 42:5~6)."라고 회개하였던 것입니다.

우리가 회개해야 한다는 점에서 1903년 원산 대 부흥 운동과 1907년 평양 대 부흥 운동을 이야기하지 아니할 수 없을 것입니다. 원산 대 부흥 운동과 평양 대 부흥 운동이 회개로 이루어졌기에 한국교회가 부흥 발전하여 성장케 된 것 아니겠습니까? 이러한 점에서 원산 대 부흥과 평양 대 부흥을 좀 더 구체적으로 살펴야 할 것 같습니다. 이는 회개로 이루어졌기 때문입니다.

원산 대 부흥 운동의 주역인 로버트 알렉산더 하디(Robert Alexander Hardie, 1865~1949) 선교사는 캐나다 출신으로 토론토 의과대학을 졸업하고 1890년 9월 아내와 함께 남감리교 의료선교사로 우리나라에 왔습니다.

하디는 1903년 여름 남감리교 여선교사 모임에서 성경 공부 및 기도회를 인도해 달라는 부탁을 받았다. 마침 중국에서 활동하던 여선교사 화이트(M. C. White)가 왔고, 한국에서 일하던 맥컬리 선교사 등이 함께했다. 하디는 그 모임을 인도하던 중 "먼저 네 자신이 회개해야 한다."는 성령의 강력한 도전에 직면했다.

기록에 의하면 하디는 이렇게 고백했다. "성령이 내게 오셨을 때 성령께서 제게 첫 번째로 요구하신 것은 제가 교인들 앞에서 내 과거의 실패와 그 원인을 자백하라는 것이었다. 이것은 매우 고통스럽고 수치스러운 경험이었다." 하지만 그는 성령의 음성에 순종하여 수치와 체면 손상을 무릅쓰고 자신의 죄악들을 고백했다. 자신의 교만, 닫힌 마음, 신앙의 결핍, 그리고 이런 것들이 가져오는 수많은 죄들이 사건 이후 하디의 삶은 놀랍게 달라졌으며, 그의 사역에는 성령의 능력이 나타났다. 더 이상 이전의 하디가 아니었다.[41]

이러한 **원산 부흥 운동**의 결과들이 평양 대 부흥 운동의 기폭제가 되어 1907년 평양 장대현교회 역시 성령의 임재로 회개의 역사가 일어난 것입니다.

---

41) "하디 선교사의 회개 일본 임마누엘 선교", 2017. 2. 16, 인터넷 다음 2019. 10. 6 접속.

평양 장대현교회 **영계 길선주 장로의** 글을 보면 다음과 같습니다.

수요일 저녁이다. 기도 장소 네 곳에서도 이와 같이 강력한 기세로 성령의 역사가 일어났다. 우리는 기쁨을 감출 수 없었다. 간단한 말로 권면하고 "집으로 돌아갈 사람은 돌아가라." 하고 폐회를 선언했다. 회중이 고요해졌을 때 우리는 통성 기도를 시작하였다. 그러자 몇 사람이 밀면서 자기의 죄를 고백하려고 했다. 몇 사람이 죄를 회개하자 주 장로는 자기의 죄를 고백할 수 있는 힘을 얻었다. 놀라운 성령의 역사가 일어난 전날 밤에, 그의 모습은 마치 사형 선고를 받은 사람과 같았다. 그는 회개해야 할 무서운 죄를 지었다고 우리는 그때 느꼈다.

우리는 하나님께서 그에게 회개할 수 있는 힘을 주시라고 기도했다. 그는 강단에 앉아 있었다. 잠시 후 그가 일어나는 것을 보고 신도들은 기쁨에 사로잡혔다. 하나님이 이제 그를 깨끗하게 할 수 있기 때문에 그는 하나님 앞에 굴복하였다. 그는 떨리는 음성으로 말을 시작했으나, 너무도 떨려서 소리마디를 분명히 할 수가 없었다. 그러나 그가 계속하는 동안 그의 말은 점차로 명백해졌고 자기의 속에 있는 모든 것을 끄집어냈다.

그는 음란한 죄와 교회 재정을 사기한 죄를 자복하였다. 어떤 죽어가는 사람의 표현이 그런지, 가장 무서운 번민이 사로잡혀 자복하는 그때의 그의 태도는 처음 보는 것이었다. 그는 머리에서 발끝까지 떨고 있었다. 그는 곧 졸도할 것 같았으므로 나는 팔로 그를 붙들고 있었다. 그는 마음에 쌓인 무거운 근심으로 '나와 같은 무서운 죄인이 이전에도 있었습니까?' 하면서 그의 손으로 강대상을 힘껏 내리쳤다. 그리고는 마룻바닥에 쓰러졌다. 견딜 수 없는 번민으로 인하여 몸부림을 치고, 울면서 사죄하였다. 얼핏 보기에 그가 재생하지 못하면 죽을 것만 같았다.

그의 간증하는 태도는 그야말로 처참하고도 무서웠다. 그러나 한국인 형제들이 그를 둘러싸고 무서운 고민에 시달리고 있는 그를 위로해 주는 그 광경은 얼마나 아름다웠는지 형언할 수 없었다. 주 장로가 울자, 온 회중이 울었다. 그의 통곡은 그칠 줄 몰랐다. 회중은 하나님의 역사하심을 감사하기도 했지만, 그보다도 주 장로가 자신의 죄를 자복할 수 있는 힘을 주신 하나님께 더욱 감사를 드렸다. 화요일 아침에 숭헌여학교에서도 역시 성령의 역사가 일어나서 죄를 회개하는 울음소리가 오래 계속되었다.[42]

---

42) J. S. Gale, *Korea in Transition*, 1909, 길진경, 『영계 길선주』, 종로서적, 1980, p.193 재인용.

석담 이경직 목사님께서(1876~1965) 정동교회 권사 시절 성령 받으시고, 1901년 〈신학월보〉에[43] 성령의 감동으로 '회개 촉구'를 위한 '필요성'과 '급박성'에 대한 '회개?'를 작사하신 기사가 기재되었기에 이를 소개합니다.

　성신께서 도와주시면 사람의 마음을 더욱 감동하여 듣는 이들이 더욱 기뻐할 줄 믿노라.

첫째 一 천주께서 사랑하사　　후렴　회개하라 회개하라
　　　　독생자를 주셨으니　　　　　　어서바삐 회개하라
　　 二 예수께서 강성하사　　　 三 성신께서 강림하사
　　　　죄인속죄 하셨으니　　　　　　교회선생 되셨으니

둘째 一 천주께서 자비하사　　후렴　회개하라 회개하라
　　　　믿는마음 주셨으니　　　　　　어서바삐 회개하라
　　 二 예수께서 피흘리사　　　 三 성신께서 감동하사
　　　　만민죄를 씻으시니　　　　　　회개지심 주셨으니

셋째 一 천주께서 긍휼하사　　후렴　회개하라 회개하라
　　　　구주중보 주셨으니　　　　　　어서바삐 회개하라
　　 二 예수께서 사랑하사　　　 三 성신께서 안위하사

---

43) H. G. Jones, 〈신학월보〉, 1권 9호, pp.353~354.

>   산제사를 드렸으니   즐거운맘 주셨으니
>
> 넷째 一 복음들은 형제들아   후렴 회개하라 회개하라
>   천주은혜 감사하여   어서바삐 회개하라
>   二 은혜받은 자매들아   三 위로받은 자매들아
>   예수공로 의지하여   성신감화 감동하여.

목사님의 이러한 체험적 고백이 있었기에 평신도가 후일에 한국 초대교회의 목회자가 되신 것 아니겠습니까? 그리고 석담 이경직 목사님께서 "성령이여 강림하사 나를 감화하시고 애통하며 회개한 맘 충만하게 하소서 예수여 비오니 나의 기도 들으사 애통하며 회개한 맘 충만하게 하소서."를 수시로 간절한 마음으로 즐겨 부르시던 것을 제가 어렸을 때의 기억이지만 오늘날까지 생생히 기억하고 있습니다.

이와 같이 우리가 성령 안에서 죄를 회개하였다는 것은 로마서 8장의 "그러므로 이제 그리스도 예수 안에 있는 자에게는 결코 정죄함이 없나니, 이는 그리스도 예수 안에 있는 생명의 성령의 법이 죄와 사망의 법에서 너를 해방하였음이라(롬 8:1~2)." 말씀일 것입니다. 사도 바울은 죄와 사망의 법에서 생명의 성령의 법으로 자신을 해방시켜 주셨음을 체험적으로 깨닫게 되었기에 말씀으로 기록할 수 있었던 것입니다.

성령을 체험했다는 것과 체험하지 못할 때의 차이가 엄청나다는 사실을 체험적으로 알게 되었기에 로마서 8장이 있는 것입니다. 이처럼 죄에서 해방되는 맛과 그 감격을 체험해 본 사람만이 그 기쁨과 회개함으로 오는 해방의 맛과 그 느낌을 알 수 있을 것입니다. 이와 같이 성령의 인도하심에 따라 우리가 회개하게 될 때 하나님으로부터 죄 사함을 받게 되고, 죄 사함을 받음으로 인하여 우리가 회개를 회개되게 하여 하나님의 거룩한 성품을 갖추게 되는 것입니다. 그러므로 하나님의 거룩한 성품을 닮아가기 위해 고린도후서 7장 말씀을 심각하게 숙고해 보고자 합니다.

"하나님의 뜻대로 하는 근심은 후회할 것이 없는 구원에 이르게 하는 회개를 이루는 것이요 세상 근심은 사망을 이루는 것이니라, 보라 하나님의 뜻대로 하게 된 이 근심이 너희로 얼마나 간절하게 하며 얼마나 변증하게 하며 얼마나 분하게 하며 얼마나 두렵게 하며 얼마나 사모하게 하며 얼마나 열심 있게 하며 얼마나 벌하게 하였는가 너희가 그 일에 대하여 일체 너희 자신의 깨끗함을 나타내었느니라(고후 7:10~11)."

말씀에도 불구하고 저는 하나님 앞에 솔직하게 살지 못했음을 고백합니다. 지금은 내가 하나님의 뜻대로 회개를 위한 근심을 좀 더 많이 해야 할 때가 아닌가 생각했습니다. 저라는 사람이 하나님 앞에 얼마나 많은 죄를 지었는지 모릅니다. 그리고 이 시간을 통하여 저라는 사람이 얼마나 오만하고 뻔뻔했는지, 저의 죄를 용서하여 주시기를 하나님께 간절히 강구하며 기도하옵나이다. 아멘!

2. 믿음으로 간청해야 합니다

초신자 때는 어쩔 수 없이 예수 그리스도를 육신의 생각인 지성과 이성으로 믿게 될 것입니다. 그리고 성령의 나타나심과 능력으로 예수 그리스도를 믿게 되었다 할지라도 육신의 생각으로 믿고 있던 사람들을 통해서 교육받게 되었기 때문에 이를 방치해선 안 될 것입니다. 그리고 이러한 사실을 우리 모두 알아야 할 것입니다. 왜냐하면 우리의 믿음이 성장 발전해야 함에도 불구하고 육신의 생각으로 인하여 영적인 발전을 이루지 못하는 요인이 되기 때문입니다.

말씀에 따르면 "형제들아 내가 신령한 자들을 대함과 같이 너희에게 말할 수 없어서 육신에 속한 자 곧 그리스도 안에서 어린 아이들을 대함과 같이 하노라, 내가 너희를 젖으로 먹이고 밥으로 아니하였노니 이는 너희가 감당하지 못하였음이거니와 지금도 못하리라(고전 3:1~2)."고 하셨기 때문입니다.

따라서 우리가 사랑하는 부모 형제자매 그리고 자식에게 이를 가르쳐야 할 것입니다. 이는 나만의 구원이 아니라 내가 사랑하는 모든 이들도 함께 구원받기 위해서 그렇습니다. 만약 나의 사랑하는 이들이 영(靈)의 생각으로 믿어야 한다는 사실을 모르고 구원받지 못한다면 안타까운 일이 아니겠습니까?

그러므로 우리가 이를 알리고 전하는 일이야말로 진정한 복음을 전하는 일이자 그들을 사랑하는 일일 것입니다. 그리고 우리가 성령 받고 성령의 인도하심을 받기 위해서는 절대적인 믿음(방언)으로 하나님께 힘써 간구해야 한다는 것도 함께 말해 주어야 할 것입니다. 왜냐하면 믿음이란 이때를 위해서 있기 때문입니다. 그래서 우리의 주님께서 누가복음 11장에서 이렇게 말씀하셨습니다.

"또 이르시되 너희 중에 누가 벗이 있는데 밤중에 그에게 가서 말하기를 벗이여 떡 세 덩이를 내게 꾸어 달라, 내 벗이 여행중에 내게 왔으나 내가 먹일 것이 없노라 하면, 그가 안에서 대답하여 이르되 나를 괴롭게 하지 말라 문이 이미 닫혔고 아이들이 나와 함께 침실에 누웠으니 일어나 네게 줄 수가 없노라 하겠느냐, 내가 너희에게 말하노니 비록 벗 됨으로 인하여서는 일어나서 주지 아니할지라도 그 간청함을 인하여 일어나 그 요구대로 주리라, 내가 또 너희에게 이르노니 구하라 그러면 너희에게 주실 것이요 찾으라 그러면 찾아낼 것이요 문을 두드리라 그러면 너희에게 열릴 것이니, 구하는 이마다 받을 것이요 찾는 이는 찾아낼 것이요 두드리는 이에게는 열릴 것이니라, 너희 중에 아버지 된 자로서 누가 아늘이 생선을 딜라 하는데 생선 대신에 뱀을 주며, 알을 달라 하는데 전갈을 주겠느냐, 너희가 악할지라도 좋은 것을 자식에게 줄 줄 알거든 하물며 너희 하늘 아버지께서 구하는 자에게 성령을 주시지 않겠느냐 하시니라(눅 11:5~13)."

말씀과 같이 우리가 하나님 아버지께 간청하면 "성령(방언)을 주시겠다." 약속하여 주셨습니다. 따라서 성령은 육신의 생각인 이론으로 아는 것이 아니라 하나님의 선물(방언)임을 우리가 알게 되었기에 이를 간청하여 구해야 한다는 말씀일 것입니다(행 2:38).

그러므로 우리가 누가복음 11장 말씀대로 성령을 믿음으로 간절히 구하는 것이 믿음의 원리라 한다면, 우리가 구하지 않음은 믿지 않았기 때문이고, 성령 받지 못함은 믿음이 없다는 것을 여실히 드러내는 증거일 것입니다. 이같이 **기도하지 않았다고 하는 것은** 우리가 육신의 생각에 사로잡혔기 때문에 믿지 못하여 구하지 않은 것입니다.

따라서 예수님의 제자들도 믿음으로 10일 동안 힘써 기도하여(행 1:14) 성령(방언)을 체험하였습니다(행 2:2~4). 물론 우리가 사는 이 사회가 너무나 바쁜 사회라 기도하지 못하는 것도 있겠으나, 그 어떤 것보다 성령(방언) 받는 일이 최우선이라 기도에 전념해야 한다는 것입니다(행 1:14). 왜냐하면 "육으로 난 것은 육이요 영으로 난 것은 영이니, 내가 네게 거듭나야 하겠다 하는 말을 놀랍게 여기지 말라(요 3:6~7)." 말씀과 같이 내가 구원받을 수 있는 유일한 방법이자 길이기 때문에 이를 믿음으로 기도에 힘써야 한다는 말씀입니다. 아니, 목숨을 걸고 구해야 한다는 말씀입니다. 이는 성령 하나님께서 우리를 모든 진리 가운데로 인도하여 장래 일까지 알려 주시기 때문에(요 16:13) 예수님께서 "그 날에는 너희가 아무 것도 내게 묻지 아니하리라 내가 진실로 진실로 너희에게 이르노니 너희가 무엇이든지 아버지께 구하는 것을 내 이름으로 주시리라, 지금까지는 너희가 내 이름으로 아무 것도 구하지 아니하였으나 구하라 그리하면 받으리니 너희 기쁨이 충만하리라(요 16:23~24)." 말씀하셨던 것입니다.

말씀에서의 "그 날에는" 주님께서 승천하시는 날이기 때문에 제자들이 예수님께 아무것도 물을 수 없는 상황이기에 "내 이름으로 구하라. 그리하면 받으리니"라고 약속해 주셨습니다. 지금까지 주님께서 제자들과 만남을 통해서 교제가 이루어졌다면 예수님이 승천하신 이후부터는 성령 하나님(방언)을 통해서 교제가 이루어져야 하기에 우리가 믿음으로 성령(방언)을 구해야 한다는 말씀입니다.

이와 같이 우리가 믿음으로 성령(방언)을 구해야 한다는 점에서 시몬 베드로를 살피지 않을 수 없을 것입니다. 이는 예수님께서 시몬을 제자로 삼을 때의 일입니다. 밤새도록 고기를 잡다가 못 잡아 그물을 씻는 중에 예수님께서 시몬의 배에 오르시어 무리를 가르치셨습니다. 말씀을 마치시고 시몬에게 "깊은 데로 가서 그물을 내려 고기를 잡으라(눅 5:4)." 말씀하셨을 때 "시몬이 대답하여 이르되 선생님 우리들이 밤이 새도록 수고하였으되 잡은 것이 없지마는 말씀에 의지하여 내가 그물을 내리리이다(눅 5:5)." 하였기 때문에 우리도 기도로 구하는 것입니다.

여기서 우리는 시몬 베드로가 어떤 사람인지 묻지 않을 수 없을 것입니다. 왜냐하면 베드로의 생업(生業)이 어부이기 때문에 질문하는 것입니다. 어부는 적어도 경험에 의한 고기 잡는 전문가를 뜻합니다. 이러했던 베드로가 비전문가이신 예수님으로부터 "깊은 데로 가서 그물을 내려 고기를 잡으라." 말씀을 들었을 때 고기 잡는 전문가로서의 생각과 그것도 밤새도록 수고하였던 경험으로는 이해할 수 없는 불가능한 일이었기 때문에 베드로에게는 황당한 말씀으로 들릴 수밖에 없었을 것입니다. 그러나 시몬 베드로는 주저 없이 "말씀에 의지하여" 그물을 내렸습니다.

"그렇게 하니 고기를 잡은 것이 심히 많아 그물이 찢어지는지라, 이에 다른 배에 있는 동무들에게 손짓하여 와서 도와 달라 하니 그들이 와서 두 배에 채우매 잠기게 되었더라(눅 5:6~7)."와 같이 응답되었습니다.

그런데 여기서 시몬이 어떻게 하여 응답받을 수 있었습니까? 그는 예수님의 설교를 가장 가까이서 들었습니다만(눅 5:3) 이때만 해도 그는 예수님을 따르지 않던 어부일 뿐이었습니다. 하지만 베드로는 "선생님 우리들이 밤이 새도록 수고하였으되 잡은 것이 없지마는 말씀에 의지하여 내가 그물을 내리리이다(눅 5:5)." 말하였던 사람입니다. 시몬 베드로는 육신의 생각으로 미루어 짐작하거나 가늠하여 살피지도 않았습니다. 그는 순수함과 꾸밈이 없고 단순한 마음으로 순종하였기에 응답받은 것입니다. 비록 베드로가 이때 성령(방언) 받지 못한 육신의 생각에 머물렀던 상태였을지라도, 그가 주님의 말씀을 듣고 믿어 순종하였기 때문에 예수님의 수제자가 되고 성령의 사람이 된 것입니다.

이와 같이 당신도 베드로 사도와 같이 순수하고 순종하는 마음으로 예수님의 말씀을 그대로 믿고 따르며 간절한 마음으로 기도한다면 분명 성령을 받게 될 것입니다(눅 11:5~13). 바로 이것이 진정한 믿음입니다.

따라서 진정한 믿음이란 예수 그리스도께서 말씀하신 대로 "내가 또 너희에게 이르노니 구하라 그러면 너희에게 주실 것이요 찾으라 그러면 찾아낼 것이요 문을 두드리라 그러면 너희에게 열릴 것이니, 구하는 이마다 받을 것이요 찾는 이는 찾아낼 것이요 두드리는 이에게는 열릴 것이니라(눅 11:9~10)." 말씀에 순종하는 것이야말로 진정한 믿음이라 말할 수 있는 것입니다. 그러나 이것저것 복잡하게 생각하는 육신의 생각에 사로잡혔다면 응답받을 수 없을 것입니다. 그래서 잠언서 공동 번역 성경을 보면 "마음을 다하여 야훼를 믿어라. 잘난 체하지 말고, 무슨 일을 하든지 야훼께 여쭈어라. 그가 네 앞길을 곧바로 열어 주시리라, 스스로 지혜로운 체하지 말고, 야훼를 두려워하여 섬기고 악을 멀리하여라, 그리하면 네 몸이 튼튼해지고 뼈마디가 시원해지리라(공동 번역, 잠 3:5~8)."고 하셨습니다.

말씀과 같이 잘난 체하지 마시고 믿음으로 구하세요. 당신은 성령(방언)을 받으실 것입니다. 우리 모두 함께 구원받아야 하지 않겠습니까? 누가복음 11장 말씀을 생각하며 간청하시길 바랍니다. 그분은 당신의 전지전능하신 하늘 아버지십니다.

3. 성령 받았음을 무엇으로 알 수 있습니까?

육신의 생각으로 "나는 성령 받은 사람이다."라고 말한다고 해서 우리가 성령 받은 사람으로 아는 것이 아니라, 밖으로 표출되어 나타나는 것을 보고 성령 받았음을 알게 되는 것입니다. 따라서 성령은 사람이 만들어 놓은 이론으로 알게 되는 것이 아니라 하나님의 선물이기 때문에, 성령의 나타나심과 능력으로 나타나는 것입니다. 이는 하나님의 초자연적인 능력을 우리가 체험하여 알게 되기 때문에 이를 통하여 하나님은 살아계신 하나님이라 말할 수 있는 것입니다. 따라서 이러한 성령 하나님의 현상은 성령 받지 않은 사람들이나 성령 받은 사람들이 볼 때 성령 받은 표적(表迹, 방언)으로 나타나기 때문에 이 또한 성령 받은 사람인지 아닌지를 우리가 분별할 수 있는 것입니다(막 16:17~18; 행 2:2~4, 8:13, 18~19).

성령 받은 사람에게 나타나는 표적이란 무엇일까요? 이를 예수님께서 마가복음 16장에서 말씀하여 주셨습니다. 예수님께서 부활 후 제자들에게 나타나셔서 그들의 믿음 없는 것과 마음이 완악한 것을 꾸짖으셨습니다(막 16:14). 왜냐하면 예수님께서 살아나신 것을 본 자들의 말을 믿지 않았기 때문에 제자들에게 "또 이르시되 너희는 온 천하에 다니며 만민에게 복음을 전파하라, 믿고 세례를 받는 사람은 구원을 얻을 것이요 믿지 않는 사람은 정죄를 받으리라, 믿는 자들에게는 이런 표적이 따르리니 곧 그들이 내 이름으로 귀신을 쫓아내며 새 방언을 말하며, 뱀을 집어올리며 무슨 독을 마실지라도 해를 받지 아니하며 병든 사람에게 손을 얹은즉 나으리라 하시더라(막 16:15~18)." 말씀하셨습니다.

따라서 예수 믿는 사람들에게 나타나는 표적이란 성령세례 받았음을 겉으로 드러내는 초자연적인 현상을 말하는 것입니다. 한마디로 '예수 그리스도를 믿고 있다는 증명의 표시'이자 하나님의 사람이 되었다는 거룩한 인증 표입니다. 주님께서 마가복음 16장에서 말씀하신 표적을 정리하자면 다음과 같습니다.

첫째, 귀신을 쫓아내며(행 5:16, 8:7, 16:18, 19:12)
둘째, 새 방언을 말하며(행 2:4, 6, 10:46, 19:6)
셋째, 뱀을 집어 올리며(출 4:2~4; 행 28:3~5)
넷째, 독을 마실지라도 해를 받지 아니하며(행 28:3~6) (**요주의**: 육신의 생각으로 독을 마시면 반드시 죽습니다. 이는 하나님을 시험하였기 때문입니다.)
다섯째, "병든 사람에게 손을 얹은즉 나으리라(마 8:15; 행 3:7, 5:15~16, 8:7, 9:12, 17, 41, 28:8)."는 현상을 보고 예수님 말씀대로 성령세례 받았음을 우리가 알 수 있는 것입니다(막 16:17~18).

그리고 마가복음 16장 외에 고린도전서 12장에도 성령세례 받은 표적의 말씀이 잘 나타나 있습니다.

"은사는 여러 가지나 성령은 같고, 직분은 여러 가지나 주는 같으며, 또 사역은 여러 가지나 모든 것을 모든 사람 가운데서 이루시는 하나님은 같으니, 각 사람에게 성령을 나타내심은 유익하게 하려 하심이라, 어떤 사람에게는 성령으로 말미암아 지혜의 말씀을, 어떤 사람에게는 같은 성령을 따라 지식의 말씀을, 다른 사람에게는 같은 성령으로 믿음을, 어떤 사람에게는 한 성령으로 병 고치는 은사를, 어떤 사람에게는 능력 행함을, 어떤 사람에게는 예언함을, 어떤 사람에게는 영들 분별함을, 다른 사람에게는 각종 방언 말함을, 어떤 사람에게는 방언들 통역함을 주시나니, 이 모든 일은 같은 한 성령이 행하사 그의 뜻대로 각 사람에게 나누어 주시는 것이니라(고전 12:4~11)."

말씀과 같이 하나님께서 예수 그리스도를 사모하는 모든 사람에게 성령세례(은사)를 나누어 주신 것은 예수 믿는 사람과 믿지 않는 사람들을 구별하는 성별법이자 하나님의 자녀로 구별되었음을 증명하는 거룩한 인증 표라 말할 수 있겠습니다.

그러므로 거룩한 표적으로서의 은사를 성령 하나님께서 각 사람에게 나누어 주시는 목적은 예수 그리스도를 믿는 우리에게 유익하게 하려 하시는 데 있습니다(고전 12:7). 그리고 무엇보다 중요한 것은 믿는 자들이 살아계신 하나님을 체험함으로 인하여 우리가 변화(거듭나게)되어 구원받을 수 있는 길이 열리게 되었다는 것과(요 3:5~7), 성령 받지 않은 사람과 구별할 수 있는 영적 표적을 갖게 됨으로 인하여 하나님의 사람으로 성별되었음을 우리가 알 수 있는 것입니다.

그리고 무엇보다도 예수님께서 "오직 성령이 너희에게 임하시면 너희가 권능을 받고 예루살렘과 온 유대와 사마리아와 땅 끝까지 이르러 내 증인이 되리라(행 1:8)." 말씀하셨던 것은, 우리가 권능을 받음으로 인하여 성령의 나타나심과 능력이 우리에게서 나타나게 될 때 하나님 아버지께 영광을 돌릴 수 있기 때문에 이를 우리가 알아야 할 것입니다(마 9:8, 15:31; 막 2:12; 눅 2:14, 20, 5:25~26, 7:16, 13:13, 17:15, 18, 18:43, 23:47; 요 9:24, 21:19; 행 4:21, 11:18, 21:20; 롬 4:20, 15:7, 9; 고전 6:20; 고후 1:20, 4:15, 9:13; 갈 1:24; 벧전 2:12, 4:16).

그러나 **한국교회의 가장 큰 문제**는 이러한 현상들을 받아들이지 못하고 오히려 배격하는 것입니다. 이러한 현상에 대하여 "은사주의나 체험주의는 미혹의 영의 작품이다."라고 말하는 분들이 있는가 하면 신비주의로 몰아가거나 이를 사기꾼으로 몰아가는 분들도 있기에 문제가 아닐 수 없습니다.

이러한 연유로 인하여 세계와 한국교회가 성령에 대하여 기피하게 되는 것도 사실입니다. 이러한 행위는 하나님의 일을 저버리거나 모독 내지 거역하는 것과 똑같은 결과로 나타나기 때문에 용서받지 못할 것입니다(마 12:31~32; 눅 12:10; 행 7:51; 살전 4:8).

이러한 분들께 잠시 질문을 해본다면 하나님의 능력을 왜 제한시키는 것입니까? 성경에 똑같은 현상이 없다 하여 "은사주의나 체험주의는 미혹의 영의 작품이다. 또는 사기꾼"이라 말하는 것입니까? 성령의 역사는 우리가 알지 못하는 여러 형태로 나타나기에 우리가 모를 수밖에 없습니다. 왜 그런지 아십니까? 성령의 역사는 사람이 하는 것이 아니라 전지전능하신 하나님께서 행하시기 때문에 우리가 모를 수밖에 없는 것입니다.

그리고 판단과 심판은 우리가 하는 것이 아니라 하나님이 하시는 것입니다. 당신이 무슨 권리로 이렇게 무지막지하게 몰아가는 것입니까? 당신 같은 사람이 있기에 많은 사람이 "신비를 조심하라." 말들 하는 것 아닙니까? 성경의 모든 말씀이 신비 그 자체인데 그 신비를 조심하라고 말하니 잘못된 것 아닙니까? 요한복음 14장에 예수님께서 "내가 진실로 진실로 너희에게 이르노니 나를 믿는 자는 내가 하는 일을 그도 할 것이요 또한 그보다 큰 일도 하리니 이는 내가 아버지께로 감이라(요 14:12)." 말씀하셨습니다. 말씀에서 보듯 예수님께서 "내가 아버지께로 감이라." 말씀하신 까닭이 무엇입니까? "나를 믿는 자는 내가 하는 일을 그도 할 것이요 또한 그보다 큰 일도 하리니."라는 말씀이 이루어져야 하기 때문에, 주님이 아버지께로 감이라 말씀하셨던 것입니다.

그리고 예수님께서 "나를 믿는 자는 내가 하는 일을 그도 할 것이요 또한 그보다 큰 일도 하리니."라고 하신 말씀이 무슨 말씀인지를 모르겠습니까? 이 말씀에 어떤 해석이 더 필요한 것입니까? 그리고 이 말씀까지 부정하시렵니까? 미안하지만, 이렇게 몰고 가시는 분들은 정말 성령(방언) 받았습니까? 그리고 성령(방언)이 무엇인지 제대로 아십니까? 성령(방언) 받지 않으신 분이 하나님의 일을 말할 자격이 있습니까? 오히려 성령(방언)에 대해 무지하다는 것을 스스로 드러낸 꼴이 되었기에 부끄러움과 창피를 당하고 있다는 사실을 알고 계십니까?

성령에 대해 너무 모르기 때문에 이런 현상이 나타나는 것입니다. 그리고 이렇게 성령을 방해하고 훼방하는 일을 하시는 분들이 하나님의 일을 한다고요? 당신들 같은 사람들이 있기에 교회가 영적으로 낙후될 수밖에 없는 것입니다. 이렇게 성령을 방해하시는 분들은 하나님의 일을 방해하고 있다고 생각하지 않습니까? 모르면 가만히만 있어도 50점은 될 것인데 그마저 까먹고 있으니 안타까울 뿐입니다. 이는 육신의 생각일 뿐입니다.

이러한 분들이 알아야 할 것은 성령(방언)을 받아야 하는데 자꾸 육신의 생각으로 성령을 훼방하고 있기에 마지막 때 심판받게 된다는 사실입니다(마 12:31~32; 눅 12:10). 심판받게 될 것이라는 말은 제가 하는 말이 아니라 우리의 주님께서 말씀하신 것입니다. 성령을 받지 못했기에 자꾸 헛소리를 내기 때문입니다. 이러한 분들 때문에 말씀을 좀 더 살펴야 할 것 같습니다. 그러면 마가의 다락방에서 나타난 성령의 나타나심과 능력의 현상들이 어떻게 나타났는지 사도행전 2장 말씀을 다시 살펴보겠습니다.

"오순절 날이 이미 이르매 그들이 다같이 한 곳에 모였더니, 홀연히 하늘로부터 급하고 강한 바람 같은 소리가 있어 그들이 앉은 온 집에 가득하며, 마치 불의 혀처럼 갈라지는 것들이 그들에게 보여 각 사람 위에 하나씩 임하여 있더니, 그들이 다 성령의 충만함을 받고 성령이 말하게 하심을 따라 다른 언어들로 말하기를 시작하니라 (행 2:1~4)."

말씀과 같이 소리로 눈으로 귀로 들을 수 있는 현상들이 나타난 것처럼 오늘날에도 이렇게 나타날 수 있다는 것입니다. 그리고 각 사람에게 성령이 말하게 하심을 따라 다른 언어들(방언)로 말하기를 시작했다 했습니다. 그리고 120 문도가 성령이 말하게 하심에 따라 각국 언어로 말하는 현상이 나타나니까 예수님을 믿지 않던 경건한 유대인들에겐 엄청나고 신비로운 표적일 수밖에 없었을 것입니다. 이는 일어날 수 없는 불가능한 일들이 일어났기에 다 놀라 신기하게 여겨 예수님을 믿지 않던 사람들이 베드로의 증언대로 "그 말을 받은 사람들은 세례를 받으매 이 날에 신도의 수가 삼천이나 더하더라 (행 2:41)." 기록한 것입니다.

이러한 점에서 여러분들에게 질문할까 합니다. 예수님을 믿지 않던 유대인들이 어떻게 해서 삼천이나 되는 사람들이 한꺼번에 믿게 되었다고 생각하십니까? 그리고 베드로 사도의 설교만 듣고 그들이 믿게 되었다고 생각하십니까? 물론 베드로 사도의 설교가 믿는 계기가 되었을 것입니다. 그러나 무엇보다 중요한 것은 일어날 수 없는 하나님의 큰일을 그들의 눈으로 직접 보고 귀로 들었기 때문에 삼천이나 되는 사람들이 한꺼번에 믿게 되었던 것이지 설교로만이 아니라는 것입니다. 한마디로 120 문도에게 나타난 표적을 보고 믿게 된 것입니다(행 2:41). 확인 차원에서 사도행전 2장 말씀을 다시 보겠습니다.

"이 소리가 나매 큰 무리가 모여 각각 자기의 방언으로 제자들이 말하는 것을 듣고 소동하여, 다 놀라 신기하게 여겨 이르되 보라 이 말하는 사람들이 다 갈릴리 사람이 아니냐, 우리가 우리 각 사람이 난 곳 방언으로 듣게 되는 것이 어찌 됨이냐, 우리는 바대인과 메대인과 엘람인과 또 메소보다미아, 유대와 갑바도기아, 본도와 아시아, 브루기아와 밤빌리아, 애굽과 및 구레네에 가까운 리비야 여러 지방에 사는 사람들과 로마로부터 온 나그네 곧 유대인과 유대교에 들어온 사람들과, 그레데인과 아라비아인들이라 우리가 다 우리의 각 언어로 하나님의 큰 일을 말함을 듣는도다 하고, 다 놀라며 당황하여 서로 이르되 이 어찌 된 일이냐 하며(행 2:6~12)."

그리고 사도행전 10장의 "베드로와 함께 온 할례 받은 신자들이 이방인들에게도 성령 부어 주심으로 말미암아 놀라니, 이는 방언을 말하며 하나님 높임을 들음이러라(행 10:45~46)."는 말씀에서 보듯 각국에서 온 유대인들이 왜 놀라게 되었습니까?

제자들에게 나타난 표적은 진리를 입증하거나 하나님의 영광을 드러내기 위한 증표로 나타났기 때문에 믿게 된 것입니다(요 14:13). 이처럼 '하나님의 큰일'과 '하나님을 높이기 위한' 것이라면 예수 믿는 사람으로서 마땅히 성령세례(방언)를 받아야 하는 것 아닙니까? 그리고 우리가 성령을 마땅히 알아야 하는 것 아닙니까? 이는 성령이 내 안에 계심을 나타내는 초자연적인 증거가 되기 때문에 우리가 성령세례를 받아야 하는 이유가 바로 여기에 있는 것입니다.

그러므로 우리가 성령세례 받았다고 하는 것은 하나님의 자녀로 인증받았다는 것을 통해 하나님과의 영적인 교제가 가능하게 되었다는 것이며 또한 하나님에 대한 믿음이 새롭게 시작되는 계기가 마련되었다는 것입니다. 그리고 우리가 성령세례 받았다는 것은 하나님의 거룩한 자녀로 기름 부음 받았다는 '거룩한 인증표'이자 '믿음의 새로운 시작점'이라 말할 수 있겠습니다. 아멘!!!

1) 성령에는 하나님의 깊으신 뜻이 있습니다

"형제들아 내가 너희에게 나아가 하나님의 증거를 전할 때에 말과 지혜의 아름다운 것으로 아니하였나니, 내가 너희 중에서 예수 그리스도와 그가 십자가에 못 박히신 것 외에는 아무 것도 알지 아니하기로 작정하였음이라, 내가 너희 가운데 거할 때에 약하고 두려워하고 심히 떨었노라, 내 말과 내 전도함이 설득력 있는 지혜의 말로 하지 아니하고 다만 성령의 나타나심과 능력으로 하여, 너희 믿음이 사람의 지혜에 있지 아니하고 다만 하나님의 능력에 있게 하려 하였노라, 그러나 우리가 온전한 자들 중에서는 지혜를 말하노니 이는 이 세상의 지혜가 아니요 또 이 세상에서 없어질 통치자들의 지혜도 아니요, 오직 은밀한 가운데 있는 하나님의 지혜를 말하는 것으로서 곧 감추어졌던 것인데 하나님이 우리의 영광을 위하여 만세 전에 미리 정하신 것이라, 이 지혜는 이 세대의 통치자들이 한 사람도 알지 못하였나니 만일 알았더라면 영광의 주를 십자가에 못 박지 아니하였으리라, 기록된 바 하나님이 자기를 사랑하는 자들을 위하여 예비하신 모든 것은 눈으로 보지 못하고 귀로 듣지 못하고 사람의 마음으로 생각하지도 못하였다 함과 같으니라, 오직 하나님이 성령으로 이것을 우리에게 보이셨으니 성령은 모든 것 곧 하나님의 깊은 것까지도 통달하시느니라, 사람의 일을 사람의 속에 있는 영 외에 누가 알리요 이와 같이 하나님의 일도 하나님의 영 외에는 아무도 알지 못하느니라, 우리가 세상의 영을 받지 아니하고 오직 하나님으로부터 온 영을 받았으니 이는 우리로 하여금 하나님께서 우리에게 은혜로 주신 것들을 알게 하려 하심이라, 우리가 이것을 말하거니와 사람의 지혜가 가르친 말로 아니하고 오직 성령께서 가르치신 것으로 하니 영적인 일은 영적인 것으로 분별하느니라, 육에 속한 사람은 하나님의 성령의 일들을 받지 아니하나니 이는 그것들이 그에게는 어리석게 보임이요, 또 그는 그것들을 알 수도 없나니 그러한 일은 영적으로 분별되기 때문이라, 신령한 자는 모든 것을 판단하나 자기는 아무에게도 판단을 받지 아니하느니라, 누가 주의 마음을 알아서 주를 가르치겠느냐 그러나 우리가 그리스도의 마음을 가졌느니라(고전 2:1~16)."

막상 우리가 방언을 말하여도 도대체 무슨 말을 하는지 모르기 때문에 이를 헷갈려 하고 많은 시간이 요구될 것입니다. 그러나 첫째, 성령 충만함을 받고 성령이 말하게 하심을 따라 방언을 말하게 되므로 우리가 성령세례를 받았음을 알 수 있습니다.

이는 일찍이 세례 요한께서 "나는 너희에게 물로 세례를 베풀었거니와 그는 너희에게 성령으로 세례를 베푸시리라(막 1:8)." 말씀하셨고, 예수님께서도 부활 후 사십 일 동안 제자들에게 보이시며 "사도와 함께 모이사 그들에게 분부하여 이르시되 예루살렘을 떠나지 말고 내게서 들은 바 아버지께서 약속하신 것을 기다리라, 요한은 물로 세례를 베풀었으나 너희는 몇 날이 못되어 성령으로 세례를 받으리라(행 1:5)." 말씀하셨기 때문입니다.

예수님의 말씀대로 "그들이 다 성령의 충만함을 받고 성령이 말하게 하심을 따라 다른 언어들로 말하기를 시작하니라(행 2:4)." 하신 말씀과 같이 120 문도가 성령 충만함을 받고 그들이 "성령이 말하게 하심을 따라 다른 언어들로 말하기를 시작하니라." 하셨으니 곧 성령세례라 말할 수 있습니다.

"예루살렘에 있는 사도들이 사마리아도 하나님의 말씀을 받았다 함을 듣고 베드로와 요한을 보내매, 그들이 내려가서 그들을 위하여 성령 받기를 기도하니, 이는 아직 한 사람에게도 성령 내리신 일이 없고 오직 주 예수의 이름으로 세례만 받을 뿐이더라, 이에 두 사도가 그들에게 안수하매 성령을 받는지라(행 8:14~17)."는 말씀에서 사마리아인도 비로소 성령세례를 받았음을 볼 수 있었습니다.

그리고 사도행전 10장에선 "베드로가 이 말을 할 때에 성령이 말씀 듣는 모든 사람에게 내려오시니, 베드로와 함께 온 할례 받은 신자들이 이방인들에게도 성령 부어 주심으로 말미암아 놀라니, 이는 방언을 말하며 하나님 높임을 들음이러라, 이에 베드로가 이르되 이 사람들이 우리와 같이 성령을 받았으니 누가 능히 물로 세례 베풂을 금하리요 하고, 명하여 예수 그리스도의 이름으로 세례를 베풀라 하니라 그들이 베드로에게 며칠 더 머물기를 청하니라(행 10:44~48)."는 말씀에서 "이방인들에게도 성령 부어 주심으로 말미암아 놀라니 이는 방언을 말하며 하나님 높임을 들음이러라." 같이 방언이 곧 성령세례라 말할 수 있겠습니다.

사도행전 11장에서도 "내가 말을 시작할 때에 성령이 그들에게 임하시기를 처음 우리에게 하신 것과 같이 하는지라, 내가 주의 말씀에 요한은 물로 세례를 베풀었으나 너희는 성령으로 세례를 받으리라 하신 것이 생각났노라, 그런즉 하나님이 우리가 주 예수 그리스도를 믿을 때에 주신 것과 같은 선물을 그들에게도 주셨으니 내가 누구이기에 하나님을 능히 막겠느냐 하더라, 그들이 이 말을 듣고 잠잠하여 하나님께 영광을 돌려 이르되 그러면 하나님께서 이방인에게도 생명 얻는 회개를 주셨도다 하니라(행 11:15~18)." 말씀하셨습니다. 15절 "성령이 그들에게 임하시기를 처음 우리에게 주신 것과 같이 하는지라."라는 말씀과 17절 "하나님이 우리가 주 예수 그리스도를 믿을 때에 주신 것과 같은 선물(방언)을 그들에게도 주셨으니"라는 말씀을 볼 때 곧 방언이 성령세례라는 것을 우리가 알 수 있습니다.

사도행전 19장에 가서야 비로소 "아볼로가 고린도에 있을 때에 바울이 윗지방으로 다녀 에베소에 와서 어떤 제자들을 만나, 이르되 너희가 믿을 때에 성령을 받았느냐 이르되 아니라 우리는 성령이 계심도 듣지 못하였노라, 바울이 이르되 그러면 너희가 무슨 세례를 받았느냐 대답하되 요한의 세례니라, 바울이 이르되 요한이 회개의 세례를 베풀며 백성에게 말하되 내 뒤에 오시는 이를 믿으라 하였으니 이는 곧 예수라 하거늘, 그들이 듣고 주 예수의 이름으로 세례를 받으니, 바울이 그들에게 안수하매 성령이 그들에게 임하시므로 방언도 하고 예언도 하니, 모두 열두 사람쯤 되니라(행 19:1~7)."는 말씀에서 보듯, 물세례는 사람이 물로 세례를 베푼 것을 알 수 있습니다. 그리고 성령세례는 하나님의 선물(행 2:38)로 우리에게 임하시거나 사도들로부터 안수받을 때 나타났음을 통하여 확인할 수 있었기에 방언이 성령세례임을 확인할 수 있었습니다. 오순절 날 이후 사도행전 19장 6절에 와서야 처음으로 '예언'이라는 말이 등장함을 보면서 '방언'은 곧 성령세례라 말할 수 있는 것입니다. 그리고 방언은 모든 은사의 통로이기 때문에 성령세례라 말하는 것입니다.

둘째, 하나님은 본질상 영이시기 때문에(요 4:24; 고전 14:2) 우리가 영(방언)으로 **예배와 기도를 드릴 수 있어야 합니다.**

"방언을 말하는 자는 사람에게 하지 아니하고 하나님께 하나니 이는 알아 듣는 자가 없고 영으로 비밀을 말함이라(고전 14:2)."는 말씀과 같이 우리가 방언을 말하는 것은 하나님께서 영이시기 때문에 영으로 예배와 기도하기 위해서입니다(요 4:24; 고전 14:2, 14 상단).

따라서 방언(영)으로 하나님께 나의 비밀을 말하는 것은 곧 하나님과 나와의 끊어졌던(창 6:3) 영적 관계가 회복되었음을 말하는 것이라 할 수 있습니다. 이를 설명하자면 "하나님의 아들들이 사람의 딸들의 아름다움을 보고 자기들이 좋아하는 모든 여자를 아내로 삼는지라, 여호와께서 이르시되 나의 영이 영원히 사람과 함께 하지 아니하리니 이는 그들이 육신이 됨이라 그러나 그들의 날은 백이십 년이 되리라 하시니라(창 6:2~3)." 말씀과 같이 하나님의 아들들이 잃었던 '하나님의 영(요 4:24)'인 '방언(고전 14:2)'을 다시 말하게 됨에 따라 끊어졌던 하나님과의 영적인 교제가 다시 회복됨을 의미하는 것입니다. 그러므로 하나님과의 영적인 교제가 이루어졌다는 말은 아담으로의 회귀가 아니라 '그리스도의 영'으로의 회귀를 말하는 것으로 하나님께 참되게 예배와 기도를 드릴 수 있게 되었음을 뜻하는 것입니다.

예수님께서 사마리아 여인에게 "아버지께 참되게 예배하는 자들은 영과 진리로 예배할 때가 오나니 곧 이 때라 아버지께서는 자기에게 이렇게 예배하는 자들을 찾으시느니라, 하나님은 영이시니 예배하는 자가 영과 진리로 예배할지니라(요 4:23~24)." 말씀하셨던 것도 이 때문이었습니다. 하나님은 영이시기 때문에 우리가 영으로 예배와 기도를 드려야 하는 것이 하나님 아버지의 뜻이었습니다. 이는 "생명의 성령의 법(롬 8:2)"으로 규정해 놓으셨기 때문입니다.

셋째, 방언을 말하게 하심은 인본주의적 육신의 생각을 소멸시키기 위해서입니다.

위에서 설명한 바 있듯이 영(靈)의 사람이었던 하나님의 아들들이 하나님의 영(靈)이 떠난 육신(肉身)이 되었기 때문에(창 6:3) 모든 인간은 육신의 생각으로 살 수밖에 없었습니다. 자신의 사고 능력에 따라 지성과 이성을 의지하여 살게 된 모든 인간은 하나님을 믿는 신앙생활을 육신의 생각대로 할 수밖에 없는 존재가 되었습니다. 따라서 이 지구상의 모든 인간은 육신의 생각으로 하나님을 믿고 있는 것을 영의 생각이라고 착각하며 살았던 것입니다.

그런데 우리가 육신의 생각으로 하나님을 믿고 예수 그리스도를 나의 구세주로 믿는다 말할지라도 "육신의 생각은 하나님과 원수가 되나니 이는 하나님의 법에 굴복하지 아니할 뿐 아니라 할 수도 없음이라, 육신에 있는 자들은 하나님을 기쁘시게 할 수 없느니라(롬 8:7~8)."는 말씀과 같이 하나님께 예배를 드릴 수 없는 존재가 되었기 때문에 예수님께서 니고데모에게 "육으로 난 것은 육이요 영으로 난 것은 영이니, 내가 네게 거듭나야 하겠다 하는 말을 놀랍게 여기지 말라(요 3:6~7)." 말씀하셨던 것입니다.

이처럼 예수님께서 '육신의 생각'과 '영의 생각'을 대조시켜 말씀하시면서 사마리아 여인에게 "아버지께 참되게 예배하는 자들은 영과 진리로 예배할 때가 오나니 곧 이 때라 아버지께서는 자기에게 이렇게 예배하는 자들을 찾으시느니라, 하나님은 영이시니 예배하는 자가 영과 진리로 예배할지니라(요 4:23~24)." 말씀하셨던 것입니다.

따라서 우리는 영(靈)의 생각으로 예배와 기도를 드려야 하기에 사도 바울께서 "방언을 말하는 자는 사람에게 하지 아니하고 하나님께 하나니 이는 알아 듣는 자가 없고 영으로 비밀을 말함이라(고전 14:2)." 말씀하셨던 것입니다. 따라서 방언을 말할 때 '나'라고 하는 존재의 인본주의적 육신의 생각으로 말하지 않고 영의 생각으로 말하게 되었다는 점에서 우리가 하나님께 감사의 기도를 드려야 할 것입니다.

왜냐하면 하나님께서 성령세례(방언)라는 선물을 우리에게 주셨고, 아담의 원죄 이후 하나님의 아들들의 DNA로 인하여 끊어졌던 하나님과의 영적 교제를(창 6:3) 다시 회복할 수 있게 되었기 때문입니다. 또한 방언을 말하게 하심으로써 우리가 영적인 하나님의 사람이 되었으므로 하나님께 감사의 기도를 드려야 할 것입니다.

이러한 점에서 방언에는 하나님의 깊으신 뜻이 있었음을 알게 되었습니다.

2) 방언을 말하는 자는 자기의 덕을 세웁니다

"사랑을 추구하며 신령한 것들을 사모하되 특별히 예언을 하려고 하라, **방언을 말하는 자는 사람에게 하지 아니하고 하나님께 하나니 이는 알아 듣는 자가 없고 영으로 비밀을 말함이라**. 그러나 **예언하는 자는 사람에게 말하여 덕을 세우며 권면하며 위로하는 것이요**, 방언을 말하는 자는 자기의 덕을 세우고 예언하는 자는 교회의 덕을 세우나니, 나는 너희가 다 방언 말하기를 원하나 특별히 예언하기를 원하노라 만일 **방언을 말하는 자가 통역하여 교회의 덕을 세우지 아니하면 예언하는 자만 못하니라**(고전 14:1~5)."

사도 바울께서 "사랑을 추구하며 신령한 것들을 사모하되 특별히 예언을 하려고 하라." 권면하셨지만 여기서는 "방언을 말하는 자는 자기의 덕을 세우고"에 관하여 설명하겠습니다. 이는 예언을 하려면 방언을 먼저 말하지 않을 수 없기에 방언의 은사에 대한 보편적인 순서를 설명하는 것이 더 쉽다고 생각하기 때문입니다. 그리고 오순절 날에 나타난 은사가 다른 언어들로(방언)만 나타났기 때문에 이를 살피려는 것입니다.

일반적으로 기도할 때 육신의 생각인 자기 사고 능력에 따라 지성과 이성을 의지하여 기도하게 됩니다. 그러나 지성과 이성으로 기도한다는 것은 육신의 생각으로만 기도하기 때문에 이를 잘못이라 말할 수 있겠습니다(롬 8:7~9). 위에서 살폈듯이 아담과 하와의 부패하고 타락한 DNA가 모든 사람에게 남아 있기에 이를 소멸시키기 위하여 하나님께서 방언이란 선물을 우리에게 주신 것입니다. 그런데 방언으로 기도하면 무슨 뜻으로 기도하는지 우리가 알지 못하기 때문에, 아무래도 이를 설명해야 할 것 같습니다.

성도들 앞에서의 기도는 육신의 생각으로 기도해야 하겠지만 "방언을 말하는 자는 사람에게 하지 아니하고 하나님께 하나니 이는 알아 듣는 자가 없고 영으로 비밀을 말함이라(고전 14:2)." 말씀과 같이 방언으로 기도하면 알아듣는 자가 없습니다. 그래서 사도 바울께서 "나는 너희가 다 방언 말하기를 원하나 특별히 예언하기를 원하노라 만일 방언을 말하는 자가 통역하여 교회의 덕을 세우지 아니하면 예언하는 자만 못하니라(고전 14:5)." 말씀하신 것입니다. 이는 사람들 앞에서 대표 기도를 방언으로 하게 되면 알아듣는 자가 없어 은혜가 되지 않기 때문에 **"이와 같이 너희도 혀로써 알아 듣기 쉬운 말을 하지 아니하면 그 말하는 것을 어찌 알리요 이는 허공에다 말하는 것이라 그런즉 형제들아 내가 너희에게 나아가서 방언으로 말하고 계시나 지식이나 예언이나 가르치는 것으로 말하지 아니하면 너희에게 무엇이 유익하리요**(고전 14:9, 6)." 말씀하신 것입니다.

그러나 여기서 말하는 기도는 대중을 향한 대표 기도가 아니라 개인이나 통성 기도를 말하는 것입니다. 왜냐하면 하나님께 드려지는 기도는 예배와 같이(요 4:24) 육신의 생각으로 기도하는 것이 아니라 영으로 기도해야 하기 때문입니다. 이는 "**하나님은 영이시니 예배하는 자가 영과 진리로 예배할지니라**(요 4:24)."는 말씀에 근거하여 영으로 기도하는 것입니다. 따라서 "**방언을 말하는 자는 사람에게 하지 아니하고 하나님께 하나니 이는 알아 듣는 자가 없고 영으로 비밀을 말함이라**(고전 14:2)." 하셨습니다.

방언은 영이기 때문에 방언으로 기도해야 하는 것입니다. 그래서 예수님께서 "**육으로 난 것은 육이요 영으로 난 것은 영이니, 내가 네게 거듭나야 하겠다 하는 말을 놀랍게 여기지 말라**(요 3:6~7)."고 말씀하셨던 것입니다. 육과 영의 속성은 서로 다르고 일치할 수 없는 대조 관계라, 육으로 영이신 하나님께 진정한 예배와 기도를 말할 수 없기에 더욱 그렇습니다.

더구나 육신의 생각으로 기도하지 않는 근본적인 이유는 "**육신의 생각은 하나님과 원수가 되나니 이는 하나님의 법에 굴복하지 아니할 뿐 아니라 할 수도 없음이라, 육신에 있는 자들은 하나님을 기쁘시게 할 수 없느니라**(롬 8:7~8)." 하셨기 때문입니다. 그래서 우리가 육신의 생각으로 하나님께 기도하지 않는 것입니다.

그러므로 우리가 하나님께 드리는 기도는 육신의 생각으로 기도하는 것이 아니라, 영으로 기도해야 하는 것입니다(고전 14:14). 또한 요한복음 4장에서 **"아버지께 참되게 예배하는 자들은 영과 진리로 예배할 때가 오나니 곧 이 때라 아버지께서는 자기에게 이렇게 예배하는 자들을 찾으시느니라**(요 4:23)." 말씀하셨던 것은 예배 안에는 기도도 포함하고 있기 때문입니다.

따라서 영으로 기도한다는 것은 방언으로 기도하는 것을 말하며, **"방언을 말하는 자는 사람에게 하지 아니하고 하나님께 하나니 이는 알아 듣는 자가 없고 영으로 비밀을 말함이라**(고전 14:2)." 말씀과 **"내가 만일 방언으로 기도하면 나의 영이 기도하거니와**(고전 14:14 상단)." **같이, 기도는** 하나님께 영으로 기도하는 것을 말합니다(고전 14:2).

이를 설명하자면 내 영이 하나님께 기도할 때 **내가 알지 못하는 내 속의 비밀스런 일들을 하나님께 말하는 것으로**(고전 14:2) 방언은 알아듣는 자가 없어 내가 마음 놓고 자연스럽게 하나님께 기도할 수 있기에 방언으로 하는 것이 유익이라 말할 수 있겠습니다(고전 14:15). 그러나 만약 우리가 처음부터 끝까지 우리말로만 계속 기도하게 된다면 영적인 깊은 기도를 할 수 없기에 그 기도는 육신의 생각에서 나온 표면적인 기도일 수밖에 없어서 안타까운 기도일 수밖에 없을 것입니다.

그렇다면 **육신의 생각에서 나온 기도는 하지 말라는 말입니까?**

이미 말했듯이 대중을 향한 대표 기도는 육신의 생각으로 기도해야 하겠지만, 방언을 받고 나면 성령의 인도하심에 따라 기도하게 될 것입니다. 이를 **좀 더 설명하자면 "내가 만일 방언으로 기도하면 나의 영이 기도하거니와 나의 마음은 열매를 맺지 못하리라**(고전 14:14)." 말씀에서 나의 마음이란 육신의 생각(마음)을 말하는 것입니다. 육신의 생각(마음)으로 기도하였기에 열매를 맺을 수 없었던 것입니다. 그래서 예수님께서 "육으로 난 것은 육이요 영으로 난 것은 영이니, 내가 네게 거듭나야 하겠다 하는 말을 놀랍게 여기지 말라(요 3:6~7)." 말씀하셨던 것입니다. 이는 육신의 생각에서 나온 기도는 육신의 생각으로만 기도하였기에 "놀랍게 여기지 말라." 말씀하셨던 것입니다. 따라서 우리가 육신의 생각으로 기도하는 근본적인 이유가 바로 육신의 생각에서 나온 기도였기 때문입니다.

그러면 고린도전서 14장의 **"그러면 어떻게 할까 내가 영으로 기도하고 또 마음으로 기도하며 내가 영으로 찬송하고 또 마음으로 찬송하리라(고전 14:15)."는 말씀을 어떻게 설명할지** 궁금하시겠지요. "내가 영으로 기도하고 마음으로 기도한다."는 말씀은 말 그대로 성령이 말하게 하심에 따라 내가 영(방언)으로 기도하는 것을 말합니다. 이는 내 안에 계신 성령의 인도하심에 따라 방언으로 기도하다가 성령의 감동하심으로 때로는 우리말로 기도하거나 때로는 찬송하며 기도하는 것을 말합니다. 이때 우리가 주의해야 하는 것은 우리말로 기도하거나 찬송할 때 육신의 생각과 나의 의지에 따라 하는 것이 아니라는 점입니다. 성령의 인도하심에 따라 기도하는 것이 곧 방언 기도의 총체적인 원리라 말할 수 있겠습니다. 그러므로 "사랑을 추구하며 신령한 것들을 사모하되 특별히 예언을 하려고 하라, 방언을 말하는 자는 사람에게 하지 아니하고 하나님께 하나니 이는 알아 듣는 자가 없고 영으로 비밀을 말함이라, 그러나 예언하는 자는 사람에게 말하여 덕을 세우며 권면하며 위로하는 것이요, 방언을 말하는 자는 자기의 덕을 세우고 예언하는 자는 교회의 덕을 세우나니, 나는 너희가 다 방언 말하기를 원하나 특별히 예언하기를 원하노라(고전 14:1~5)." 말씀하셨던 것입니다.

　이를 다시 설명하자면 이렇습니다. 사도 바울께서 "방언을 말하는 자는 자기의 덕을 세우고 예언하는 자는 교회의 덕을 세우나니, 나는 너희가 다 방언 말하기를 원하나 특별히 예언하기를 원하노라(고전 14:4~5)." 말씀하셨지만, 우리가 방언을 많이 하게 되면 방언이 활성화되어 하나님의 음성을 들을 수 있기에 예언을 할 수 있는 것입니다. 물론 특별히 에베소 교회의 경우처럼 "바울이 그들에게 안수하매 성령이 그들에게 임하시므로 방언도 하고 예언도 하니(행

19:6)"라는 말씀과 같이 방언과 예언을 동시에 받는 경우도 있겠지만 이는 극히 드문 경우입니다.

그리고 일반적으로 성령세례인 방언을 먼저 받는 경우가 대부분인데 방언이 활성화되었다는 말은 곧 나의 영이 활발하게 이루어졌기에 방언이 발전하여 '방언 통역'과 '하나님의 음성'을 듣게 되어 예언도 할 수 있는 것입니다. 따라서 우리가 예언하려고 한다면 방언을 활성화하는 것밖에 없습니다. 이렇게 말할 수 있는 것은 예언할 수 있는 보편적인 과정의 순서이기 때문입니다. "그런즉 형제들아 내가 너희에게 나아가서 방언으로 말하고 계시나 지식이나 예언이나 가르치는 것으로 말하지 아니하면 너희에게 무엇이 유익하리요, 혹 피리나 거문고와 같이 생명 없는 것이 소리를 낼 때에 그 음의 분별을 나타내지 아니하면 피리 부는 것인지 거문고 타는 것인지 어찌 알게 되리요, 만일 나팔이 분명하지 못한 소리를 내면 누가 전투를 준비하리요, 이와 같이 너희도 혀로써 알아 듣기 쉬운 말을 하지 아니하면 그 말하는 것을 어찌 알리요 이는 허공에다 말하는 것이라(고전 14:6~9)."는 말씀은 실제 상황에 대한 말씀이었습니다.

그러나 위의 말씀은 우리가 하나님의 음성을 들을 수 있어야 예언을 할 수 있다는 것인데 문제는 우리가 하나님의 음성을 들을 수 없다는 것입니다. 왜냐하면 육신의 생각을 하던 사람이 성령 받게 되면 그가 방언할지라도 육신의 지배를 받고 있어서 하나님의 음성을 들을 수 없기에 예언을 할 수 없다는 것입니다.

따라서 예언하기 위해서는 우리가 방언을 더욱 활성화시켜야 한다는 결론에 이를 수밖에 없습니다. 그리고 방언은 하나님의 사람으로 성별된 표적이기 때문에(막 16:17) 예수 믿는 사람이라면 기본적으로 방언이 활성화되도록 많은 노력을 해야 할 것입니다.

따라서 방언은 성령 충만하게 받는 유일한 통로이자 기름 부음 받는 통로이기 때문에 사도 바울께서 "그런즉 내 형제들아 예언하기를 사모하며 방언 말하기를 금하지 말라(고전 14:39)." 말씀하신 것입니다. 뿐만 아니라 "내가 너희 모든 사람보다 방언을 더 말하므로 하나님께 감사하노라(고전 14:18)." 말씀하셨으니 방언은 우리에게 유익이라 말할 수 있겠습니다

그러므로 방언을 말하는 자는 자기의 덕을 세운다는 점에서(고전 12:7) 방언의 유익이 무엇이고 왜 방언을 말해야만 하는지를 집중적으로 살폈던 것입니다. 이는 모든 은사의 근원이 방언을 통해서 이루어지기 때문에 하나님께서 우리에게 성령세례를 주셨던 것입니다. 이에 방언의 유익에 관하여 살펴보면 다음과 같습니다.

첫째, 방언은 육신의 생각을 하지 않도록 도와준다는 점에서 영적인 유익이라 말할 수 있겠습니다.

방언을 말하게 하심은 인본주의적 육신의 생각을 소멸시키기 위해서였음을 우리가 알게 되었습니다. 이는 '육신의 생각'을 소멸시키기 위한 당위성을 찾기 위해서라면, 이번에는 하나님께서 우리에게 방언을 선물로 주신 유익에 대해서 살피려는 것입니다. 왜냐하면 "방언을 말하는 자는 사람에게 하지 아니하고 하나님께 하나니 이는 알아 듣는 자가 없고 영으로 비밀을 말함이라(고전 14:2)." 말씀과 같이 방언은 영으로 하나님께 나의 모든 비밀한 일들을 기도하게 됨은 물론 내가 알지 못하는 나의 근본적인 문제들과 쓴 뿌리를 해결할 수 있는 유일한 길이기에 영적인 유익이라 말할 수 있습니다. 때문에 우리가 육신의 생각으로 기도하지 않을 뿐만 아니라 알아듣는 자가 없어 나의 비밀한 기도를 하나님께 기도할 수 있는 것입니다.

따라서 방언은 육신의 생각인 이성적으로나 지성적인 생각으로 기도하지 않기 때문에 하나님께 집중할 수 있어 영적인 유익이라 말할 수 있겠습니다. 그리고 육신의 생각으로 기도하지 않는 근본적인 이유는 예수님께서 니고데모에게 하신 "육으로 난 것은 육이요 영으로 난 것은 영이니, 내가 네게 거듭나야 하겠다 하는 말을 놀랍게 여기지 말라(요 3:6~7)."는 말씀과 같이 우리가 거듭나기 위해서는 영으로 기도해야 하기 때문입니다. 그리고 예수님께서 "아버지께 참되게 예배하는 자들은 영과 진리로 예배할 때가 오나니 곧 이 때라 아버지께서는 자기에게 이렇게 예배하는 자들을 찾으시느니라, 하나님은 영이시니 예배하는 자가 영과 진리로 예배할 지니라(요 4:23~24)." 말씀하셨던 것입니다.

그러므로 하나님의 사랑을 추구하는 데 있어서 방언은 우리가 육신의 생각으로 기도하지 않도록 도와준다는 점에서 영적인 유익이라 말할 수 있겠습니다.

둘째, 방언은 어두운 세력들을 물리쳐 준다는 점에서 유익이라 할 수 있습니다.

앞에서 언급했듯이 저는 방언을 받은 즉시 버렸으나 하나님께서 꿈에서만큼은 방언하게 하심으로 어두운 세력을 물리쳐 주셨습니다. 그리고 이러한 경험을 토대로 귀신 들린 자매나 형제들이 왔을 때 처음에는 어떻게 기도해야 할지 몰라 당황스럽고 안타까웠지만, 제가 할 수 있는 것이라고는 방언 기도뿐이라 무조건 방언으로 기도하였더니 쫓겨 가더라고요. 이처럼 방언 기도는 성령의 나타나심과 능력이라(고전 2:4) 사탄이 쫓겨 가는 것을 여러 번 체험하여 알게 되었기에 이를 말할 수 있는 것입니다.

저에게는 능력이 없기에 하나님께서 저를 불쌍히 여기셨습니다. "이와 같이 성령도 우리의 연약함을 도우시나니 우리는 마땅히 기도할 바를 알지 못하나 오직 성령이 말할 수 없는 탄식으로 우리를 위하여 친히 간구하시느니라(롬 8:26)." 말씀이 바로 저에게 이루어졌던 것입니다. 그리고 사탄을 쫓아낸다는 것은 예수님이 하신 사역과 같이 착한 사역이자 선한 사역이라 우리에게 유익이라 말할 수 있겠습니다. 그리고 방언은 사탄을 쫓는 능력이 된다는 점에서 우리에게 유익이자 하나님이 기뻐하시는 사역이라 말할 수 있습니다. 이같이 방언은 나로 하여금 어두운 세력을 담대하게 물리칠 수 있도록 도와주시는 것은 물론 능력의 사람으로 만들어 주셨기에 방언해야 하는 이유가 바로 여기에 있고, 또 영적인 유익이라 말할 수 있겠습니다(고전 12:7). 이것은 체험해 본 자만이 알 수 있습니다.

셋째, 방언은 여러 은사를 연결해 주는 통로이기에 유익이라 할 수 있습니다.

우리가 성령세례를 받게 되면 자연적으로 방언을 하게 되고, 방언이 활성화되면 방언 통역의 은사를 받게 되기 때문에 사도 바울께서 "방언을 말하는 자는 통역하기를 기도할지니(고전 14:13)"라고 말씀하셨던 것입니다. 이처럼 방언이 활성화되어 발전하게 됨에 따라 나의 영이 열리게 되어 방언을 통역할 수 있는 것입니다. 그리고 방언 통역을 하게 되면 하나님의 음성을 들을 수 있고, 또한 우리가 하나님의 음성을 듣게 되었다는 말은 나의 영이 활성화되었기에 하나님의 음성을 들음으로써 방언 통역의 은사까지 갈 수 있는 길도 열릴 수 있는 것입니다(고전 14:13). 뿐만 아니라 예언도 하게 되어 사도 바울께서 "그런즉 내 형제들아 예언하기를 사모하며 방언 말하기를 금하지 말라(고전 14:39)." 말씀하셨던 것도 이러한 원리에 의해서였음을 알게 되었습니다.

이와 같이 방언이 우리에게 유익이 되었기에 사도 바울께서 "우리가 세상의 영을 받지 아니하고 오직 하나님으로부터 온 영을 받았으니 이는 우리로 하여금 하나님께서 우리에게 은혜로 주신 것들을 알게 하려 하심이라, 우리가 이것을 말하거니와 사람의 지혜가 가르친 말로 아니하고 오직 성령께서 가르치신 것으로 하니 영적인 일은 영적인 것으로 분별하느니라(고전 2:12~13)." 말씀하셨던 것입니다.

그러므로 방언은 거룩하신 하나님을 알게 해주는 것은 물론(엡 1:17), 여러 은사의 통로가 되어 준다는 점에서 우리에게 유익이라 말할 수 있기에 사도 바울께서 "내가 너희 모든 사람보다 방언을 더 말하므로 하나님께 감사하노라(고전 14:18)." 말씀하신 것도, 이러한 원리를 깨달아 알게 되셨기 때문입니다.

넷째, 방언 기도를 많이 하게 되면 죽었던 나의 혼이 다시 살아나기에 유익이라 할 수 있습니다.

모든 인간은 살아 있지만 죽은 존재라 말할 수 있습니다. 왜냐하면 모든 인간은 살아 있지만 짐승과 똑같은 존재로서 '하나님의 영(靈)'이 없는 죽은 인간에 불과하기에 사람이 살아있다 말하더라도 하나님의 영이 없으면(창 6:3) 죽은 것입니다. 로마서에 "기록된 바 하나님이 오늘까지 그들에게 혼미한 심령과 보지 못할 눈과 듣지 못할 귀를 주셨다 함과 같으니라(롬 11:8)." 말씀과 같은 상태로 우리가 살고 있기에 사도 바울께서 "육신의 생각은 사망이요."라고 말씀하신 것입니다(롬 8:5~9).

그러나 우리가 방언 기도를 한다는 것은 우리에게 없어졌던 '하나님의 영(靈)'이 다시 회복됨으로 인하여 죽은 우리의 혼(魂, 양심)이 다시 살아나게 되었기에 유익이라 말할 수 있는 것입니다. 이는 우리가 하나님과의 영적인 교제를 다시 이루게 하여 주셨기 때문에 영적인 유익이라 말할 수 있는 것입니다.

이에 대하여 히브리서 기자는 "하물며 영원하신 성령으로 말미암아 흠 없는 자기를 하나님께 드린 그리스도의 피가 어찌 너희 양심을 죽은 행실에서 깨끗하게 하고 살아 계신 하나님을 섬기게 하지 못하겠느냐(히 9:14)." 말씀하셨습니다.

우리가 방언 기도를 통해서 잃었던 하나님의 영이 다시 회복되었음을 말하는 것이지만 이 회복은 아담으로의 회복이 아니라 '그리스도의 영으로의 회복'을 말하는 것입니다. 좀 더 정확하게 말하면 "새 사람을 입었으니 이는 자기를 창조하신 이의 형상을 따라 지식에까지 새롭게 하심을 입은 자니라(골 3:10)."의 회복을 말하는 것이기에 방언은 우리에게 영적인 유익이라 말할 수 있겠습니다.

3) 방언이 활성화되어야 합니다

하나님과의 영적인 교제를 제대로 이루기 위해서 방언의 활성화를 시도하려 합니다. 먼저 방언하시는 분들과 함께 기도하기를 권면합니다. 왜냐하면 방언하시는 분들은 이미 성령세례를 받으신 분들이라 영적인 활성화에 큰 도움을 받을 수 있기 때문입니다. 방언 받지 못하신 분들이 방언 받기 위해 기도하려 한다면 아래를 참고하시면 큰 도움이 될 것입니다.

첫째, 기도하기 전에 먼저 주님께서 가르쳐 주신 주기도문의 뜻과 그 의미를 잘 생각하시면서 두세 번 기도할 것을 권면해 봅니다. 이는 영적으로 보호 받기 위함입니다(마 6:9~13).

둘째, 기도할 때 되도록 큰 소리로 부르짖어 기도할 것을 권면합니다. 왜냐하면 영적으로 나의 간절함이 묻어나는 기도이기도 하겠지만(렘 29:12~13, 33:2~3) 무엇보다 영적인 싸움에서 승리하기 위해 큰 소리로 기도하는 것입니다. 그리고 사탄이 나의 영적인 기도를 방해하는 것을 막기 위해서입니다.

셋째, 회개 기도함에 있어서 예수 그리스도를 나의 구세주로 믿었지만 힘써 따르지도 찾지도 구하지도 않았기에 이를 회개해야 합니다(습 1:6).

넷째, 방언하지 못하시는 분들은 처음엔 방언하시는 분을 따라 기도하시되, 첫 마디만 따라 기도해도 됩니다. 이는 펌프에 마중물을 붓는 것과 같은 원리입니다. 아기가 말을 처음 배울 때 '마~ 마~' 하다가 '엄~~마' 부르듯이 첫 마디만 따라 하면, 내 안에 계신 성령 하나님께서 말하게 하십니다.

이는 성령 하나님께 나의 마음을 내어 드리는 첫 시도이기에 나의 믿음이 필요합니다. 여기서 내 혀가 꼬이고 어딘가 비정상적인 생각이 들 때도 있습니다. 또한 내가 방언을 말할 때 그 말이 그 말 같아다 똑같은 말로만 계속한다 생각이 들 때도 있겠지만 그 내용이 다 다르다는 것을 알아야 합니다. 처음 말할 때는 영적인 어린아이에 불과하다는 점을 인지해야 합니다. 그리고 **유튜브를 검색하면 조용기 목사님의 방언 기도나 원준상 선교사의 방언 기도가 시간별로 나와 있습니다. 욕심내지 마시고 마음에 감동되는 시간을 선택하여 성령께서 인도하심에 따라, 시간을 늘려 가시면 됩니다.**

다섯째, 막상 방언 기도 하게 되면 도대체 무슨 뜻으로 방언 기도하는지 모르기 때문에 내가 알지 못하는 방언을 언제까지 말해야 하나, 잘못된 것이 아닌가, 의구심이 든 나머지 방언 기도를 그만두는 사람들이 많이 있습니다. 바로 제가 과거에 그랬습니다. 저는 고등학생 때 힘써 기도하여 방언 받았지만 받은 즉시 버렸습니다. 왜냐고요? 제가 미련하고, 어리석어 마치 어린애 장난같이 잘못되었다는 생각이 들어 버리고 말았습니다. 그 당시 방언을 버리면 안 된다고 말해주는 사람도 없었고 제 자신이 묻지도 않아 몰랐기에 방언 말하기를 그만두었습니다. 그리고 방언하면서 나의 시간을 너무 허비하거나, 낭비하는 것이 아닌가 생각이 들어 방언을 그만두었습니다. 결과적으로 볼 때 저의 영적인 무지로 인하여 더 많은 시간과 인생을 허비하게 되었습니다. 참으로 제가 어리석었습니다. 이런 현상은 다 사탄의 장난이었습니다.

제가 이렇게 미련하여 몇 십 년을 허비하였으니 얼마나 어리석었는지 모릅니다. 하지만 꿈속에서는 달랐습니다. 꿈에 어두운 세력이 나를 덮치거나 가위에 눌리는 것처럼 사탄이 위협하면 나도 모르게 방언이 막 튀어나와 어두운 세력을 물리치곤 했습니다. 이는 내 안에 안주하신 성령 하나님께서 나의 연약함을 도우시며, 내가 당황하고 두려워 어찌할 바를 알지 못하고 있을 때 "이와 같이 성령도 우리의 연약함을 도우시나니 우리는 마땅히 기도할 바를 알지 못하나 오직 성령이 말할 수 없는 탄식으로 우리를 위하여 친히 간구하시느니라(롬 8:26)." 말씀과 같이 성령 하나님께서 나를 위해 탄식하시며 간구해 주셨기에 어두운 세력들이 쫓겨 간 것입니다.

이는 '하나님은 영(靈)'이시고(요 4:24) 방언 역시 '영(靈)'이기 때문에(고전 14:2) 어두운 세력이 쫓겨 간 것입니다. 그래서 방언에는 사탄을 물리치는 능력이 있음을 수십 년 뒤에야 깨달았으니 제가 얼마나 영적으로 미련했는지 모릅니다. 참으로 미련했습니다.

따라서 우리는 방언이 활성화되도록 기도에 힘써야 하겠습니다. 여러분은 저와 같이 미련 떨지 마시고 방언을 계속하시기 바랍니다. 왜냐하면 방언을 버려서는 안 될 분명한 이유가 있기 때문입니다. 방언은 성령세례이자 하나님의 선물이기(행 1:5, 2:38) 때문에 방언을 버리거나 사용하지 않고 저처럼 마음속에 묻어 둔다면 이는 성령을 소멸시키는 행위로 나타나게 되므로(살전 5:19) 주님으로부터 "악하고 게으른 종아(마 25:26)"라는 말씀을 듣게 될 것입니다.

방언 기도를 혼자 하면 저와 같은 어리석은 생각을 하는 경우가 생기기 때문에 함께 방언 기도할 것을 권면합니다. 그런데 말이죠. 우리가 방언을 계속해야 할 보다 중요한 사실을 우리가 알아야 합니다.

첫째, 내 영이 더욱 활성화하기 위해선 방언을 반드시 많이 해야 합니다. 왜냐하면 방언을 많이 하면 할수록 내 영이 맑아지거나 민감해져 하나님의 음성을 들을 수 있기 때문입니다.

둘째, 방언 받았다는 것은 우리 믿음이 새롭게 시작되었음을 뜻하는 것입니다. 방언을 꾸준히 계속하다 보면 능숙하고 자연스럽고 유창하게 말하게 될 뿐만 아니라 나의 속사람을 능력과 강건한 믿음의 사람으로 만들어 주시기 때문에(엡 3:16) 그렇습니다.

세계적으로 방언 기도를 많이 하시는 분들이 계십니다. 우리나라에선 대표적으로 순복음교회의 조용기 목사님이 계셨는데 지금은 고인이 되셔서 안타깝게 생각합니다. 앞으로 나에게 목회할 기회가 다시 주어진다면 육신의 생각으로 목회할 것이 아니라 영(靈)으로 목회하기 위해서 내가 어떻게 할 것인가를 생각하며 기도하던 중에 하나님께서 2021년 10월에 유튜브를 통해서 멕시코에서 활동하고 있는 청바지 청년 박혁 전도자를 보게 하여 주셨습니다. 또 2022년 1월에는 방언 기도를 많이 하고 브라질에서 활동하면서 세계적으로 신유 은사로 활동하시는 원준상 선교사를 알게 하여 주셨습니다. 그리고 미국에 로드니 하워드 브라운(Rodney Howard Browne) 목사님도 계시니 인터넷으로 찾아보시길 바랍니다.

이 기회를 통하여 여러분에게 부탁할 말씀이 있습니다. 전도자나 선교사뿐만 아니라 다른 은사자 또한 목회자에 관하여 이렇다 저렇다 판단하거나 비판하지 마세요. 왜냐하면 "비판(판단)을 받지 아니하려거든 비판(판단)하지 말라, 너희가 비판(판단)하는 그 비판(판단)으로 너희가 비판(판단)을 받을 것이요 너희가 헤아리는 그 헤아림으로 너희가 헤아림을 받을 것이니라, 어찌하여 형제의 눈 속에 있는 티는 보고 네 눈 속에 있는 들보는 깨닫지 못하느냐, 보라 네 눈 속에 들보가 있는데 어찌하여 형제에게 말하기를 나로 네 눈 속에 있는 티를 빼게 하라 하겠느냐, 외식하는 자여 먼저 네 눈 속에서 들보를 빼어라 그 후에야 밝히 보고 형제의 눈 속에서 티를 빼리라(마 7:1~5)."는 예수님의 말씀과 같이 판단과 심판은 하나님께서 하시는 일이기 때문에 우리가 누구를 판단하거나 심판하여 헤아린다는 것은 전형적인 '육신의 생각'이라 말할 수 있습니다. 우리가 알 수 있는 것은 하나님께서 이분들을 통하여 하나님의 일을 행하시고 있다는 것과 많은 영혼이 구원받거나 치유함을 받고 있다는 것입니다. 그리고 보다 중요한 것은, 내가 사탄의 묶임에서 해방시켜 주는 사역을 하고 있다는 점에서 우리는 하나님께 감사할 뿐입니다. 이러한 사람들을 통하여 하나님께서 세계 여러 나라와 우리나라 대한민국을 얼마나 사랑하시는지 알아야 할 것입니다. 유튜브 동영상을 통하여 확인하시고 도전받으셔서 하나님께 크게 쓰임 받는 일에 매진하시기를 축원합니다.

그리고 우리가 방언 기도를 한다는 것은 곧 나의 영이 더욱 활성화될 뿐만 아니라 성숙하고 거듭난 삶을 살 수 있는 지혜와 힘을 하나님께서 우리에게 주시기 때문에 이를 더욱 권면하는 것입니다. 또한 우리가 힘써 구하는 것은 예수 그리스도에 대한 우리의 믿음이자 순종으로 나타나는 현상이기도 하지만, 보다 중요한 사실은 '신부'인 우리가 '신랑' 되신 예수 그리스도를 사랑하기 때문에 방언을 예수 그리스도를 향한 사랑의 표현이라고 생각하면 될 것입니다.

방언으로 말하는 소리가 처음에는 여러 형태의 소리로 또는 무지막지하고 전투적으로 나타나기도 하겠지만 방언 기도를 오래 많이 하다 보면 점차 아름다운 '사랑의 언어'로 변화되기 때문에 '방언을 사랑의 언어'라 말할 수 있을 것입니다. 왜냐하면 하나님은 사랑이시기 때문에 그렇습니다.

4) 하나님의 음성 듣기를 소망해야 합니다

우리가 하나님의 음성 듣기를 소망했던 것은 예수님께서 "진리의 성령이 오시면 그가 너희를 모든 진리 가운데로 인도하시리니 그가 스스로 말하지 않고 오직 들은 것을 말하며 장래 일을 너희에게 알리시리라(요 16:13)." 말씀하셨기 때문입니다. 또 예수님께서 "여자가 해산하게 되면 그 때가 이르렀으므로 근심하나 아기를 낳으면 세상에 사람 난 기쁨으로 말미암아 그 고통을 다시 기억하지 아니하느니라, 지금은 너희가 근심하나 내가 다시 너희를 보리니 너희 마음이 기쁠 것이요 너희 기쁨을 빼앗을 자가 없으리라, 그 날에는 너희가 아무 것도 내게 묻지 아니하리라 내가 진실로 진실로 너희에게 이르노니 너희가 무엇이든지 아버지께 구하는 것을 내 이름으로 주시리라, 지금까지는 너희가 내 이름으로 아무 것도 구하시 아니하였으나 구하라 그리하면 받으리니 너희 기쁨이 충만하리라(요 16:21~24)." 말씀하셨습니다.

그리고 22절의 "너희 기쁨을 빼앗을 자가 없으리라." 말씀에서는 기쁨에 대한 이중적 의미가 있을 것입니다. 그 하나가 예수님께서 십자가에 달려 죽으셨다가 부활하여 다시 만나게 되는 것에 대한 기쁨일 것이요, 또 다른 하나는 예수님의 이름으로 하나님 아버지께 구하여 성령 하나님의 음성을 직접 듣게 될 것에 대한 기쁨일 것입니다. 이는 "너희 마음이 기쁠 것이요 너희 기쁨을 빼앗을 자가 없으리라." 말씀하셨기 때문입니다.

왜냐하면 제자들은 지금까지 예수님의 말씀을 통하여 하나님의 말씀을 들어왔지만, 성령을 받게 되면 성령의 인도하심으로 인하여 하나님의 음성을 우리가 직접 듣게 되므로 우리의 기쁨이 충만할 것을 주님께서 아시기 때문에, "너희가 무엇이든지 아버지께 구하는 것을 내 이름으로 주시리라.", "구하라 그리하면 받으리니 너희 기쁨이 충만하리라." 말씀하셨던 것입니다.

그렇다면 우리가 앞으로 하나님의 음성을 들음에 있어서 '기도를 어떻게 해야 할 것이냐?'라는 기도 방식에 대하여 알아야 할 것 같습니다. 성경에서 예를 들자면 "다윗이 여호와께 여쭈어 아뢰되 내가 유다 한 성읍으로 올라가리이까 여호와께서 이르시되 올라가라 다윗이 아뢰되 어디로 가리이까 이르시되 헤브론으로 갈지니라(삼하 2:1)." 말씀하심과 같이 화답의 기도를 하는 것이 우리의 궁극적인 목표이기 때문입니다.

따라서 우리는 예수님께서 제자들에게 "보혜사 곧 아버지께서 내 이름으로 보내실 성령 그가 너희에게 모든 것을 가르치고 내가 너희에게 말한 모든 것을 생각나게 하리라(요 14:26)." 하신 말씀과 같이 성령 하나님의 가르치심을 받기 위해서 화답의 기도를 해야 할 것입니다. 그러나 문제는 우리가 어떻게 하나님과 영적인 화답의 기도를 할 수 있겠느냐는 것입니다.

이러한 점에서 여러분들은 저에게 '하나님의 음성은 특별한 사람만 듣는 것 아닙니까?'라고 질문할 것입니다. 물론 특별한 사람들에게 특별계시의 말씀을 들려주시겠지만 꼭 그렇지만은 않습니다. 하나님의 음성을 듣는다는 것은 예수 그리스도를 믿는 모든 자에게 주어지는 하나님의 특혜이자 일반적인 하나님의 선물이기 때문에 그렇습니다(행 2:38).

따라서 우리 믿는 사람이라고 한다면 하나님의 음성을 듣는 것은 필수 코스라 말할 수 있습니다. 그래서 하나님께서 우리에게 성령을 부어 주시는 것 아니겠습니까? 이를 체험적으로 알게 된 사도 바울께서 "그런즉 내 형제들아 예언하기를 사모하며 방언 말하기를 금하지 말라(고전 14:39)." 말씀하신 것도 하나님의 음성을 듣기 위해서라 말할 수 있겠습니다.

그리고 하나님의 음성을 우리가 듣게 되면 "그러나 진리의 성령이 오시면 그가 너희를 모든 진리 가운데로 인도하시리니 그가 스스로 말하지 않고 오직 들은 것을 말하며 장래 일을 너희에게 알리시리라(요 16:13)." 말씀과 같이 성령의 인도하심과 마지막 때를 알려 주시기 때문에 말씀에 따라 순종하기만 하면 됩니다. 따라서 우리가 방언을 많이 해야만 나의 영(靈)이 활성화되어 '하나님의 음성'을 온전히 듣게 되기 때문에 "예언하기를 사모하라(고전 14:39)." 말씀하셨던 것입니다.

여기서 우리가 하나님의 음성을 듣는다는 것은 곧 하나님의 특혜이자 일반적인 하나님의 선물을 말하는 것입니다. 하나님의 선물이란(행 2:38) 우리가 알고 있듯이 성령세례를 말하는 것으로서 영적인 지식과 지혜를 말하는 것입니다. 따라서 영적인 지식과 지혜란 육신의 생각인 이성과 지성적인 사고로 알아 가는 것이 아니라 '하나님의 영(성령)'의 가르침으로 알아 가는 지식과 지혜를 말하는 것입니다(요 14:26).

이때 하나님의 음성을 내 귀로 들을 수도 있겠지만 이건 아주 드문 경우입니다. 저의 경험을 말씀드린다면, 목회하기 전 공동 번역 로마서를 소리 내어 읽고 있던 어느 날, 혼자 자다가 새벽에 "일어나라! 일어나라! 일어나라!" 또렷한 하나님의 음성을 세 번 듣고 깜짝 놀라 일어나 살펴보았지만 아무도 없었습니다. 이때 하나님의 음성에 반응했어야 했는데 제가 어리석고 미련할 뿐만 아니라 영적으로 무식하였기 때문에 하나님의 음성을 듣고도 반응하지 못하였습니다(삼상 3:4~9). 이는 육신의 생각에 사로잡혀 있었던 때라 하나님과의 영적인 귀한 시간을 놓치고 말았습니다.

그 당시 하나님의 음성을 처음 들었을 뿐 그 뒤로는 하나님의 음성을 듣지 못하다가 수십 년의 세월이 지나서야 하나님의 음성을 조금씩 듣게 되었습니다. 이때는 들리는 하나님의 소리가 아니라, 영으로 저의 마음에 감동을 주셨습니다. 어떤 때는 저의 입술을 읊조리게 하듯이 말하게 하여 주실 때도 있었습니다.

목회 초년 어느 날 심방 중에 제 입술에 말씀을 주셨습니다만, 저의 영이 활성화되지 못하여 육신의 생각으로 말하고 난 뒤에야 비로소 제가 잘못되었음을 확실하게 알게 하여 주셨습니다. 이는 저의 육신의 생각이 아니라 하나님께서 주신 영의 말씀이 아주 명확했기 때문입니다. 이를 통해 알게 된 것은 제가 하나님께 대한 영적인 방언 기도가 얼마나 많이 부족했는지와 영적인 기도에 게을렀다는 것, 또한 방언에 대한 영적인 지식이 전무하였다는 것입니다.

　제가 이렇게 불순종했음에도 불구하고 하나님께서는 제가 하나님을 잊어버릴 만하면 감동케 하여 주셨습니다. 어떤 때는 하나님의 음성인 것 같기도 하고 나의 생각인 것 같기도 하여 헷갈릴 때도 있었습니다. 그런데 말입니다. 바로 이 지점이 하나님 음성을 듣는 데 진일보한 상태라는 사실도 알게 되었습니다. 그만큼 제가 영적으로 무지했을 뿐만 아니라 미련했고, 방언 기도하는 것에 게을렀던 것입니다. 육신의 생각이 저를 지배하고 있었기 때문에 오랜 세월을 소비하게 된 것입니다.

　이러한 저의 행태야말로 성령님을 소멸시키는 행태라 말할 수 있겠습니다(살전 5:19). 저의 한심하고 멍청하기 짝이 없던 때를 생각하여 여러분께 권하는 것입니다. 저처럼 포기하거나 게으르지 마시고 계속 끈기 있게 구하다 보면 막연하나마 하나님의 음성을 조금씩 알아듣게 될 것입니다. 비록 저와 같은 어리석은 상태가 온다 할지라도 마음을 굽히지 마시고 방언을 계속하다 보면 나의 영이 어느 날 민감하게 반응하게 되어 분명 하나님의 음성을 듣게 될 것입니다.

　이러한 과정을 거치면서 영적인 감각이 조금씩 진전된 어느 날, '아! 이것이 하나님의 음성이구나!' 확실히 알게 될 것입니다. 마치

양이 목자의 음성을 듣고 따르듯이 우리가 하나님의 음성을 들을 수 있어야 하는 것이 믿음의 원리이기 때문에 이를 소개하는 것입니다. 그리고 하나님의 음성을 듣기까지 시간이 너무 많이 걸릴 수 있습니다. 그래도 조바심 갖지 마시고 에스겔서 47장 말씀을 기억하시면서 "인내를 온전히 이루라 이는 너희로 온전하고 구비하여 조금도 부족함이 없게 하려 함이라(약 1:4)."는 야고보 사도의 말씀과 같이 우리는 기다려야 합니다.

이러한 점에서 다시 한번 여러분에게 권면합니다. 하나님의 음성(감동)을 좀 더 정확하고 명확하게 듣기 위해선 방언 기도를 많이 하는 것 외에 아무것도 없습니다. 하나님께 나가는 방법 역시 영(방언)으로 기도하는 것뿐입니다. 이를 잘 설명해 주시는 말씀이 있기에 이를 소개합니다.

"그러나 우리가 온전한 자들 중에서는 지혜를 말하노니 이는 이 세상의 지혜가 아니요 또 이 세상에서 없어질 통치자들의 지혜도 아니요, 오직 은밀한 가운데 있는 하나님의 지혜를 말하는 것으로서 곧 감추어졌던 것인데 하나님이 우리의 영광을 위하여 만세 전에 미리 정하신 것이라, 이 지혜는 이 세대의 통치자들이 한 사람도 알지 못하였나니 만일 알았더라면 영광의 주를 십자가에 못 박지 아니하였으리라, 기록된 바 하나님이 자기를 사랑하는 자들을 위하여 예비하신 모든 것은 눈으로 보지 못하고 귀로 듣지 못하고 사람의 마음으로 생각하지도 못하였다 함과 같으니라, 오직 하나님이 성령으로 이것을 우리에게 보이셨으니 성령은 모든 것 곧 하나님의 깊은 것까지도 통달하시느니라, 사람의 일을 사람의 속에 있는 영 외에 누가 알리요 이와 같이 하나님의 일도 하나님의 영 외에는 아무도 알지 못하느니라, 우리가 세상의 영을 받지 아니하고 오직 하나님으로부터 온 영을 받았으니 이는 우리로 하여금 하나님께서 우리에게 은혜로 주신 것들을 알게 하려 하심이라, 우리가 이것을 말하거니와 사람의 지혜가 가르친 말로 아니하고 오직 성령께서 가르치신 것으로 하니 영적인 일은 영적인 것으로 분별하느니라, 육에 속한 사람은 하나님의 성령의 일들을 받지 아니하나니 이는 그것들이 그에게는 어리석게 보임이요, 또 그는 그것들을 알 수도 없나니 그러한 일은 영적으로 분별되기 때문이라, 신령한 자는 모든 것을 판단하나 자기는 아무에게도 판단을 받지 아니하느니라, 누가 주의 마음을 알아서 주를 가르치겠느냐 그러나 우리가 그리스도의 마음을 가졌느니라(고전 2:6~16)."

이와 같이 하나님께선 하나님을 사랑하는 자들을 위하여 눈으로 보지 못하고 귀로 듣지 못하고 사람의 마음으로 생각하지 못하는 모든 것을 성령을 통하여 우리에게 은혜로 주시는 것을 알게 하여 주실 것입니다(고전 2:12).

이렇게 성령 안에서 방언으로 기도할 수 있는 것은 나의 영(靈)이 활성화되었기 때문에(고전 14:2, 14) 하나님께서 이를 감동케 하여 알게 하여 주시고 생각나게 하여 주시기 때문입니다(고전 2:10; 요 14:26). 그래서 항상 성령 안에서 깨어 힘쓰며 방언으로 기도하실 것을 권면하는 것입니다(엡 6:18). "오직 하나님이 성령으로 이것을 우리에게 보이셨으니 성령은 모든 것 곧 하나님의 깊은 것까지도 통달하시느니라(고전 2:10)."는 말씀을 바로 당신과 내가 알아야 하기 때문에 이를 알게 해 주셨던 것입니다.

　이렇게 말할 수 있는 것은 영적인 일은 영적인 것으로 분별해야 하기 때문입니다(고전 2:13). 우리가 하나님의 음성을 반드시 들어야 하는 분명한 이유가 있기 때문에 그렇습니다. 왜냐하면 마지막 심판 때를 예비하기 위해서입니다. 히브리서 기자께서 "오늘 너희가 그의 음성을 듣거든 너희 마음을 완고하게 하지 말라(히 4:7)." 당부하셨던 것도 이 때문이었습니다. 그리고 이를 알려 주실 때 대부분 하나님의 음성(감동)으로 알려 주시지만 때로는 꿈으로, 환상으로, 그림, 문장 또는 단어로 우리에게 알게 하여 주시기 때문입니다.

　2023년 2월 9일 저녁때 난생처음 예수님께서 구름 타고 오시는 꿈을 꾸었습니다. 예수님은 구름 위에 서 계셨고, 테이블 위에 무엇인지는 모르겠지만 테이블보에 덮여 있고 금빛 나는 광채가 보였습니다. **예수님 재림에 관한 꿈**이라 생각했고 또한 하나님께서 이를 통하여 영광 받으실 것이라는 생각에 이를 태인지역아동센터에 있는 아내에게 전화로 알렸습니다. 아내는 예수님의 꿈을 자주 꾸었기에 제일 먼저 말하여 주었습니다. 아내는 예수님 꿈을 평소에 많이 꾸었던 사람이었지만 저는 난생처음이었습니다. 그래서 내 사랑하는 짝꿍을 목사인 내가 많이 부러워했었습니다. 예수님께서 구름 타고 오시는 꿈은 마지막 재림을 알리시는 꿈입니다(눅 21:27). 마지막을 준비해야 할 것이기에 아내에게 알려 주었더니 기록해 두라고 하여 여기에 기록하게 되었습니다.

그리고 2023년 2월 21일 새벽에 하나님께서 유튜브를 통해서 **미국 애즈버리 대학교 부흥을 보게 하여 주셨는데** 예수님께서 재림의 꿈을 보여주셨던 날이 애즈버리 대학 부흥이 시작된 날과 같았습니다. 그리고 '12일째 멈추지 않는 성령님이 인도하시는 부흥'이라는 것에 놀라지 않을 수 없었습니다. 더군다나 목회자 없는 자발적이고 뜨거운 회개 기도 운동이 폭발적으로 번져 미국 대학 곳곳에서 연쇄적으로 일어나고 있다는 것입니다.

이는 예수님의 재림을 알리는 것으로 받아들일 수밖에 없었습니다. 하나님께서 하나님의 백성들을 회개시켜 구원시키고자 하는 뜻으로 받아들이게 되었기 때문입니다. 그리고 인터넷 다음에 보면 "수없이 고백이 터져 나오자 군중들은 귀를 기울이며 **'예수의 피가 나를 용서한다'**고 말하곤 했습니다. 제단들은 밤낮으로 가득 차 있었고, 젊은이들과 노인들로부터 눈물로 젖어 있었습니다. 다양한 민족, 다양한 인종, 다양한 세대였습니다."[44]라고 기록하고 있습니다. 유튜브와 인터넷을 통해서 재림에 관한 영상들과 글이 많이 나와 있었으니 이를 확인하여 보시길 바랍니다. 이같이 우리 그리스도인들은 평소에 여러 형태로 하나님의 메시지를 들을 수 있어야 하고 마지막 심판을 예비할 수 있어야 할 것입니다.

그러므로 우리 믿음의 자녀들은 예수님의 재림에 있어서 하나님의 음성 듣기를 소망해야 한다는 말을 종말론적인 말씀으로 들을 수 있어야 할 것입니다. 지금 우리는 그 어떤 때보다 마지막 심판이 가까운 때에 살고 있기에 여러분에게 강권하는 것입니다.

"예수께서 감람 산 위에 앉으셨을 때에 제자들이 조용히 와서 이르되 우리에게 이르소서 어느 때에 이런 일이 있겠사오며 또 주의 임하심과 세상 끝에는 무슨 징조가 있사오리이까, 예수께서 대답하여 이르시되 너희가 사람의 미혹을 받지 않도록 주의하라, 많은 사람이 내 이름으로 와서 이르되 나는 그리스도라 하여 많은 사람을 미혹하리라, 난리와 난리 소문을 듣겠으나 너희는 삼가 두려워하지 말라 이런 일이 있어야 하되 아직 끝은 아니니라, 민족이 민족을, 나라가 나라를 대적하여 일어나겠고 곳곳에 기근과 지진이 있으리니,

---

44) "미국/애즈버리 부흥: 예수혁명: 애즈버리 대학교(Asbury University) 부흥이 미국을 구할 수 있을까?" 2023. 2. 21 인터넷 다음 접속.

이 모든 것은 재난의 시작이니라. 그 때에 사람들이 너희를 환난에 넘겨 주겠으며 너희를 죽이리니 너희가 내 이름 때문에 모든 민족에게 미움을 받으리라. 그 때에 많은 사람이 실족하게 되어 서로 잡아 주고 서로 미워하겠으며, 거짓 선지자가 많이 일어나 많은 사람을 미혹하겠으며, 불법이 성하므로 많은 사람의 사랑이 식어지리라. 그러나 끝까지 견디는 자는 구원을 얻으리라. 이 천국 복음이 모든 민족에게 증언되기 위하여 온 세상에 전파되리니 그제야 끝이 오리라 (마 24:3~14)."

이는 **말세의 징조에 대한 교훈의 말씀**입니다. 거짓 선지자들이 나다니 많은 사람을 미혹할 것이고, 전쟁과 기근과 지진 현상이 일어날 것이며, 성도들에 대한 핍박으로 인하여 사랑이 식어지리라는 것과 복음이 모든 민족에게 전파될 때 끝이 오리라는 계시의 말씀이 지금 이 시대에 이루어져 가고 있음을 볼 때 예수님께서 구름 타고 오시는 꿈은 재림에 대한 꿈이라 확언할 수 있겠습니다. 또한 미국의 애즈버리 대학교 부흥에서 자발적인 회개 기도가 일어나고 있다는 것은 재림에 대한 꿈이 이루어질 징조라고 확증하여 말할 수 있겠기에 예수님께서 "그러므로 깨어 있으라 어느 날에 너희 주가 임할는지 너희가 알지 못함이니라(마 24:42)." 말씀하셨던 것입니다.

그러므로 우리는 마지막 때를 준비하기 위하여 하나님의 음성 들기를 소망해야 합니다.

5) 하나님과의 영적 교제가 계속 이루어져야 합니다

우리가 하나님의 음성 듣기를 소망했던 것은 하나님과의 영적 교제를 회복하기 위해서였습니다. 왜냐하면 우리가 영적인 관계를(창 6:3) 다시 회복하는 일이야말로 믿음 생활에 있어서 우리가 해야 할 최우선적인 일이기 때문입니다. 사도 바울께서 "너희를 불러 그의 아들 예수 그리스도 우리 주와 더불어 교제하게 하시는 하나님은 미쁘시도다(고전 1:9)." 말씀하셨던 것도 이 때문이었습니다. 이는 우리가 하나님과의 영적인 교제 없이 영원한 구원을 받을 수 없기 때문입니다.

하나님과 영적인 교제가 이루어질 수 있는 길이 있다면 이 역시 영적인 기도밖에 없을 것입니다. 우리가 말하는 일반적인 기도는 육신의 생각(魂)으로 기도하는 것이기 때문에 일방적일 수밖에 없어 하나님과의 영적인 교제가 이루어질 수 없습니다. 왜냐하면 "육신의 생각은 하나님과 원수가 되나니 이는 하나님의 법에 굴복하지 아니할 뿐 아니라 할 수도 없음이라, 육신에 있는 자들은 하나님을 기쁘시게 할 수 없느니라(롬 8:7~8)." 말씀과 같이 육신(肉身)의 생각으로 하는 기도는 하나님을 기쁘시게 할 수 없을 뿐만 아니라 표면적인 기도일 수밖에 없어 예수님께서도 "육으로 난 것은 육이요 영으로 난 것은 영이니, 내가 네게 거듭나야 하겠다 하는 말을 놀랍게 여기지 말라(요 3:6~7)." 말씀하셨던 것입니다.

따라서 여기서 말하는 **하나님과의 영적 교제란** 하나님과의 영적인 의사소통이 이루어지는 상태를 말하는 것으로, 하나님께서 우리에게 성령세례(방언)를 선물로 주신 까닭을(행 2:38) 먼저 살피는 것이 옳을 것입니다. 우리가 이를 확실히 알게 될 때 하나님과의 영적 교제에 큰 도움이 되기 때문입니다.

첫째, 우리가 성령세례(방언, 靈)를 받음으로(행 1:5) 인하여 하나님과 단절되었던 영적 교제가 다시 이루어졌음을 알려 주기 때문입니다.

둘째, 하나님께서 진리의 영을 우리에게 선물로 주심은 "보혜사 곧 아버지께서 내 이름으로 보내실 성령 그가 너희에게 모든 것을 가르치고 내가 너희에게 말한 모든 것을 생각나게 하리라(요 14:26)."는 말씀과 같이 우리가 하나님의 음성을 들을 때 비로소 하나님과의 영적인 교제가 이루어질 수 있음을 알게 되기 때문입니다. 따라서 우리가 성령세례를 받았다는 것은, 하나님과 단절되었던 영적인 교제가(창 6:3) 다시 회복(回復)되었음을 뜻하나 아담으로의 회복이 아니라 그리스도의 영(靈)으로의 회복을 말하는 것입니다.

따라서 예수 그리스도의 영으로의 회복이란 곧 "새 사람을 입었으니 이는 자기를 창조하신 이의 형상을 따라 지식에까지 새롭게 하심을 입은 자니라(골 3:10)."는 상태를 가리키는 말씀입니다. 그러나 만일 우리가 그리스도의 영을 받았을지라도 계속 육신의 생각에 사로잡혀 있는 한 하나님과의 영적인 교제와 관계가 소원(疏遠)해질[45] 수밖에 없을 뿐 아니라 하나님 말씀 자체를 이해하지 못하는 초보(표면)적인 믿음에 머물 수밖에 없기에(히 5:12) 우리가 성령의 인도함을 반드시 받아야 한다는 것입니다(요 16:13).

그러므로 하나님과의 영적인 교제를 해야 한다는 점에서 마지막 심판을 어떻게 맞이할 것이냐를 심각하게 생각하지 않을 수 없습니다. 또한 예수님께서 마태복음 24장에 말세의 징조와(마 24:1~14) 대환란(마 24:15~28) 그리고 **그리스도의 재림에 관하여** 말씀하시면서 "그가 큰 나팔소리와 함께 천사들을 보내리니 그들이 그의 택하신 자들을 하늘 이 끝에서 저 끝까지 사방에서 모으리라(마 24:31)." 하셨습니다. 이 말씀과 같이 하나님께서 우리를 불러 모으시기 때문에 "진리의 성령이 오시면 그가 너희를 모든 진리 가운데로 인도하시리니 그가 스스로 말하지 않고 오직 들은 것을 말하며 장래 일을 너희에게 알리시리라(요 16:13)." 말씀하셨던 것입니다.

---

45) 서로 사이가 두텁지 아니하고 거리가 있어서 서먹서먹함.

마찬가지로 구약에서 하나님이 노아에게 "모든 혈육 있는 자의 포악함이 땅에 가득하므로 그 끝 날이 내 앞에 이르렀으니 내가 그들을 땅과 함께 멸하리라(창 6:13)."고 미리 계시하여 주셨기에 노아가 방주를 준비하여 심판을 면하였던 것처럼 노아가 하나님의 음성을 들었기에 구원받을 수 있었던 것입니다. 그리고 "여호와께서 또 이르시되 소돔과 고모라에 대한 부르짖음이 크고 그 죄악이 심히 무거우니, 내가 이제 내려가서 그 모든 행한 것이 과연 내게 들린 부르짖음과 같은지 그렇지 않은지 내가 보고 알려 하노라(창 18:20~21)." 말씀과 같이 하나님께서 미리 말씀하시며 두 천사를 소돔에 보내어 롯을 구해내셨던 것도 하나님과 아브라함의 영적인 교제가 있었기 때문이었습니다.

이와 같이 하나님께서 노아와 아브라함에게 **"이르시되"** 하신 것처럼 '하나님의 영'을 받은 하나님의 택하신 백성인 '당신'과 '나' 그리고 여러 '형제자매' 각 사람에게도 직접 "이르시되"라며 불러 모아 구원하시겠다는 약속의 말씀이었습니다. 그래서 예수님께서 "진리의 성령이 오시면 그가 너희를 모든 진리 가운데로 인도하시리니 그가 스스로 말하지 않고 오직 들은 것을 말하며 장래 일을 너희에게 알리시리라(요 16:13)." 말씀하셨던 것입니다.

이는 사이비 내지 특히 신천지 같은 이단들로부터 우리를 보호하기 위한 하나님의 방법이기 때문에 하나님과의 영적인 교제가 반드시 이루어져야 한다는 것입니다. 이같이 하나님과의 영적인 교제가 평소에 개개인에게 이루어지게 하심은 마지막 심판 날에 우리를 구원시키고자 하시는 하나님의 깊은 뜻이자 계획이셨기 때문에 하나님과의 영적인 교제가 반드시 이루어져야 하겠습니다. 그러나 당신이 사람을 통해서만 하나님의 말씀을 들으려 한다면 "형제들아 내가 신령한 자들을 대함과 같이 너희에게 말할 수 없어서 육신에 속한 자 곧 그리스도 안에서 어린 아이들을 대함과 같이 하노라, 내가 너희를 젖으로 먹이고 밥으로 아니하였노니 이는 너희가 감당하지 못하였음이거니와 지금도 못하리라(고전 3:1~2)." 말씀을 듣게 될 것입니다. 예수님께서 니고데모에게 "진실로 진실로 네게 이르노니 우리는 아는 것을 말하고 본 것을 증언하노라 그러나 너희가 우리의 증언을 받지 아니하는도다, 내가 땅의 일을 말하여도 너희가 믿지 아니하거든 하물며 하늘의 일을 말하면 어떻게 믿겠느냐(요 3:11~12)." 말씀하신 것도 이 때문이었습니다.

이러한 말씀을 우리의 사랑하는 형제자매에게 그리고 부모 자식에게 알려 주어도 믿지 않기 때문에 구원받지 못하는 안타까운 경우가 발생하게 되는 것입니다. 이는 육신의 생각으로 믿기 때문입니다.

따라서 영(靈)의 생각으로 믿을 수 있도록 우리가 하나님의 자녀들에게 수시로 이를 가르칠 뿐만 아니라 체험할 수 있도록 이끌어 주어야 할 것입니다. 또한 믿음의 사람들은 의무적으로 성령세례(방언)를 받고 성령의 인도함을 받을 수 있도록 우리 모두 꾸준히 가르치고 기도하며 이끌어 주어야 할 것입니다. "모든 기도와 간구를 하되 항상 성령 안에서 기도하고 이를 위하여 깨어 구하기를 항상 힘쓰며 여러 성도를 위하여 구하라(엡 6:18)."는 말씀은 사도 바울이 성령 안에서 체험하여 알게 된 원리였기 때문에 이를 우리에게 말씀하여 주셨던 것입니다. 그러므로 우리의 사랑하는 형제자매의 영적 상태가 완전하고 온전해질 때까지 우리는 그들을 위하여 기도하며 지도해야 할 것입니다.

그런데 말입니다. 성령까지 받았지만 성령의 인도함을 받지 못하는 사람들이 있다고 한다면, 그 사람 역시 하늘의 일을 말해 주어도 자기의 **주관적인 육신의 생각**으로 인하여 진리의 말씀을 몰라 구원받지 못하는 안타까운 경우가 생기는 것입니다(고전 3:1~2). 그리고 이런 사람들은 알려고도 하지 않을 뿐만 아니라 오히려 더 교만하여 자기주장만 내세우고 말씀을 거부하여 그들에게는 주님의 심판이 기다리고 있을 뿐입니다.

자! 어떻게 하시렵니까? 당신은 여전히 예언하는 분들만 찾아다니시겠습니까? 물론 예언하는 분들을 찾아갈 수 있습니다. 왜냐하면 초신자이기 때문입니다. 그리고 초신자가 아닌 분들이 찾아갈 수도 있습니다. 내가 받은 계시(예언)가 올바로 받은 것인지를 확인하기 위해서 찾아갈 수도 있습니다. 그래서 사도 바울께서 계시(예언)받을 때 "예언하는 자는 둘이나 셋이나 말하고 다른 이들은 분별할 것이요(고전 14:29)."라고 말씀하셨던 것입니다.

그리고 초신자들이 예언하는 분들을 찾아갈 때 조심해야 할 것이 있습니다. 왜냐하면 **나에게 계시된 말씀이 나의 육신의 생각과 맞지 않거나 마음에 들지 않는다 하여 다른 분들을 계속 찾아다니는 것이 옳지 않기 때문입니다.** 이때 당신은 하나님께 여쭈어보고, 물어보고, 질문하는 기도를 해야 할 것입니다.

이러한 계시가 왜 나에게 계시되었는지를 알아야 하겠기에 하나님께 직접 질문하는 기도를 하는 것입니다. 자신의 마음에 맞지 않는다 하여 여기저기 찾아다닌다면 하나님께서 기뻐하시겠습니까? 이는 점치는 거와 같은 상태이기 때문에 말하는 것입니다. 사무엘이 사울 왕에게 "이는 거역하는 것은 점치는 죄와 같고 완고한 것은 사신 우상에게 절하는 죄와 같음이라(삼상 15:23)."고 말한 현상이 바로 당신에게 나타났기에 이를 '죄'로 보시는 것입니다. 그리고 이렇게 말하는 까닭은 이 글을 읽고 있는 당신이야말로 하나님과 올바른 영적인 관계에서 교제를 해야 할 때가 되었기 때문에 이를 말하는 것입니다.

우리가 이렇게까지 살펴본 이유가 무엇입니까? 말세가 임박해 오고 있기에 예수님께서 재림의 꿈을 저에게 보여주셨던 것입니다. 이 것은 종말을 준비케 하시려는 하나님의 깊으신 뜻이자 사랑이라 말할 수 있겠습니다. 이 시점에 종말을 왜 말하는지는 이미 여러분들이 잘 알고 있듯이 이 세상에 죄악으로 미치지 않은 곳이 없고(창 6:5) 하나님의 백성들이 모여 있다는 교회까지도 썩을 대로 썩었기 때문입니다. 악취가 날 정도로 부패하고 타락한 교회에 대해 환멸을 느낀 나머지 한완상 전 부총리께서 『예수 없는 예수 교회』[46]라는 책을 쓴 것이 아니겠습니까? 교회가 얼마나 썩고 부패하였으면 『예수 없는 예수 교회』라는 책이 나왔겠느냐는 것입니다.

책 제목이 말해 주듯 교회가 '예수 없는 예수 교회화' 되었기 때문에 심판을 받을 수밖에 없는 것입니다. 오죽하면 하나님께서 믿는 사람이나 믿지 않는 사람들에게 천국과 지옥을 보여주시겠습니까? 이를 유튜브에서 확인할 수 있습니다. 이와 같이 교회의 타락은 곧 종말을 나타내는 증거라 말할 수 있을 것입니다. 미국의 다이애나 버틀러 배스(Diana Butler Bass)가 『교회의 종말』[47]이라는 책을 쓴 것도 이 시대의 종말을 알리는 '시대적 계시'라 말할 수 있겠습니다. 그리고 종말의 때가 어느 때 임하게 될지는 우리가 정확히 몰라도 곧 임박하리라는 것을 믿지 않는 사람들도 잘 알고 있습니다.

---

46) 한완상, 『예수 없는 예수 교회』, 김영사, 2008 참조.

47) 다이애나 버틀러 배스, 『교회의 종말』, 이원규 역, 도서출판kmc, 2017.

더군다나 **믿는 이들이라면** 종말론적인 삶을 살아야 하는 것 아닙니까? 예수 그리스도를 믿고 있는 우리에게 종말론적인 삶이란, 오늘이 마지막이라 생각하고 하나님 앞에서 최선을 다하여 사는 것을 말합니다. 이는 종말론에 빠지는 것이 아니라 매 순간을 종말론적인 삶으로 사는 것을 말합니다. 베드로 사도께서 그리스도의 재림을 맞는 자세에 관해 이렇게 말씀하였습니다.

"사랑하는 자들아 주께는 하루가 천 년 같고 천 년이 하루 같다는 이 한 가지를 잊지 말라, 주의 약속은 어떤 이들이 더디다고 생각하는 것 같이 더딘 것이 아니라 오직 주께서는 너희를 대하여 오래 참으사 아무도 멸망하지 아니하고 다 회개하기에 이르기를 원하시느니라, 그러나 주의 날이 도둑 같이 오리니 그 날에는 하늘이 큰 소리로 떠나가고 물질이 뜨거운 불에 풀어지고 땅과 그 중에 있는 모든 일이 드러나리로다, 이 모든 것이 이렇게 풀어지리니 너희가 어떠한 사람이 되어야 마땅하냐 거룩한 행실과 경건함으로, 하나님의 날이 임하기를 바라보고 간절히 사모하라 그 날에 하늘이 불에 타서 풀어지고 물질이 뜨거운 불에 녹아지려니와, 우리는 그의 약속대로 의가 있는 곳인 새 하늘과 새 땅을 바라보도다(벧후 3:8~13)."

베드로 사도께서 그리스도의 재림에 관하여 말씀하였던 것은, 주님 오실(재림의) 날을 일깨워 줌으로써 성도들에게 영적 각성을 촉

구하고 마지막 날을 예비하는 슬기로운 자들같이 기름을 항상 예비해야 한다는 말씀일 것입니다(마 25:4). 따라서 우리가 하나님과의 영적 교제 없이 **마지막 심판 때**를 살려 한다는 것은 하나님의 백성으로 살 수 없을 뿐 아니라 구원받을 수 있는 유일한 길을 잃어버리는 것과 같습니다.

왜냐하면 진실을 말해 주어도 믿지 않기 때문입니다. 하나님께서 소돔과 고모라를 심판하실 때 "**롯이** 나가서 그 딸들과 결혼할 사위들에게 말하여 이르기를 여호와께서 이 성을 멸하실 터이니 너희는 일어나 이 곳에서 떠나라 하되 그의 사위들은 농담으로 여겼더라(창 19:14)."와 같이 육신의 사람들은 하나님의 말씀을 농담으로 듣기 때문에 심판을 받을 수밖에 없을 것입니다.

그리고 천사가 롯의 가족들에게 "돌아보거나 들에 머물지 말고 산으로 도망하여 멸망을 면하라(창 19:17)." 말하였으나 "롯의 아내는 뒤를 돌아보았으므로 소금 기둥이 되었더라(창 19:26)."는 말씀이 있는 것입니다. 왜냐하면 "육신을 따르는 자는 육신의 생각으로 살기 때문입니다. 그래서 예수님께서 "육으로 난 것은 육이요 영으로 난 것은 영이니, 내가 네게 거듭나야 하겠다 하는 말을 놀랍게 여기지 말라(요 3:6~7)." 말씀하셨던 것입니다.

그리고 사도 바울께서도 "육신을 따르는 자는 육신의 일을, 영을 따르는 자는 영의 일을 생각하나니, 육신의 생각은 사망이요 영의 생각은 생명과 평안이니라. 육신의 생각은 하나님과 원수가 되나니 이는 하나님의 법에 굴복하지 아니할 뿐 아니라 할 수도 없음이라. 육신에 있는 자들은 하나님을 기쁘시게 할 수 없느니라. 만일 너희 속에 하나님의 영이 거하시면 너희가 육신에 있지 아니하고 영에 있나니 누구든지 그리스도의 영이 없으면 그리스도의 사람이 아니라 (롬 8:7~9)." 말씀하셨습니다.

그러므로 하나님과의 영적인 교제가 이루어질 때 우리가 비로소 "성령님, 내게 임하옵소서! 내가 듣고 순종하겠나이다. 나를 인도하여 주옵소서."라고 예수님의 이름으로 기도할 수 있는 것입니다.

6) 하나님 말씀에 순종해야 합니다

우리는 '예수 그리스도를 육신의 생각으로 믿을 것이냐 아니면 영의 생각으로 믿을 것이냐?'라는 질문과 '육신의 생각에 순종할 것이냐 아니면 영의 생각에 순종할 것이냐?'라는 질문에 대한 답을 먼저 해야 합니다. 왜냐하면 믿는다는 것과 순종하는 것은, 서로 끊을 수 없는 하나의 영적 관계이기 때문입니다. 믿는다는 것은 곧 순종하는 것이고 순종한다는 것이 곧 믿는 것이기 때문에 이를 하나로 생각할 수밖에 없습니다. 그리고 육신의 생각과 영의 생각이 서로 대조 관계에 있기에 무엇을 선택할지 결정하기 위해서 이를 살피려는 것입니다.

"그러므로 너희는 죄가 너희 죽을 몸을 지배하지 못하게 하여 몸의 사욕에 순종하지 말고, 또한 너희 지체를 불의의 무기로 죄에게 내주지 말고 오직 너희 자신을 죽은 자 가운데서 다시 살아난 자 같이 하나님께 드리며 너희 지체를 의의 무기로 하나님께 드리라. 죄가 너희를 주장하지 못하리니 이는 너희가 법 아래에 있지 아니하고 은혜 아래에 있음이라. 그런즉 어찌하리요 우리가 법 아래에 있지 아니하고 은혜 아래에 있으니 죄를 지으리요 그럴 수 없느니라(롬 6:12~15)."

특히 12절에서 "죄가 너희 죽을 몸을 지배하지 못하게 하여 몸의 사욕에 순종하지 말고" 하셨는데, 여기서 몸은 창세기 6장 3절의 '육신(肉身)'을 가리키며 육신(肉身)의 생각에 순종하지 말라는 말씀입니다. 왜냐하면 '육신(肉身)'이 죄이기 때문에 순종하지 말라 말씀하셨던 것입니다.

그리고 13절 "너희 지체를… 의의 무기로 하나님께 드리라."는 말씀은 하나님은 영(靈, 요 4:24; 고전 14:2)이시기 때문에 영으로 하나님께 드려야 한다는 말씀입니다. 이는 "방언을 말하는 자는 사람에게 하지 아니하고 하나님께 하나니 이는 알아 듣는 자가 없고 영으로 비밀을 말함이라(고전 14:2)."하셨기에 사도 바울께서 "그러므로 형제들아 내가 하나님의 모든 자비하심으로 너희를 권하노니 너희 몸을 하나님이 기뻐하시는 거룩한 산 제물로 드리라 이는 너희가 드릴 영적 예배니라(롬 12:1)." 말씀하셨던 것입니다.

그리고 "너희 자신을 종으로 내주어 누구에게 순종하든지 그 순종함을 받는 자의 종이 되는 줄을 너희가 알지 못하느냐 혹은 죄의 종으로 사망에 이르고 혹은 순종의 종으로 의에 이르느니라, 하나님께 감사하리로다 너희가 본래 죄의 종이더니 너희에게 전하여 준 바 교훈의 본을 마음으로 순종하여, 죄로부터 해방되어 의에게 종이 되었느니라, 너희 육신이 연약하므로 내가 사람의 예대로 말하노니 전에 너희가 너희 지체를 부정과 불법에 내주어 불법에 이른 것 같이 이제는 너희 지체를 의에게 종으로 내주어 거룩함에 이르라, 너희가 죄의 종이 되었을 때에는 의에 대하여 자유로웠느니라, 너희가 그 때에 무슨 열매를 얻었느냐 이제는 너희가 그 일을 부끄러워 하나니 이는 그 마지막이 사망임이라, 그러나 이제는 너희가 죄로부터 해방되고 하나님께 종이 되어 거룩함에 이르는 열매를 맺었으니 그 마지막은 영생이라, 죄의 삯은 사망이요 하나님의 은사는 그리스도 예수 우리 주 안에 있는 영생이니라(롬 6:16~23)." 말씀하셨던 것입니다.

특히 16절 "너희 자신을 종으로 내주어 누구에게 순종하든지 그 순종함을 받는 자의 종이 되는 줄을 너희가 알지 못하느냐 혹은 죄의 종으로 사망에 이르고 혹은 순종의 종으로 의에 이르느니라." 말씀에서 우리가 순종해야 할 대상은 하나님이십니다. 왜냐하면 하나님은 영이시고 의의 하나님이시기 때문에 영의 하나님께 순종해야 한다는 말씀입니다. 곧 이 말씀은 로마서 8장 "그러므로 이제 그리스도 예수 안에 있는 자에게는 결코 정죄함이 없나니, 이는 그리스도 예수 안에 있는 생명의 성령의 법이 죄와 사망의 법에서 너를 해방하였음이라(롬 8:1~2)."로 귀결되는 말씀이며, 또한 우리가 **순종해야 할 대상은** 하나님이시라는 결론에 이를 뿐입니다.

그 당위성을 찾기 위하여 로마서 5장의 말씀을 살펴야 하겠습니다.

"그러므로 한 사람으로 말미암아 죄가 세상에 들어오고 죄로 말미암아 사망이 들어왔나니 이와 같이 모든 사람이 죄를 지었으므로 사망이 모든 사람에게 이르렀느니라, 죄가 율법 있기 전에도 세상에 있었으나 율법이 없었을 때에는 죄를 죄로 여기지 아니하였느니라, 그러나 아담으로부터 모세까지 아담의 범죄와 같은 죄를 짓지 아니한 자들까지도 사망이 왕 노릇 하였나니 아담은 오실 자의 모형이라, 그러나 이 은사는 그 범죄와 같지 아니하니 곧 한 사람의 범죄를 인하여 많은 사람이 죽었은즉 더욱 하나님의 은혜와 또한 한 사람 예수 그리스도의 은혜로 말미암은 선물은 많은 사람에게 넘쳤느니라, 또 이 선물은 범죄한 한 사람으로 말미암은 것과 같지 아니하니 심판은 한 사람으로 말미암아 정죄에 이르렀으나 은사는 많은 범죄로 말미암아 의롭다 하심에 이름이니라, 한 사람의 범죄로 말미암아 사망이 그 한 사람을 통하여 왕 노릇 하였은즉 더욱 은혜와 의의 선물을 넘치게 받는 자들은 한 분 예수 그리스도를 통하여 생명 안에서 왕 노릇 하리로다, 그런즉 한 범죄로 많은 사람이 정죄에 이른 것 같이 한 의로운 행위로 말미암아 많은 사람이 의롭다 하심을 받아 생명에 이르렀느니라, 한 사람이 순종하지 아니함으로 많은 사람이 죄인 된 것 같이 한 사람이 순종하심으로 많은 사람이 의인이 되리라, 율법이 들어온 것은 범죄를 더하게 하려 함이라 그러나 죄가 더한 곳에 은혜가 더욱 넘쳤나니, 이는 죄가 사망 안에서 왕 노릇 한 것 같이 은혜도 또한 의로 말미암아 왕 노릇 하여 우리 주 예수 그리스도로 말미암아 영생에 이르게 하려 함이라(롬 5:12~21)."는 말씀은 우리가 순종해야 할 근본이자 당위성이라 말할 수 있습니다. 따라서 로마서 5장에서 아담과 예수 그리스도를 대조하여 말씀하여 주셨던 것은 불순종과 순종의 차이점을 나타내 주심으로써 우리 스스로 무엇을 선택할 것인지를 깨닫고, 왜 순종해야 하는지를 가르쳐 주시려는 데 그 목적이 있습니다.

이 말씀에 저를 빗대어 말하자면, 지난날 하나님께서 저에게 주셨던 말씀이 있었습니다. 그런데 저의 육신의 생각과 너무 다르게 나타났기 때문에 제가 불순종하였던 이야기입니다. 순종하면 내가 잘못되거나 실수할 것 같은 육신의 생각이 나를 불안하게 만들었기 때문에 불순종하였던 것입니다.

제가 하나님 말씀에 불순종하였던 것은, 육신의 생각이 나를 지배하고 있었기 때문이고, 그만큼 '나'라는 존재가 하나님께 완악하였음을 잘 나타낸 증거였습니다. 또한 성령의 인도하심을 받지 못하였고 하나님 말씀에 민감하게 반응하지 못하였기에 하나님 말씀에 불순종하게 된 것입니다.

그러나 다른 사람은 내가 불순종했다는 사실을 모릅니다. 내가 그렇게 하나님께 완악하였고 오만한 사람이었습니다. 하나님 말씀에 순종하는 것이 마땅하지만 실제 상황에서는 육신의 생각만 할 뿐 하나님 말씀에 불순종한 것입니다. 이렇게 불순종하게 된 까닭은 "내 속사람으로는 하나님의 법을 즐거워하되, 내 지체 속에서 한 다른 법이 내 마음의 법과 싸워 내 지체 속에 있는 죄의 법으로 나를 사로잡는 것을 보는도다(롬 7:22~23)." 말씀과 같은 현상이 바로 나에게 나타났기 때문입니다. "오호라 나는 곤고한 사람이로다 이 사망의 몸에서 누가 나를 건져내랴(롬 7:24)."는 사도 바울의 고백을 저도 감히 말할 수밖에 없었습니다.

하나님을 믿고 하나님을 의지하고자 하는 마음이 내 마음속에 분명히 있었지만, 나의 마음이 약하고 또한 '육신의 생각'이 나를 지배하고 있었기에 하나님 말씀에 불순종하였던 것입니다. 이는 내가 순간적으로 하나님의 말씀을 믿지 않았기 때문이며 말씀에 불순종한 결과물을 보여 주셨습니다. 결과는 육신의 생각보다 하나님의 생각이 훨씬 더 좋은 결과로 나타났었고, 핵심적이면서도 단순하고 정확하게 그리고 명쾌한 결과였음을 알게 하셨습니다.

그런데 문제는 하나님께서 나에게 감당할 만한 것으로 말씀해 주셨음에도 불구하고 이것조차 불순종하게 되는 경우가 허다하다는 데 있습니다. 바로 이 점을 하나님께서 내가 얼마나 하나님께 불순종하고 있는지를 깨닫도록 하시는 '하나님의 방법'이라는 사실을 알게 하여 주셨습니다. 아! 이래서 이스라엘 백성들이 일주일이면 갈 수 있었던 가나안을 가기까지 광야에서 40년이란 오랜 세월이 걸린 것이구나, 생각하게 되었습니다.

인간은 창조 때부터 아담과 연관되어 '육신'으로 살게 됨에 따라 아담의 원죄와 하나님의 아들들의 육신의 죄로 말미암아 '육신'이 되어 불순종의 사람이 되었습니다(창 6:3). 그러나 두 번째 아담이신 예수 그리스도께서 순종하심으로 말미암아 우리가 '의롭다' 하심을 받게 되어 "한 사람이 순종하심으로 많은 사람이 의인이 되리라(롬 5:19)." 말씀이 이루어질 수 있었던 것입니다. 곧 "그러므로 이제 그리스도 예수 안에 있는 자에게는 결코 정죄함이 없나니, 이는 그리스도 예수 안에 있는 생명의 성령의 법이 죄와 사망의 법에서 너를 해방하였음이라(롬 8:1~2)."는 말씀이 우리에게 이루어질 수 있었음을 알게 되었습니다.

 따라서 예수 그리스도를 믿고 성령의 인도함을 받는 자들에게 구원이 이루어졌다는 원리를 이제 겨우 알게 되었습니다. 이를 우리가 이해하여 알 수 있도록 사도 바울께서 육신(肉身)의 생각과 영(靈)의 생각을 대조시켜 주시면서 "만일 너희 속에 하나님의 영이 거하시면 너희가 육신에 있지 아니하고 영에 있나니 누구든지 그리스도의 영이 없으면 그리스도의 사람이 아니라(롬 8:9)." 말씀하여 주셨던 것입니다.

 그리고 로마서 5장은, 아담의 불순종으로 죄와 사망 아래에 놓였던 우리가 그리스도의 영을 받음으로 말미암아 많은 육신의 사람들이 '의롭다' 하심을 받고 영원한 생명에 이를 수 있다는 점에서, 우리가 마땅히 하나님의 말씀에 순종해야 한다는 말씀이었습니다(롬 5:19~21). 왜냐하면 예수님께서 하나님 말씀에 순종하셨듯이 제자 된 우리도 하나님의 말씀에 순종하는 것이 마땅한 일이기 때문입니다. 뿐만 아니라 우리가 하나님의 말씀에 순종하는 것이 영원한 생명을 얻는 길이기에 우리가 순종해야만 하는 것입니다.

 그러나 믿음의 사람들이 하나님 아버지 말씀에 불순종한다면 하나님과 내가 무슨 상관이 있겠습니까? 또 우리가 하는 모든 일은 육신의 생각에서 나온 것으로 볼 수밖에 없어 결국 우리가 행한 모든 일이 종교행사로 남을 뿐입니다. 그만큼 제가 지난날에 기도하는 일에 게을렀고 교만하였던 것입니다. 그래서 선지자 모세가 이스라엘 백성에게 전해주신 "내가 오늘 명하는 모든 명령을 너희는 지켜 행하라 그리하면 너희가 살고 번성하고 여호와께서 너희의 조상들에게 맹세하신 땅에 들어가서 그것을 차지하리라, 네 하나님 여호와께서 이 사십 년 동안에 네게 광야 길을 걷게 하신 것을 기억하라 이는 너를 낮추시며 너를 시험하사 네 마음이 어떠한지 그 명령을 지키는지 지키지 않는지 알려 하심이라, 너를 낮추시며 너를 주리게 하시며 또 너도 알지 못하며 네 조상들도 알지 못하던 만나를 네게 먹이신 것은 사람이 떡으로만 사는 것이 아니요 여호와의 입에서 나오는 모든 말씀으로 사는 줄을 네가 알게 하려 하심이니라(신 8:1~3)."는 말씀을 곧 우리에게 주시는 하나님 아버지의 계시의 말씀으로 생각해야 할 것입니다.

그러나 만일 우리가 하나님 말씀에 불순종하게 된다면 더 이상 하나님의 말씀도, 기름 부으심도 없을 것입니다. 이는 하나님과 내가 아무 상관이 없는 존재가 되었기 때문에 이스라엘 백성이 일주일이면 갈 수 있었던 광야의 길을 40년씩이나 걸리고도 구원받지 못한 것같이 똑같은 원리라 하겠습니다.

따라서 우리가 하나님의 뜻을 이룬다고 하는 것은 하나님 말씀에 나의 육신의 생각을 희생시킬 대가를 반드시 치러야 한다는 것을 말씀하시는 것입니다. **순종에는 육신의 생각에 대한 희생의 대가를 하나님께서 요구하시기 때문에 그렇습니다**(창 22:2~12). 하나님께서 아브라함에게 이삭을 번제로 요구하셨듯이 오늘날에도 하나님께서 우리 각자에게 순종의 대가를 요구하십니다.

대가 없는 순종은 순종이 아니기 때문에 그렇습니다. "이는 우리로 자기를 의지하지 말고 오직 죽은 자를 다시 살리시는 하나님만 의지하게(고후 1:9)" 하시려는 데 그 목적이 있음을 저로 깨닫게 하여 주셨기에 은퇴 후 그나마 이 글을 쓰게 되었습니다. 이러한 과정을 성화의 과정 또는 거듭남의 과정이라 말하는 것이며, 이 과정을 우리가 반드시 거쳐야 함을 알게 하여 주셨습니다. 따라서 순종은 곧 마지막 심판 때의 기준이 되기 때문에 우리가 말씀에 순종하는 것입니다.

그러므로 우리가 하나님 말씀에 순종하는 것이 곧 '하나님의 의'를 이루는 것이고 '자기를 부인하는 삶을 사는 것'이기 때문에 우리는 순종하기 위해서 육신의 생각을 희생(소멸)시켜야 한다는 대원칙과 원리를 알게 하여 주셨던 것입니다. 아멘.

5장

너희는 더욱 큰 은사를 사모하라!

　우리가 하나님의 사랑을 추구하며 신령한 것들을 사모하기 위한 최고의 은사를 소개하려 합니다. 사도 바울께서 "형제들아 신령한 것에 대하여 나는 너희가 알지 못하기를 원하지 아니하노니(고전 12:1)." 말씀하시면서 성령이 주시는 각종 은사의 다양성과 통일성에 대하여 고린도전서 12장에서 알려 주셨습니다. "은사는 여러 가지나 성령은 같고, 직분은 여러 가지나 주는 같으며, 또 사역은 여러 가지나 모든 것을 모든 사람 가운데서 이루시는 하나님은 같으니, 각 사람에게 성령을 나타내심은 유익하게 하려 하심이라, 어떤 사람에게는 성령으로 말미암아 지혜의 말씀을, 어떤 사람에게는 같은 성령을 따라 지식의 말씀을, 다른 사람에게는 같은 성령으로 믿음을, 어떤 사람에게는 한 성령으로 병 고치는 은사를, 어떤 사람에게는 능력 행함을, 어떤 사람에게는 예언함을, 어떤 사람에게는 영들 분별함을, 다른 사람에게는 각종 방언 말함을, 어떤 사람에게는 방언들 통역함을 주시나니, 이 모든 일은 같은 한 성령이 행하사 그의 뜻대로 각 사람에게 나누어 주시는 것이니라(고전 12:4~11)." 말씀하시면서 마지막 끝 절에 "너희는 더욱 큰 은사를 사모하라 내가 또한 가장 좋은 길을 너희에게 보이리라(고전 12:31)." 말씀하셨습니다.

그런데 사도 바울께서 "너희는 더욱 큰 은사를 사모하라." 말씀을 왜 하셨으며, 우리는 왜 더욱 큰 은사를 사모해야 합니까? 이는 우리가 더욱 큰 은사를 왜 사모해야 하는지 그 당위성을 알게 될 때 말씀에 더욱 순응할 뿐만 아니라 확신 있는 믿음을 구할 수 있기 때문에 이를 살피고자 하는 것입니다.

1. 내가 더욱 큰 은사를 사모하고 있는가?

사도 바울께서 "너희는 더욱 큰 은사를 사모하라 내가 또한 가장 좋은 길을 너희에게 보이리라(고전 12:31)." 말씀을 왜 하셨을까요? 이는 하나님께서 우리에게 계시하여 주신 말씀을 우리가 확실하게 알게 될 때 하나님 말씀에 더욱 순응할 수 있기 때문에 그렇습니다.

그러나 고린도 교회 성도들은 성령의 은사를 자기의 유익을 위해 사용함으로써 자신의 은사만이 최고의 은사라고 잘못 판단하여 교만과 오만에 빠져 성령 하나님을 슬프게 해 드렸습니다. 더구나 하나님께서 성령의 신령한 은사들을 성도들에게 베풀어 주실 때는 교회 공동체의 유익을 위해 헌신하도록 허락하셨음에도 불구하고 고린도 교회 은사자들은 자신의 유익만을 추구하였으므로 믿음의 공동체가 무너질 수밖에 없었습니다. 우리의 믿음 역시 세상 사람들이나 세상 종교와 다를 바 없다는 사실을 우리 모두 인식해야 합니다. 사도 바울께서 "너희는 더욱 큰 은사를 사모하라." 말씀하신 진위를 우리가 알기 위해 고린도전서 13장 말씀을 살펴보겠습니다.

"내가 사람의 방언과 천사의 말을 할지라도 사랑이 없으면 소리 나는 구리와 울리는 꽹과리가 되고, 내가 예언하는 능력이 있어 모든 비밀과 모든 지식을 알고 또 산을 옮길 만한 모든 믿음이 있을지라도 사랑이 없으면 내가 아무 것도 아니요, 내가 내게 있는 모든 것으로 구제하고 또 내 몸을 불사르게 내줄지라도 사랑이 없으면 내게 아무 유익이 없느니라(고전 13:1~3)."는 말씀에서와 같이 고린도 교회 성도들이 가시적인 은사를 행하고 구제하는 데 몸을 내줄지라도 사랑이 없다면 그들은 하나님 앞에서 무가치한 존재일 뿐만 아니라 그들이 행한 모든 행위 또한 주님과 아무 상관이 없는 종교 행위일 뿐입니다. 왜냐하면 그들은 육신의 생각으로 하나님의 일을 행하였기 때문입니다. 그리고 그들의 마음 중심에 이기적인 욕망과 욕심 그리고 자기 자신을 잘 나타내려는 명예심이 숨어 있었기 때문입니다.

따라서 사랑은 그 어떤 놀라운 가시적인 은사보다 중요한 것이기에 사도 바울께서 "사랑은 오래 참고 사랑은 온유하며 시기하지 아니하며 사랑은 자랑하지 아니하며 교만하지 아니하며, 무례히 행하지 아니하며 자기의 유익을 구하지 아니하며 성내지 아니하며 악한 것을 생각하지 아니하며, 불의를 기뻐하지 아니하며 진리와 함께 기뻐하고, 모든 것을 참으며 모든 것을 믿으며 모든 것을 바라며 모든 것을 견디느니라, 사랑은 언제까지나 떨어지지 아니하되 예언도 폐하고 방언도 그치고 지식도 폐하리라, 우리는 부분적으로 알고 부분적으로 예언하니, 온전한 것이 올 때에는 부분적으로 하던 것이 폐하리라(고전 13:4~10)." 말씀하셨던 것입니다.

그런데 이러한 말씀에서 '**모든 은사는 폐하여 없어지는데 왜 사랑만 남게 되었느냐?**'는 것과 그 '**차이점이 무엇이냐?**'라는 본질적인 질문을 하게 될 것입니다. 이를 설명하자면 요한 사도의 요한일서 4장 말씀을 먼저 살펴야 할 것 같습니다. 이는 사랑의 근원을 말씀하고 있기 때문입니다.

"사랑하는 자들아 우리가 서로 사랑하자 사랑은 하나님께 속한 것이니 사랑하는 자마다 하나님으로부터 나서 하나님을 알고, 사랑하지 아니하는 자는 하나님을 알지 못하나니 이는 하나님은 사랑이심이라(요일 4:7~8)." 말씀과 같이 하나님은 사랑이시기 때문에 그렇습니다. 왜냐하면 하나님 자체가 사랑이시고 사랑의 본질이시자 사랑의 근원이 되시기 때문에 사랑은 영원히 남을 수밖에 없겠지만 가시적인 은사들은 폐하여 없어질 수밖에 없는 수단에 불과하기에 차원이 다를 수밖에 없다는 이치라 하겠습니다.

"칠십 인이 기뻐하며 돌아와 이르되 주여 주의 이름이면 귀신들도 우리에게 항복하더이다(눅 10:17)." 말할 때 "귀신들이 너희에게 항복하는 것으로 기뻐하지 말고 너희 이름이 하늘에 기록된 것으로 기뻐하라(눅 10:20)."는 예수님의 말씀과 같이 '내 이름이 하늘에 있는 생명책에 기록될 수 있느냐 없느냐?' 또는 '내가 구원받을 수 있느냐 없느냐?'가 무엇보다 중요한 관건입니다. 여기서 말하려는 것은 가시적인 은사가 폐하여 없어지느냐의 문제가 아니기 때문에 사랑의 은사와는 차원이 완전히 다를 수밖에 없다는 것입니다.

따라서 제1부 2장에서 살폈듯이 성령을 받았을지라도 육신의 생각으로 믿기 때문에 구원받지 못하는 사람들이 많다는 것을 우리가 인식해야 한다는 것입니다. 왜냐하면 사랑이 없기 때문입니다. 물론 이들도 나름대로 사랑한다고 말할 것입니다. 그러나 그 사랑은 육신의 생각으로 이루어진 자기 자신의 주관적인 사랑이기에 문제가 될 수밖에 없습니다(창 6:3; 롬 8:7~8).

육신의 생각에서 나온 사랑은 표면적인 사랑 또는 초보적인 사랑에 불과할 수밖에 없기에 예수님께서 "육으로 난 것은 육이요 영으로 난 것은 영이니(요 3:6)"라 말씀하셨던 것과 같은 원리라 하겠습니다. 그리고 사도 바울을 통해서 "육신을 따르는 자는 육신의 일을, 영을 따르는 자는 영의 일을 생각하나니, 육신의 생각은 사망이요 영의 생각은 생명과 평안이니라, 육신의 생각은 하나님과 원수가 되나니 이는 하나님의 법에 굴복하지 아니할 뿐 아니라 할 수도 없음이라, 육신에 있는 자들은 하나님을 기쁘시게 할 수 없느니라(롬 8:5~8)." 하신 말씀에서도 영과 육이 서로 대조 관계로 이루어졌음을 알 수 있습니다.

　그 사랑은 육신의 생각에 의한 주관적인 사랑이기에 표면적일 수밖에 없을 것입니다. '내가 성령까지 받았는데 왜 표면적인 사랑이라 말하느냐?'라고 항변할 수도 있겠습니다. 그러나 당신이 성령을 받아 여러 은사까지 받았을지라도 육신의 생각으로 사랑을 행하는 한, 그 사랑은 감성적, 이성적, 지성적인 사랑일 수밖에 없습니다. 그 사랑은 표면(육신)적인 사랑입니다.

　그래서 우리의 주님께 "나더러 주여 주여 하는 자마다 다 천국에 들어갈 것이 아니요 다만 하늘에 계신 내 아버지의 뜻대로 행하는 자라야 들어가리라, 그 날에 많은 사람이 나더러 이르되 주여 주여 우리가 주의 이름으로 선지자 노릇 하며 주의 이름으로 귀신을 쫓아

내며 주의 이름으로 많은 권능을 행하지 아니하였나이까 하리니, 그 때에 내가 그들에게 밝히 말하되 내가 너희를 도무지 알지 못하니 불법을 행하는 자들아 내게서 떠나가라 하리라(마 7:21~23)."는 엄중한 말씀을 들을 수밖에 없을 것입니다.

 하나님께서 그들에게 구원받을 기회를 주셨지만, 그들이 육신의 생각으로 사랑하고 있는 한 예수님과 아무 상관이 없는 존재로 전락할 수밖에 없어 예수님으로부터 "내가 너희를 도무지 알지 못하니 불법을 행하는 자들아 내게서 떠나가라(마 7:23)." 엄중한 말씀을 듣게 될 것입니다.

 여기서 우리는 다른 것도 아니고 내가 '주의 이름으로' 주의 일을 행하였는데 왜 불법이고 왜 쫓김을 받아야 하느냐고 항변할 수 있습니다. 그러나 "내가 사람의 방언과 천사의 말을 할지라도 사랑이 없으면 소리 나는 구리와 울리는 꽹과리가 되고, 내가 예언하는 능력이 있어 모든 비밀과 모든 지식을 알고 또 산을 옮길 만한 모든 믿음이 있을지라도 사랑이 없으면 내가 아무 것도 아니요, 내가 내게 있는 모든 것으로 구제하고 또 내 몸을 불사르게 내줄지라도 사랑이 없으면 내게 아무 유익이 없느니라(고전 13:1~3)." 말씀과 같이 사랑 없는 모든 행위가 불법이고 쫓김을 받을 수밖에 없는 존재가 되었기 때문에 그에게는 아무 유익이 없다는 말씀이었습니다.

죄송하지만 많은 능력자와 목회자들이 돈을 얼마나 사랑하고, 이기적인 욕망과 욕심 그리고 명예로 인한 교만에 사로잡혀 있는지 모릅니다. 여기에 저라고 제외될 수 없겠지요. 그런데 말입니다. 좀 심하게 밝히시는 분들이 계시더군요. 마치 "네 돈이 내 돈이고, 내 돈은 내 돈이다." 더 나가 "네 재산이 내 재산이고, 내 재산은 내 재산이다." 생각하는 사람들도 있기 때문입니다.

이렇게 행하시는 분들은 자신들이 엄청난 영적인 카리스마를 갖고 있는 존재라고 착각하고 있기에 이를 당연한 것으로 생각하기 때문에 문제가 아닐 수 없을 것입니다(고후 4:7). 바로 이러한 행태가 불법이기 때문에 "그 때에 내가 그들에게 밝히 말하되 내가 너희를 도무지 알지 못하니 불법을 행하는 자들아 내게서 떠나가라 하리라(마 7:23)."는 예수님의 엄중한 말씀을 듣게 된 것입니다. 왜냐하면 육신의 생각으로 인하여 자기의 주관적인 사랑만을 행하기 때문에 "사랑은 언제까지나 떨어지지 아니하되 예언도 폐하고 방언도 그치고 지식도 폐하리라, 우리는 부분적으로 알고 부분적으로 예언하니, 온전한 것이 올 때에는 부분적으로 하던 것이 폐하리라(고전 13:8~10)." 말씀하셨던 것입니다.

특히 10절에서 "온전한 것이 올 때"란 말씀은 앞장인 "너희는 더욱 큰 은사를 사모하라 내가 또한 가장 좋은 길을 너희에게 보이리라(고전 12:31)."를 가리키는 말씀입니다. 우리가 그동안 알고 있던 가시적인 은사들은 "내가 어렸을 때에는 말하는 것이 어린 아이와 같고 깨닫는 것이 어린 아이와 같고 생각하는 것이 어린 아이와 같다가 장성한 사람이 되어서는 어린 아이의 일을 버렸노라(고전 13:11)." 말씀과 같이 버릴 수밖에 없습니다. 이런 영적 성장의 원리와 원칙을 사도 바울 자신이 계시받아 이를 깨달아 알게 됨으로써 살아계신 하나님을 확실하게 알게 된 것입니다.

이렇게 성령의 인도하심에 따라 행해야 한다(요 16:13)는 사실을 사도 바울이 알게 되었기에 "너희는 더욱 큰 은사를 사모하라 내가 또한 가장 좋은 길을 너희에게 보이리라(고전 12:31)." 말씀하셨던 것입니다. 따라서 사랑이란 믿음의 핵심이자 믿음의 진수(眞髓)였음을 알게 된 사도 바울께서 "너희는 더욱 큰 은사를 사모하라 내가 또한 가장 좋은 길을 너희에게 보이리라(고전 12:31)."고 하신 말씀에서 '더욱 큰 은사'와 '가장 좋은 길'이란 '사랑의 은사'를 가리키는 말씀일 것입니다.

"사랑은 언제까지나 떨어지지 아니하되 예언도 폐하고 방언도 그치고 지식도 폐하리라, 우리는 부분적으로 알고 부분적으로 예언하니, 온전한 것이 올 때에는 부분적으로 하던 것이 폐하리라(고전 13:8~10)." 말씀하셨던 것입니다.

그러므로 "너희는 더욱 큰 은사를 사모하라 내가 또한 가장 좋은 길을 너희에게 보이리라(고전 12:31)." 말씀하시게 된 것입니다.

2. 사랑의 은사

"사랑하는 자들아 우리가 서로 사랑하자 사랑은 하나님께 속한 것이니 사랑하는 자마다 하나님으로부터 나서 하나님을 알고, 사랑하지 아니하는 자는 하나님을 알지 못하나니 이는 하나님은 사랑이심이라. 하나님의 사랑이 우리에게 이렇게 나타난 바 되었으니 하나님이 자기의 독생자를 세상에 보내심은 그로 말미암아 우리를 살리려 하심이라. 사랑은 여기 있으니 우리가 하나님을 사랑한 것이 아니요 하나님이 우리를 사랑하사 우리 죄를 속하기 위하여 화목제물로 그 아들을 보내셨음이라. 사랑하는 자들아 하나님이 이같이 우리를 사랑하셨은즉 우리도 서로 사랑하는 것이 마땅하도다. 어느 때나 하나님을 본 사람이 없으되 만일 우리가 서로 사랑하면 하나님이 우리 안에 거하시고 그의 사랑이 우리 안에 온전히 이루어지느니라. 그의 성령을 우리에게 주시므로 우리가 그 안에 거하고 그가 우리 안에 거하시는 줄을 아느니라. 아버지가 아들을 세상의 구주로 보내신 것을 우리가 보았고 또 증언하노니, 누구든지 예수를 하나님의 아들이라 시인하면 하나님이 그의 안에 거하시고 그도 하나님 안에 거하느니라. 하나님이 우리를 사랑하시는 사랑을 우리가 알고 믿었노니 하나님은 사랑이시라 사랑 안에 거하는 자는 하나님 안에 거하고 하나님도 그의 안에 거하시느니라. 이로써 사랑이 우리에게 온전히 이루어진 것은 우리로 심판 날에 담대함을 가지게 하려 함이니 주께서 그러하심과 같이 우리도 이 세상에서 그러하니라. 사랑 안에 두려움이 없고 온전한 사랑이 두려움을 내쫓나니 두려움에는 형벌이 있음이라 두려워하는 자는 사랑 안에서 온전히 이루지 못하였느니라. 우리가 사랑함은 그가 먼저 우리를 사랑하셨음이라. 누구든지 하나님을 사랑하노라 하고 그 형제를 미워하면 이는 거짓말하는 자니 보는 바 그 형제를 사랑하지 아니하는 자는 보지 못하는 바 하나님을 사랑할 수 없느니라. 우리가 이 계명을 주께 받았나니 하나님을 사랑하는 자는 또한 그 형제를 사랑할지니라(요일 4:7~21)."

이 말씀은 사랑의 출처와 사랑을 실천할 수 있는 근원적인 이유를 밝히시는 말씀이라 할 수 있습니다. 특히 13절 말씀은 말씀에 대한 중요 포인트(point)라 말할 수 있겠습니다. 왜냐하면 성령은 우리가 '사랑'을 실천할 수 있도록 도와주시기 때문에, 요한일서 4장 전체의 '키포인트(key point)'라 말할 수 있겠습니다. 여기서 말하는 키포인트란 문장이 아닙니다. 성령 하나님은 하나님 아버지의 아가페(agape)적인 사랑을 우리가 행할 수 있도록 우리를 도우시고, 우리를 진리로 인도해 주시는 성령 하나님이시기 때문에 '성령'을 '키포인트'라 말하는 것입니다.

우리가 요한일서 4장의 말씀에서 사랑을 실천할 수 있는 근원적인 이유를 밝혔다는 점에서 십계명을 말하지 않을 수 없습니다. 왜냐하면 십계명은 우리가 지켜야 하고, 실천해야 할 사랑의 계명이기 때문에 그렇습니다.

서기관 중 한 사람이 예수님께 "모든 계명 중에 첫째가 무엇이니이까." 묻자 "예수께서 대답하시되 첫째는 이것이니 이스라엘아 들으라 주 곧 우리 하나님은 유일한 주시라, 네 마음을 다하고 목숨을 다하고 뜻을 다하고 힘을 다하여 주 너의 하나님을 사랑하라 하신 것이요, 둘째는 이것이니 네 이웃을 네 자신과 같이 사랑하라 하신 것이라 이보다 더 큰 계명이 없느니라(막 12:29~31)." 말씀하셨습니다. 이와 같이 사랑의 계명이란 하나님께서 믿음의 사람들에게 꼭 지키도록 요구하시는 계명으로서 '하나님 사랑과 이웃 사랑'을 말하는 것입니다.

그리고 성경 신·구약의 주제 역시 '사랑'이기 때문에 예수님께서 "나의 계명을 지키는 자라야 나를 사랑하는 자니 나를 사랑하는 자는 내 아버지께 사랑을 받을 것이요 나도 그를 사랑하여 그에게 나를 나타내리라(요 14:21)." 말씀하셨으며, 또한 "내가 아버지의 계명을 지켜 그의 사랑 안에 거하는 것 같이 너희도 내 계명을 지키면 내 사랑 안에 거하리라(요 15:10)." 말씀하셨던 것입니다.

그러나 우리가 현실적으로 생각해 볼 때 육신의 생각으로 지키려 하지만 지킬 수 없는 것 또한 '사랑의 계명'일 것입니다. 우리가 **주관적인 육신의 생각**으로 하나님의 사랑을 행하려 한다면 하나님께서 주신 사랑의 계명을 지킬 수 없을 것입니다. 이는 우리가 육신의 생각으로 믿고 있기 때문입니다. 이런 점에서 고린도전서 13장의 말씀을 다시 살피지 않을 수 없을 것입니다.

왜냐하면 "내가 사람의 방언과 천사의 말을 할지라도 사랑이 없으면 소리 나는 구리와 울리는 꽹과리가 되고, 내가 예언하는 능력이 있어 모든 비밀과 모든 지식을 알고 또 산을 옮길 만한 모든 믿음이 있을지라도 사랑이 없으면 내가 아무 것도 아니요, 내가 내게 있는 모든 것으로 구제하고 또 내 몸을 불사르게 내줄지라도 사랑이 없으면 내게 아무 유익이 없느니라(고전 13:1~3)." 말씀에서와 같이 육신의 생각으로 사랑한다 할지라도 안타깝게도 사랑 없는 결과로 나타날 수밖에 없습니다. 그래서 "육신을 따르는 자는 육신의 일을, 영을 따르는 자는 영의 일을 생각하나니, 육신의 생각은 사망이요 영의 생각은 생명과 평안이니라, 육신의 생각은 하나님과 원수가 되나니 이는 하나님의 법에 굴복하지 아니할 뿐 아니라 할 수도 없음이라, 육신에 있는 자들은 하나님을 기쁘시게 할 수 없느니라, 만일 너희 속에 하나님의 영이 거하시면 너희가 육신에 있지 아니하고 영에 있나니 누구든지 그리스도의 영이 없으면 그리스도의 사람이 아니라(롬 8:5~9)."는 말씀으로 귀결되기 때문에 그렇습니다.

그리고 이를 체험적으로 아시게 된 사도 바울께서 "사랑은 오래 참고 사랑은 온유하며 시기하지 아니하며 사랑은 자랑하지 아니하며 교만하지 아니하며, 무례히 행하지 아니하며 자기의 유익을 구하지 아니하며 성내지 아니하며 악한 것을 생각하지 아니하며, 불의를 기뻐하지 아니하며 진리와 함께 기뻐하고, 모든 것을 참으며 모든 것을 믿으며 모든 것을 바라며 모든 것을 견디느니라, 사랑은 언제까지나 떨어지지 아니하되 예언도 폐하고 방언도 그치고 지식도 폐하리라(고전 13:4~8)." 하신 말씀은 곧 '사랑'에 대한 정체성(正體性)에 관한 말씀이라 할 수 있습니다. 그러나 8절 하단의 "예언도 폐하고 방언도 그치고 지식도 폐하리라."는 말씀을 왜 하셨을까요?

왜냐하면 "우리는 부분적으로 알고 부분적으로 예언하니, 온전한 것이 올 때에는 부분적으로 하던 것이 폐하리라, 내가 어렸을 때에는 말하는 것이 어린 아이와 같고 깨닫는 것이 어린 아이와 같고 생각하는 것이 어린 아이와 같다가 장성한 사람이 되어서는 어린 아이의 일을 버렸노라, 우리가 지금은 거울로 보는 것 같이 희미하나 그 때에는 얼굴과 얼굴을 대하여 볼 것이요 지금은 내가 부분적으로 아나 그 때에는 주께서 나를 아신 것 같이 내가 온전히 알리라, 그런즉 믿음, 소망, 사랑, 이 세 가지는 항상 있을 것인데 그 중의 제일은 사랑이라(고전 13:9~13)." 말씀하셨기 때문일 것입니다.

특히 10절 말씀에서의 **'온전한 것'이란** 하나님의 아가페(agape) 사랑, 곧 '사랑의 은사'를 말하는 것입니다. "우리가 지금은 거울로 보는 것 같이 희미하나 그 때에는 얼굴과 얼굴을 대하여 볼 것이요 지금은 내가 부분적으로 아나 그 때에는 주께서 나를 아신 것 같이 내가 온전히 알리라(고전 13:12)."는 이치를 사도 바울께서 체험적으로 알게 되었기에 이를 말씀하셨던 것입니다.

그러므로 우리가 **'사랑의 은사'를 받게 되었다면** 말씀과 같이 어린 아이 때의 은사에 대한 추구랄까 개념이 완전히 사라져 없어질 뿐만 아니라 오로지 하나님의 뜻대로 행하고자 하는 영의 생각으로 가득 차 있는 상태를 말하는 것이라 볼 수 있습니다.

이는 '나'라고 하는 존재 자체가 완전히 사라져 없어지고, 오직 내 안에 주님만 살아 계신 상태를 말하는 것입니다. 이를 성경적으로 표현하자면 "내가 그리스도와 함께 십자가에 못 박혔나니 그런즉 이제는 내가 사는 것이 아니요 오직 내 안에 그리스도께서 사시는 것이라 이제 내가 육체 가운데 사는 것은 나를 사랑하사 나를 위하여 자기 자신을 버리신 하나님의 아들을 믿는 믿음 안에서 사는 것이라(갈 2:20)."는 말씀일 것입니다.

따라서 내 안에 계신 **하나님의 아들을 믿는 믿음의 상태란**, 곧 '사랑의 은사'를 받아 행할 수 있는 영적인 상태를 말합니다. 하나님에 대한 사랑과 이웃에 대한 사랑을 **성령 하나님의 주권적인 섭리**로 그 때 그 시(時)에 우리에게 무엇을 어떻게 행해야 할 것인지를 가르쳐 주시고 인도하여 주셔서 우리가 이를 행할 수 있는 것을(막 13:11; 요 16:13) **아가페(agape)적인 '사랑의 은사'**라 말하는 것입니다. 우리가 **'사랑의 은사'를 행하는 것은** 육신의 생각으로 판단하여 사랑하는 것이 아닙니다. 성령의 감화, 감동하심에 따라 우리가 '사랑의 은사'를 행할 때 육신의 어떠한 생각 자체를 우리가 가질 수도, 행할 수도 없는 상태를 말하는 것입니다. 왜냐하면 '나'라고 하는 존재는 이미 죽고 예수 그리스도만 살아계시기 때문에(갈 2:20) 사도 바울께서 "더욱 큰 은사를 사모하라(고전 12:31)." 말씀하셨던 것이며, 이를 강조하시기 위해 고린도전서 13장 마지막 절에 "그런즉 믿음, 소망, 사랑, 이 세 가지는 항상 있을 것인데 그 중의 제일은 사랑이라(고전 13:13)." 말씀하셨던 것입니다.

따라서 고린도전서 13장의 결론은, 12장의 아홉 가지 성령의 은사들이 참으로 중요하다 말할 수 있겠으나, 결과적으로 볼 때 '사랑의 은사'만큼 중요하지 않다는 사실을 우리가 알아야 한다는 것입니다. 그리고 이를 통하여 **하나님의 주권적인 섭리**에 따라 성령 사역이 이루어지고 있다는 것을 우리가 알아야 할 것입니다. 그래서 사도 바울께서 "내가 어렸을 때에는 말하는 것이 어린 아이와 같고 깨닫는 것이 어린 아이와 같고 생각하는 것이 어린 아이와 같다가 장성한 사람이 되어서는 어린 아이의 일을 버렸노라. 우리가 지금은 거울로 보는 것 같이 희미하나 그 때에는 얼굴과 얼굴을 대하여 볼 것이요 지금은 내가 부분적으로 아나 그 때에는 주께서 나를 아신 것 같이 내가 온전히 알리라(고전 13:11~12)." 말씀하셨던 것입니다

그러므로 성령의 인도함을 받는 우리에게 더욱 큰 은사를 사모하게 하심은 최고의 은사인 '사랑의 은사'를 구하도록 하시려는 데 그 목적이 있다 하겠습니다. 하나님은 사랑이시기 때문에 '사랑의 은사'는 은사 중에 하이라이트(highlight)라 말할 수 있고, 또한 성경적으로 어떻게 나타나고 있는지를 다음 장에서 살펴야 할 것입니다.

3. 성령 하나님의 주권적인 섭리

'사랑의 은사'란 육신의 생각에 따라 사랑이 이루어지는 것이 아니라 성령 하나님의 주권적인 섭리에 따라서 이루어지는 것입니다. 사도행전 8장에 보면 **빌립**이 성령의 인도함에 따라 에디오피아 내시를 만나 복음을 전하는 장면에서 우리가 '사랑의 은사'를 찾아볼 수 있기에 이를 소개하려 합니다.

"주의 사자가 빌립에게 말하여 이르되 일어나서 남쪽으로 향하여 예루살렘에서 가사로 내려가는 길까지 가라 하니 그 길은 광야라, 일어나 가서 보니 에디오피아 사람 곧 에디오피아 여왕 간다게의 모든 국고를 맡은 관리인 내시가 예배하러 예루살렘에 왔다가, 돌아가는데 수레를 타고 선지자 이사야의 글을 읽더라, 성령이 빌립더러 이르시되 이 수레로 가까이 나아가라 하시거늘, 빌립이 달려가서 선지자 이사야의 글 읽는 것을 듣고 말하되 읽는 것을 깨닫느냐, 대답하되 지도해 주는 사람이 없으니 어찌 깨달을 수 있느냐 하고 빌립을 청하여 수레에 올라 같이 앉으라 하니라, 읽는 성경 구절은 이것이니 일렀으되 그가 도살자에게로 가는 양과 같이 끌려갔고 털 깎는 자 앞에 있는 어린 양이 조용함과 같이 그의 입을 열지 아니하였도다, 그가 굴욕을 당했을 때 공정한 재판도 받지 못하였으니 누가 그의 세대를 말하리요 그의 생명이 땅에서 빼앗김이로다 하였거늘, 그 내시가 빌립에게 말하되 청컨대 내가 묻노니 선지자가 이 말한 것이 누구를 가리킴이냐 자기를 가리킴이냐 타인을 가리킴이냐, 빌립이 입을 열어 이 글에서 시작하여 예수를 가르쳐 복음을 전하니, 길 가다가 물 있는 곳에 이르러 그 내시가 말하되 보라 물이 있으니 내가 세례를 받음에 무슨 거리낌이 있느냐, (없음), 이에 명하여 수레를 멈추고 빌립과 내시가 둘 다 물에 내려가 빌립이 세례를 베풀고, 둘이 물에서 올라올새 주의 영이 빌립을 이끌어간지라 내시는 기쁘게 길을 가므로 그를 다시 보지 못하니라, 빌립은 아소도에 나타나 여러 성을 지나 다니며 복음을 전하고 가이사랴에 이르니라(행

8:26~40)."

이 말씀과 같이 **'사랑의 은사'란** 성령 하나님의 주권적 섭리에 따라 때로는 시공간(時空間)을 초월하여 이루어지기도 하며 우리 눈에 보이지 않는 성령 하나님의 섭리가 이루어졌습니다(행 8:29). 또한 빌립이 성령께서 말씀하신 대로 행하였다는 것과 주의 영(靈)이 빌립 집사를 초월적인 방법으로 이끄셨고(행 8:39) 아소도에 나타나 여러 성을 지나며 복음을 전하고 가이사랴에 이르렀다는 점을 간과(看過)해서는 안 될 것입니다. 이는 엘리야의 승천을 연상케 하는 회오리바람이 엘리야를 하늘로 이끌어 간 것처럼(왕하 2:11) 성령이 빌립을 **초자연적인 방법**으로 이끌어 가셨기 때문입니다.

이처럼 하나님께서 에디오피아 내시를 구원시키고자 하시는 유형을 구분하여 설명하자면 하나님께서 내시를 사랑하심은 하나님의 아가페(agape) 사랑일 것입니다. 그리고 빌립 집사가 성령의 인도하심에 따라 행한 것을 '사랑의 은사'라 말할 수 있으며, 이러한 유형이야말로 **성령 하나님의 주권적 섭리**에 의한 하나님의 아가페(agape) 사랑의 방법이자 '사랑의 은사'라 말할 수 있을 것입니다.

또 다른 예를 살펴보겠습니다.

"사울이 주의 제자들에 대하여 여전히 위협과 살기가 등등하여 대제사장에게 가서, 다메섹 여러 회당에 가져갈 공문을 청하니 이는 만일 그 도를 따르는 사람을 만나면 남녀를 막론하고 결박하여 예루살렘으로 잡아오려 함이라. 사울이 길을 가다가 다메섹에 가까이 이르더니 홀연히 하늘로부터 빛이 그를 둘러 비추는지라, 땅에 엎드러져 들으매 소리가 있어 이르시되 사울아 사울아 네가 어찌하여 나를 박해하느냐 하시거늘, 대답하되 주여 누구시니이까 이르시되 나는 네가 박해하는 예수라. 너는 일어나 시내로 들어가라 네가 행할 것을 네게 이를 자가 있느니라 하시니, 같이 가던 사람들은 소리만 듣고 아무도 보지 못하여 말을 못하고 서 있더라. 사울이 땅에서 일어나 눈은 떴으나 아무 것도 보지 못하고 사람의 손에 끌려 다메섹으로 들어가서, 사흘 동안 보지 못하고 먹지도 마시지도 아니하니라 (행 9:1~9)."

이 말씀은 우리가 아주 잘 아는 내용입니다. 예수님의 제자들에게 원수 같은 사람이었던 사울이 다메섹에서 주님으로부터 사도로 부르심을 받는 감격적인 장면이었습니다. 다음은 사울에게 나타나셨던 주님께서 같은 시간에 아나니아라는 제자에게 나타나시는 장면입니다.

"그 때에 다메섹에 아나니아라 하는 제자가 있더니 주께서 환상 중에 불러 이르시되 아나니아야 하시거늘 대답하되 주여 내가 여기 있나이다 하니, 주께서 이르시되 일어나 직가라 하는 거리로 가서 유다의 집에서 다소 사람 사울이라 하는 사람을 찾으라 그가 기도하는 중이니라. 그가 아나니아라 하는 사람이 들어와서 자기에게 안수하여 다시 보게 하는 것을 보았느니라 하시거늘, 아나니아가 대답하되 주여 이 사람에 대하여 내가 여러 사람에게 듣사온즉 그가 예루살렘에서 주의 성도에게 적지 않은 해를 끼쳤다 하더니, 여기서도 주의 이름을 부르는 모든 사람을 결박할 권한을 대제사장들에게서 받았나이다 하거늘, 주께서 이르시되 가라 이 사람은 내 이름을 이방인과 임금들과 이스라엘 자손들에게 전하기 위하여 택한 나의 그릇이라, 그가 내 이름을 위하여 얼마나 고난을 받아야 할 것을 내가 그에게 보이리라 하시니, 아나니아가 떠나 그 집에 들어가서 그에게 안수하여 이르되 형제 사울아 주 곧 네가 오는 길에서 나타나셨던 예수께서 나를 보내어 너로 다시 보게 하시고 성령으로 충만하게 하신다 하니, 즉시 사울의 눈에서 비늘 같은 것이 벗어져 다시 보게 된지라 일어나 세례를 받고, 음식을 먹으매 강건하여지니라 사울이 다메섹에 있는 제자들과 함께 며칠 있을새, 즉시로 각 회당에서 예수가 하나님의 아들이심을 전파하니, 듣는 사람이 다 놀라 말하되 이 사람이 예루살렘에서 이 이름을 부르는 사람을 멸하려던 자가 아니냐 여기 온 것도 그들을 결박하여 대제사장들에게 끌어 가고자 함이 아니냐 하더라, 사울은 힘을 더 얻어 예수를 그리스도라 증언하여 다메섹에 사는 유대인들을 당혹하게 하니라(행 9:10~22)."

주님의 성령께서 아나니아라는 제자로 하여금 예수 믿는 사람에게 원수로 행하였던 사울에게 안수하게 하셨습니다. 이로써 사울이 사명 감당케 하셨는데, 이처럼 성령 하나님의 주권적인 섭리에 따라 아나니아가 '사랑의 은사'를 행할 수 있도록 인도해 주셨음을 우리가 볼 수 있습니다.

또 다른 예를 사도행전 10장 말씀에서 볼 수 있습니다. 가이사랴 이달리야 부대의 고넬료 백부장의 환상 중에 하나님의 사자가 나타나 사람을 욥바에 보내어 베드로를 청하게 하는 한편 베드로에게도 환상 중에 율법에 금지된 짐승을 "잡아 먹어라." 하십니다. 베드로는 하나님의 말씀을 받았지만 순종하기를 두 번이나 거절하여 "하나님께서 깨끗하게 하신 것을 네가 속되다 하지 말라(행 10:15)."는 환상이 무슨 뜻인지 속으로 생각하는데 고넬료가 보낸 사람들이 베드로를 찾아왔습니다. 성령께서 "두 사람이 너를 찾으니 일어나 내려가 의심하지 말고 함께 가라 내가 그들을 보내었느니라(행 10:19~20)." 말씀하시자 베드로가 이에 부응하였습니다.

한편 고넬료가 베드로를 맞이하며 "내가 곧 당신에게 사람을 보내었는데 오셨으니 잘하였나이다 이제 우리는 주께서 당신에게 명하신 모든 것을 듣고자 하여 다 하나님 앞에 있나이다(행 10:33)."라고 말하였습니다. "베드로가 입을 열어 말하되 내가 참으로 하나님은 사람의 외모를 보지 아니하시고, 각 나라 중 하나님을 경외하며 의를 행하는 사람은 다 받으시는 줄 깨달았도다(행 10:34~35)." 말하며 예수 그리스도를 증언하였습니다. "우리에게 명하사 백성에게 전도하되 하나님이 살아 있는 자와 죽은 자의 재판장으로 정하신 자가 곧 이 사람인 것을 증언하게 하셨고, 그에 대하여 모든 선지자도 증언하되 그를 믿는 사람들이 다 그의 이름을 힘입어 죄 사함을 받는다 하였느니라(행 10:42~43)." 하였습니다.

"베드로가 이 말을 할 때에 성령이 말씀 듣는 모든 사람에게 내려오시니, 베드로와 함께 온 할례 받은 신자들이 이방인들에게도 성령 부어 주심으로 말미암아 놀라니, 이는 방언을 말하며 하나님 높임을 들음이러라. 이에 베드로가 이르되 이 사람들이 우리와 같이 성령을 받았으니 누가 능히 물로 세례 베풂을 금하리요 하고, 명하여 예수 그리스도의 이름으로 세례를 베풀라 하니라 그들이 베드로에게 며칠 더 머물기를 청하니라(행 10:44~48)."

이방 선교라는 새로운 계기를 맞게 되어 사도 베드로가 고넬료의 집에 가서 설교할 때 말씀을 듣는 이방인들에게도 성령이 내려오는 것을 목격한 기록입니다. 베드로 사도에게 맡기신 사역이야말로 '사랑의 은사'라 말할 수 있겠습니다(행 10:1~48).

이러한 말씀들을 살펴보면서 **'사랑의 은사'란** 전천후 은사임을 알 수 있습니다. 육신의 생각으로는 불가능하거나 감히 생각할 수 없는 일들이 **성령 하나님의 주권적 섭리**에 따라서 전도가 완벽히 이루어졌고, 또한 '사랑의 은사'를 행함에 있어서 어떠한 육신의 생각이 개입되지 않은 상태에서 성령 하나님의 주권적인 섭리에 따라 완벽히 이루어졌음을 우리가 볼 수 있었습니다. 이는 사도 바울께서 "내 말과 내 전도함이 설득력 있는 지혜의 말로 하지 아니하고 다만 성령의 나타나심과 능력으로 하여, 너희 믿음이 사람의 지혜에 있지 아니하고 다만 하나님의 능력에 있게 하려 하였노라(고전 2:4~5)."고 하신 말씀과 같습니다.

따라서 **'사랑의 은사'란** 육신의 생각에 따라 행하는 것이 아니라 성령 하나님의 인도하심에 따라 성령의 나타나심과 그 능력에 의해 전도가 완벽히 행하여졌고, 또한 이루어졌음을 우리가 확인할 수 있었습니다.

오늘날에도 **성령 하나님의 주권적 섭리**에 따라 이 지구상에서 구원하시고자 하는 자에게 성령 하나님께서 직접 임하시어 주권적으로 각 개인 또는 집단으로 구원시키는 복음 사역을 행하시고 있음을 우리가 볼 수 있습니다. 집단적인 예를 들자면 이미 앞에서 소개하였던 1995년 펜사콜라의 부흥과 2023년 **미국 애즈버리 대학교**에 나타난 부흥이 바로 그 실례라 하겠습니다. 이같이 성령 하나님께서 친히 구원 사역을 성령의 나타내심과 능력으로 행하신다는 것은 곧 "하나님의 나라는 말에 있지 아니하고 오직 능력에 있음이라(고전 4:20)." 하신 것을 미국의 애즈버리 대학교에 나타난 부흥을 통해 알 수 있는 것입니다.

그러므로 우리가 **'하나님의 사랑의 은사'를** 받았다고 하는 것은 그리스도의 영으로 "새 사람을 입었으니 이는 자기를 창조하신 이의 형상을 따라 지식에까지 새롭게 하심을 입은 자니라(골 3:10)."는 말씀이 이루어진 것입니다. 그래서 사도 바울께서 "믿음, 소망, 사랑, 이 세 가지는 항상 있을 것인데 그 중의 제일은 사랑이라(고전 13:13)." 말씀하셨던 것입니다.

그러므로 **'사랑의 은사'란** 우리가 하나님과의 영적 관계가 완전히 회복되었음을 의미하는 것이자(창 1:26~31, 2:7) 새 예루살렘 성에(계 21:22~27) 들어갈 수 있는 유일한 자격을 얻게 되는 것을 뜻합니다. 또 하나님의 형상을 따라 끊임없이 새로워져서 참 지식에 이르는 상태를 이룰 수 있기에 "너희는 더욱 큰 은사를 사모하라 내가 또한 가장 좋은 길을 너희에게 보이리라(고전 12:31)." 말씀하셨던 것입니다. 아멘!

맺는말

　지금까지 우리가 성령의 인도함을 받기 위해서 '육신의 생각'을 먼저 살폈던 것은 예수님께서 "육으로 난 것은 육이요 영으로 난 것은 영이니, 내가 네게 거듭나야 하겠다 하는 말을 놀랍게 여기지 말라(요 3:6~7)."고 말씀하셨기 때문입니다. 또 믿었지만 구원받지 못하는 사람들과 성령까지 받았지만 구원받지 못하는 사람들이 왜 발생하게 된 것인지를 알기 위하여 이를 살폈던 것입니다.

　한편 로마서 8장 "육신의 생각은 사망이요 영의 생각은 생명과 평안이니라, 육신의 생각은 하나님과 원수가 되나니 이는 하나님의 법에 굴복하지 아니할 뿐 아니라 할 수도 없음이라, 육신에 있는 자들은 하나님을 기쁘시게 할 수 없느니라, 만일 너희 속에 하나님의 영이 거하시면 너희가 육신에 있지 아니하고 영에 있나니 누구든지 그리스도의 영이 없으면 그리스도의 사람이 아니라(롬 8:6~9)." 말씀과 같이 우리가 '육신(肉身)의 생각'으로 예수 그리스도를 믿게 되었다면 우리의 믿음이 이성과 지성으로만 믿을 수밖에 없어 주관적인 믿음으로 믿을 수밖에 없게 되므로 우리의 믿음 생활에 분명한 한계가 생겨 항상 초보에 머물 수밖에 없었음을 알게 되었습니다.

이는 육신의 생각으로 믿는 것을 곧 영의 생각이라고 착각하여 믿었기 때문에 지금까지 우리는 '육신(肉身)의 생각'으로 예수 그리스도를 믿어 왔던 것입니다. 그래서 우리의 믿음이 영적으로 성장할 수 없을 뿐 아니라 말씀을 자기의 주관적인 생각으로 믿거나 불순종하여 하나님을 기쁘시게 할 수 없었을 것입니다(롬 8:7~8). 결론적으로 사사기 21장의 "그 때에 이스라엘에 왕이 없으므로 사람이 각기 자기의 소견에 옳은 대로 행하였더라(삿 21:25)."는 말씀의 현상이 우리 교회와 성도들에게 나타났기에 이상한 신학들과 이단 그리고 사이비 종교들이 파생될 수밖에 없어 '지금은 사사기 시대'라 말하게 되었습니다.

그러므로 우리가 예수 그리스도를 육신(肉身)의 생각으로 가르치거나 믿고 있는 한 믿고 따르는 것에 분명 한계가 생길 수밖에 없었기에 우리가 육신(肉身)의 생각에서 '영(靈)의 생각'으로 방향을 전환시켜야 할 때라 생각합니다. 이는 우리가 잃었던 '하나님의 영(창 6:3)'을 다시 회복시키는 것이겠지만 아담으로의 회귀가 아니라 '그리스도의 영'으로의 회귀를 말하는 것입니다. 곧 "그러므로 이제 그리스도 예수 안에 있는 자에게는 결코 정죄함이 없나니, 이는 그리스도 예수 안에 있는 생명의 성령의 법이 죄와 사망의 법에서 (롬 8:1~2)" 우리를 해방될 수 있도록 하는 유일한 법이자 길이기에 이를 우리가 "생명의 성령의 법(롬 8:2)"이라 말하는 것입니다. 또한 우리가 거듭난 삶을 살 수 있으며 우리가 사는 이 사회도 새롭게 변화시킬 수 있는 유일한 길이기 때문에 우리가 2부에서 영(靈)의 생각을 살펴보았습니다. 이처럼 '육신의 생각'을 '영의 생각'으로 방향 전환 시킬 수 있다는 점에서 그리스도인으로서 취해야 할 기본자세이자 믿음의 기초이기 때문에 이를 다음과 같이 제안하는 것입니다.

첫째, 하나님을 믿는 모든 사람에게 '육신의 생각'이 무엇이며 '영'의 생각이 무엇인지를 먼저 주지(周知)시켜 성령 안에서 신앙생활 할 수 있도록 가르치고 훈련시킬 필요가 있음을 제안해 봅니다(롬 8:1~11; 갈 5:16~26). 이는 앞에서 살펴보았듯이 육신의 생각으로 예수 그리스도를 믿게 됨에 따라 영적으로 성장할 수 없었기에 히브리서 기자에게 "때가 오래 되었으므로 너희가 마땅히 선생이 되었을 터인데 너희가 다시 하나님의 말씀의 초보에 대하여 누구에게서 가르침을 받아야 할 처지이니 단단한 음식은 못 먹고 젖이나 먹어야 할 자가 되었도다(히 5:12)."라는 말씀을 들을 수밖에 없을 것입니다. 이를 성도들과 사랑하는 가족에게 특히 초신자와 신학생들에게 가르치고 배울 수 있도록 제안하는 것은, 믿음의 기초가 될 뿐 아니라 우리가 구원받을 수 있는 유일한 길이기 때문에 제안하는 것입니다.

둘째, 우리가 '육신(肉身)의 생각'과 '영(靈)의 생각'이 무엇인지 알게 되었다면 이제는 우리가 예수 그리스도를 육신(肉身)의 생각으로 믿을 것이냐 아니면 영(靈)의 생각으로 믿을 것이냐를 선택해야 할 것입니다. 만약 육신의 생각으로 믿게 되면 신앙생활에서 해결하기 어려운 문제들이 많이 나타나게 될 것입니다. 그러나 '영의 생각'으로 믿게 되면 육신의 생각에서 비롯된 난제들이 현저하게 감소될 것입니다. 이는 체험적으로 진리를 깨닫게 되어 영적인 혼란이 감소되었을 뿐만 아니라 내 영이 깊은 체험에 들어갈수록 의심스러웠던 난제들이 해소되어 확신에 찬 믿음을 갖게 되는 것입니다. 그래서 사도 바울께서 "만일 너희 속에 하나님의 영이 거하시면 너희가 육신에 있지 아니하고 영에 있나니 누구든지 그리스도의 영이 없으면 그리스도의 사람이 아니라(롬 8:9)." 말씀하셨던 것입니다.

셋째, 우리는 최고의 은사인 '사랑의 은사'를 추구하여 하나님의 사람으로(고전 12:31) 그리고 거룩한 '주님의 신부'로서 "수고하고 무거운 짐 진 자들아 다 내게로 오라 내가 너희를 쉬게 하리라(마 11:28)."는 주님의 말씀과 같이 우리도 이 땅의 수고하고 무거운 짐 진 자들을 하나님의 사랑으로 감싸 주며, 위로하고 치료해야 합니다. 그렇게 능력의 '사랑의 사람'으로 살며, 또한 거듭난 삶을 살 것을 제안하며 소망해 봅니다.

"소망의 하나님이 모든 기쁨과 평강을 믿음 안에서 너희에게 충만케 하사 성령의 능력으로 소망이 넘치게 하시기를 원하노라 (롬 15:13)."

전라남도 광양
최 성 남 원로목사

성령의 인도함을
　　받고 있습니까?

2025년 10월 23일 초판 1쇄

지 은 이　최성남
펴 낸 이　정영구
펴 낸 곳　누림과이룸

등　　록　제 25100-2017-000010
주　　소　서울시 동작구 사당로27길 78(사당동) 501호
전　　화　02-811-0914
이 메 일　zeronine86@hanmail.net
페이스북　facebook.com/nurimiroom

디 자 인　최중천
인　　쇄　디자인화소

ISBN 979-11-91780-18-5
정　가　20,000원